EU OUVIRIA MEUS PAIS
SE PELO MENOS ELES
CALASSEM A BOCA

CB058285

Anthony E. Wolf

EU OUVIRIA MEUS PAIS SE PELO MENOS ELES CALASSEM A BOCA

O que dizer e o que não dizer quando educamos adolescentes

Tradução de André Luis de Lima Carvalho

Título original
I'D LISTEN TO MY PARENTS IF THEY'D JUST SHUT UP
What to Say and Not Say When Parenting Teens

Copyright © 2011 *by* Anthony Wolf

Todos os direitos reservados.
Nenhuma parte desta obra pode ser reproduzida ou transmitida
por qualquer forma ou meio eletrônico ou mecânico,
inclusive fotocópia, gravação ou sistema de armazenagem
e recuperação de informação, sem a permissão escrita do editor.

Edição brasileira publicada mediante
acordo com a HarperCollins Publishers.

Direitos para a língua portuguesa reservados
com exclusividade para o Brasil à
EDITORA ROCCO LTDA.
Av. Presidente Wilson, 231 – 8º andar
20030-021 – Rio de Janeiro – RJ
Tel.: (21) 3525-2000 – Fax: (21) 3525-2001
rocco@rocco.com.br
www.rocco.com.br

Printed in Brazil/Impresso no Brasil

CIP-Brasil. Catalogação na fonte.
Sindicato Nacional dos Editores de Livros, RJ.

W836o   Wolf, Anthony E.
          Eu ouviria meus pais se pelo menos eles calassem a boca:
o que dizer e o que não dizer quando educamos adolescentes
/ Anthony E. Wolf; tradução de André Luis de Lima Carvalho.
– Rio de Janeiro: Rocco, 2012.

          Tradução de: I'd listen to my parents if they'd just shut up:
what to say and not say when parenting teens
          ISBN 978-85-325-2778-3

          1. Pais e adolescentes. 2. Responsabilidade dos pais.
3. Adolescência. I. Título.

12-3550   CDD-649.125
                                                    CDU-649.1-053.6

A Mary Alice, Nick e Margaret

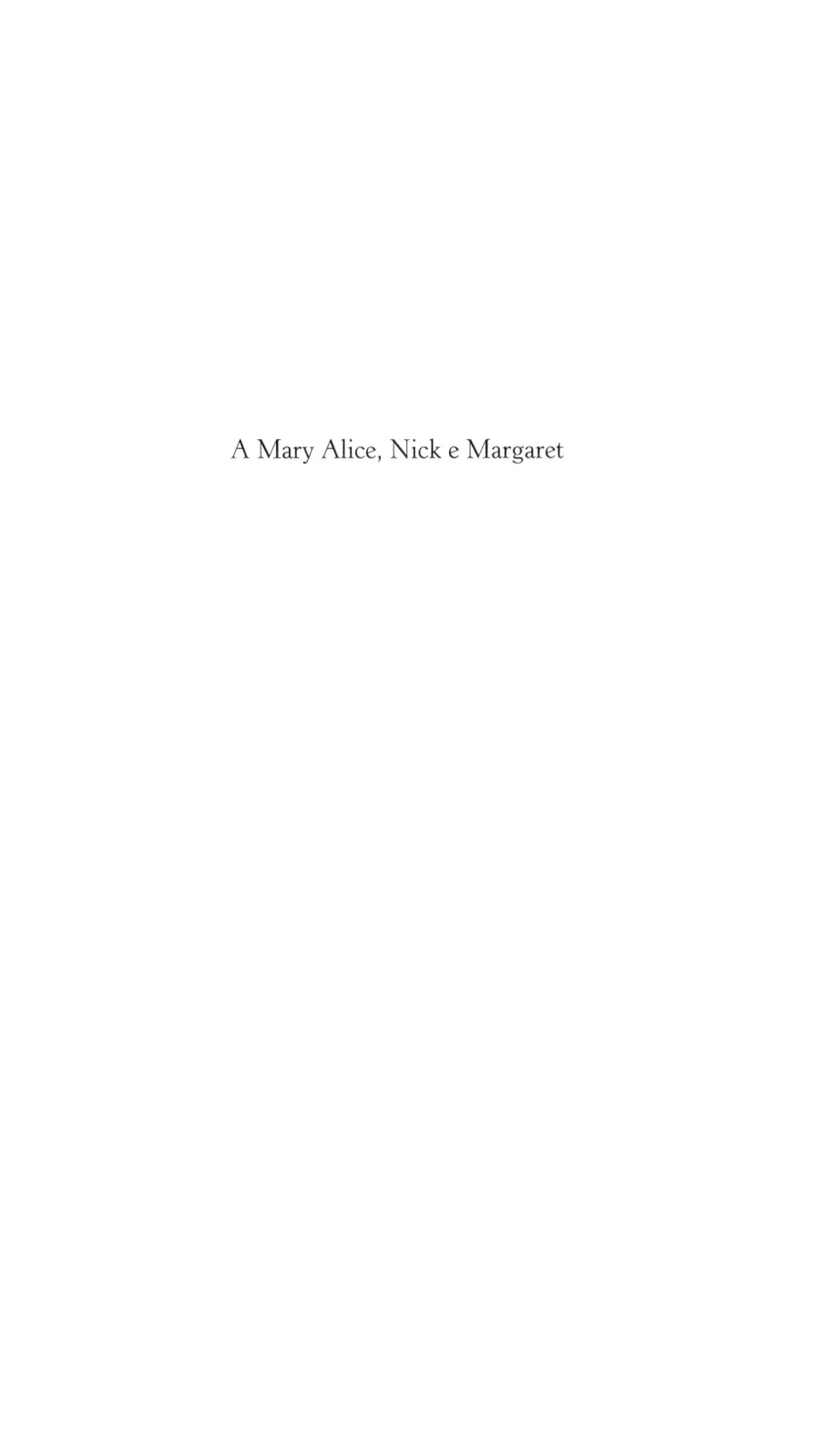

SUMÁRIO

Prefácio 13
Introdução: A revolução na parentalidade 19
   O eu bebê e o eu maduro 19
   Quem testemunha os atos dos eus bebês
   a maior parte do tempo? 23
   Qual deles é o verdadeiro eu de seu filho? 24
   "Nunca desistir!" – o lema do eu bebê 27
   Adolescência: um estágio necessário 29
   A alergia que todos os adolescentes desenvolvem 31
   Lembre-se de não levar para o lado pessoal 37

1. A importância de dizer "não" 39
   Por que dizer "não" é tão difícil 40
   Por que você não deve ceder 47
   Sustentando sua posição 48
   Pondo fim à conversa 50
   Parar de interagir e a importância da regra do
   "melhor cedo do que tarde" 54
   Mantendo-se firme 56
   Escolhendo suas batalhas com filhos fáceis de lidar 59
   Escolhendo suas batalhas com filhos difíceis de lidar 60
   Quando a derrota é arrebatada das garras da vitória 64
   Lidando com respostas insolentes 68
   Combatendo o desrespeito 72
   Quando duplos padrões são bons 74

2. Conseguindo que seu filho faça o que você quer 79
Quando seu adolescente não está a fim 82
Lidando com a resistência 83
O poder das consequências 86
A síndrome do "depois eu faço" 89
Quando eles não fazem as coisas bem-feitas 92

3. Comunicação 94
O valor de calar a boca 95
Quando e como calar-se 99
O segredo de ser um bom ouvinte 104
Lidando com adolescentes pouco comunicativos 107
*Quando seu adolescente não escuta uma
só palavra do que você diz* 110
Dando conselhos 114
Respeitando a falta de bom senso deles 118
Recuperando o controle da conversa 121
O que fazer quando o adolescente te pega de surpresa 129

4. Construindo um relacionamento sólido 134
Pais de negócios versus pais acolhedores 136
*Estar com adolescentes quando eles não
desejam estar com você* 137
*Melodias concorrentes e seu poder de alterar
o estado de espírito* 138
A cura para a alergia que seu filho tem a você 142
Os efeitos de uma atitude prestativa 144
Quando seu adolescente ignora você 145
O trato incondicional 148
Adultos como seres humanos falíveis 150
Um tipo diferente de força 154

Envolvendo-se em provocações amigáveis
  – quando seu adolescente faz isso com você 159
Envolvendo-se em provocações amigáveis
  – quando é você que faz isso com seu adolescente 162
Pais como amigos 164
O sofrimento como influência 173
Perdendo 176
Pequenas palavras de amor 181

5. Interpretando as expressões mais populares
   dos adolescentes 184
   "Eu te odeio" 185
   "Você quer alguém que seja simplesmente perfeito" 187
   "Eu não estou me sentindo bem" 189
   "Você está arruinando a minha vida" 190
   "Você nunca..." 191
   "Sinto muito por eu ser uma completa
   decepção para você" 193
   "Não é justo" 195
   "Por favor, eu estou muito estressada;
   realmente não preciso disso agora" 196
   "Mas os pais de todos os meus amigos deixam" 197
   "Mas por quê?" 199

6. Regras e controle 200
   Estabelecendo regras 200
   Quando regras são violadas 205
   Por que os adolescentes violam regras 208
   Lidando com a confrontação 209
   Vendo os resultados 211
   Estabelecendo um controle imperfeito 215
   Lidando com adolescentes fora de controle 218
   A verdade sobre mentir 219

7. **O desenvolvimento do caráter** 224
 Defeitos de caráter temporários 225
 Os adolescentes e seus direitos 228
 Adolescentes mimados 233
 Adolescentes sem consideração 236
 Adolescentes inconscientes 241
 Por que nunca é culpa deles? 244
 Por que eles são sempre tão negativos? 249
 Cultivando boas maneiras 252
 Irão eles aprender algum dia? 254
 Quando seu adolescente não está se tornando
  a pessoa que você desejava 258
 O filho perfeito 260

8. **Os adolescentes e seus dilemas** 263
 Pais como ajudantes 264
 Tranquilizando um adolescente que não pode
  ser tranquilizado 265
 E se seu adolescente estiver deprimido? 268
 E se seu adolescente se meter em complicações? 273

9. **Os adolescentes e a escola** 277
 A educação e o futuro deles 277
 Motivando adolescentes 279
 Quando a motivação não é o problema 281
 Varrendo a ansiedade para baixo do tapete 284
 Você deve deixar que eles fracassem? 287
 Fazendo com que seu adolescente faça o dever de casa 288
 O quê? Nenhum dever de casa? 291
 Lidando com o estresse 293
 A motivação derradeira 295

10. Os adolescentes e a família 298
   Entre pai e mãe 298
   Jogando um contra o outro 302
   O que é justo e o que não é 304
   Picuinhas entre irmãos 307
   Como lidar com o divórcio 311

11. Os adolescentes e o sexo 329
   Comportamento de risco 330
   O que os pais precisam saber 332
   Quão ativo é seu adolescente? 333
   As consequências do sexo adolescente 337
   Conversando com seu adolescente a respeito de sexo 339
   O básico e além 341
   Conselhos para meninas 343
   Conselhos para meninos 346
   Mais conselhos para meninos 350
   Amor adolescente 353
   Caso você ache que seu filho é gay 357

12. Adolescentes, drogas e álcool 361
   Quão frequente é o uso dessas substâncias? 365
   Qual a sua posição a respeito do álcool? 367
   Qual a sua posição a respeito da maconha? 370
   É um problema ou não? 372
   O que os pais podem fazer 374
   Conversando com adolescentes a respeito
      de álcool e drogas 376
   Cultivando a honestidade 378
   O que não fazer 381
   Compartilhando suas próprias experiências 382
   O maior fator isolado de prevenção de riscos 384
   Compreendendo o poder das substâncias 385

13. Os adolescentes e os aparelhos eletrônicos 387
   Um minuto na vida 387
   O que os adolescentes fazem online? 391
   Com que os pais se preocupam mais 393
   Controles parentais 394
   Vigilância secreta 400
   Diretrizes para adolescentes 401
   Acesso ao mundo 414
   Multitarefa 416
   Garotos, garotas e videogames 418
   Tempo produtivo versus tempo não produtivo 420
   Permanecendo conectados 424
   Estabelecendo limites 428

14. O fim da adolescência 432
   A volta do filho pródigo 433
   Vendo você como você realmente é 435
   O novo acordo 438
   Será que meu filho vai ficar bem? 441
   Diferentes, porém ainda os mesmos 443

Agradecimentos 445

PREFÁCIO

Como psicólogo infantil, ouço com frequência pais de adolescentes expressarem suas frustrações quanto à maneira de seus filhos falarem com eles. Eles ficam completamente desnorteados ao perceber o quão eloquentes os filhos podem ser quando comparados às gerações anteriores de jovens.

Como exemplo, aqui temos uma interação pais-filhos típica dos anos 1950:

– *James, você poderia, por favor, levar o lixo pra calçada?*
– *Claro, mamãe.*

E uma típica interação pais-filhos nos dias atuais:

– *James, você poderia, por favor, levar o lixo pra calçada?*
– *Mãe, estou muito cansado. Faço isso depois.*
– *Não, James. Quero que você faça agora.*
– *Por que tudo tem que ser na hora que você quer? Eu não sou seu escravo.*
– *Por que você tem sempre que me atormentar quando eu te peço alguma coisa?*
– *Por que você tem sempre que me atormentar?*

Invariavelmente os pais de hoje pensam: *Ele é tão desrespeitoso. Ele sempre me responde mal. Qual é o problema dele? O que estou fazendo errado?*

Embora essa última e não muito agradável variação de uma antiga conversa venha acontecendo há cerca de meio século, existe algo que os pais ainda não entenderam. Há uma razão significativa para os adolescentes de hoje não serem tão imediatamente obedientes e replicarem as falas de seus pais de uma forma que era impensável há apenas algumas décadas. Dito de forma simples, essa geração *não tem medo* dos pais. E há um motivo importante para que isso seja verdadeiro: nós, pais, não usamos mais castigos severos na criação de nossos filhos. Não há mais tapas na cara ou o uso de varas ou cintos. Tudo isso é hoje considerado abuso infantil.

O abandono dos castigos severos representou uma excelente mudança para as crianças *e* para os adultos, um verdadeiro passo à frente para toda a raça humana. Nós – pelo menos a maioria – agora acreditamos que, embora o castigo severo possa ter produzido comportamentos que eram os melhores para aquele momento, de um modo geral, como uma parte regular da educação dos filhos, ele faz uma criança se tornar mais – e não menos – propensa a tratar os outros de forma brutal.

Essa mudança de atitude no que diz respeito ao castigo severo representa uma visão totalmente nova de como educar seus filhos e do desenvolvimento infantil. Deixem-me dar um exemplo.

Imagine que uma mãe está com a filha de seis anos de idade e o filho de oito. As duas crianças começam a se desentender. A briga evolui até o ponto em que o menino bate no braço da irmã, fazendo-a chorar. A mãe intervém.

Ela dá um forte tapa no braço do filho.

– *Não bata na sua irmã. Você entendeu? NÃO... BATA... NA... SUA... IRMÃ.* – E a mãe pontua cada palavra com um tapa. *Pronto, isso irá ensiná-lo*, ela diz a si mesma.

Há não muito tempo, a maioria das pessoas que assistisse a uma cena como essa iria provavelmente aprovar: *É, isso irá ensiná-lo.*
Mas hoje em dia nós reconhecemos que sim, isso irá de fato ensinar... irá ensinar-lhe que se ele quiser bater na irmã é melhor não fazê-lo quando a mãe estiver olhando. Também reconhecemos que, se esse é o estilo de educação desta mãe, o menino ficará *mais*, e não menos, inclinado a se tornar, ele próprio, um espancador. Por ter apanhado, bater se tornará parte dele, pois, diferentemente do que acontecia no passado, hoje acreditamos que não é apenas aquilo que você diz a uma criança, mas também *como* vo-

cê a trata que moldará o comportamento dela e quem ela será no futuro.

Essa nova forma de encarar o desenvolvimento de uma criança causou a revolução na maneira de criação que já produziu quase duas gerações de filhos que não têm medo dos pais. Esse é realmente um fenômeno bastante recente na história da parentalidade.

Eu acredito firmemente que os filhos criados nessa nova escola de pensamento se tornaram pessoas mais amáveis e gentis, como consequência. Nem todos concordam, é óbvio, visto que é difícil lidar com essa atitude respondona incessante. Mas é nesse estágio que nos encontramos nesse momento da evolução da parentalidade, e é desse ponto que esse livro parte, em um esforço de fazer com que possamos progredir até um pouco além.

Como eu disse, os filhos de hoje não têm medo de seus pais. E, surpresa: quando os filhos não têm medo dos pais, eles replicam com muito mais frequência e são muito menos obedientes, em um grau que nunca poderíamos ter imaginado poucas gerações atrás.

Bem... dãaã... o que nós achávamos que aconteceria? Nos dias de hoje, os filhos de maneira nenhuma se comportam como as gerações anteriores, pois o principal meio de influência que os pais tinham sobre eles no passado foi removido do arsenal educativo. Entretanto, apesar de isso parecer óbvio, os pais atuais continuam nutrindo a expectativa de que seus filhos se comportem de uma forma que só era possível quando usavam-se métodos sensatamente abandonados há duas gerações. Fundamentalmente, o padrão para o comportamento adequado dos filhos nunca mudou, muito embora as práticas de parentalidade tenham mudado. Atualmente, quando os filhos não se comportam como deles era esperado (o que é inevitável, já que o castigo severo foi removido das práticas de criação de filhos), os pais se sentem como se houvessem fracassado de algum modo.

Eu não entendo. Faço o melhor que posso. Mas obviamente não é o bastante.

Não apenas os pais atuais têm expectativas irreais em relação ao comportamento de seus filhos, como também, em suas inesgotáveis tentativas de fazer com que estes vivam de acordo com padrões antiquados, esses pais acabam se fixando, eles próprios, a padrões irreais... e, dessa forma, inadvertidamente fazem com que as coisas fiquem piores, e não melhores.

– *Alexander, por favor, tente lembrar-se de não entrar com os sapatos cheios de lama na cozinha.*
– *Você está sempre gritando comigo por causa de alguma coisa.*
– *Eu não estou sempre gritando com você. Eu apenas não quero que você fique espalhando lama pela cozinha.*
– *Você é obcecada por limpeza. Você não sabe como é viver nessa casa. Quer largar do meu pé, por favor.*
– *Alexander, não fale comigo desse jeito.*
– *Que jeito?*
– *Preste atenção às suas palavras. Preste atenção ao seu tom de voz. É tão desrespeitoso. Um adolescente não deveria falar com os pais desse jeito.*
– *Eu não estou falando com você de nenhum jeito. É você que está me desrespeitando.*
– *Eu não estou desrespeitando você.*
– *Está, sim. Você está sempre resmungando comigo sobre alguma coisa. Como agora, por exemplo.*

Então, pais, permitam que eu lhes faça uma pergunta direta: Por que qualquer pessoa continuaria interagindo com alguém tão excessivamente desagradável? Qual é a resposta mais razoável e lógica a esse comportamento? Acredito que a resposta seja que você gostaria de dar fim a esse tipo de interação, o mais rápido possível. Certamente o que você não gostaria da fazer seria prolongar a agonia, dando continuidade a uma discussão infrutífera, já que isso só serviria para colocar mais lenha na fogueira. No entanto, é exatamente isso o que os pais dos adolescentes de hoje fazem repetidas vezes. Isso e muitas outras coisas que causam grande frustração a eles próprios e aos seus filhos. Vejo isso o tempo inteiro em minha prática, e é por esse motivo que estou oferecendo esperanças e algumas dicas práticas para ajudá-los a lidar com os desafios cotidianos que enfrentamos na educação de adolescentes.

Este é um livro sobre como educar adolescentes do século XXI, sobre quem são esses garotos e garotas e as regras que se aplicam à sua criação no mundo atual. Seu texto foi concebido para fornecer o máximo de ajuda possível. Ele disponibilizará conselhos bem específicos a respeito das melhores formas de lidar com seu adolescente nas mais exasperantes situações que você possa imaginar. Além disso, vai lhe oferecer respostas detalhadas, e mostrar como evitar outras que definitivamente *não* são úteis. Em cada um desses cenários, ele propiciará uma explicação sobre os motivos pelos quais certas respostas funcionam, enquanto outras não. Ajudará você a descobrir uma nova maneira de ter sucesso ao interagir com seu adolescente.

Finalmente, este livro tratará de como, além das mudanças na criação e no comportamento adolescente, o mundo no qual os jovens de hoje vivem mudou. De forma mais marcada, abordará como a explosão e a constante mutação do mundo dos eletrônicos vêm afetando a natureza e o escopo das experiências desses garotos e garotas. Quando não estão na escola, a maioria de suas horas de vigília são passadas no universo eletrônico das palavras, sons e imagens. Nossos adolescentes se encontram com frequência envolvidos com o uso de mais de uma mídia ao mesmo tempo, o que tem um profundo efeito – tanto positivo quanto negativo – na forma como se comunicam conosco. Em muitos aspectos, trata-se de um mundo novo. Ainda assim, entretanto, em muitos aspectos, o mundo dos adolescentes mudou muito pouco.

Acima de tudo, este livro tornará significativamente mais prazerosa e memorável a experiência de criar seu filho adolescente. Portanto, vamos começar.

INTRODUÇÃO

A REVOLUÇÃO NA PARENTALIDADE

Antes que eu comece a dar conselhos, preciso discutir certas verdades a respeito do desenvolvimento infantil e a natureza da adolescência, verdades que são subjacentes a toda orientação que ofereço neste livro.

Após ter lido o que escrevi até aqui, você deve estar se perguntando: *Se a supressão do medo na educação dos filhos é a causa direta do aumento dramático dos desaforos... e se esse cara está dizendo que a supressão do medo na educação de nossos filhos foi excelente... ele estará, então, dizendo que o surto de monstros respondões que produzimos não é uma coisa tão ruim assim, no fim das contas?* Minha resposta é sim, é exatamente isso que estou dizendo.

Felizmente, essa evolução do comportamento malcriado, por mais desagradável que às vezes possa ser, não é nem de longe tão ruim quanto parece. Isso porque um fato particular da psicologia humana põe esse tipo de comportamento sob uma luz mais benigna. Além disso, esse mesmo fato sugere maneiras de reduzir de forma dramática a perturbação que sentimos diariamente no relacionamento com nossos adolescentes. (Saiba que não é possível eliminar por completo essa perturbação, já que isso exigiria que retomássemos o velho modelo de educar baseado na punição severa; mas esse conhecimento que apresento pode ajudar.) Deixem-me descrever esse particular fato universal da psicologia humana para você.

O EU BEBÊ E O EU MADURO

Eu percebi um fenômeno notável. Se estou na casa de um amigo ou parente, sempre pergunto ao meu anfitrião se há algo que eu possa fazer para ajudar. Ou, se temos visitas em nossa casa, pergunto-lhes se há algo de que gostariam para ficarem mais confortáveis. Se me pedirem algo, eu o farei com toda a boa vontade. Faço isso sem esforço, feliz pela oportunidade de ser útil.

No momento em que escrevo estas palavras, estou casado com uma mulher maravilhosa. Sou muito feliz em meu casamento.

Mas se estamos apenas Mary Alice e eu em casa e ela me pede que lhe faça um favor bem simples – digamos, por exemplo, que estamos ambos no mesmo quarto e Mary Alice me pergunta se eu me incomodaria de lhe trazer um copo d'água com um pouco de gelo (nossa geladeira tem um dispositivo que torna muito mais fácil obter o gelo) –, invariavelmente sou tomado por um súbito e inacreditável cansaço. O mero pensamento de fazer o mínimo esforço que seja faz meu corpo ser esmagado por um peso de chumbo que torna impossível cumprir essa tarefa.

Talvez eu esteja com síndrome de fadiga crônica. Realmente não posso fazer isso. Não posso.

E não é apenas isso, mas também me vem à mente uma sensação de estar sendo submetido a uma imposição inoportuna.

Por que não pode pegar a água ela mesma? Como ela sabe perfeitamente, eu tive um dia bastante duro, consideravelmente mais duro que o dela – o que, aliás, ela parece nunca ser capaz de entender. Ela acha que seus dias são mais duros que os meus. Ela é quem devia estar me perguntando se eu queria um copo d'água com um pouco de gelo, ora essa! Meu Deus, estou tão cansado! Ninguém entende isso.

Você, meu querido leitor, deve estar sentindo, a essa altura, que estou agindo como um bebezão. Mas eu discordo completamente, e isso só demonstra que você também não entendeu nada. *Por que estão todos, sempre, do lado da Mary Alice? Não consigo entender isso. Bebezão? Nada a ver.*

Mas esse fenômeno não se aplica exclusivamente a mim, conforme você verá no próximo exemplo:

Se eu pegasse uma câmera de vídeo e acompanhasse Lindsay, uma estudante de dezesseis anos, em um de seus dias típicos na escola, onde ela é uma boa aluna, sempre com o dever de casa em dia, veríamos que é muito educada e prestativa na sala de aula.

Ela participa de vários clubes escolares. Todos os seus professores concordam que ela é uma aluna exemplar. É também uma boa ouvinte e sensível com seus amigos.

Depois da aula, observaríamos Lindsay indo para a casa de sua amiga Tara, onde as duas farão um trabalho para a disciplina de Espanhol.

– *Tchau, Sra. Timmerman* – diz Lindsay à mãe de Tara ao partir.

– *Tchau, Lindsay querida* – responde a mãe de Tara.

Fico tão feliz por Tara ter uma amiga tão boa, pensa a mãe de Tara.

Continuamos o vídeo. Mais tarde, no mesmo dia. Lindsay encontra-se, agora, em casa.

– *Mãe, manda o peste do Jared sair do meu quarto!* – grita ela antes de cair em lágrimas.

Um pouco mais tarde. Lindsay está na cozinha.

– *Alguém bebeu minha Pepsi Diet. Não acredito! Nada nessa casa é meu. Não posso ter nada meu sem que as pessoas se sintam à vontade para pegar. Odeio essa casa!* – Essa última frase Lindsay diz aos berros.

E um pouquinho mais tarde:

– *Mãe, onde diabos está a toalha vermelha? Você sabe que é a única toalha que eu uso. Onde diabos está minha toalha vermelha?!*

Minha intenção com esses dois exemplos desconcertantes é a de ilustrar um fato universal da psicologia humana, tanto entre crianças como entre adultos: todos nós temos dois módulos bem distintos de comportamento – realmente, dois eus distintos. Um deles é um eu doméstico que deseja apenas se desdobrar e ser alimentado. No intento de relaxar completamente, esse eu não irá tolerar absolutamente nenhum estresse que seja. Chamo-o de "eu bebê" (*baby self*). Seu domínio é o lar, assim como os membros imediatos da família, ou seja, aqueles com quem nos sentimos mais seguros e mais à vontade. Mas há outro lado nosso: aquele que chamo de "eu maduro" (*mature self*). Este funciona em um nível muito superior. Ele vai pelo mundo, trabalha, suporta o estresse, e até mesmo adia sua gratificação de modo a alcançar uma meta. Ele tem paciência e autocontrole. Esses dois eus – o eu bebê e o eu maduro – funcionam lado a lado ao longo de um dia, indo para a frente e para trás, alternando-se no comando. Sempre descrevo esse fenômeno como um lutador de boxe que entra em um ringue, faz o que precisa fazer, depois volta até seu córner, desaba e recebe todos os cuidados que permitem que retorne para mais um *round* duro.

De início, todas as crianças são um eu bebê. Mas logo o eu maduro começa a aparecer. Com o tempo, ele cresce até gradualmente assumir cada vez mais o controle de nosso funcionamento. Mas nunca assume o comando por completo. Até mesmo o mais maduro de nós tem um eu bebê que se afirma de tempos em tempos.

– *Achei que você fosse pagar as contas.*
– *Não, eu decidi tirar uma soneca.*
– *Você está de pirraça porque não estamos comendo no restaurante que você queria.*
– *Não estou, não.*
– *Está de pirraça, sim.*

É somente no módulo eu bebê que nós e nossos filhos obtemos todos os cuidados de que precisamos. Sem nossos eus bebês – e sem um local seguro para que descansem – a vida seria dura demais. Os níveis de estresse seriam intoleráveis. Isso é especialmente verdadeiro com crianças.

– *Mãe, cheguei. Por que acabaram os tacos sabor sal e vinagre aqui em casa? Eu não comi os últimos... Mãe, não consigo achar o controle remoto. Onde está o controle remoto? Mãe!*

Se não houvesse oportunidade de recebermos os cuidados para nossos eus bebês, haveria um retardamento do crescimento emocional. As crianças precisam de um lugar onde possam ser totalmente crianças. E esse lugar é conosco, seus pais.

Os eus bebês são geralmente bons. São engraçadinhos, amorosos, divertidos e afetivos. Mas, por vezes, não são tão engraçadinhos assim. Especialmente quando não estão conseguindo as coisas do jeito que querem. Nesses momentos os eus bebês não têm nada de engraçadinhos.
– *Mas por quê? Por que não? Por quê? Você tem que me dar uma razão. Por que não?* – eles nos infernizam.

QUEM TESTEMUNHA OS ATOS DOS EUS BEBÊS A MAIOR PARTE DO TEMPO?

Outro fato da psicologia humana bem conhecido dos pais é o de que a mera presença dos pais é o suficiente para evocar o eu bebê dos filhos.

Tendo ficado na escola para conseguir uma ajuda extra, Paula está com sua professora de álgebra, a Sra. Hendrickson.

– *Bem, Paula, espero que esse tempo extra na escola tenha te ajudado a entender o que estamos aprendendo em álgebra.*
– *Oh, sim, Sra. Hendrickson. Obrigada. É difícil, mas acho que estou entendendo agora. Obrigada por ter ficado depois da aula comigo.*

Naquele momento, a mãe de Paula aparece na sala de aula.
– *Oi, querida. Eles disseram que não tinha problema se eu entrasse para te buscar aqui.*
– *Mãe! O que você está fazendo aqui? Você não deveria ter entrado. Eu disse que te encontraria no estacionamento. Você nunca escuta o que eu falo? Mãe! Realmente!*

Meu Deus – pensa a Sra. Hendrickson – *eu não conhecia esse lado da Paula.*

Este fenômeno, obviamente, é um exemplo real de como nos relacionamos com nossos filhos, mas também com aqueles cujas presenças sejam significativas em nossas vidas.

– *Pai, por que você sempre perde a paciência comigo e com a mamãe, e nunca com qualquer outra pessoa, a não ser quando está jogando golfe?*

A mera presença daqueles que nos são mais próximos e mais caros faz emergir o eu bebê que existe dentro de nós.

Alex, por exemplo, tem sempre um ótimo espírito esportivo. Ele nunca reclama durante as partidas de basquetebol ou quaisquer práticas. Mas tão logo esteja no carro com o pai para voltar para casa, ele libera o outro lado. Seus comentários se referem a uma partida na qual ele marcou dois pontos em uma curta participação.

– O técnico P. é um imbecil. Ele deixa o Billy jogar quase toda a partida, só porque o técnico P. é amigo dos pais dele, e o Billy é uma bosta de jogador. E quando eu entro e fico livre, como aconteceu hoje, aquele idiota do Clement nunca me passa a bola. Ele só quer arremessar – e nunca acerta uma porcaria de arremesso. Eu vou largar o basquete, estou falando sério. (Uma atitude que Alex nunca toma de fato.)

Deixe que eu lhe faça uma pergunta que pode ajudar você a colocar em perspectiva sua reação ao eu bebê de seu filho: Se é bom – e até mesmo necessário – que exista um lugar para o eu bebê de seu adolescente, e se esse bebê pode ser infantil, e até mesmo um bocado desagradável às vezes, você não acha melhor que o eu bebê de seu filho desenvolva-se em casa com você do que quando ele se encontra em público, com outros? É claro que você não tem escolha, devido ao fato psicológico anteriormente mencionado de que sempre que um dos pais esteja por perto do filho adolescente, o eu bebê desse adolescente irá aparecer. Mas se você tivesse escolha, não seria sua casa o melhor lugar para o eu bebê de seu filho ou filha se manifestar?

QUAL DELES É O VERDADEIRO EU DE SEU FILHO?

Há outra questão importante que todo esse negócio sobre eus bebês e eus maduros traz à tona: Qual desses dois – o eu bebê (aquele que você consegue ver) ou o eu maduro (aquele que os outros veem, o que tem o mesmo nome da sua filha e se parece com ela, mas não se encaixa na sua descrição em nenhum outro aspecto) – é o melhor indicador de quem seu filho ou filha realmente é?

E, ainda mais importante, qual desses dois é o melhor indicador de quem esse adolescente se tornará quando adulto?

Felizmente, no caso da maioria dos adolescentes, a resposta é: o eu maduro. E há fortes provas disso. Por volta do fim do ensino médio – senão antes – os adolescentes tendem a mudar. Eles se tornam agradáveis (não apenas para com os outros, mas até mesmo com você), e vão para o mundo, tornando-se cidadãos perfeitamente bons. Isso já vem acontecendo há mais de uma geração de adolescentes desaforados, os quais hoje compõem uma grande porção do mundo adulto. E esse mundo continua sendo bastante parecido a como sempre foi. Contrariando as preocupações dos pais, o mundo não foi nem será tomado por uma horda de bárbaros como resultado de sua forma de criar os filhos.

E essa mudança, de um adolescente respondão para um adulto mais ou menos maduro, se dá não porque os pais, na reta final do ensino médio, um pouco antes da linha de chegada, finalmente conseguem dar um jeito em seu adolescente mal-humorado, como eles imaginam que farão.

– *Foi uma tarefa árdua, mas, finalmente – bem a tempo, devo dizer –, nós conseguimos dar jeito no Carlton. Tivemos que marcar sob pressão bem no final, mas conseguimos.*

De jeito nenhum. Isso acontece porque, como parte normal de desenvolvimento psicológico, os adolescentes mudam para o estágio desenvolvimental de jovem adulto. A boa forma de acompanhar e educar que a maioria dos pais exerce – mesmo que não o perceba – surte efeito. Todos aqueles anos de amor, ensinamento e, por vezes, de disposição para estabelecer limites impopulares e fazer exigências impopulares dão fruto. O lado maduro deles prevalece.

– *Oi, eu gosto de você. Acho que é um bom pai. Você sempre foi, mesmo quando às vezes você meio que pirava. Além disso, quero que saiba que concordo com você que eu dirijo rápido demais, e tentarei controlar minha velocidade daqui por diante. E mais: se eu derramar alguma coisa na geladeira, vou fazer questão de limpar tudo.*

– *Vai mesmo?*
– *Bem, na verdade não sei se posso prometer a parte que se refere a limpar toda a sujeira na geladeira.*

E tudo isso acontece de forma automática, como parte normal da psicologia do desenvolvimento. Não é porque no último dia da adolescência de seu filho Barkley, seu pai decidiu finalmente pronunciar aquele sermão que enfim faria toda a diferença.

– *Escute aqui, mocinho. Se você pensa que vai poder continuar por mais um minuto que seja agindo desse jeito comigo e com sua mãe, bem, é melhor pensar bem, espertinho! Você nunca conseguirá se casar desse jeito. Nunca conseguirá um emprego. Bem, pense a respeito.*

E Barkley, impressionado pelas palavras do pai, diz:
– *Puxa, papai. Sinto muito por você e mamãe. O que você diz faz todo o sentido. Eu só queria que você tivesse me dito essas coisas antes, para que eu pudesse ter me comportado melhor com vocês dois. É claro que vou mudar. Você vai ver. Obrigado, papai.*

Não, não é por isso.

Mas se é verdade que, em sua maioria, os adolescentes – até mesmo os mais detestáveis – crescem e se tornam cidadãos bons e amáveis, o que isso nos diz a respeito do comportamento frequentemente desagradável do eu bebê que você tem que suportar ao longo da adolescência de seu filho?

Em primeiro lugar, o comportamento eu bebê não significa necessariamente que haja qualquer coisa errada com seu filho. Nem que exista algo de errado na forma como você está exercendo sua função parental. Fundamentalmente, o desagradável comportamento eu bebê de seu adolescente se deve a nada mais que isso: o comportamento desagradável se manifesta porque em casa, e com você, ele sente-se seguro o bastante para que isso aconteça.

"NUNCA DESISTIR!" – O LEMA DO EU BEBÊ

Felizmente, conforme mencionei antes, há uma maneira de você agir que é capaz de fazer decrescer a atitude respondona desagradável e a exasperação que você experimenta com seu adolescente. Isso tem relação direta com uma característica avassaladora dos eus bebês: quando um eu bebê não consegue as coisas do jeito que as quer, ele será capaz de dizer ou fazer qualquer coisa para mudar isso. Entretanto, se fracassar em seu intento, um eu bebê persistirá eternamente. E quero dizer para sempre, mesmo.

– *Não, sinto muito, Sarah. Não, e ponto final. Você me entendeu? Acabou o assunto.*
– *Mas por quê? Você não compreende. Por que não?*
– *Sarah, nós já discutimos isso. Não, sinto muito, Não.*
– *Mas por quê? Por que não?*
– *Sarah!*
– *Mas por que não? Você tem que me dar um bom motivo. É porque você me odeia, não é?*
– *Sarah, isso é ridículo. Eu não te odeio.*
– *Odeia, sim. Então me dê um bom motivo.*
– *Sarah, eu te disse um bom motivo.*
– *Não, não disse. Você me deu apenas um motivo estúpido.*
– *Sarah, não quero mais ouvir falar disso.*
– *Mas por que não? Por quê?*

E se a mãe de Sarah fosse para outro quarto, Sarah e seu eu bebê a seguiriam. Mesmo que a mãe de Sarah interpusesse uma porta fechada e trancada entre ela e a filha, isso não impediria que os apelos continuassem.

– *Mas por que não? Por quê? Mãe, você está me ouvindo? Por que não? Mãe!*

Quando os eus bebês não conseguem o que desejam, eles não desistem. É como se não pudessem seguir em frente. Ficam paralisados. Eles simplesmente insistem. Simplesmente não cedem. O que os eus bebês abominam acima de tudo é separar-se, parar de interagir. Quando não têm o que querem, não conseguem abrir mão.

Isso, mais que qualquer outra coisa, é a base da maior parte dos conselhos contidos neste livro.

Você não pode dizer *"Pare. Cale a boca. É assim e acabou. Chega, eu estou falando sério. Isso vai ter que acabar... agora. Estou falando sério. Ponto final"* para um eu bebê que não está conseguindo o que quer, e realmente esperar que ele retroceda.

Isso não irá acontecer.

E, obviamente, se deixarmos que aconteça, o eu bebê que não irá desistir acabará por fazer vir à tona nosso próprio eu bebê, que também não desistirá.

Aqui está um exemplo perfeito de uma troca desse tipo entre um pai e sua filha adolescente:

— Não se atreva a falar comigo desse jeito, mocinha.
— Eu falo com você do jeito que eu quiser.
— É bom você prestar atenção no que diz.
— O que você vai fazer? Me bater? Você bem que gostaria.
— É bom você aprender a controlar essa língua antes que alguém acabe te dando uns tapas.
— Você só está furioso porque não consegue mais me controlar.
— Você vai ter que aprender a respeitar os adultos. Como pensa que vai conseguir alguma coisa no mundo com essa sua língua?
— Eu vou me dar bem o bastante. Sem dúvida não preciso da merda da sua aprovação para isso.
— Você está passando dos limites.
— Você é que está passando dos limites.

Aí está: dois eus bebês em ação, e nenhum deles está nem um pouquinho perto de ceder.

Então, o que esse fato a respeito dos eus bebês nos diz quanto a educar adolescentes? O que isso nos mostra é que quando você contraria os desejos de seu adolescente, a grande sabedoria consiste em dizer o que você tiver para dizer, fazer o que tiver que fazer, e em seguida parar... Pois *eles* não vão parar. Uma poderosa habilidade no exercício de educar adolescentes hoje é a de aprender a interromper a interação, e é melhor fazê-lo cedo do que tarde.

ADOLESCÊNCIA: UM ESTÁGIO NECESSÁRIO

Antes de seguirmos adiante com o tema de como lidar com seu jovem filho, é extremamente útil compreender que muito do comportamento dele é o resultado direto de um fenômeno poderoso e inevitável: o advento da adolescência. Muito do comportamento desafiador de seu filho em relação a você não é uma reação no nível pessoal, e sim uma manifestação da adolescência em si. Trata-se de mais uma coisa que você não pode mudar. Mas felizmente é algo que tem fim, ainda que em seu próprio tempo, quando estiver pronta e boa, e houver percorrido seu curso. Nem um segundo antes.

A adolescência é a convergência de várias alterações desenvolvimentais dentro de um período relativamente curto de tempo. Nossos filhos começam a habitar novos corpos. Eles não apenas ficam maiores, mas, com o advento de seus caracteres sexuais secundários – o desenvolvimento de seios e quadris nas meninas, a perda da gordura de bebê e o crescimento de pelos no corpo dos meninos –, adquirem, de forma um tanto brusca, uma aparência muito mais adulta. Se um adolescente que você conhece, mas não vê há alguns meses, experimenta um surto de crescimento, você provavelmente identificará esse fenômeno antes mesmo de reconhecer o adolescente. É um fenômeno muito marcante.

Quem é essa pessoa? Randy, você é você?
– Sim...? O quê? Por quê?

Com seus novos corpos, os adolescentes tornam-se subitamente bem mais cônscios e muito mais autoconscientes a respeito de sua aparência.

Antes de entrar na adolescência, um menino de dez anos que se depare com um espelho poderia perfeitamente entabular o seguinte diálogo:

— Qual é o nome dessa coisa?
— É um espelho, querido.
— Humm, eu nunca tinha reparado nele antes. Para que serve?

Mas, uma vez adolescente, esse mesmo garoto saberá muito bem para que serve um espelho.

— Meu Deus, acho que meu nariz é um pouco torto pra esquerda. Mãe! Meu nariz é um pouco torto pra esquerda?
— Seu nariz parece com seu nariz.
— Mãe, estou falando sério!
— Não vejo nada de errado. Ele não parece torto para lado nenhum. Ele é normal.
— Não, mãe, olhe direito!

Eles levam tudo isso muito a sério.

Outra mudança entre adolescentes é que eles não apenas ficam mais inteligentes, como também realizam novos avanços cognitivos que lhes permitem compreender as coisas de uma forma mais adulta. De repente você tem que começar a vigiar o que diz, pois o que você antes falava e passava batido, eles agora captam com muito mais presteza.

— A tia Theresa certamente já teve vários namorados desde que se divorciou do tio Ed. Ela é uma vagabunda?
— Lainie, não use essa palavra.
— Então ela é?

A terceira mudança, e a mais dramática de todas, é o desenvolvimento da sexualidade. Eles agora não apenas têm a capacidade de se reproduzir, como também têm sentimentos sexuais de uma forma que simplesmente não existia antes. Seu mundo é transformado. Muito do que para eles era neutro, agora se torna sexualizado. Essa nova dimensão torna tudo em suas vidas diferente para sempre. Uma grande mudança.

– Pai, por que eles chamam essa parte de peito de frango? Isso é tão esquisito!
– Não sei, Lawrence. Nunca pensei a respeito. É o nome que eles dão.
– Não parece nada com peitos. Não tem mamilos.
– Chega, Lawrence.
– É estranho tocar nisso se for um peito.
– Chega, Lawrence.

A ALERGIA QUE TODOS OS ADOLESCENTES DESENVOLVEM

Há uma última mudança, puramente psicológica, que deve ser discutida antes de prosseguirmos. É uma mudança que, mais que qualquer outra coisa, determina por que os adolescentes agem da maneira que agem, e especialmente por que eles agem desse modo em relação aos pais. Essa mudança, que é uma parte normal do desenvolvimento humano, é o mandato adolescente: *Eu devo ver a mim mesmo como um ser independente, adulto. Não é mais aceitável que eu me sinta como uma criancinha dependente.*

O advento desse mandato faz sentido, pois em poucos anos eles terão que lançar-se ao mundo por conta própria, onde não serão bem-sucedidos caso continuem sentindo-se criancinhas dependentes. Essa necessidade de ver-se como uma entidade independente do tipo adulto é uma coisa boa. Ela é essencial. Mas há um único problema: até a chegada desse momento havia essa pessoa, ou pessoas, por quem eles nutriam fortes sentimentos de amor, apego e dependência – a saber: seus pais. Mas agora esses fortes sentimentos de amor, apego e dependência fazem com que eles sintam-se como crianças dependentes. E isso deixou de ser aceitável. Na verdade, trata-se de um grande problema. O resultado é aquilo que conhecemos como adolescência.

O exemplo a seguir ilustra esse ponto:
James, quinze anos de idade, está sentado sozinho em um sofá no quarto de TV, assistindo a um programa. Ele está bem relaxa-

do, até que sua mãe, sem nada dizer, entra no quarto. Imediatamente o corpo dele se tensiona. Ele já não está relaxado. Começa a se movimentar de forma nervosa no sofá. *Eu achei que tinha deixado meus óculos aqui, mas acho que me enganei*, pensa a mãe dele enquanto vira-se e deixa o quarto.

James imediatamente volta a relaxar. Ele teria apresentado exatamente a mesma reação em qualquer circunstância similar na qual estivesse sozinho em um aposento onde sua mãe entrasse. Ela entra, ele fica agitado. Ela sai, ele relaxa novamente.

Não se trata de um processo consciente. A mera presença da mãe evoca em James os fortes sentimentos de amor, apego e dependência que ele sempre experimentou em relação a ela. Antes esses sentimentos não estavam em questão; ele amava a mãe. Ele continua amando-a. Mas agora, como parte do mandato adolescente normal e recém-adquirido, tudo isso deixou de ser algo simples e tranquilo.

O aparecimento de sua mãe no aposento cria em James um conflito interno, uma tensão física bastante real. E isso vale tanto para meninos quanto para meninas. A mera presença de um dos pais cria um desconforto tangível. Se pudéssemos observar a cena através de um desses vidros espelhados, veríamos pais ausentes, filhos relaxados; pais presentes, filhos tensos e irrequietos.

Mas digamos que nessa situação particular a mãe de James faça algo ainda pior: depois de entrar no quarto, ela demore a sair. E ela não apenas fica, mas também fala. Diz o nome do filho.

– *James.*
– *O que foi?* – diz ele em um tom de voz irritadiço.
– *Não fale comigo nesse tom de voz.*
– *Que tom de voz?*
– *Esse daí.*
– *Não estou falando com tom de voz nenhum.*

Mas ele está, e daí eles prosseguem. Por que ele está sendo tão rude? Afinal de contas, sua mãe apenas mencionou o nome dele. Mais uma vez: isso não é intencional da parte de James. A entrada da mãe no aposento fez com que ele ficasse um tanto ou quanto tenso. Mas agora ela não está simplesmente no quarto; ela *permanece* no quarto. E não apenas permanece ali; ela está falando com ele! Sob circunstâncias tão desafiantes, sob estresse considerável, é muito difícil falar de uma maneira que não soe tensa e desagradável.

— *Você fala comigo como se você achasse que eu nem sou humana.*

— *Eu estou falando com você como se você fosse humana.*

Mas, como eu disse, ele não está.

Agora vou transformar esse mesmo incidente em uma verdadeira história de horror. Digamos que nessa ocasião específica, a mãe de James decide que precisa promover um momento de qualidade na relação mãe-filho. Assim, após entrar no quarto, ela vai até o sofá e senta-se junto ao seu amado filho. Pior ainda, ela põe o braço em volta dele. Isso, como a essa altura já sabemos, é simplesmente demais para o pobre James. Ele levanta-se e sai. Sua mãe fica com o coração partido. Ela está devastada. Sente-se tão rejeitada... ela estava apenas tentando se aproximar do filho. O que ela fez de errado?

Para responder a isso, voltemos à época em que James tinha 10 anos. Como na cena que acabamos de descrever, sua mãe entra no quarto e senta-se perto dele. E, como acima, ela põe o braço em volta dele. Mas dessa vez James tem apenas 10 anos e, como um menino de 10 anos, ele está bem relaxado. Gosta que sua mãe sente-se perto dele. Na verdade, nessa idade *ele* poderia muito bem ter a iniciativa dessa aproximação, pondo a cabeça no ombro da mãe antes que ela fizesse tal movimento.

E digamos que – conforme acontece com frequência – nos anos intermediários entre os dez e os quinze anos de James, a mãe dele nada tenha feito de especialmente errado. Ela foi uma boa mãe. Não cometeu quaisquer erros parentais marcantes. O que aconteceu para transformar aquele amável menininho de 10 anos em um garoto de quinze que literalmente não suporta ficar no mesmo quarto que sua mãe?

A resposta é, obviamente, o despertar da adolescência. Como parte do processo normal de desenvolvimento, a maioria dos meninos e meninas desenvolve uma alergia temporária aos pais.

Tudo nos pais os irrita.

– *Pai, você tem que respirar desse jeito?*

E o pobre pai do menino, que até então jamais havia prestado atenção na própria respiração, torna-se autoconsciente disso pelo resto da vida.

Seu tom de voz, que sempre havia sido fonte de segurança e prazer, agora se torna insuportavelmente irritante.

– *Mãe, você tem que falar desse jeito?*
– *De que jeito?*
– *Do jeito que você fala. Você não pode falar de outra maneira, que não seja tão irritante?*
– *Mas essa é a maneira como eu falei durante toda a minha vida.*
– *Bem, você não pode mudá-la?*
– *Mas é como eu falo.*
– *Está vendo? É isso, desse jeito que você acabou de falar. Me irrita demais.*

E, conforme discutido anteriormente, o mero fato de você estar ali já é um problema.

– *Você precisa mesmo?*
– *O quê?*
– *Ficar aqui.*

Finalmente, uma das coisas mais difíceis que todos os pais de adolescentes aprendem é que seu filho considera o simples fato de serem vistos com eles em público a maior das humilhações.

Leanna e sua mãe estão no shopping.

— *Finja que não me conhece.*
— *O quê?*
— *Eu acabei de ver Jessica e Kimmy entrando naquela loja. Finja que não me conhece.*
— *Mas eu sou sua mãe.*
— *Ai, meu Deus, vou ter que me esconder. Te encontro depois. Isso é tão humilhante.*

Eles têm alergia a você. É a quintessência do dilema adolescente. O que eles devem fazer com todos os inaceitáveis sentimentos de amor, apego e dependência que são criados pela sua mera existência, o que não dizer de sua presença? Especialmente quando outras pessoas testemunham isso.

Existem duas soluções adolescentes, uma delas preferida pelos meninos, a outra pelas meninas.

O estilo dos meninos envolve a ausência. Eles simplesmente escolhem não estar ali. Ficam fora de casa ou no quarto, com a porta fechada. E quando estão presentes, são evasivos ou resmungam. Eles são tão invisíveis quanto possível, muito embora estejam presentes.

— *Michael, você pôs a roupa suja na máquina de lavar?*
— *Mmbf.*
— *Eu não entendi o que você disse. Você pôs a roupa suja na máquina de lavar?*
— *Não sei.*
— *Como assim, não sabe? Michael? Aonde ele foi? Ele estava aqui agora mesmo. Michael?*

A solução dos meninos para os sentimentos inaceitáveis de amor, apego e dependência que têm em relação aos pais é simples: eles criam o máximo possível de distância. Em seu quarto. Fora de casa. E até mesmo quando estão com você eles são tão anticomunicativos quanto forem capazes. É bem parecido com um muro que vai sendo erguido.

O estilo das meninas, em contraste, envolve a combatividade. É como se elas se programassem para reagir a você assim: *Qualquer coisa que você disser eu irei discordar ou gritar. E no que diz respeito à sua presença irritante, farei você saber regularmente o quão irritante ela é.*

– Renee, você pôs a roupa suja na máquina de lavar?
– Por que você sempre tem que ficar em cima de mim pra fazer alguma coisa quando estou no meio de algo?
– Mas você não está fazendo nada.
– Estou, sim. Só porque não parece, você acha que não estou. Isto é uma grosseria! Tudo tem que ser na hora que você quer. Você não tem consideração nenhuma por qualquer coisa que esteja acontecendo em minha vida! O mundo não gira ao seu redor.
– Girar ao meu redor?
– Que foi? Você está querendo insinuar alguma coisa? Você está dizendo que não tenho consideração? O que você quer dizer?

Se for uma menina, você lida com os sentimentos inaceitáveis de amor, apego e dependência em relação aos seus pais simplesmente declarando sua independência a cada momento, e fazendo isso na cara deles.

– O que você quer dizer? Você está me criticando? Você é a mãe mais difícil do mundo!

O que pode ser especialmente enlouquecedor é que, em muitos adolescentes, essa alergia parece aumentar e diminuir. Durante parte do tempo – talvez por estarem sentindo-se temporariamente um pouco mais seguros a respeito de si mesmos, de sua independência e de sua própria integridade – eles parecem tolerar, talvez até mesmo gostar de estar com você.

– Viu, mãe? Não é legal? Apenas você e eu conversando? Devíamos fazer isso mais vezes.
– Devíamos?

Mas trata-se de algo definitivamente imprevisível. Vem e vai.

– Renee, o que você gostaria de comer no jantar?
– O quê? Sei lá, tanto faz. Por que você me pergunta? Eu provavelmente não vou gostar mesmo.

Isso faz com que você questione a si mesmo repetidas vezes. Ela estava tão agradável dez minutos antes. O que eu fiz?

– Eu pensei que fôssemos amigas.
– Por que eu iria querer ser sua amiga?

Como eu disse, vem e vai.

LEMBRE-SE DE NÃO LEVAR PARA O LADO PESSOAL

Para manter sua sanidade, apenas lembre-se disso: não é pessoal. É a adolescência. Faz parte do desenvolvimento psicológico normal. Durante boa parte do tempo a pessoa a quem seu filho está respondendo não é você de forma alguma, mas uma projeção de você que vem lá do fundo dele mesmo, uma imagem de você como o pai ou mãe que não o deixará prosseguir – muito embora sejam eles que não conseguem deixar você! Os pais são partes integrantes deles de uma forma tão marcante, que eles gostariam de os expelir de dentro de si mesmos. Os pais que, pelo simples fato de existirem, fazem com que eles sintam-se crianças pequenas.

Mãe, meu Deus, é esse seu jeito de olhar. É tão insuportável. Se você soubesse! Por que você está olhando para mim?
– Na verdade, eu estava olhando para a lâmpada.
– Ah, tá, sei.

Mas tenha fé: mais cedo ou mais tarde a adolescência termina. Como parte do desenvolvimento psicológico normal, seu filho passará para o próximo estágio de desenvolvimento. Ele se tornará adulto. Durante sua adolescência os filhos terão alcançado uma distância psicológica genuína de você. Você deixará de ameaçar o senso de independência psicológica deles. A alergia adolescente evapora. Eles se tornam agradáveis novamente.

– *Oi, o que tem pro jantar? Mãe, seu cabelo tá legal.*
– *Renee, é você mesma?*
– *Do que você está falando?*
– *Você está amigável. Minha filha querida.*

Pode parecer um milagre. Mas não é. Embora a adolescência seja incurável (nada há que você possa fazer para mudá-la), ela passa com o tempo.

Imagino que a essa altura vocês estejam perguntando a si mesmos a questão óbvia: *Então, se os desaforos são inevitáveis, a alergia a mim e ao meu cônjuge é de esperar, e meus filhos irão provavelmente crescer e se tornar cidadãos bons e produtivos a despeito dessa fase de desenvolvimento "normal", como eu lido com isso nesse meio-tempo?*

Para os principiantes, você deve tratar a adolescência como se trata um resfriado – ou qualquer outra doença que tenha que correr seu curso. Você deve dar o melhor que puder para reduzir os sintomas. Conforme você verá nas páginas que se seguem, a chave para ter um tempo mais agradável com seu filho adolescente reside em grande parte em aprender a habilidade de interromper a interação.

Deixe-me ir direto à questão mais básica de todas as interações entre pais e filhos: dizer "não".

CAPÍTULO UM

A IMPORTÂNCIA DE DIZER "NÃO"

Dizer "não" é muito fácil, certo?

— Mãe, me dá trinta e quatro dólares?
— Não, querida. Sinto muito.
— Oh, tá bom.

— Pai, você pode me levar de carro até a loja agora?
— Não, filho, sinto muito, mas estou ocupado.
— Oh, tá bom.

— Mãe, posso chegar em casa às duas e meia da manhã no sábado?
— Não, é tarde demais.
— Oh, tá bom.

Se ao menos fosse assim tão simples... Mas infelizmente uma primeira tentativa de um pai ou de uma mãe dizer "não" costuma ser mais parecida com isso:

— Pai, eu preciso de noventa e dois dólares pra comprar um novo par de tênis. Os que estou usando estão arrebentando e não cabem mais em mim.
— Não, Liam, sinto muito. Nós compramos tênis novos pra você faz apenas dois meses, e pra mim eles parecem ainda estar bons. Além disso, noventa e dois dólares é muito dinheiro pra gastar em um par de tênis.
— Você não está entendendo: os que eu tenho estão totalmente ferrados e não cabem. Como você pode saber se eles cabem ou não? Não é você que os está usando!

— Não, sinto muito, não temos dinheiro agora. Não vou te dar noventa e dois dólares para comprar um tênis.
— Você não tem dinheiro pra comprar um par de tênis pro seu filho quando os dele estão arrebentando?
— Liam, seus tênis não estão arrebentando.
— Você não entende o que é usar esses tênis ridículos na escola todo dia, e eles estão arrebentando! É realmente constrangedor! A verdade é que você é muito pão-duro e não está sendo razoável.
— Não é verdade que eu não esteja sendo razoável. Você não precisa de tênis novos.
— Você não está sendo razoável. Você não entende. Fico com vergonha de meus colegas verem esses tênis.
— Seus tênis estão bons.
— Não, não estão! Você acha que estão porque você não sabe nada. Você nem ao menos lembra como era quando você era um garoto!
— Liam, o que eu lembro ou deixo de lembrar não tem nada a ver com eu te dar um tênis de noventa e dois dólares.
— Tem, sim, porque você não sabe de nada!
— Liam, não fale comigo desse jeito.
— Falo sim, se você estiver sendo um imbecil, como agora!

POR QUE DIZER "NÃO" É TÃO DIFÍCIL

A dificuldade em dizer "não" é que com os adolescentes de hoje a conversa nunca termina com um simples "tá bom", como era comum anos atrás. Em vez disso, seu "não" desencadeia uma enxurrada de palavras e emoções extremamente desagradáveis, que continuam por um período tão longo que exaure completamente seu tempo e energia. Dizer "não" é sem dúvida a parte mais difícil e desgastante de ser pai ou mãe de um adolescente. Mas é uma das partes mais importantes, a despeito do que seus filhos lhe digam a esse respeito.

— *Dizer "não" é tão difícil para meus pais porque significa que eles têm que dificultar as coisas pra mim, o que eles não teriam que fa-*

zer caso simplesmente fossem razoáveis algumas vezes, o que eles não são. E se eles não me tratassem como uma criancinha de seis anos de idade, que é como eles me tratam, e como gostariam que eu ainda fosse. Mas, desculpem-me por existir, odeio desapontá-los, mas eu não sou um garotinho.

Adolescentes argumentam

Uma vez que você tenha dito "não" a um adolescente, qualquer coisa que você diga em seguida faz pouca diferença. A única coisa que seu adolescente ouve é se o "não" permanece ou é retirado. Enquanto você continuar a conversa, todas as palavras dele após o seu "não" serão tentativas de fazer você mudar do "não" para um "sim".

– Não, Liam, sinto muito. Nós compramos tênis novos pra você faz apenas dois meses, e eles me parecem ainda estar bons. Além disso, noventa e dois dólares é muito dinheiro pra gastar em um par de tênis.

Hum... – pensa Liam – o papai deu três razões diferentes para o seu "não". Deixa eu pensar: Qual dessas razões é a melhor para eu começar? Ou talvez eu deva usar uma estratégia de ataque completamente diferente. Hum... Deixa eu pensar.

Obviamente, tudo isso ocorre em um átimo de segundo.
Não se deixe tapear: eles não estão interessados em ponderar os prós e contras a partir de sua perspectiva de modo a chegar à conclusão mais razoável. Eles não estão interessados em compreender seus motivos para o "não", a não ser para usá-los como pontos de partida para os argumentos deles. Eles tampouco se importam se um "não" específico é justo ou não. Para eles, todos os "nãos" são injustos. Ponto final.

– O que você quer dizer com isso? Se meu pai fosse justo uma única vez na vida, eu seria o primeiro a admitir isso. Mas já que ele nunca é justo, nem uma vez sequer, eu não entendo o que você está querendo dizer.

O que isso significa é que você não pode esperar soltar um "não" e achar que eles vão compreender. Você não pode dizer "não" e em seguida dizer palavras que de alguma forma tornem seu "não" palatável para eles. Isso não acontecerá.

Como eu disse, não é provável que você ouça seu filho responder: "*Odeio admitir, pai, mas agora que você explicou, entendo seus argumentos. Eu queria um tênis mais maneiro, mas sei que o dinheiro está apertado. Estou realmente desapontado, mas compreendo que terei que aceitar. Na verdade, meus tênis atuais estão perfeitamente confortáveis. Eu estava mentindo.*

Após soltar um "não", nunca espere que suas palavras venham a convencer seu adolescente ou que elas gerem uma solução razoável e amistosa.

Uma vez que o pai de Liam tenha dito "não", o menino passa a fazer o que qualquer futuro advogado faria: ele começa a procurar apenas os pontos no caso de seu pai que ele terá mais chance de refutar com um bom contra-argumento.

Já sei o que vou fazer: Acho que talvez minha melhor estratégia seja meu primeiro argumento, o de que meus tênis não cabem mais em mim. Nenhuma das razões que o papai der pode refutar esta. Sim, é certamente por aí que vou começar.

Adolescentes são esplêndidos advogados de tribunal. Seus cérebros são muito bons, muito rápidos, com frequência mais ágeis que o nosso. O que lhes confere uma vantagem imediata sobre nós em qualquer argumento é que eles não têm compromisso algum com a verdade.

– Você não percebe, pai, mas a verdade (o que não é verdade em absoluto) é que o tênis do meu pé direito machuca o pé quando o calço. Na verdade, eu manco às vezes, mas eu compenso, e por isso você não nota.

Uma tática base de argumentação adolescente, bem conhecida de qualquer pai ou mãe, é a forma pela qual, em um período incrivelmente curto de tempo após o "não", você se vê engolfado em um pântano de evidências e contraevidências, defendendo uma ampla gama de argumentos que não faziam parte da discussão original de maneira alguma. Agora você se encontra na defensiva, confrontando uma nova alegação após outra, como a de que seu "não" é totalmente inaceitável, além de criminoso.

– Pai, você diz que eu não posso ir ao show. Deixa eu te fazer uma pergunta bem séria. Por que é que você parece querer literalmente arruinar a minha vida? Não é minha culpa que você não tenha sido popular quando era adolescente e não possa suportar o fato de que eu possa me divertir de vez em quando. Você sempre diz que não tinha sorte. Mas eu acho que você tem é inveja. É por isso que você diz tanto "não". Você não gosta que eu me divirta. Não é justo que eu tenha que pagar pelas lembranças ruins de sua adolescência.
– Do que você está falando?
– Estou falando de como estou pagando por sua adolescência deplorável.

Adolescentes nunca desistem

Mas não é a habilidade ou o estilo vaselina de um adolescente ao argumentar (e com "vaselina" quero dizer que eles não precisam acreditar em tudo que estão dizendo) que representa o principal desafio para conseguirmos dizer "não".

Digamos que, a despeito de todos os argumentos e contra-argumentos de Liam, apesar de todas as suas manobras inteligentes, seu pai não mude de ideia. Ele permanece firme, e diz: "Não, sinto muito, Liam. Não vou te dar o dinheiro para os tênis." Liam irá muito provavelmente recorrer àquilo que os garotos e garotas recorrem quando confrontados com um "não". Trata-se da mais poderosa arma em seu arsenal: a mais pura, incessante e empobrecedora insistência.

– Mas por que não? Por que não? Você não me deu um motivo. Por que não? Por que não? Você só dá motivos furados. Você tem que me dizer a razão. Pai! Pai! Por que não? Por que não? Pai, você está sendo nojento. Por que não? Pai! Por que não?

Obviamente esse foi um exagero, mas nem tanto assim. Na verdade, não é exagero algum. É uma abreviação. Liam iria muito mais longe que na descrição que fiz acima. Basta dizer que quando adolescentes se encontram do lado que está perdendo uma discussão, eles podem persistir por um longo tempo.

Conforme eu disse antes, os adolescentes nunca desistem de uma discussão. Deixem-me dar outro exemplo, um que envolve Olivia e sua mãe:

É noite de terça-feira, por volta das 19h.

– *Mãe, posso dormir na casa da Lydia nesta sexta? Vai uma turma pra lá.*

– *Não, filhinha, sinto muito. Eu simplesmente não fico à vontade com a ideia de você passando a noite com seus amigos na casa de outra pessoa.*

– *Por que não?*

– *Eu sei que vocês todos têm boas intenções, mas geralmente quando vocês todos se juntam o que acontece é que o todo acaba sendo maior que a soma das partes.*

– *Que diabos você quer dizer com isso? É a coisa mais estúpida que já ouvi em minha vida. Soma de quais partes?*

– *Não dê uma de malcriada comigo, Olivia!*

– *Bem, o que você espera que eu faça se você diz coisas completamente sem sentido e fica me tratando como se eu fosse uma garotinha de seis anos de idade? Você não confia em mim. Você sempre acha que vamos acabar fazendo sexo com algum menino, mesmo quando nem vai haver meninos no lugar.*

– *Não é verdade, Olivia.*

– *É verdade, sim! Minha mãe é uma louca. Minha vida é uma porcaria desde que você casou com o Randall! Não foi minha a ideia de você casar com ele.*

– *Não, Olivia. Você não vai dormir fora de casa, e pronto!*

Mais tarde, na mesma noite, às 20:14.

A mãe de Olivia acaba de desligar o telefone após conversar com uma amiga. Olivia entra:

— *Mas, mãe, isso é tão injusto! Nada de ruim vai acontecer. Não é culpa minha se você só tem sexo na sua cabeça! Não vai acontecer nada! Eu prometo que não vai acontecer nada de ruim. Não vai acontecer nada de ruim!*
— *Não, Olivia, eu já disse.*

Às 21:08, na mesma noite.
A mãe de Olivia está escovando os dentes. Olivia entra:

— *Mãe, eu acabei de falar com a Lydia, e ela disse que a mãe dela disse que não se incomoda nem um pouco de a gente dormir na casa dela. Ela não entendeu com o que você está preocupada. O que você tem medo que a gente faça? Mãe, é tão injusto!*
— *Olivia, não! Não, e eu não vou mudar de ideia. Não, e isso encerra esse assunto. Não. Não quero mais ouvir falar disso. A resposta é NÃO. Entendeu? NÃO!*

Mas, uma vez que aquilo que Olivia quer está marcado para sexta-feira, ela continuará o debate no dia seguinte.
Quarta-feira, às 17:15.
A mãe de Olivia está voltando do trabalho. Ao entrar em casa, ela é abordada pela filha.

— *Mas, mãe, nossa turma inteira está indo. Eu simplesmente não posso deixar de ir, mãe.*
— *Olivia, o que eu tenho que te dizer pra te fazer entender?*
— *Você poderia dizer "sim".*

O ponto que quero enfatizar ao relatar essa história é, obviamente, que, mesmo que você diga um "não" cuja proibição se estenda ao futuro, e mesmo que seu "não" inicial tenha sido incrivelmente firme e claro, você ainda assim terá que ouvir muito mais vezes seu filho insistindo no assunto até que o "não" em questão se torne irrelevante para ele.

A fúria dos adolescentes

Já cobrimos o tema das habilidades de debate da maioria dos adolescentes e sua extraordinária persistência. Mas há duas últimas armas importantes: a paixão pura e a energia. Estas serão facilmente reconhecidas pela maioria dos pais como parte da armadura adolescente. Na verdade, a indignação, extraída do centro de seu ser, facilmente acessível e capaz de passar de 0 a 100 km/h num instante, está entre suas ferramentas favoritas.

> – Não, Tanya, sinto muito.
> – Mas como assim, "não"? Você não pode dizer "não"! Não pode!
> – Foi o que eu acabei de fazer, Tanya.
> – Mas você não pode! Você não entende! Você não pode! Você é tão má! Eu não acredito! Você é uma bruxa! É o que você é! Você não pode fazer isso!

Durante todo esse tempo, Tanya está gritando com a mãe.

Quando não conseguem as coisas que querem e do jeito que querem, os adolescentes podem recorrer a um vasto reservatório de intensidade emocional com uma força e velocidade incríveis. Estar na posição de receptáculo desse dilúvio pode ser uma experiência extremamente esmagadora e desgastante, para dizer o mínimo.

O que pode tornar tudo isso acima mencionado ainda mais enlouquecedor é que, após essa poderosa explosão – que deixa você agitado e exausto pelo resto do dia –, muitos adolescentes parecem estar bem. Em um tempo desconcertantemente curto, eles prosseguem com suas coisas, indiferentes ao que acabou de acontecer entre você e eles.

> – O que tem pro jantar?
> – Como assim, "o que tem pro jantar"?
> – Apenas o que eu disse: "O que vamos ter no jantar"? Espero que não seja carne moída.

– Como você pode me perguntar o que tem pro jantar?
– Porque eu estou com fome. Qual é o problema?

Eles realmente não se dão conta. Se a pessoa for mencionar:
– Você acabou de ter uma briga horrível com sua mãe. Você estava realmente furiosa e aborrecida. Você estava gritando com ela. Você não lembra?

A resposta seria:
– Sim, eu lembro. Ela estava sendo uma bruxa naquela hora. Eu estava furiosa com ela, o que eu deveria mesmo estar, pois ela estava sendo uma bruxa. Mas não estou mais com raiva agora, estou com fome. Qual é o problema?

POR QUE VOCÊ NÃO DEVE CEDER

Quando estiver lidando com seu filho ou filha adolescente, você desejará ser capaz de dizer "não" e sustentar sua decisão. Você desejará dizer "não" sem ter que sempre travar uma enorme batalha. Mas fazer isso não é fácil. Eles trazem um estoque de armas para a discussão. Pronunciar um "não" forte é fundamental. Você precisa estabelecer um que tenha realmente força. O erro número 1 na educação de um adolescente – um erro pelo qual você terá que pagar continuamente – é o de deixar que eles te dobrem com muita frequência. Por vezes, a despeito de seus grandes esforços, isso acontecerá. Você é humano. Não haverá grandes problemas se isso for a exceção, e não a regra. Mas se a insistência deles der frutos e seu "não" mudar para "sim" com muita regularidade, isso vai gerar um desastre. Porque sob tais circunstâncias, seu filho aprenderá a seguinte lição terrível: *Se eu perturbar e não conseguir o que quero, e continuar perturbando e não conseguir, isso significa que não perturbei por tempo suficiente ou com a dureza necessária – então é melhor eu redobrar meus esforços em aborrecê-lo.*

Se eles aprendem que podem vencê-lo pelo cansaço, eles vão continuar agindo assim, e não vão ver nada de errado neste comportamento.

O que eu posso fazer se minha mãe insiste em algo completamente injusto e nunca me ouve? Você está dizendo que eu não devo lutar por aquilo que quero?

Se eles aprendem que podem vencê-lo pelo cansaço, você terá assegurado quantidades imensas de perturbações de agora em diante, até o fim da adolescência, e talvez por mais tempo ainda. O maior dos perigos em ceder é que daí por diante serão eles a comandar o espetáculo, e não você. Eles terão o controle de onde traçar as linhas demarcatórias. E isso é simplesmente inaceitável.

– *Como você pode deixar que ela...?* – Já podemos ouvir as vozes dos outros. Eles estão chocados com o que está acontecendo.

– *Bem, eu não deixei, exatamente. Você meio que tem que entrar no espírito da coisa pra entender.*

Felizmente, não é uma causa perdida. Há regras que podem proporcionar uma ajuda significativa nesta que é a mais difícil de todas as tarefas relacionadas à educação de filhos adolescentes. Mas, sinta-se avisado, nada há que eu possa aconselhar – especialmente se você tem um adolescente especialmente voluntarioso – que garanta que dizer "não" será fácil.

SUSTENTANDO SUA POSIÇÃO

Embora seus filhos possam nem sempre agir de forma madura, você ainda assim quer lidar com eles da maneira mais adulta possível. Isso nem sempre é fácil, mas manter o respeito mútuo é sempre a meta.

Para começar, diga "não" e declare seu motivo. Eles sempre desejarão saber o porquê, e merecem uma explicação, a qual deve ser tão breve e honesta quanto possível.

– *Mãe, posso comprar uma colcha nova pra minha cama?*
– *Não, sinto muito, Molly. Acho que essa que você tem está ótima, e colchas não são baratas. Sinto muito, não.*

É claro que você não deve esperar que com o seu "não" e seu motivo o assunto termine aí.

— *Mas, mãe, a minha colcha velha está toda esfarrapada e rasgando. É a mesma que eu tenho desde o quarto ano.*
— *Não, sinto muito, Molly, você terá que se virar com a que tem. Além disso, ela não está tão ruim assim.*

É muito importante que você preste atenção ao que eles têm a dizer. Você deve sempre mostrar esse respeito por eles. É um direito deles. Eles vivenciam a recusa em ser ouvidos como uma ofensa, e isso imediatamente ergue uma barreira entre vocês dois. Ouvir – pelo menos no início – o que eles têm a dizer é importante. O passo seguinte, obviamente, é tentar determinar se o argumento deles é razoável.

— *Mas eu tive uma dor de cabeça terrível hoje! Você não pode querer que eu suporte um desapontamento desses no auge da minha dor de cabeça! É muito injusto!*

Por mais unilateral, passional ou ilógico que possa ser o argumento deles, ainda assim você lhes deve o respeito de fazê-los saber que foram ouvidos. Em seguida, no entanto, você deve ir em frente.

— *Sinto muito que você tenha tido uma dor de cabeça. Mas não, você não vai ganhar uma colcha nova.*
— *Mas eu estou com dor de cabeça. Está muito forte! Você não pode me negar a colcha! Posso sentir minha dor de cabeça piorando!*
— *Não, sinto muito, Molly.*

Mas digamos que, nesse caso, Molly apresente argumentos válidos.

— *Mãe, você está errada. A colcha está bem ruim, sim. Espere um minuto. Fique aí mesmo.*

E Molly corre até seu quarto, tira a colcha da cama e volta até a mãe.

— *Olhe pra ela! Olhe!*

Molly aponta os inúmeros buracos na colcha pelos quais o estofamento está saindo, e, de fato, o tecido que reveste a colcha está esfarrapado e muito fino.

– Mãe, me escute. Eu vi uma colcha bem legal na For Bed and Bath que estava em promoção, a um preço bem em conta. Não estou dizendo que preciso de uma colcha nova porque eu sou uma pirralha mimada. Preciso mesmo de uma colcha nova! E digamos que, nesse exemplo particular, a mãe de Molly, olhando para a colcha, já não esteja tão segura da sua decisão. Ela pensa: *Molly tem razão. A colcha está realmente em péssimas condições. Não sei quanto tempo vai demorar para simplesmente se despedaçar.*
– Quanto custa a colcha na For Bed and Bath?
– Sessenta e nove dólares.
– Acho que dá pra comprá-la. Podemos ir lá nesse fim de semana.
– Obrigada, mãe. Obrigada. Você é a melhor mãe do mundo.

Está tudo bem se Molly foi capaz de argumentar com a mãe e acabar por convencê-la a mudar de ideia? Sem dúvida que sim. É ótimo que eventualmente você mude de ideia em resposta ao que seu adolescente diz. Isso envia a ele duas mensagens muito boas. A primeira delas é que você não apenas escuta seus filhos, mas também leva em conta as palavras deles. Você não está apenas ouvindo o que dizem, mas também pensando a respeito. Você está lhes oferecendo respeito genuíno. E *isso* é muito bom.

Em segundo lugar, você está fazendo seu filho saber que você pode ser flexível. Você não é alguém que, uma vez tendo uma ideia em mente, irá recusar-se a abrir mão dela. Você não é totalmente rígida. Em resposta, Molly tenderá a pensar: *Mamãe é flexível. Ela não é uma imbecil completa – somente a respeito de quase todas as outras coisas. Mas não é uma imbecil completa.*

PONDO FIM À CONVERSA

Ouvir seu filho, como acabamos de ver, é bom. Na verdade, não é apenas bom, é essencial. A discussão – um verdadeiro diálogo com avanços e recuos – também é boa. Argumentos e contra-argumentos, entretanto, só são bons até certo ponto. Deixe-me perguntar uma coisa: Quantos pais de adolescentes hoje em dia têm, uma vez que seja, uma experiência similar à descrita acima?

Serena não queria ter que passar o fim de semana na casa dos avós enquanto os pais dela viajavam. Ela queria poder ficar em casa sozinha. Ela argumentou com veemência com o pai, mas ele simplesmente não ficava à vontade de jeito algum com a ideia de Serena ficar sozinha em casa enquanto eles estivessem longe dali.

– *Mas não vai acontecer nada! Quando foi que eu me meti em confusão? Quando foi que dei motivos pra vocês acharem que não tenho um bom discernimento? Posso ligar para o vovô e a vovó se houver algum problema.*

Por mais que tentasse, Serena não conseguia demover o pai. E ele tampouco conseguia demovê-la.

– *Não é em você que eu não confio. Mas o resto da garotada saberá que você está sozinha, e a tentação será grande demais.*

Eles continuaram debatendo por um tempo, Serena manifestando suas objeções, o pai respondendo a elas, até que a argumentação de Serena começou a adquirir um tom menos estridente. As palavras de seu pai estavam começando a ganhar força. Os motivos oferecidos por ele para não se sentir confortável com a ideia de deixar a filha sozinha em casa começaram a ficar cada vez mais difíceis de ser refutados. Do ponto de vista de Serena, as coisas que *ele* dizia realmente faziam bastante sentido. Até que finalmente – uma boa meia hora depois de a discussão ter começado – Serena cedeu.

– *Acho que entendo o que você está dizendo. Eu compreendo. Odeio admitir, mas, como você diz, "nem sempre se pode ter o que se quer". Acho que terei que aceitar isso. Quero deixar registrado que não gosto disso. Mas obrigada por, ao menos, me ouvir. Afinal, não é o fim do mundo.*

É provável que eu possa afirmar com segurança que nenhum de vocês jamais teve tanta sorte assim. Simplesmente não é possível. Essa só pode ser uma historinha de faz de conta. Nada desse tipo acontece no mundo real.

– *Acho que entendo o que você está dizendo?*

Não é provável. A resposta real seria mais para:

– *Eu não acredito! Pai, não quero ferir seus sentimentos, mas os seus pais são as pessoas mais chatas do mundo. Eu vou morrer se tiver que passar três dias naquela casa com eles. Eu vou morrer, mesmo!*

– *Serena, estou de saco cheio de você nunca aceitar nada que não seja exatamente do jeito que você quer. Você não tem ideia da sorte que tem. Sua mãe e eu, uma vez na vida, queremos viajar. Mas você tem que tornar tudo difícil. Quem sabe você poderia pensar um pouquinho em alguém mais além de você própria. Você é impossível. Impossível.*

– *Você é que é impossível!*

Conforme o exemplo *real* acima ilustra, quando dizemos "não" a adolescentes, é importante que haja uma escuta genuína e respeitosa. É bom, útil e necessário que haja uma discussão verdadeira e que ponderemos acerca do que o adolescente tem a dizer quanto aos seus motivos para dizer "não". Mas se a conversação for além de algumas poucas falas e réplicas razoáveis, rapidamente o valor desse debate diminui. A partir de certo ponto, posso lhe garantir que uma discussão sensata se transformará em uma batalha incansável pela vitória.

– *Mas, pai, você não está entendendo. Eu não posso ficar lá por três dias. Esse não é um plano viável. O vovô e a vovó ficam assistindo a reprises de A Roda da Fortuna. Não é um ambiente adequado para uma adolescente.*

A regra é simples. Após apresentar um "não", ouvir e discutir, mude de ideia caso sinta-se inclinado a tal. Do contrário, conclua e pare de interagir. Ponto final. É a única saída segura.

Então, como saber que chegou a hora de parar? Como você pode reconhecer o ponto no qual a discussão mudou para uma espécie de briga de tribunal, que só vai levar a uma escalada da raiva entre ambas as partes? Como você pode antecipar aquele momento em que o equilíbrio começa a ser comprometido? A resposta é simples: deixe que sua pressão sanguínea lhe sirva de guia. Digo isso com toda a seriedade. Como você bem sabe, se tem um filho adolescente, muito cedo em qualquer discussão que envolva um "não" chega um momento no qual você sente claramente uma crescente onda de raiva, um aumento bem marcado do estresse no interior de seu corpo. Você pode não notar de imediato por estar imerso na interação com seu filho ou filha. Mas se você se treinar para procurar, nunca é muito difícil reconhecer o ponto no qual a discussão entra com clareza em um estágio combativo. É aí que você deve parar de interagir, e da forma mais instantânea que puder.

– *Não, sinto muito, Serena, você terá que ficar na casa dos seus avós.*
– *Mas eu não posso! Não é justo! Eu vou morrer! Você tem que acreditar em mim! Você não ouve uma palavra do que eu digo...*

Um grande benefício de aprender a desligar rapidamente é que você evita o ciclo vicioso que se estabelece quando permanece em uma querela por um tempo demasiado longo, e tanto você quanto sua adolescente estão com a cabeça quente. Quanto mais se prolongarem as réplicas e tréplicas, mais difícil será parar de interagir, e mais provável que aquilo que teve início como um diálogo, e progrediu para uma querela, se torne uma briga feia.

– *Vá se foder! Eu vou fugir no fim de semana! Vá se foder! É isso que você tem que fazer. Vá se foder!*
– *É melhor você prestar atenção no que fala, Serena!*
– *Não! Vá se foder! Eu vou fugir! Vá se foder!*

PARAR DE INTERAGIR E A IMPORTÂNCIA DA REGRA DO "MELHOR CEDO DO QUE TARDE"

Quando, exatamente, parar de interagir? Quais são as técnicas para alcançar um desligamento mais seguro? Elas são bastante simples: basta calar a boca. Pare de falar. Não diga coisa alguma. Uma vez que o pai de Serena tenha concluído que a discussão entrou na zona do não-mais-útil, não importa mais o que Serena diga – e ela dirá mais coisas –, seu pai nada deve falar.

– *Me diga uma única vez em que você tenha confiado em qualquer coisa que seja que eu fosse fazer! Você nunca confia em mim! Nunca! Diga uma única vez em que você tenha confiado!*
– E ela irá continuar.

Mas não importa o quanto ela insista em fazê-lo morder a isca, seu pai não deve fazê-lo. A discussão terminou.

Se o pai de Serena quiser, ele pode dizer mais uma única vez:
– *Sinto muito, Serena, mas você terá que ir para a casa de seus avós.*

Mas é só. A grande armadilha a ser evitada nesse ponto é a de dizer a seu filho ou filha que a conversa acabou. O pai de Serena não deve dizer a ela que pare de falar.
– *Serena, eu não quero mais ouvir falar desse assunto.*

A única coisa que essa frase certamente provocará é que Serena fale ainda mais – e ela estará um pouco mais raivosa com o pai por tê-la mandado calar-se. *Quem diabos ele pensa que é para me mandar calar a boca?*
– *Você não quer ouvir falar mais no assunto porque sabe que não está sendo razoável!*

O pai de Serena precisa ir embora. Ele precisa afastar-se da filha.
– *O que você está fazendo? Aonde você vai? Você ainda não me deu um bom motivo! Você não pode me fazer ficar na casa da vovó! Pai!*

Não existe palavra que faça com que Serena desista da discussão. Não há palavras que a façam parar de insistir. Acredite em mim quando digo que não há palavras que a façam desligar-se da interação.

– *É assim que vai ser, Serena. Eu cansei. É melhor você tomar cuidado com o que diz, mocinha. Você está indo longe demais. Nem mais uma palavra. Você me ouviu? Nem uma só palavra!*

Uma fala como essa acima seria um *grande* erro. É o pai de Serena quem precisa parar de falar. Uma vez que tenha realmente se decidido, ele precisa afastar-se dela e sair. O mais rápido que puder.

Tenha em mente que mesmo que ele pare de falar, Serena pode muito bem insistir. Ela pode ser uma dessas cujos eus bebês simplesmente continuam e continuam, como uma pilha que não acaba.

– *Pai, você não entende! Pai! Pai! Você não está me ouvindo, pai!*

Os adolescentes podem ficar desesperados em sua persistência. O que você deve fazer, então? E se Serena continuar com isso por mais meia hora? Uma hora? Vários adolescentes podem insistir por muito tempo. Alguns pais saem de casa apenas para se verem livres de um filho turrão. Ameaças de castigo – mesmo quando cumpridas – são surpreendentemente inúteis. Conforme muitos pais acabam por descobrir, uma vez que os adolescentes estejam irritados e profundamente presos a seus eus bebês, eles não poderiam se importar menos com as consequências. As ameaças, quando muito, só fazem aumentar sua ira.

O melhor conselho que posso dar para situações que pareçam ser impossíveis de interromper é: não retome a luta. Segure firme, por mais difícil que possa ser. Sua filha ou filho acabará perdendo a força. Mas pode ser uma experiência longa e desagradável. A razão pela qual esse é o melhor conselho que posso oferecer é simples: todas as demais alternativas envolvem retomar a interação de alguma forma, o que só poderá fazer com que as coisas piorem. Quando os adolescentes insistem em ficar em cima de você, qualquer coisa que você faça pode disparar a retomada da interação e só servirá para colocar mais lenha na fogueira. Além disso, ao manter-se firme, em vez de interagir – mesmo quando sob esses ataques incessantes –, envia a melhor mensagem de todas: *não importa o quanto você perturbe, eu não mudarei de ideia. Independentemente do quanto insista, você não conseguirá me fazer voltar à discussão. Isso não vai acontecer.*

Obviamente a pergunta inevitável para os pais é: *E se começar a fazer sentido? E se você de início disse não, mas quando os argumentos persuasivos de seu filho abalaram sua convicção, fizeram com que você se questionasse a respeito de ele poder estar certo?* Eu posso lhe garantir: isso não é um problema. Você sempre terá uma opção aceitável.

– *Vou pensar a respeito.*
– *Você vai pensar a respeito? O que você quer dizer com isso? Quanto tempo isso vai levar? E o que eu faço enquanto você pensa a respeito? Eu vou ter que ficar em pé aqui, esperando?*
– *Eu disse que vou pensar a respeito.*

É uma resposta perfeitamente legítima. É a verdade: você não tem certeza. Isso lhe dá tempo para pensar melhor a respeito. O mais importante, porém, é que essa resposta faz com que eles saibam que nesse momento você está pondo fim à discussão.

– *Vou pensar a respeito.*
Por ora, é isso.
– *Eu estou aqui, esperando. Você já decidiu?*
– *Eu disse que vou pensar a respeito.*

MANTENDO-SE FIRME

Conforme eu disse antes, o maior desafio diário na tarefa de educar adolescentes é o de lidar com as suas persistentes tentativas para fazer você ceder, para intimidar você até que mude de ideia, para reverter seus "nãos". Algumas vezes eles terão êxito. A despeito de seus melhores esforços, você ocasionalmente irá capitular e permitir algo completamente oposto às suas intenções. Mas uma ocorrência isolada não configura um desastre. Isso só se dá caso você comece a ceder regularmente. Daí, sim, você terá sem dúvida um problema. Um grande problema. Logo, se você quer ter um "não" que funcione a maior parte do tempo, precisa sustentar seus "nãos". É preciso que esteja disposto a mantê-los até o fim.

Embora alguns adolescentes sejam mais fáceis que outros, há alguns por aí que precisam ouvir toneladas de "nãos" e que ainda assim empenham-se em uma tremenda batalha contra cada um deles. Se o seu filho ou filha for um desses, você deverá escolher cuidadosamente suas batalhas, para que na maior parte das vezes possa prosseguir com elas até o fim. Existem, é claro, adolescentes perante os quais dizer "não" constantemente e travar uma batalha por cada coisa simplesmente não funciona. Quando você lida com esse tipo de adolescente, há duas regras básicas que ajudam a manter eficazes os seus 'nãos' para as situações futuras.

Devo mencionar aqui que minha postura é um pouco diferenciada no que diz respeito ao mais reverenciado bastião da boa criação de filhos: a firmeza. Minha recomendação é que se, em um determinado dia, você não estiver propensa a sustentar um "não" em particular, e perceber que nesse caso específico o seu "não" vai gerar uma luta demorada por algo que não seja tão sério assim, você *pode* escolher retroceder.

> *Tive um dia exaustivo hoje. Não tem nada a ver com o Cameron, mas estou um caco, e acho que se aparecer qualquer coisa a mais, até mesmo o problema mais fácil, eu não vou dar conta. Estou fora de qualquer briga hoje. Hoje não. Estou fora, nada de briga.*
>
> *– Mãe, posso comer seu iogurte especial? – pergunta Cameron. – Estou com uma fome!*
>
> *É claro que ele não pode comer meu iogurte especial. Esse é o último. Quero comer amanhã, e ele sabe disso. Posso comer iogurte no trabalho, mas não desse tipo, que eu adoro. Mas quer saber de uma coisa? Se eu disser "não", ele vai começar a me infernizar. Tenho certeza. E realmente não estou no pique hoje. Não estou mesmo no pique.*

Meu conselho em tais circunstâncias é que o deixe tomar o iogurte.

Após anos agindo de forma totalmente contrária, posso imaginar seus pensamentos: *mas isso não quebra todas as regras da forma ideal de criar os filhos? Todo mundo sabe que as crianças não respeitarão as regras a menos que você seja firme e se atenha a elas. A mãe de Cameron não estaria minando sua própria regra quanto ao filho não comer seu iogurte especial? As regras não têm que ser rigorosas? Você não pode simplesmente romper uma regra porque não está disposta a uma briga. Isso não significa que Cameron agora sabe que há um jogo aberto à questão do iogurte, que a regra "não-tome-o-iorgurte-especial-de-sua-mãe" deixou de valer?* Minha resposta a todas essas perguntas é, na verdade, não.

Os pais ouvem dicas a respeito de ser firmes o tempo todo. Entendo isso. Mas eu acredito que a firmeza precisa ser muito mais em relação a conseguir sustentar seus "nãos" do que na absoluta manutenção de determinada regra. O que precisa ser mantido não é a noção de que as regras são invioláveis, mas que se você disser "não" – e o fizer com seriedade –, esse "não" sempre significará "não".

– *Quer saber, Cameron? Hoje, em especial, vou deixar você tomar meu iogurte.*

– *Puxa, mãe, obrigado. Você está se sentindo bem? Isso é tão estranho...*

Se essa mãe for uma pessoa que na maior parte do tempo fala sério quando diz "não" e mantém-se firme em sua posição, nesse caso contrariar a regra uma única vez não fará absolutamente dano algum. Visto que seu "não" realmente significa "não" 99% das vezes, a regra "não-tome-o-iorgurte-especial-de-sua-mãe" continuará valendo da próxima vez que o filho vier a pedir-lhe o iogurte.

– *Mãe, posso tomar seu iogurte especial?*
– *Não, Cameron. Você sabe que não pode tomar meu iogurte especial.*

— *Mas da última vez você deixou.*
— *Aquela foi uma combinação especial, que só valeu para aquela ocasião. Não, você não pode tomar meu iogurte especial.*
— *Ah, mãe, por favor...*
— *Não, Cameron.*

E se a mãe disser "não" de uma forma que Cameron reconheça, com base em suas experiências passadas, que realmente aquilo significa "não", não haverá problemas.

— *Continuo sem entender por que não posso comer o iogurte especial.*

ESCOLHENDO SUAS BATALHAS COM FILHOS FÁCEIS DE LIDAR

Ainda bem que sustentar o "não" até o fim não é tão difícil com alguns jovens. É o caso de Leanna:

— *Não, Leanna, onze da noite é sua hora de se deitar. Depois de meia-noite é muito tarde.*
— *Mas, mãe, o filme a que vamos assistir só termina depois de onze e meia. E eu não tenho como chegar antes de meia-noite porque será a essa hora que a mãe da Roxanne vai me trazer pra casa. Não é minha culpa que o filme termine tão tarde.*
— *Não, sinto muito, Leanna. Minha resposta é não.*

Nesse caso, Leanna pode perturbar um pouco mais, deve haver mais um pouco de réplicas e tréplicas, mas a mãe dela permanece resoluta.

— *Não, Leanna, meia-noite é muito tarde.*

Diante dos "nãos" firmes da mãe, Leanna sente que não chegará a lugar algum, desiste e sai do quarto, murmurando ao sair: *"Mamãe nunca me deixa fazer nada. Isso é uma estupidez! Outras meninas não têm que passar por nada disso. Por que eu fui ter uma mãe como essa?"*

Talvez Leanna ligue para uma amiga ou entre na internet para reclamar mais um pouco de sua vida infeliz. Talvez consiga alguma manifestação de solidariedade de amigos.

— *Devo te dizer, Leanna* — escreve sua amiga Jeanine —, *dei sorte com a mãe que tenho. Pra você tudo é uma dureza. Eu ficaria louca.*

— *Eu fico louca* — responde Leanna.

Mas gradualmente Leanna vai ficando menos chateada. Aos poucos, vai se resignando com seu insucesso, supera isso e não traz mais o assunto à tona. O "não" de sua mãe foi mantido sem que houvesse um bate-boca prolongado com Leanna.

Na verdade, do ponto de vista da mãe de Leanna, sua filha foi bastante fácil.

É verdade. Ela insiste um pouco, mas desde que eu assuma uma posição firme, Leanna geralmente não me dá muito trabalho.

Nenhum grande problema. Na maioria das vezes, se você realmente sustentar seus "nãos" será isso o que irá acontecer.

ESCOLHENDO SUAS BATALHAS COM FILHOS DIFÍCEIS DE LIDAR

Mudemos um pouco a história para ilustrar as ações de um tipo diferente de jovem. Suponhamos que Leanna não seja tão fácil assim. Pelo contrário, ela tem um temperamento que varia significativamente da Leanna da minha primeira versão. Ela adora comprar uma briga. Há sempre um monte de coisas acontecendo em sua vida. Ela quebra regras o tempo inteiro, ou, quando não, tenta burlá-las ou distorcê-las. É uma pessoa difícil de lidar. Contraria tudo que você quer, e, bem diferente daquela primeira Leanna, não se resigna diante dos "nãos".

Digamos que essa Leanna não apenas queira estender o toque de recolher para poder assistir a um filme em particular; suponhamos que pretende mudar toda a combinação a respeito do horário de deitar-se. Ela quer alterar o limite do horário nas noites de sexta e sábado de onze da noite para meia-noite. E digamos que, na idade dela — quinze anos —, sua mãe simplesmente não se sinta à vontade com isso. A mãe de Leanna absolutamente não deseja que a filha esteja na rua depois das onze da noite com frequência. Ela tem a sensação de que ficar na rua até tão tarde deixaria a filha muito vulnerável a situações de risco.

— Mãe.
— Que foi?
— Eu quero mudar o horário de chegar em casa no fim de semana pra meia-noite. Onze horas é uma droga. Eu perco toda a diversão. Você tem que mudar meu horário.

Mas suponhamos que nessa mesma ocasião em que Leanna tenha resolvido iniciar sua campanha para alterar de forma permanente o horário de se recolher, ela tenha também decidido que quer tingir de vermelho brilhante a parte da frente dos cabelos. A mãe dela acha que a aparência da filha ficará ridícula, e que Leanna ficará menos atraente, sendo vista como uma esquisita na escola — mais ainda do que já é considerada. A mãe de Leanna não quer que a filha tinja a frente dos cabelos de vermelho brilhante.

Aqui reside o verdadeiro problema: quando você tem uma filha, ou filho, que não é lá muito fácil, se verá obrigado a fazer escolhas difíceis quase diariamente. Se você tem um adolescente que está sempre a forçar os limites, que está constantemente entrando em batalhas com você e que se engaja em cada uma delas com considerável energia e persistência, você não poderá prolongar cada uma dessas batalhas até o fim. Isso não funciona, pois você simplesmente não tem energia ou força para prosseguir em cada uma delas até sua conclusão. Com muita frequência, você ficará exausto e acabará cedendo. Muitas vezes vai explodir, o que pode resultar em algumas cenas bem desagradáveis. O pior de tudo, entretanto, é que as batalhas constantes irão macular seu relacionamento com seu filho, fazendo dos anos de adolescência dele uma luta constante. Isso vai gerar uma relação de grande má vontade mútua entre vocês. Isso não será bom nem para um, nem para outro.

Leanna irá pensar: *Eu odeio minha mãe. Seria bom se ela simplesmente fosse amigável comigo algumas vezes. Mas ela só que saber de brigar.*

A mãe de Leanna confessará para si mesma: *Eu estremeço quando chego em casa e Leanna está lá. Qual será o problema dessa vez? Nunca tenho prazer em estar com ela, pois há sempre algum ponto de discórdia. Sempre há alguma coisa. É incrivelmente desgastante.*

A mãe de Leanna tem que fazer algumas escolhas. Eu perguntaria a um pai, ou a uma mãe, que se encontrasse em uma situação igualmente complicada:

– *E quanto ao horário de se recolher? Você consideraria deixá-la ficar na rua até mais tarde nos fins de semana?*
– *Não, de maneira nenhuma. Eu não confio nela. Você não tem ideia do quanto eu me preocupo só de saber que ela está por aí. Até mesmo onze da noite já é demais para mim.*
– *E quanto a ela pintar a frente do cabelo de vermelho?*
– *Não, ela vai ficar parecendo uma hippie.*
– *Você acha realmente que é um grande problema ela pintar a franja de vermelho?*
– *Bem, não é de fato um problema imenso. Mas não, faz com que ela pareça esquisita – que é exatamente o que ela quer. Ela ficará ainda mais isolada do que já está.*

Os pais da maioria dos adolescentes – e não apenas os dos mais rebeldes –, em diferentes momentos da adolescência de seus filhos, precisam tomar algumas decisões duras no que se refere ao que é *realmente* importante.

Uma boa regra de trabalho é possuir duas categorias:

1- Questões com as quais me importo.

2- Questões com as quais me importo *de verdade*.

Pergunte a si mesmo: *Esse "não" é realmente tão importante, a ponto de eu estar disposto a despender uma boa quantidade de tempo e esforço desagradáveis sustentando-o – visto que há tantos outros "nãos" que também terei que sustentar? Isso é realmente tão importante a ponto de ser classificado como de prioridade máxima?*

Se a resposta for "sim", então você persistirá com seu "não". Caso você não tenha tanta certeza, talvez deva considerar se vale a pena comprar essa guerra.

Alguns exemplos de "nãos" que uma mãe, ou pai, provavelmente se sentirá fortemente inclinada a manter:

– *O Dave* [namorado dela] *pode vir pra cá depois das aulas?* [Eles ficarão sozinhos na casa, e a mãe dela tem certeza de que farão sexo – o que de fato farão –, e a mãe não se sente confortável com isso.]

– *Posso comprar aquela faca de caça e combate?* [No ano anterior esse menino se envolveu em sérios problemas por ter levado um pequeno canivete para a escola.]

– *Posso ir pro Erin's? Posso pegar uma carona na volta com o irmão da Elisa?* [Esse irmão da Elisa é o mesmo garoto que, na semana anterior, ela mencionou ter um problema com bebidas.]

Alguns exemplos de "nãos" que os pais podem de alguma forma sentir-se menos fortemente inclinados a impor:

Posso tingir de vermelho a frente do meu cabelo?

– *Podemos pegar na locadora o* Festa da morte dos zumbis?

– *Posso passar a ir pra cama meia hora mais tarde nos dias de semana?*

Não se esqueça: no caso de manter seus "nãos", você tem que estar disposto a sustentá-los até o fim. E no que diz respeito à validação daqueles outros que você considera especialmente importante não ceder, é preciso que você não esteja impondo demasiadas outras proibições.

QUANDO A DERROTA É ARREBATADA DAS GARRAS DA VITÓRIA

Sempre que estiver dizendo "não" ao seu adolescente, é crucial que se lembre de que você está lidando com o eu bebê dele. E faz parte da natureza dos eus bebês – de *todos* eles – a atitude de insistir quando não obtêm o que desejam (e que se danem as consequências). E eles não apenas se prendem ao que querem, como também aprendem, por tentativa e erro, as técnicas mais eficazes para invariavelmente arrastar você de volta ao debate, mesmo que você já tenha conseguido se desligar dele várias vezes. Em outras palavras, com o tempo eles descobrem exatamente como manipular você.

Emma e sua mãe faziam compras no shopping. Elas se encontraram na JLaFlamme's, uma loja de roupas femininas da moda e caras. Emma tinha visto um casaco de inverno de que tinha gostado muito, mas que era muito caro. Caríssimo. Não havia a menor chance de sua mãe deixar que ela o comprasse. Mas Emma tinha adorado o casaco. Depois de ver a roupa, ela se apaixonou; seu coração estava devotado a conseguir aquele casaco. Assim, ela argumentava de forma apaixonada, usando todo tipo de estratagema, cada súplica a que podia recorrer. Mas de nada adiantava. Depois que ela e a mãe ficaram quietas por um tempo, finalmente a mãe de Emma disse:

– *Não, Emma, sinto muito. Sei que você adorou aquele casaco, mas você não pode comprá-lo. É caro demais.*

A mãe de Emma falou em um tom que a adolescente reconheceu muito bem. Ela sabia, em decorrência de experiências prévias, que aquilo significava que não importava o quanto insistisse, a mãe não cederia. Agora era mesmo o *fim da discussão*. Nada mais que Emma dissesse iria mudar esse fato. Assim, ao mesmo tempo com o coração partido por não conseguir o casaco e um bocado brava com a mãe por ter se recusado a lhe dar o que queria, Emma disse no tom mais ácido de que foi capaz:

– *Esquece. Termine suas compras sozinha* [a mãe havia planejado visitar mais uma loja para procurar um tecido para as cortinas].

Vou ficar na cafeteria. Me encontre quando você terminar. Eu nunca posso comprar nada mesmo, não é? Nem uma vez que seja!

Em seguida Emma virou-se com a intenção de caminhar em direção aos bancos do lado de fora da cafeteria, não muito distante de onde estavam.

Percebam que até aqui, nesse exato momento, a mãe de Emma havia claramente conseguido obter uma vitória brilhante. Uma vez que a última coisa que um eu bebê deseja é separar-se, o ato de Emma ao virar-se era um indicativo absoluto de que a mãe dela havia sido firme, forte. Na Escala Olímpica de Parentagem, ela alcançara um dez perfeito. Uma brilhante vitória da mamãe. Mas os eus bebês não capitulam com tanta facilidade, como bem sabemos a essa altura, pelo menos não sem uma última cartada. Dessa forma, Emma enquanto se virava, em uma tentativa desesperada de retomar a interação com a mãe, murmurou: *Bruxa*.

A melhor regra para situações como essa, nas quais seu filho, ou filha, diz algo que você considera que realmente não pode passar em brancas nuvens, é esperar por outra oportunidade, mais neutra. Se a mãe de Emma continuar se importando muito com o que a filha disse e ainda quiser abordar a questão, nesse caso em um momento futuro ela poderá dizer:

– *Eu ouvi o que você disse naquela tarde, e não quero ouvir você falando comigo dessa maneira nunca mais.*

Isso é muito melhor que tratar o assunto no exato momento em que a situação acontece, pois agir assim quase certamente só faria piorar as coisas, e não melhorá-las.

Mas digamos que, nesse exemplo específico, a mãe de Emma tenha se decidido a não deixar passar, não desejando esperar até mais tarde. Por isso ela disse à filha:

– *O que foi que você disse?*

E – é esse meu ponto – Emma, que mal se virou para caminhar, imediatamente após ouvir as palavras da mãe, voltou-se novamente para ela e disse, ainda em voz baixa:

– *Eu não disse nada.*

Mas por dentro o eu bebê da garota regozija-se de alegria. *Isso!!*
A mãe de Emma disse, então:
– *Não use esse tipo de linguagem comigo.*
Mas agora, havendo seu eu bebê conseguido retomar a interação, Emma respondeu:
– *Vou usar a linguagem que eu quiser. Caso você não tenha percebido, estamos em um país livre.*
Agora a mãe de Emma estava perdida. Emma a tinha nas mãos. Mas a mãe afundou-se ainda mais:
– *Não vai, mesmo. Enquanto você viver em nossa casa, sob nosso teto, você vai fazer e falar o que nós mandarmos.*
– *Ótimo, então vou ligar pra Kendra do meu celular. A mãe dela disse que eu poderia morar na casa deles. Ela pode ir lá em casa me buscar quando formos pra casa. Ah, por falar nisso, tá tudo bem se eu quiser passar lá em casa amanhã pra buscar minhas coisas?*

Como eu disse, eles têm uma resposta pra tudo.

O que quero enfatizar – e não reconsidero quanto a esse ponto – é que, se seu objetivo ao dizer "não" é o de, acima de tudo, evitar ao máximo as contínuas réplicas e tréplicas, não há qualquer outra coisa – a não ser que você queria retornar aos velhos tempos do medo e dos castigos severos – que será tão eficaz quanto o que estou recomendando: a interrupção imediata da interação.

A interrupção imediata da interação é o recurso na forma de educar que por si só mais pode fazer diferença quando se lida com um adolescente. É uma habilidade que deve ser apreendida, visto que contraria nosso instinto natural de responder a cada nova provocação que grita por receber resposta. Mas fazê-lo seria um erro. Essas são habilidades que, se aprendidas, reforçam a si mesmas, pois funcionam. E sinalizam um tom muito mais adulto. Muito mais do que o usual.

– *Não ouse falar comigo dessa maneira!*
– *Vou falar sim!*

– *Ah, não vai não!*
– *Ah, vou sim!*
– *Ah, não vai não!*
– *Ah, vou sim!*
– *Você está entrando num território perigoso.*
– *Você está entrando num território perigoso.*

O que geralmente se segue a isso são ameaças de punição que poderão ou não ser cumpridas. Mas, seja como for, o pai ou mãe sai dessa experiência sentindo que perdeu o controle, sentindo-se mal a respeito da forma como lidou com a situação, sentindo-se mal consigo próprio, tendo passado por mais um aperto.

A questão principal que costumo ouvir como resposta ao que estou recomendando – e que é compreensível – é: *se o pai ou mãe não responde imediatamente a uma manifestação de desrespeito por um adolescente, seu filho não irá sentir-se como se houvesse conseguido o que queria?*

A resposta é: de maneira nenhuma. A prova disso? Simplesmente experimente minha abordagem e veja como eles odeiam que o poder repouse em suas mãos.

– *Você não está me ouvindo! Você tem que me ouvir!*

Você pode até mesmo sentir o desespero deles. Eles irão te perseguir, tentando fazer com que você responda.

A mensagem que eles obtêm, que é precisamente a mensagem que você quer passar a eles, é:

– *Se você escolher agir de uma maneira inaceitável e desagradável para comigo, o que você conseguirá, o que você sempre conseguirá, será minha ausência abrupta. Eu não escolherei voltar a participar da sua vida até que você escolha voltar a agir de uma maneira aceitável.*

Essa é, na verdade, a mensagem que você quer passar.

Se tivéssemos transcrições das cem piores discussões ocorridas entre pais e filhos adolescentes, tenho certeza de que você veria que todas as realmente ruins poderiam ter sido evitadas se o pai, ou a mãe, houvesse interrompido a interação mais cedo... ou nunca a tivesse retomado. Uma vez que você tenha decididamente optado por um "não", qualquer coisa que disser depois disso só funcionará contra você. Nunca serei excessivo em repetir isso, visto que é uma habilidade muito importante e passível de ser aprendida. Além disso, ela reforça a si mesma, já que funciona.

LIDANDO COM RESPOSTAS INSOLENTES

O desafio que a maioria dos pais enfrenta em relação ao conselho que acabei de oferecer é esse: independentemente dos assuntos a respeito dos quais pais e filhos discutam, os pais costumam achar complicado lidar com o conceito de respostas malcriadas de uma maneira geral. Não fazer um sermão para o filho adolescente, não puni-lo, não tentar obstinadamente fazer o filho compreender o quanto suas respostas malcriadas são inaceitáveis implica uma renúncia extremamente frustrante para esses pais. Os pais simplesmente não se sentem à vontade com a ideia de nada dizer. Para eles uma resposta insolente é desrespeitosa, e não está certo permitir que qualquer ato de desrespeito – não importa o tamanho – passe em branco. Sentem que são obrigados a responder a essas atitudes de alguma forma que faça o filho saber que agir assim é errado. Eles simplesmente não conseguem ignorar o desrespeito.

A mãe de Marissa recebeu um visitante.

– *Quem é você?*
– *Você não consegue adivinhar?*
– *Bem, sim, você é igualzinho ao Tio Sam. Mas por que você está vestido com essa roupa de Tio Sam?*
– *Eu sou o Tio Sam. Eu sou os EUA e estou aqui porque sua filha está agindo em relação a você de uma maneira totalmente desrespeitosa.*
– *É, eu sei. E não tenho orgulho disso.*
– *Estou aqui porque não apenas ela está agindo em relação a você de forma totalmente desrespeitosa, como também você está deixando que ela saia incólume disso. E, ao agir assim, você está minando a própria estrutura que sustenta os EUA. Você tem uma*

obrigação para com o seu país e para com os cidadãos seus semelhantes: colocar sua filha na linha.

– Eu sei, eu sei.

Então a mãe de Marissa irrompeu em lágrimas.

– *Mas o que eu posso fazer?*

– *Você tem que enfrentar sua filha. Você não pode permitir que ela fale com você dessa forma e nada fazer quanto a isso.*

Depois disso o Tio Sam desapareceu.

Parece bobo quando se ouve dessa maneira, não parece? Sim, você tem a obrigação de criar bons cidadãos, mas tenha em mente que você já está no caminho de fazê-lo. É preciso lembrar que criar filhos bons e corretos até a vida adulta é um *processo*.

Minha recomendação a respeito das respostas insolentes é bem simples. Se seu objetivo é o de ouvir o mínimo possível dessas respostas da boca de seu filho adolescente, então – a menos que você pretenda voltar ao velho modelo dos castigos severos – nada há que sequer chegue tão perto de ter êxito quanto o que recomendo aqui. E esse não é, no fim das contas, o objetivo de todo o plano para lidar com filhos respondões? O de receber o mínimo possível dessas respostas?

Se seu filho der respostas insolentes, você tem duas opções. Você tanto pode responder imediatamente, como pode não fazê-lo. Eu recomendo não responder.

Há duas maneiras básicas – ambas malsucedidas – com que os pais tendem a reagir às respostas insolentes de seus filhos. Uma delas é apontar diretamente o fato de que o filho está sendo respondão e salientar que essa atitude em si não é correta.

– *Lucinda, você poderia limpar a mesa da cozinha?*

– *Desculpe-me, mas não sou sua escrava. Por que não pede ao Andrew? Por que você sempre pede a mim, e nunca a ele, para fazer coisas na cozinha? É porque sou uma garota, não é? Isso não é justo!*

– *Lucinda, não fale comigo dessa maneira.*

A mãe de Lucinda está criticando-a por sua atitude respondona. O problema é que esse tipo de crítica tende a fazer com que essas respostas insolentes continuem.

– De que maneira? Estou falando da mesma maneira que você fala comigo!

E as réplicas e tréplicas continuarão enquanto a mãe de Lucinda permanecer focada nas respostas malcriadas da filha.

– É melhor você cuidar do jeito como fala, Lucinda!
– Mas você fala comigo desse jeito o tempo todo!
– Você me ouviu, Lucinda!
– Você deveria se ouvir!

Etc.

A outra forma comum de os pais reagirem às repostas insolentes – com o mesmo grau de ineficácia – é abordando o conteúdo do desaforo.

– Lucinda, você poderia limpar a mesa da cozinha.
– Desculpe-me, mas não sou sua escrava. Por que não pede ao Andrew? Por que você sempre pede a mim, e nunca a ele, para fazer coisas na cozinha? É porque sou uma garota, não é? Isso não é justo!
– Você sabe que isso não é verdade. Eu peço ao Andrew para fazer um monte de coisas na cozinha.
– Sim, é verdade! A única coisa que você pede ao Andrew para fazer é cortar lenha.

Você entendeu a ideia básica. Essa discussão irá continuar *ad infinitum* enquanto a mãe de Lucinda estiver disposta a discutir estereótipos de papéis de gênero e coisas de cozinha com a filha.

– Isso é ridículo, Lucinda. Não tem nada a ver com o fato de você ser uma garota. Você simplesmente não gosta de fazer tarefas de cozinha.

— Você está completamente enganada! Olhe pra si mesma. Veja o que você faz. Você verá!

E assim por diante.

Se responder às respostas malcriadas, você receberá mais delas. É simples assim. O que recomendo, portanto, é que você maneje a situação da seguinte maneira:

— Lucinda, você poderia limpar a mesa da cozinha?
— Desculpe-me, mas não sou sua escrava. Por que não pede ao Andrew? Por que você sempre pede a mim, e nunca a ele, para fazer coisas na cozinha? É porque sou uma garota, não é? Isso não é justo!
— Lucinda, você poderia limpar a mesa da cozinha?

Não replique de forma alguma as respostas insolentes. No exemplo acima, Lucinda pode muito bem continuar com suas respostas malcriadas, mas se a mãe dela se mantiver fora desse jogo, e simplesmente repetir a sua solicitação, e nada mais disser além disso, sobram a Lucinda apenas duas escolhas: ela pode obedecer ou não. Mas as respostas insolentes irão esmorecer, uma vez que não sejam alimentadas. Assim, com o tempo, se a mãe de Lucinda refrear com regularidade sua inclinação a reagir às respostas da filha, Lucinda pode continuar com suas respostas insolentes, mas o fará com muito menor constância e consistência, por saber que será em vão – uma vez que sua mãe parece nunca reagir a isso. Lucinda pode pensar: *Eu odeio minha mãe. Ela nunca me ouve quando tento dizer algo a ela. Ela é tão injusta. E nem consigo falar com ela. Ontem mesmo eu estava tentando fazê-la ver o quanto ela estava sendo insensata por não me deixar passar o fim de semana na casa de Cassie quando os pais dela não estariam lá. É como falar com uma parede. De que adianta?*

COMBATENDO O DESRESPEITO

Eu acredito que a maioria dos pais pensa: *Mas por que eu não posso simplesmente ignorar o desrespeito implícito nas respostas deles? Não tem como eu deixar isso barato, sem dar algum tipo de resposta. Tem?* Minha resposta a isso é que é possível, sim.

E se a resposta de seu filho ou filha não significar que eles agem de uma forma desrespeitosa semelhante com outros adultos no mundo lá fora? E se essas respostas insolentes aos pais não prognosticar respostas similares no futuro, quando eles se tornarem adultos – quer nas interações com os pais ou com outros adultos? E se, sem que você reaja na mesma moeda a cada vez que eles agirem de forma desrespeitosa com você, eles aprenderem, ainda assim, que o comportamento desrespeitoso é errado?

E se eles acham que as respostas desrespeitosas são ruins, mas não *tão* ruins assim? E se, por estarem em casa e se sentirem seguros com você – você não os irá ferir, nem expulsá-los de casa – eles na verdade deixam de exercer grande parte do autocontrole que exercem em outros espaços? Será que saber disso faz com que você possa considerar as respostas malcriadas mais toleráveis?

Vamos perguntar aos adolescentes o que eles pensam de tudo isso.

– Jerome, você às vezes age de forma desrespeitosa com seus pais?
– Sim.
– Ser desrespeitoso com seus pais é algo ruim?
– É, acho que sim. Quero dizer... os filhos não deviam desrespeitar os pais.
– Então por que você faz isso?
– Não sei. Porque eles enchem o meu saco.
– Você se sente mal depois de agir assim?
– Um pouquinho. Talvez. Não, não de verdade.
– Você não se sente mal ao agir de forma desrespeitosa com eles quando você poderia se controlar melhor?
– Acho que sim. Não sei. Quero dizer... eu sei que não devia agir assim. Mas eu não vejo por que isso seria tão ruim assim,

especialmente quando eles agem como verdadeiros idiotas. O que – acredite em mim – eles realmente fazem. Afinal, são apenas palavras.

– *Você acha que, de um modo geral, eles são bons pais?*
– *Sim. Mas, como eu disse, eles às vezes agem como verdadeiros idiotas.*
– *Então você acha que é ruim de fato quando você responde aos seus pais de forma agressiva?*
– *Não, na verdade eu não acho. É só um pouquinho ruim. Como eu disse, são apenas palavras.*

– *Você respeita seus pais?*
– *Sim. Eles sempre cuidaram de mim. Eu sei que eles me amam. Eles se esforçam ao máximo. Eles tiveram que aturar muita merda. Eu sei disso. Sim, eu os respeito.*
– *Então por que você responde a eles de forma agressiva?*
– *Porque quando faço isso eu estou com raiva, e eu sei que nada de ruim irá de fato acontecer comigo.*
– *Você acha que irá responder aos seus pais desse mesmo jeito quando você for adulto?*
– *Não.*
– *Por que não?*
– *Porque nesse caso seria eu como adulto desrespeitando eles. É diferente quando você ainda é um adolescente.*
– *Por que é diferente?*
– *Porque eu sou um adolescente.*

– *Se você apanhasse a cada vez que desse uma resposta malcriada, mesmo assim você continuaria dando essas respostas?*
– *Não, provavelmente não. Mas eles não podem fazer isso; seria abuso infantil.*
– *O que você acha que é pior: um adolescente dando respostas malcriadas aos pais ou um adolescente levando um tapa na cara dado pelos pais?*
– *O adolescente levar um tapa. Isso é muito pior. As respostas são apenas palavras. Bater na cara... isso é abuso infantil.*

Será que estamos criando uma geração de monstros sem respeito?
Não.
Os adolescentes pensam que as respostas agressivas são algo errado?
Sim.
Eles pensam que isso é algo muito errado?
Não.
Por que eles respondem dessa forma?
Eles respondem assim porque não acham que isso seja algo grave e sabem que nada realmente ruim lhes acontecerá em consequência disso.
Será que nós desejamos voltar ao modelo das punições severas para a criação de nossos filhos (as quais eliminariam as respostas insolentes)?
Eu não. E suspeito que você também não.

QUANDO DUPLOS PADRÕES SÃO BONS

Vamos discutir uma maneira de encarar o comportamento desrespeitoso que considero útil na educação de adolescentes hoje em dia. Tem a ver com um duplo padrão. A ideia é bastante simples. Acredito ser proveitoso para os pais possuir dois padrões distintos para o que seria um comportamento aceitável. Um padrão é relativamente leniente, e aplicável para quando apenas a família nuclear se encontra presente em casa; o outro, mais estrito, é para quando o seu adolescente está fora, no mundo, e para quando ele estiver na presença de pessoas que não são membros da família nuclear, independentemente de onde eles se encontrem. Na verdade estou dizendo que certos comportamentos são menos nocivos caso sejam manifestados em situações de relativa privacidade, quando apenas a família nuclear está presente.

Alguns exemplos dessas duas categorias são as que se seguem:
Comportamento menos nocivo:
Kelsey e seu pai estão no carro.

– O que você está achando da escola neste ano? – pergunta o pai.
– Essa é uma pergunta estúpida. O que você acha? É a mesma porcaria de sempre.

Comportamento mais nocivo:
A família está visitando a tia-avó de Kelsey.
– Kelsey, meu amor, o que você está achando da escola neste ano? – pergunta sua tia.
– Como eu poderia gostar? O que você acha? Que pergunta estúpida!

Comportamento menos nocivo:
Jason e seu pai estão na cozinha, em casa.

– Pai, você me dá cinco dólares para comprar uma caixa de bombons para uma campanha de caridade na escola?
– Não, Jason, sinto muito.
– Você é tão muquirana. É para caridade.
– Não, você pode usar o seu dinheiro se quiser.
– Você é um imbecil.

Comportamento mais nocivo:
Jason e seu pai estão na fila do caixa no supermercado.

– Pai, você me dá cinco dólares para comprar uma caixa de bombons para uma campanha de caridade na escola?
– Não, Jason, sinto muito.
– Você é tão muquirana. É para caridade.
– Não, você pode usar o seu dinheiro se quiser.
– Você é um imbecil.

Todas as pessoas na fila do supermercado não puderam evitar ouvir as palavras de Jason ao pai, que julgou ver todas elas girando os olhos.

Comportamento menos nocivo:

– *Melinda, você poderia, por favor, ser uma boa menina e ir à cozinha pegar pra mim uma soda na geladeira?*
– *Por que você mesma não faz isso?*

Comportamento mais nocivo:
A rainha da Inglaterra veio para uma visita e estão servindo-lhe um chá.

– *Sim, eu sou particularmente apreciadora de chá.*
– *A senhora gostaria de açúcar?* – pergunta a mãe de Melinda.
– *Sim, obrigada. Eu também gostaria de um pouco de creme para o meu chá.*
– *É claro. Melinda, você poderia, por favor, ser uma boa menina e ir até a cozinha pegar um daqueles potinhos e colocar um pouco de creme da geladeira nele para o chá da rainha?*
– *Por que você mesma não pega?*
– *Oh, que menininha incrivelmente malcriada!* – comenta a rainha da Inglaterra.

A primeira categoria é obviamente ruim, mas, uma vez que essas ocorrências envolvem exclusivamente membros da família, elas não constituem infrações tão graves. A segunda categoria é consideravelmente pior, já que no mundo lá fora ou com indivíduos que não são membros da família as coisas mudam bastante. O mesmo comportamento pode ser classificado em diferentes níveis de nocividade, dependendo das circunstâncias. Aquilo que pode ser aceitável em determinada ocasião, é completamente inaceitável em outra. E sua reação vai ser direfente em cada caso.

Repetindo, em conversas domésticas ou quando acontecem entre membros da família você não precisa, de fato, se prender muito nisso. Ou, se quiser fazê-lo – se as palavras do seu adolescente abalaram você realmente –, pode dizer mais tarde:

– Kelsey, hoje mais cedo, quando lhe perguntei sobre a escola, não gostei nem um pouco do jeito que você falou comigo. Não é certo você falar comigo daquela maneira.

É uma reação, mas não uma reação exagerada.

Para categorias mais graves de comportamento – aquelas que acontecem em público ou quando você tem convidados –, você precisa que seu adolescente saiba que o comportamento dele tem um nível de aceitação diferente. E você deve dizer:

– Kelsey, isso foi totalmente inadequado, a maneira como você respondeu à sua tia-avó Vivian hoje na casa dela. Ela estava tentando ser agradável. Uma coisa é você falar desse jeito com a gente, mas você não pode falar desse jeito com outros adultos, especialmente com alguém que seja idoso, como a sua tia-avó. Nós não vamos tolerar isso. Não me importa qual seja sua razão, você terá que agir melhor da próxima vez.

– Jason, foi muito humilhante para mim hoje no supermercado. Uma coisa é você falar comigo desse jeito quando estamos só nós dois. Mas você realmente me constrangeu na frente de todas aquelas pessoas no supermercado. Você simplesmente não pode falar comigo daquele jeito em público.

– Melinda, nunca mais aja daquela maneira quando a rainha da Inglaterra estiver em nossa casa para um chá. Foi humilhante. Quando tivermos convidados em casa, espero que você se comporte de forma polida, não importa se você estiver com vontade ou não.

Se você realmente mantiver dois níveis distintos de desaprovação em sua mente, seu filho compreenderá a diferença. E eles sentirão menos pressão para agir de forma respeitosa em casa e na família do que sentem quando estão no mundo externo. A principal vantagem dessa política é que ela aumenta a probabilidade de que seu filho comporte-se de forma mais respeitosa em situações que envolvem pessoas que não são membros da família. Eles perceberão que uma malcriação é pior quando se estende para além da zona de segurança do lar. Eles próprios passarão a ter um padrão mais estrito. Eu argumentaria que não há nada que você possa fazer no que se refere ao padrão inferior em casa. É em casa, no fim das contas, que o eu bebê se manifesta, e você não pode esperar vencer essa batalha, seja como for. Além disso, uma vez que se espera deles que falem de maneira respeitosa em algumas situações, mas não em todas, se tornará mais fácil para eles seguir a regra, e sua taxa de sucesso tenderá a aumentar, fazendo com que todos se sintam melhor quanto ao esforço extra.

Alguns pais sem dúvida perguntarão: *"Mas isso não dá a eles uma permissão tácita de agir de forma desrespeitosa em casa?"* Até certo ponto, sim.

— *Ah, então está tudo bem se eu agir assim quando formos só nós dois?*

— *Não, não está tudo bem se você falar comigo de forma desrespeitosa. Mas, sim, há uma grande diferença entre estar em casa, quando somos só nós dois, e quando temos visitas, ou quando estamos lá fora, em situações públicas. Então realmente não está nada bem. Definitivamente não é aceitável. Eu me importo muito com isso.*

— *Então você não vai ficar com tanta raiva quando eu agir como uma malcriada quando formos apenas você e eu quanto você ficaria quando houver outras pessoas por perto?*

— *Sim, o que você disse está correto.*

É, como eu disse, um duplo padrão. Mas penso que é um duplo padrão muito útil.

CAPÍTULO DOIS

CONSEGUINDO QUE SEU FILHO FAÇA O QUE VOCÊ QUER

Descrevi anteriormente como, quando estou em casa com minha esposa muito agradável, sou inexplicavelmente tomado por uma extraordinária exaustão que torna virtualmente impossível para mim realizar quaisquer tarefas que minha esposa muito agradável possa me pedir. Talvez eu tenha também mencionado como minha esposa muito agradável não tem qualquer empatia ou compreensão a respeito do que é claramente uma condição médica verificável, e não imaturidade ou preguiça.

Menciono isso porque quando pedimos a um adolescente para fazer algo que ele não deseja fazer, sua resposta invariável é incrivelmente similar àquilo que experimento de forma tão regular. Como eu disse, no meu caso é uma condição médica verificável, mas no caso dos adolescentes é claramente culpa de seu eu bebê.

Como mágica, quando você faz quaisquer solicitações a eles que requeiram movimento, eles sentem-se imediatamente muito cansados.

– Madison, você poderia levar Raja para dar um passeio?
– Estou muito cansada.
Você não parecia cansada um minuto atrás.
– Bem, eu estou. Eu realmente não me sinto bem. Acho que estou com mononucleose.
– Você não tem mononucleose.
– O que foi? Você agora é médica? Pensei que você trabalhasse com recursos humanos.
– Não banque a engraçadinha comigo, Madison.

Os adolescentes sentem que você está sendo um tremendo chato. Eles sentem como se você estivesse o tempo todo em cima deles, sempre pedindo-lhes que façam algo. Sentem que o único contato que têm com você envolve queixas.

Ora, é verdade! É o que ela faz sempre! Ela não pode olhar pra mim sem reclamar de alguma coisa!

Eles não veem qualquer relação que seja entre o quanto você tem que pedir a eles para fazer tarefas e o histórico da constância com que eles deixam de realizar as tarefas que haviam concordado em fazer, mas nunca fizeram.

Já sei qual é o problema. Isso tudo é por causa daquela vez em que deixei cair sem querer uns ovos crus no chão e daí eu disse que ia limpar, mas fui interrompida por um telefonema. Então eu nunca voltei para limpar os ovos, mas nesse meio-tempo mamãe escorregou nos ovos e ficou muito brava. Não é como se isso acontecesse o tempo todo! Além disso, não é culpa minha eu ter esquecido dos ovos! Aquela ligação era realmente importante: Candace tinha acabado de terminar com o Jonah.

É comum eles dizerem que farão o que foi solicitado. Desde que não seja agora. Além disso, acreditam genuinamente que farão aquilo mais tarde, que sua promessa é sincera.

– *Tá, eu vou limpar a geladeira. Por que você está olhando pra mim desse jeito? Eu vou limpar mesmo.*

Eles podem prometer e acreditar em suas promessas porque pensam que "ele" ou "ela" – os "futuros eles" – fará aquilo. E de fato eles podem continuar fazendo promessas a serem cumpridas pelos "futuros eles" porque os "futuros eles" estarão sempre incansavelmente disponíveis e dispostos a realizar a tarefa. O único problema é que, a qualquer momento, quem acontece de estar presente são os "eles de agora".

Se fôssemos entrevistar os "futuros eles", seria isto que eles diriam:

– *Você não se incomoda com o fato de Madison sempre deixar tudo nas suas costas? De você ficar sobrecarregado com todo o trabalho? De nunca ser ela – aquela que está ali naquele exato momento – quem tem que fazer as coisas?*

— *Na verdade não. Não me importo nem um pouco. Estou sempre disposta a fazer o que quer que Madison me peça. Sem problema. Eu não ligo. Veja, quando chegar a hora de eu fazer o que tinha dito que faria, eu não tenho que fazê-lo, pois sempre posso dizer que o "futuro eu" o fará.*
— *Mas essa é você.*
— *Não, essa serei eu.*

Se existe alguma coisa à qual os adolescentes têm alergia – sem contar você, é claro – é fazer o que quer que seja no exato momento em que você pede a eles.

— *Bem, eu não posso fazer agora! Isso não seria razoável! Mas, como eu disse, eu vou fazer! O que foi? Por que você continua me olhando com essa cara? Qual é o seu problema? Eu já disse que vou fazer!*

Eles acreditam que você seja uma pessoa lunática. No que se refere à forma de lidar com a arrumação e com o tempo das coisas, eles acreditam que você seja um exemplo extremo e trágico de alguém que sofre de transtorno obsessivo compulsivo (trágico porque eles estão condenados a ter você como pai ou mãe).

— *Mamãe fez um tremendo escândalo só porque na hora de colocar no lixo os vidros recicláveis eu misturei os maiores com os menores. Meu Deus do céu, tenho uma mãe que é totalmente sacal!*

Acima de tudo, os adolescentes ficam completamente indignados com as demandas a eles impostas. Eles sentem que seus pais simplesmente não compreendem o quão extraordinariamente dura é sua vida, que os pais não têm a menor ideia de quantas demandas são feitas a eles na escola e em sua vida social. Que ter pais fazendo demandas a eles em casa é realmente uma pressão maior do que eles podem suportar.

— *É isso mesmo: minha vida é mesmo dura! Estou sob constante pressão! Há tantas demandas sendo feitas sobre mim! Tanto estresse! Isso tudo é demais! Como é que eles podem esperar que eu faça coisas em casa o tempo inteiro, com todas as outras coisas que já tenho que fazer?*

— Mas tudo o que você tem que fazer é conversar com os amigos no computador, assistir à TV e ver vídeos do YouTube com vacas que estão com a cabeça presa na janela de um carro.
— Veja, isso é um bom exemplo do que eu estou falando! Ela não tem a mínima ideia do que acontece na minha vida! Do quanto ela é difícil e estressante!

Menciono tudo isso porque é importante compreender com quem você está lidando. Grande parte dos adolescentes está na maioria do tempo funcionando no módulo eu bebê quando estão junto de você. E os eus bebês são todos iguais: se você estiver pedindo a um deles que faça algo que não estiver *a fim de fazer*, simplesmente saiba que isso é mais do que um eu bebê jamais estará disposto a fazer.

QUANDO SEU ADOLESCENTE NÃO ESTÁ A FIM

Para aqueles pais que precisam de uma garantia adicional, devo reiterar que provavelmente não há coisa alguma que seja mais frustrante no dia a dia do que conseguir que um filho adolescente faça algo que não esteja disposto a fazer.

— Tanya, você poderia, por favor, me ajudar pegando as verduras que estão no carro?
— Não posso.
— Como assim não pode?
— Não posso, estou fazendo outra coisa.
— Não parece que você esteja fazendo outra coisa.
— Bem, eu ia começar agora. Prometi à Kendra que iria ligar para ela.
— Você pode me ajudar com as verduras e depois ligar para ela.
— Não, eu prometi que iria ligar para ela. Ela já deve estar irada comigo porque eu não liguei tão rápido quanto disse que ligaria.
— Tanya, eu preciso que você me ajude com as verduras, agora!

– Você não precisa gritar comigo! Tudo tem que ser no exato momento que você quer! Você é uma bruxa!
– É melhor você ter cuidado com o que fala, Tanya!
– É melhor você ter cuidado com o que fala!

Como esse exemplo ilustra, não apenas é frequente que os eus bebês não atendam às solicitações, como também as interações que se seguem a essas solicitações podem muitas vezes terminar em um bate-boca feroz. Conforme anteriormente mencionado, a resposta inicial de um adolescente a qualquer solicitação que contrarie aquilo que ele deseja é quase sempre alguma forma de objeção. Infelizmente, como já discutimos, os pais com frequência respondem a essa objeção. Ou seja, é comum que eles questionem a legitimidade – ou critiquem – à objeção em si. Entretanto, ao agir assim, chega-se a um beco sem saída, pois qualquer resposta à resposta deles só fará deflagrar uma nova resposta. E a cada uma de suas respostas subsequentes, você estará se movendo cada vez para mais longe da possibilidade de que seu filho atenda a sua solicitação.

– Tanya, não estou pedindo a você que faça nada muito difícil. Você pode fazer isso num piscar de olhos.
– Mas você vai me fazer carregar as bolsas mais pesadas! Você sempre faz isso! Você sabe que eu tive pneumonia e fico cansada com facilidade!
– Isso foi na terceira série.
– Bem, eu continuo ficando muito cansada às vezes. Eu apenas não te conto porque não quero que você fique preocupada.
– Tanya, como você pode esperar que eu acredite nesse absurdo?
– Mas é verdade! Eu fico cansada! Ouça a minha respiração!

LIDANDO COM A RESISTÊNCIA

Existe, obviamente, outra opção. O que irei recomendar não produz uma aquiescência perfeita. Mas funciona a maior parte do tempo – muito mais do que qualquer outra coisa que você possa fazer – e reduz significativamente as réplicas e tréplicas incessantes.

A regra é direta: se você quer que seu adolescente faça algo que ele não está disposto a fazer, você tem que persistir. Você precisa manter sua solicitação inicial, e por nada deve aceitar as razões que ele oferece para não fazer o que quer que você esteja lhe pedindo. Você tampouco deve dar importância à atitude desrespeitosa que estará sem dúvida refletida nas palavras dele. Responder a ele só fará diminuir as chances de que sua solicitação seja atendida, levando ambos a um confronto desagradável. Esse, posso lhe garantir, será um único resultado.

É muito melhor manter-se focado na questão.

– *Tanya, você poderia, por favor, me ajudar buscando as verduras no carro?*
– *Não posso.*
– *Tanya, eu apreciaria que você me ajudasse a pegar as verduras.*

Repita a sua solicitação. Nada mais.

Recomendo veementemente que você não morda a isca do *"não posso"*. Basta que você desafie o adolescente para que o drama tenha início e ele sempre irá preferir um debate à alternativa, que é realizar a tarefa solicitada.

Seu tom de voz deve ser semelhante ao tom com que você proferiu a primeira vez a solicitação: respeitoso, não desafiante, mas incisivo. Então, em resposta a qualquer outra coisa que ele possa dizer – exceto "tudo bem" –, você poderá repetir sua solicitação mais uma vez, e depois disso nada mais dizer, e apenas aguardar.

– *Mas eu prometi que ia ligar para a Kendra. Tenho que ligar agora.*
– *Por favor, me ajude com as verduras.*

Então você simplesmente espera, não mordendo a isca de qualquer outra coisa que ela diga. E se isso for tudo o que você fizer, o que acontecerá – na maioria das vezes – é que, resmungando, Tanya fará o que lhe foi pedido.

– *Tudo tem que ser na hora que você quer. Tudo tem que ser exatamente do seu jeito. Você é uma controladora.*

Mas Tanya segue em direção ao carro e começa a buscar as verduras. A essa altura, você certamente dirá:

– *Obrigada.*

Definitivamente, não diga:

– *Sabe, seria bom se ao menos uma vez você fizesse algo que eu peço sem me dar tanto aborrecimento.*

Porque nesse caso, ela pensará: *Tá vendo? Eu faço algo por ela e não recebo reconhecimento algum.*

O que produzirá uma resposta muito mais pobre no futuro do que aconteceria com o seu *"obrigada"*.

Por que Tanya acaba atendendo a solicitação da mãe?

Uma vez que a mãe não reagiu às objeções de Tanya e escolheu não entrar numa batalha de vontades que incluiria ameaças – *"é melhor você me ajudar quando eu peço, ou terá algumas surpresas desagradáveis da próxima vez que quiser alguma coisa"* –, tudo o que sobra para Tanya é uma simples solicitação: sua mãe deseja que ela a ajude a pegar as verduras. Tanya sabe que o pedido é razoável; ela simplesmente não está a fim de atendê-lo naquele exato momento, mas a verdade é que nunca estará a fim de fazê-lo. Ela também sabe que sua mãe ficará furiosa se ela não atender ao pedido. Além disso – e o que é mais importante – sua mãe não disse coisa alguma que desse a deixa para Tanya distorcer-lhe as palavras, transformando a mãe numa pessoa má. Por exemplo, a mãe não disse:

– *Quando é que você vai parar de tentar escapar até mesmo dos mais simples pedidos que te faço?*

E Tanya pensa:

Eu não estou sempre tentando escapar das coisas que ela pede! Mamãe não está sendo justa! Eu faço muitas coisas! Mas, olha só, ela fica me criticando o tempo todo! Não é justo!

Na verdade, essa mudança para o módulo "eu vítima, pai-vilão" é provavelmente a maneira número um pela qual os

Conseguindo que seu filho faça o que você quer | 85

adolescentes vão justificar seu mau comportamento para si mesmos. De que outra forma poderiam eles acreditar, honestamente, que suas respostas não são sua própria culpa? Se o pai está bravo com eles, tal indignação deve ser tornada injusta.

Dessa maneira eles distorcem a realidade, o que soaria mais ou menos assim:

> *"Eu sou preguiçosa e não estou a fim de fazer isso."*

Em vez disso, se a mãe de Tanya pode ser transformada em uma vilã, Tanya deixa de estar moralmente obrigada a atender seu pedido.

> *"Ela sempre grita comigo! Não é justo! Eu faria muito mais coisas para ela se ela falasse comigo de um jeito mais simpático!"*

Esse é o jeito como os adolescentes pensam. Quer você goste, quer não.

O PODER DAS CONSEQUÊNCIAS

Mas e se Tanya não ceder e não trouxer as verduras?

– *Não, eu tenho que ligar para a Kendra* – insiste ela.

Então Tanya se afasta, vai para o seu quarto, e dá início a uma conversa de 20 minutos com a amiga. Enquanto isso, a mãe desejando colocar as verduras dentro de casa, decide ela mesma esvaziar o carro.

O que você dever fazer então?

Minha recomendação é que, nesse caso, a mãe de Tanya mais tarde dirija-se à filha e diga:

– *Hoje de tarde eu pedi que me ajudasse com as verduras e você não ajudou. Às vezes preciso de sua ajuda. Ter se afastado sem me ajudar não foi legal.*

Curto, direto, e depois sair.

Você deve se perguntar o que de bom isso trará, e, portanto, eu lhe respondo: isso incutirá um sentimento ruim em Tanya, e agora nada haverá que ela possa fazer. É tarde demais.

Como é que eu sei que uma afirmação tão simples feita pela mãe incomodará Tanya? Porque ela tentará defender ou contra-atacar. Mas fará isso na ausência da mãe, pois esta já terá se afastado.

– Você sempre me pede as coisas em momentos inconvenientes! Se não tivesse que ser sempre do seu jeito, do jeito que você quer, então talvez eu fizesse mais coisas!

Mas, como eu disse, ela estará dizendo essas coisas na ausência da mãe.

O que isso produz? Faz com que Tanya fique presa a um sentimento ruim, que continua dentro dela. Um pouco de remorso. Ela sabe que agiu de maneira mesquinha, e que sua mãe não gostou disso. E ela se lembrará disso. A lembrança vai perdurar de forma definitiva, e quando circunstâncias similares surgirem no futuro, essa memória em particular de ter agido de maneira mesquinha e de sua mãe estar com a razão ao apontá-la exercerá uma pressão em Tanya para que atenda ao novo pedido.

"*Merda. Não estou com a menor vontade de fazer isso, mas, se eu não fizer, mamãe ficará furiosa.*"

O que pode não ser suficiente para ajudar Tanya a superar sua preguiça. Mas talvez seja.

Na vez seguinte:

– Ah, tá certo, mas eu gostaria que pelo menos uma vez você pedisse ao Jason em vez de pedir sempre pra mim.
– Obrigada, Tanya.

Isso sempre funcionará? Não. É claro que não. Mas funciona também, provavelmente até melhor que qualquer outra coisa, e com muito menos bate-boca.

Consideremos um cenário ligeiramente diferente. E se a mãe de Tanya decidir não buscar as verduras, e em vez disso esperar que a filha o faça? Nesse caso, ela precisa ir até onde a filha se encontra falando ao telefone e dizer:

– Tanya, não esqueça. Preciso que você me traga as verduras.
– Mãe!

– *Não esqueça.*
A mãe de Tanya terá, então, que ficar na marcação da filha de modo a assegurar que as verduras sejam trazidas para dentro.
– *Tanya, você precisa trazer as verduras para dentro.*

Em situações similares, na imensa maioria das vezes, as Tanyas do mundo irão – resmungando, para se livrarem de suas mães – trazer as verduras.
Nesse caso, se a mãe de Tanya desejar, ela poderá dizer:

– *Eu gostaria que você tivesse trazido as verduras na hora que eu pedi.*
Embora eu ainda prefira a resposta mais simples:
– *Obrigada.*

Mas, independentemente do que diga a mãe de Tanya, a mensagem é clara: *"Existem coisas que eu espero que você faça, e tais expectativas não irão simplesmente desaparecer só porque você as burlou. Você poderá às vezes ignorar o que te peço, mas amanhã, no dia seguinte e no outro dia minhas solicitações continuarão sendo feitas."*
A próxima pergunta óbvia é: *"E quanto às recompensas e punições?"* A isso eu respondo; recompensas tais como associar a cooperação em casa a uma mesada ou bônus especiais para tarefas extras pode dar certo. Punições também podem incluir a proibição de sair, ou a restrição do acesso do telefone, a sites favoritos na internet, ou a videogames. Recompensas e punições funcionam de fato, mas apenas temporariamente em longo prazo, como uma maneira de conseguir que os adolescentes de hoje façam o que não estão dispostos a fazer, as recompensas e punições não tendem a ser muito eficazes. Se elas realmente funcionassem melhor do que defendo, então meu argumento seria fraco. Mas não acredito que seja esse o caso. Devo acrescentar que uma escalada de punições para uma persistente recusa em cooperar – ficar preso em casa por mais tempo, restrições longas, não permitir que o filho realize uma viagem há muito planejada – seria um erro. Nesses

casos, corre-se um grande risco de que o filho passe a nutrir sentimentos de amargura em relação aos pais. Um relacionamento em que pais e filhos se tornam grandes adversários não ajuda a aumentar a cooperação; ele produzirá uma rebeldia passiva, eivada de ressentimento.

Eu prefiro que as tarefas estejam inseridas nas expectativas como parte da vida no ambiente familiar, em vez de estarem sempre ligadas a uma recompensa ou à evitação de um castigo. Se você quiser utilizar recompensas e punições, e elas aparentemente surtirem bons efeitos, neste caso não tenho qualquer objeção. Também não tenho objeção alguma a consequências naturais, que são os resultados desagradáveis decorrentes de uma ação não realizada. Por exemplo, se um adolescente não colocar sua roupa suja no cesto ao lado da máquina de lavar, ele sofrerá as consequências de não ter a roupa lavada. Essas consequências naturais são boas, e costumam funcionar. Mas a maior parte das coisas do dia a dia não implica essas privações claras ou aceitáveis. Um banheiro sujo resultaria na perda do direito de usá-lo? Não trazer as verduras do carro para dentro de casa resultaria na proibição de jantar? A verdade é que não há respostas fáceis. Conseguir com que os adolescentes façam aquilo que não estão dispostos a fazer dá trabalho. Simplesmente dá trabalho.

A SÍNDROME DO "DEPOIS EU FAÇO"

Todos nós temos um procrastinador interno que dá um jeito de adiar a realização das coisas que gostamos menos de fazer, mas o procrastinador interno adolescente é um verdadeiro mestre nessa arte, capaz de contornar o inevitável por mais tempo que até mesmo o mais hábil dos adultos. O exemplo seguinte pode ser radical, mas ilustra bem o meu ponto:

— *Evan, você poderia, por favor, levar a sua roupa suja para a máquina de lavar no porão?*
— *Daqui a pouco eu levo.*

Dali a pouco:

– Evan, eu te pedi para levar sua roupa suja para o porão.
– Eu sei, já vou. Não esqueci.
– Quando você vai levar?
– Eu já disse que vou. Vou mesmo. Daqui a pouco.

Mais tarde ainda:

– Evan, você ainda não levou sua roupa suja para o porão.
– Meu Deus, eu já disse que vou levar! O que você quer?
– Quero que você leve a roupa suja para o porão.
– Eu vou levar.
– Quando?
– Já, já. Daqui a pouco. Sei lá. Eu vou levar.

Muitos, muitos anos depois.
Evan finalmente levou a roupa suja para o porão. E agora, meia hora mais tarde, ele se encontra de pé em frente ao túmulo de seu pai.

– Foi o que papai me pediu pra fazer. Foi o último desejo dele, e eu fiz isso por ele. Essa foi por você, papai.

A melhor estratégia no que se refere à síndrome do "depois eu faço" consiste em pressupor que "depois" significa "nunca". Os pais que ficam cada vez mais irados e frustrados quando seu filho adolescente promete regularmente que uma determinada tarefa será feita mais tarde, mas fica sempre adiando a sua realização, estão cometendo um grande erro. Se o histórico de seu filho indica que ele frequentemente não faz aquilo que prometeu fazer, ou se ele deixa de fazer qualquer outra coisa que implique temporalidade, então ficar repetidas vezes pedindo-lhe que faça alguma coisa é um desperdício de tempo.

– Evan, quantas vezes eu vou ter que te pedir que faça alguma coisa até você a fazer?
– Não sei.

É melhor insistir no "agora".

– Evan, você poderia, por favor, levar a sua roupa suja para a máquina de lavar no porão?
– Daqui a pouco eu levo.
– Não, Evan. Quero que você leve agora.
– Eu disse que levo. Daqui a pouco.
– Não, Evan, por favor, faça isso agora.
– Meu Deus, tudo tem que ser na hora que você quer! Tudo tem que ser agora! Eu tenho uma vida. Você não pode esperar que eu deixe de fazer sempre o que estou fazendo só porque estalou os dedos!

Não espere que Evan fique feliz com o seu "agora". E certamente não espere que ele siga desarmado para o cumprimento da tarefa. Muito provavelmente ele terá algum truque no bolso. O pai de Evan, por exemplo, está tentando desesperadamente não se deixar levar pelas objeções colocadas pelo filho. Ele não quer de forma alguma ser arrastado para uma discussão acerca de serem justas ou não suas demandas para que Evan realize a tarefa imediatamente.

No lugar dele, eu não diria:

– Isso não tem nada a ver com eu estalar os dedos. Se você costumasse fazer o que te peço, não haveria problema algum. Mas você não faz.

A única coisa que resultaria disso seria ainda mais discussão.

– Eu faria as tarefas que você me pede, mas você nunca me dá tempo suficiente pra fazê-las! Você não tem como saber se eu as faria ou não!

Mais uma vez, o melhor que o pai de Evan tem a fazer é ater-se a sua solicitação:

– Evan, por favor, leve sua roupa suja para o porão agora.

E, conforme foi discutido, o que acontece na maioria das vezes é que Evan vai aquiescer.

– *Sabe, é realmente irritante isso de tudo ter que ser do seu jeito. Você é um controlador, sabia?*
Mas ele vai e faz o que lhe foi solicitado.
E, como sempre:
– *Obrigado, Evan.*

QUANDO ELES NÃO FAZEM AS COISAS BEM-FEITAS

Provavelmente você reconhecerá o exemplo a seguir, em que uma solicitação é atendida de má vontade:

– *Veronica, você poderia, por favor, vir até a cozinha?*
– *Que foi?*
– *Eu te pedi para lavar a louça do jantar, e a maioria dos pratos ainda tem restos de comida. Você precisa lavar todos de novo para que fiquem limpos.*
– *Oh, meu Deus! Eu não acredito! Eu os lavei direito. Não vejo resto de comida nenhum. Que foi? Você tem uma lente de aumento? Nada que eu faça você acha que ficou bom o bastante!*

Talvez a tarefa específica mais desagradável ao educar filhos seja a de lidar com adolescentes quando eles fizeram o que lhes foi pedido, mas de forma inadequada. Trata-se de uma experiência muito desagradável, pois eles quase certamente farão um grande escândalo.

– *Meu Deus do céu, você é uma lunática! Você quer que eu lamba os pratos? Assim ficará bom pra você? Eu odeio esta maldita casa!*

Muitos pais optam por conviver com o sucesso parcial, pois não querem arriscar sua sorte ou ser acusados de abuso de adolescentes.

"*Bem, quer dizer... ela lavou a louça – mais ou menos. Acho que vou deixar assim. Quer dizer... não é nada demais, eu posso enxaguá-la de novo agora, e fica tudo certo.*"

O que está bem, se for o que você houver decidido fazer. Mas esteja ciente de que se você não chamar a atenção de seu filho para trabalhos realizados de modo insatisfatório (com aquelas raras exceções nas quais você se permite uma noite de folga do papel de ogro), essas tarefas continuarão sendo realizadas inadequadamente.

— *Veronica, que é isso? Olhe para isso. Parece uma maçaroca de purê de tomate congelado grudada no prato.*
— *Não estou vendo nada. Talvez faça parte do design do prato.*
Está tudo certo, se for essa sua escolha. Mas caso não seja, então você terá que persistir:
— *Veronica, você tem que lavar esses pratos de novo.*

Se você recusar com constância e firmeza tarefas mal cumpridas, os adolescentes captam a mensagem. Eles aprendem que se fizerem um serviço de maneira inadequada terão que ouvir você se queixando e saberão que você solicitará que o façam novamente.

— *Agora, não ficou melhor? Olhe para essa louça. Está limpa de verdade. Isso não faz você se sentir um pouco melhor, depois de ter feito um serviço bem-feito?*
— *Não.*
Mas, na verdade, Veronica está mentindo.

A questão-chave no que diz respeito a conseguir que os adolescentes de hoje façam o que não estão dispostos a fazer é que isso demanda esforço e paciência de sua parte. Não há como escapar disso.

CAPÍTULO TRÊS

COMUNICAÇÃO

A comunicação – as palavras que as pessoas dizem umas às outras ao longo do dia, os diálogos compartilhados – representa o fundamento, os tijolos e a argamassa de seu relacionamento com seu filho adolescente. Você reconhece essas trocas abaixo?

– *Oi, como foi a escola?*
– *Tudo bem, eu acho. Não sei. Por quê?*

– *Você poderia me passar aquele ralador de legumes?*
– *O que é um ralador de legumes?*

– *Você se lembrou de levar o lixo pra fora?*
– *Eu já disse que vou levar.*

– *Seu cabelo ficou legal.*
– *É, tá.*

– *Eu te amo.*
– *Eu também te amo.*

Queremos ter uma boa comunicação com nossos filhos adolescentes. Queremos que eles se sintam à vontade conversando conosco, para que, caso tenham algum problema, não tenham medo de nos procurar. Se há coisas que sentimos que precisamos dizer a eles, desejamos que nos ouçam. E queremos que os diálogos entre nós e eles sejam prazerosos, até mesmo divertidos, para que o próprio relacionamento seja prazeroso e divertido.

Obviamente, o problema da comunicação entre pais e adolescentes é que há nela uma contradição embutida.

Se você fosse perguntar aos filhos se eles querem uma boa comunicação com seus pais, em algumas ocasiões eles diriam:
– *Não particularmente. De preferência eu queria que não houvesse nenhuma comunicação, já que eles são sempre mandões, tentando se meter nos meus negócios, ou tentando ser amigáveis – o que é sempre estúpido e acontece nos momentos em que não estou nesse espírito, ou seja, nunca.*

Mas as palavras acima são apenas parte da verdade. Pergunte a eles em outro momento, e eles poderão dizer exatamente o oposto:
– *Sim, eu quero ter uma boa comunicação com meus pais. Se eu tiver um problema, quero poder conversar com eles e contar com sua compreensão e ajuda. E às vezes é bom estar com eles e conversar. Além disso, como poderei pedir coisas se eu não me comunicar com eles?*

Qualquer que seja a ocasião, a maioria dos pais responderia de forma coerente. Todos nós diríamos que queremos uma boa comunicação com nosso adolescente. Mas no ritmo cotidiano, mesmo que tenhamos a melhor das intenções e que tomemos todo o cuidado para agir da maneira correta, a comunicação com nossos adolescentes nem sempre funciona bem.

O que se segue são algumas das questões que podem dificultar uma comunicação sem percalços – ou, ainda pior, algumas das coisas que podem sabotar tal comunicação. Também estão incluídas dicas valiosas a respeito de como promover uma comunicação melhor com seu filho adolescente.

O VALOR DE CALAR A BOCA

Sondra entra no quarto da mãe para um papo:

– *Então a mãe da Jolie trouxe um negócio massudo e disse que era moushala ou algo assim, e...*
– *Provavelmente era moussaka. É um prato grego, feito de beringela.*
– *Tá, não importa. Seja como for, eu não sabia o que fazer porque estava morrendo de fome, mas aparentemente não havia muito mais o que comer e...*

— *Espero que você não tenha dito nada rude para a mãe da Jolie a respeito da refeição.*
— *Meu Deus, mãe! Não dá pra ter uma porra de uma conversa com você! Você interrompe o tempo todo! Você tem sempre alguma coisa a dizer como se eu fosse uma criancinha de dois anos!*
Nesse momento Sondra deixa o quarto, raivosa.
— *Meu Deus!* — murmura Sondra em um tom de repulsa enquanto se afasta.
— *Sondra...* — chama a mãe por ela.

A razão número um — em disparado — que os adolescentes dão quando lhes é perguntado por que não gostam de conversar com seus pais é que quando eles falam, aqueles *não* se calam.
— *Se eu tento falar, eles não conseguem calar a boca. Simplesmente parecem não ser capazes de me ouvir. Eles sempre têm algo a dizer, e geralmente ou é uma crítica ou algo que consideram muito importante que eu saiba de imediato. Eles não conseguem simplesmente me deixar falar. É muito frustrante. Daí eu fico louca da vida. Por isso a maior parte do tempo eu nem sequer tento. Qual é o problema deles?*
Vamos perguntar à mãe de Sondra.

— *Por que você interrompeu a história de Sondra e disse a ela que a comida era provavelmente moussaka e que era feita de beringela?*
— *Eu acho que é importante que ela conheça as coisas. É a oportunidade de ela aprender o nome de uma coisa nova em sua vida. Além disso, se ela se deparar com esse prato novamente, não é bom que conheça a palavra correta?*
— *E por que você a interrompeu uma segunda vez?*
— *Eu só queria me assegurar de que ela soubesse ser cuidadosa quanto às coisas que diz que podem ofender outras pessoas. Sei que às vezes exagero nisso, mas será que de outra maneira ela iria aprender? Ninguém mais se importa com a forma como ela se apresenta ao mundo. Ninguém mais se importa se ela está ou*

não aprendendo as habilidades sociais. Somente os pais se importam.

Não se pode realmente contestar o que a mãe de Sondra diz. Ela tem bons argumentos. Seus motivos são legítimos. O problema, obviamente, é o custo: Sondra não quer mais falar com ela.

Esse é um dilema básico quando educamos adolescentes: quando eles falam conosco, há muitas coisas que você sente grande necessidade de dizer. Há muitas coisas que você não pode simplesmente deixar passar, pois se o fizer a oportunidade será perdida. Por outro lado, suas intervenções valiosas parecem afastar seu filho ou filha.

Existem regras básicas a seguir em tais circunstâncias. Quando o seu adolescente houver iniciado uma conversa com você, e você sentir que precisa comentar algo que ele tenha a dizer, pergunte a si mesmo se aquilo que você tem a dizer irá dar início a toda uma nova agenda. Reconheça que, se for esse o caso, será a sua própria ordem que você está introduzindo, portanto, é conveniente não dizer nada. É muito melhor continuar o fluxo da conversa nada dizendo, ou fazendo comentários que deem continuidade à direção já estabelecida da conversa.

– Mas aparentemente não havia muito mais o que comer e...
– Você ficou num impasse, né? Ou comia a moussaka ou morria de fome.
– Isso. Eu não ia comer aquele troço, sei lá qual o nome.

Segunda dica: se houver alguma coisa que eles tenham dito que você sente que precisa ser comentado, aguarde até mais tarde.

Por exemplo, se você não gostou de como ele disse algo:
– Não use esse tom de voz.

Ou se você acha que há alguma informação importante que eles precisam ter:

— *Se você não demonstrar boas maneiras na casa dos outros, haverá uma probabilidade menor de que eles te convidem novamente.*

Ou se você julgar que os comentários de seu adolescente levantam certas questões que precisam ser colocadas:

— *Você conseguiria disfarçar se não gostasse nem um pouco do sabor da moussaka, certo?*

Caso você sinta uma real necessidade de comentar a respeito do que ele acabou de falar, deixe esse comentário para mais tarde. Não no momento em que ele está falando.

É uma questão de estabelecer prioridades. De um lado, estão todas as informações que você considera importante que sejam transmitidas. De outro, está a necessidade de fazer com que seu adolescente se sinta à vontade para conversar com você com regularidade.

Não é errado apresentar o seu lado da questão; isso faz parte das interações normais entre pais e filhos. Mas espere que eles tenham acabado de dizer tudo o que desejavam antes de fazer isso. Além disso, uma vez que você é humano, algumas palavras podem simplesmente saltar da sua boca sem que você reflita quando está falando com seu filho. É inevitável. E está tudo bem. Mas também é verdade que palavras demais, com demasiada frequência, especialmente aquelas que compõem a sua agenda específica, agem contra o desejo e interesse de longo prazo de seu filho de conversar com você.

— *Quer dizer... eu sei que é isso que os pais fazem. Mas quando quero conversar com minha mãe, as coisas sempre acabam sendo desviadas para os assuntos dela. É muito frustrante. Eu conversaria mais com ela se de alguma maneira ela aprendesse a ficar calada.*

O problema é que ficar calado não é algo simples para nós, pais. Acima de tudo, o que torna isso tão difícil é que ao não fazer nossos comentários parentais usuais, sentimos como se estivéssemos mandando nossos filhos para o mundo desprotegidos, sem contar com nossa sabedoria. Todas as vezes em que você deixa algo passar sem fazer um comentário, você teme, até certo ponto, que seu filho esteja um passo mais próximo de viver uma vida infeliz e desorientada.

– É, foi muito ruim o que aconteceu a ela. Se ao menos seus pais houvessem lhe dado mais orientação... havia tantas coisas que ela aparentemente não havia aprendido... É realmente uma pena.

Mas e se não for assim? E se por você ter deixado passar muitas oportunidades de orientá-los adequadamente, as vidas deles se tornarem uma ruína? Não dar o seu palpite dá a impressão de uma grave perda de controle.

– Sei que soa estranho. Mas ela ainda é uma criança, e há tantas coisas acontecendo no mundo que ela desconhece por completo, não que eu saiba de tudo, e tantas oportunidades de ela cometer erros que podem fazer mal a ela e de fazer escolhas das quais se arrependerá profundamente... Eu não posso protegê-la de tudo, e é por isso mesmo que quero poupá-la de tudo que eu puder.

É assim que os pais se sentem.

QUANDO E COMO CALAR-SE

Então, como conseguir calar-se?

Inicialmente – e sem esse primeiro passo todo o restante será inútil –, você precisa comprar mesmo a ideia de que dizer algo em resposta a tudo que seu filho adolescente fala poderá custar-lhe a disposição dele para se comunicar com você. E sem essa comunicação você perde muito. Em outras palavras, é recomendável que você faça pelo menos alguma restrição em sua fala. Se você concorda com isso, é preciso que instale em sua cabeça um monitor – um monitor que observa o quanto você fala, e uma voz que lhe diz:

"Eu sei que você sente que é muito importante apontar essa questão para ela, mas talvez seja melhor, pelo bem da comunicação geral entre vocês, que somente dessa vez você se cale."

Você pode dar ou não atenção a essas palavras, mas já é um bom negócio saber que elas estão ali.

Também é importante que você aceite o fato de que não pode controlar tudo. Você simplesmente não pode. Você precisa assumir riscos, pois na verdade não tem escolha. O fato de ter um filho adolescente expõe você à grande probabilidade de que algumas das coisas que não deseja que aconteçam irão, ainda assim, acontecer.

- Numa determinada noite de sábado seu filho fica muito bêbado.
- Adolescentes mentem a respeito de onde andaram, para garantir poder frequentar a casa de um amigo onde costumam ir outros adolescentes por quem você não nutre particular simpatia.
- Eles se envolvem em um relacionamento sexual que pode encerrar consideravelmente mais do que são capazes de dar conta.

Educar um adolescente significa que você tem que assumir o risco de que, a despeito dos seus melhores esforços de antecipação e para instruir seu filho a respeito de todas as coisas, muito do que eles vivenciam estará, ainda assim, fora de seu controle.

Outra atitude que pode se útil para ajudar você a se conter é a de encarar como um tesouro o fato de eles falarem com você de uma maneira aberta e espontânea, perceber esse momento como uma chama delicada que você não desejará apagar de forma inadvertida. Você fará tudo o que puder para alimentar essa chama, e não para extingui-la.

Deixe-me dar outro exemplo de uma situação na qual um dos pais percebeu isso até um certo ponto, mas depois se descuidou.

Carly chega da escola; a mãe a cumprimenta.

— Como foi seu dia, querida?
— Foi legal.
— Você não parece muito feliz. Tem algo errado? Aconteceu alguma coisa na escola?
— Não, foi legal.
— Bem, seu jeito de falar sem dúvida dá a impressão de que aconteceu alguma coisa.

– Não, não foi nada demais.
– O que não foi nada demais?
– Tem certeza que quer ouvir?
– Sim, é pra isso que servem as mães.
– Bem, foi a Jeannine de novo. Ela é uma escrota. Eu queria que ela morresse.
– Você não quer isso de verdade. É apenas a maneira como você está se sentindo.
– Sim, quero sim! Ela é muito escrota! É mesmo, mãe! Ela é muito escrota!
– Não use essa palavra. Você sabe que eu não gosto que você use essa palavra.
– Esquece, mãe. Porra, nem dá pra conversar com você!
– Não, eu quero ouvir o que você tem a dizer.
– Não, você não quer! Você só quer me dar sermões. Esquece!
E Carly se afasta.
– Não é verdade que eu só queira te dar sermões. Eu quero te ouvir.
Mas Carly já não se encontra mais no quarto.
– Me dê outra chance! Por favor! Eu estou ouvindo agora!

A mãe de Carly estava indo bem, mas acabou metendo os pés pelas mãos. Ela havia percebido o estado de espirito da filha, e tinha até mesmo conseguido fazer com que Carly começasse a falar sobre o que a estava aborrecendo. Quando você consegue fazer com que eles lhe digam o que está se passando, quem sabe até mesmo como eles se sentem na verdade, esse é um momento impagável.

A mãe de Carly estava indo muito bem, até:
– Sim, quero sim! Ela é muito escrota! É mesmo, mãe! Ela é muito escrota!

Bem aí, nesse exato instante, a mãe de Carly teve uma escolha. Ela poderia ter-se calado ou ter feito um discurso. Nesse exemplo, ela simplesmente não conseguiu se refrear diante da segunda opção, e a conversa terminou. (Como sempre, se ela não gostou da linguagem usada pela filha, poderia ter deixado para falar disso mais tarde.)

Mas digamos que, em vez dessa opção, a mãe de Carly mordesse a própria língua e nada dissesse.

– *Sim, quero sim! Ela é muito escrota! É mesmo, mãe! Ela é muito escrota!*

A essa altura, se a mãe de Carly nada disser, sua filha poderá completar a história:

– *Você não acredita, mãe! Hoje no almoço a Jeannine estava conversando com o Greg e estávamos todos na mesma mesa, daí ela disse: "Greg, você reparou no chupão no pescoço da Carly?" Fomos eu e o Reggie (o namorado atual dela, por quem ela está perdendo rapidamente o interesse), e nem dava pra notar o chupão, e você sabe o quanto eu estou interessada no Greg, o que a Jeannine sabe muito bem.*

É dessa forma que a coisa funciona na maioria das vezes.

Sempre haverá motivos pelos quais você não poderá deixar que algo passe sem um comentário. Mas em inúmeras situações teria sido melhor que você simplesmente se calasse.

Seguem-se alguns breves exemplos de situações em que um dos pais não respondeu tão bem quanto poderia, e algumas sugestões quanto ao que deveria ter sido dito para que as coisas se dessem de forma mais harmônica.

Não é exatamente uma boa ideia falar com seu adolescente deste jeito:

– *Mãe, você viu minha escova?*
– *Stacy, você tem que aprender a cuidar melhor de suas próprias coisas. Eu não vou ficar o tempo todo te ajudando pelo resto de sua vida. Quando você põe alguma coisa em um lugar, você precisa saber onde a está colocando. Desse jeito você conseguirá lembrar.*
– *Sabe o que eu acabei de lembrar? Vá se ferrar!*

É melhor falar assim com seu adolescente:

– Mãe, você viu minha escova?
Responda "Sim" ou "Não".

Não é exatamente uma boa ideia falar com seu adolescente deste jeito:

– Eu acho que a mãe da Jillian pinta o cabelo.
– Querida, você sabe que não deve comentar essas coisas com ela, não sabe? Muitas mulheres são sensíveis a respeito de seu cabelo ser de cor natural ou não.
– Credo, mãe, que pena que você não me disse isso antes, pois eu comecei a rir e apontar para o cabelo dela.

É melhor falar assim com seu adolescente:

– Eu acho que a mãe da Jillian pinta o cabelo.
– Você acha que ficou legal?

Não é exatamente uma boa ideia falar com seu adolescente deste jeito:

– As estrelas estão lindas essa noite.
– É, quando tem uma frente fria como a que tivemos, o ar fica bem seco, e nao ha umidade para obscurecer as estrelas. Por isso elas ficam mais brilhantes.
– Isso é realmente interessante, pai. Lembre-me de compartilhar um momento como esse com você de novo no ano que vem.

É melhor falar assim com seu adolescente:

– As estrelas estão lindas essa noite.
– Estão mesmo.

Não é exatamente uma boa ideia falar com seu adolescente desse jeito:

– *Esse programa é uma droga.*
– *Você sabe que não deve falar desse jeito quando estiver assistindo à TV na casa de uma amiga com os pais por perto, não sabe?*
– *Não, eu teria dito uma merda no lugar de uma droga.*

É melhor falar assim com seu adolescente:

– *Esse programa é uma droga.*
– *É mesmo.* [Ou, caso você discorde, *"Eu gosto"*.]

Alguns leitores podem não concordar que a minha sugestão seja a melhor. Muitos podem sentir que algo de parental precisa ser dito em algumas ou em muitas dessas situações. Talvez estejam certos. O que quero enfatizar é que é fácil encontrar algo a dizer em resposta a quase qualquer coisa que um adolescente fale. Cabe a você, no entanto, decidir: a que preço?

O SEGREDO DE SER UM BOM OUVINTE

Você pode querer encorajar o seu adolescente a se abrir. Pode querer que ele sinta que é ouvido. Mais importante ainda, talvez você queira que ele pense que conversar com você é uma experiência que desejará repetir. Eu compreendo isso, motivo pelo qual vou partilhar com você uma técnica – além daquela de nada dizer – que aumenta em muito essa perspectiva. Essa é uma estratégia ao mesmo tempo muito simples e muito eficaz. É uma forma de responder que, ao longo da história da humanidade, tem sido o método número um de fazer com que os outros sintam-se ouvidos.

Og, voltando de uma expedição de caça malsucedida, cumprimenta sua esposa, Oglena.

– *Og viu grande mamute.*
– *Ohh, você viu um grande mamute.*
– *Sim, muito grande. Se eu matar ele, alimenta muitas famílias. Og ser herói.*
– *Se você matar ele, ele alimentar muitas famílias, e você ser um herói.*
– *Sim, mas eu não matar ele. Lança estúpida ricochetear.*
– *Mas você não matou ele porque sua lança ricocheteou.*
– *Sim, Og muito bravo.*
– *Você ficou bravo mesmo.*

Mais tarde Og conversava com seu amigo Umba.

– *Oglena ser mulher muito boa. Ela ouvir muito bem. Ouve o que Og diz. Ela ser boa mulher.*
– *Certo, mas ela ser tão boa cozinheira quanto minha Umbalena?*
– *Você querer que eu te mate?* – diz Og.
Umba não era um bom ouvinte.

Faz parte da condição humana querer compartilhar experiências: dizer aos outros o que vimos, ouvimos, pensamos, sentimos. É a parte mais básica de qualquer conexão pessoal. Acontece que, quando você está na posição de ouvinte, dizer exatamente o que a outra pessoa acabou de falar é especialmente eficaz no sentido de fazer com que seu interlocutor sinta que você o ouviu, que você está compartilhando plenamente sua experiência. A pessoa sente que foi ouvida, compreendida, que houve uma conexão.

Muitos nos atrás, em uma conferência de psicologia, assisti a um vídeo de uma famoso psicólogo chamado Carl Rogers. O seu método exerceu grande influência em outros terapeutas. Esse vídeo mostra Rogers praticando seu método com uma cliente em uma sessão de psicoterapia. Ele não apenas ecoava as palavras da mulher; mas as repetia *exatamente iguais*. Fiquei perplexo com a aparente simplicidade daquilo. Aquilo funcionaria?

– Doutor, tudo o que o senhor está fazendo é repetir como um papagaio as minhas palavras. Como isso poderia me ajudar? Estou gastando essa grana toda pra isso?

Mas não: ela parecia realmente gostar daquilo. Na verdade, ela continuou a falar abertamente e com sentimento. O que significa dizer que as pessoas de fato gostam que você ouça o que elas dizem.

Não é de esperar que os pais sejam psicoterapeutas de seus filhos adolescentes. Mas é útil saber que, caso seu filho esteja falando com você, geralmente não há nada melhor que simplesmente ecoar o que ele está dizendo. Não palavra por palavra, mas repetir com suas próprias palavras o que você entende ser o âmago da conversa.

Segue um exemplo de como pode ser, com Kelsey e sua mãe:

– Como foi a festa?
– Na verdade, foi meio deprimente.
– Você achou deprimente?
– O Les, aquele menino de quem eu te falei, lembra? Ele nem notou minha existência, e eu meio que cheguei nele e meio que dei uma de boba.
– Isso soa mesmo deprimente... e constrangedor.
– Você disse tudo! Será constrangedor encontrar com ele na escola.
– Você está preocupada de se sentir assim na segunda, né?
– É, acho que vou sair batido se o vir.

Ou entre Seth e seu pai:

– Esses morangos não têm gosto de nada.
– Você não está sentindo sabor nenhum?
– É, eles têm sabor zero.
– Não é como os morangos que a gente compra em junho.
– É, aqueles são bons, daquele armazém que a gente costuma ir.

– É, você gosta daqueles.
– É, aqueles são bons mesmo. Têm gosto de morango de verdade. Talvez eu pudesse tentar cultivar morangos dentro de casa no inverno. Será que dá pra fazer isso?
– Não sei. É uma ideia.
– Acho que vou dar uma pesquisada online. Quem sabe posso até vendê-los? Ganhar uma fortuna.
– Seria legal.
– Daí eu poderia comprar novos limpadores de para-brisa para substituir aqueles seus que estão arranhando.
– Você é muito generoso.

Quero frisar aqui que o pai, ou a mãe, está participando da conversa, mesmo que nada esteja dizendo de fato. As palavras dos pais basicamente ecoam o que o filho acabou de dizer, mas praticamente nada de novo é acrescentado. Dessa forma, os pais evitam tecer qualquer juízo, o que permite que o filho prossiga expondo seus pensamentos. Você não precisa agir sempre assim, mas é bom saber que essa técnica existe e que pode ser útil quando você quiser encorajar o seu filho a conversar com você.

LIDANDO COM ADOLESCENTES POUCO COMUNICATIVOS

Quem nunca teve uma conversa unilateral com seu filho? Uma mais ou menos assim:

– Oi, Charles.
– Que foi?
– Como foi na escola?
– Normal.
– Você se divertiu quando saiu com seu amigo?
– Uhum, acho que sim.

Um dos fenômenos mais frequentes e impressionantes no que se refere a adolescentes – especialmente os do sexo masculino –

é vermos como uma criança que já foi muito falante pode subitamente se transformar em um menino de quinze anos pouco comunicativo. Há garotos adolescentes que não falam senão em monossílabos indistintos. Quando chegam a dizer alguma coisa, geralmente suas palavras são *"não sei"*. E, obviamente, onde quer que você esteja, é nesse lugar que eles não querem estar.

"Charles costumava conversar muito comigo. Ele mal conseguia esperar para dizer-me como tinha sido o seu dia. Nos mínimos detalhes. A gente não conseguia fazê-lo parar de falar."
– *Mamãe, mamãe! Escuta isso! Lembra quando eu te contei que o Robby se deu mal na aula da Sra. T.? Então, hoje ele entrou numa encrenca pior ainda, porque disse aquela palavra que começa com M! E a Sra. T. ...*
"Mas agora, nada. É como se houvesse um muro entre nós. Ele se fecha completamente para mim. Sinto-me tão só..."

Sem dúvida, trata-se da versão masculina da alergia adolescente aos pais. (As meninas também manifestam esse fechamento verbal, mas em um grau mais suave.) Uma vez que as suas palavras podem granjear seu acesso ao que anda acontecendo nas vidas deles ou ao que acontece em seu mundo interno, um diálogo representa para eles um anátema. Por sorte, essa alergia é temporária. Eles acabam superando-a, e por fim voltam a conversar com você. Tudo que você precisa fazer é esperar.
Mas e quanto ao presente? O que você pode fazer nesse ínterim?
Em primeiro lugar, deixe que eu lhe diga o que *não* fazer: não parta para o ataque direto.

– *Você gostou de ter encontrado seus primos no domingo de Páscoa na casa da vovó Miriam?*
– *Não sei.*
– *Por que você nunca responde direito quando te pergunto alguma coisa? O que há de tão difícil em me dar uma resposta simples a uma pergunta simples?*
– *Não sei.*

— *Você compreende que é uma simples questão de boa educação responder às pessoas quando elas te fazem uma pergunta?*
— *Acho que sim. Não sei.*

Como bem sabe qualquer pessoa que o tenha tentado, a única coisa que um ataque direto pode provocar é que seu filho entre mais fundo ainda em sua concha. Então, como você deveria proceder? Ir para o seu canto e nada mais fazer até que ele decida participar da civilização, dali a uns três ou quatro anos? Definitivamente, não. Pode ser que ele nada queira com você, mas isso não significa que você deva simplesmente recuar. Pelo contrário. Ele continua necessitando da conexão com você, mesmo que possa parecer que não a deseja. O truque com adolescentes pouco comunicativos é que pode ser que eles não queiram falar com você, mas você pode continuar falando com eles. (Sim, esse é definitivamente o tipo de contexto diante do qual estou sugerindo que você *não* fique calado!)

O segredo é não se sentir desencorajado. Continue tentando. Agarre todas as oportunidades que se apresentarem de falar com seus filhos. Muitos pais descobrem que estar sozinhos no carro com o adolescente aumenta as chances de melhores resultados. Não é preciso que seu filho olhe diretamente para você — e isso pode ajudar. Além disso, há menos distrações do que em casa. Ou você pode tentar falar com ele sempre que estiverem os dois a sós em um aposento. Para dar a partida, simplesmente diga qualquer coisa.

"Como andam as coisas na escola? Como estão suas notas em História? E aí, você está gostando da professora nova de álgebra, a Sra. Ehrenfelter? Você tem conversado com alguma pessoa nova na escola? Com quem você se senta na hora do almoço? Existe algo além das coisas usuais do dia a dia que esteja te aborrecendo?"

Caso tudo o mais falhe, experimente essas:

"Conte-me alguma coisa que você tenha feito ultimamente que esteja te irritando — sem contar sentar-se aqui comigo te fazendo perguntas como essa. O que você gostaria de fazer no

próximo verão? Me diga algum prato que você gostaria que tivéssemos para o jantar com mais frequência. Você ainda acha que gostaria de ser eletricista como seu tio?

Faça todas e cada uma das perguntas que lhe vierem à mente. Simplesmente deixe-as virem. Não há problema se algumas dessas perguntas forem estúpidas nem se você tiver repetido algumas delas um milhão de vezes. Mantenha-se otimista. Quanto mais você fizer, mais pegará o espírito da coisa. Na maior parte das vezes, é provável que eles não respondam. Tudo bem. Você está falando com eles porque escolheu fazê-lo. Pode soar como uma tortura para eles, mas não será uma tortura terrível.

– *É, sim, é uma tortura terrível. Você não faz ideia.*

Mas o mais importante de tudo é que você deve perseverar. Quer você obtenha retorno ou não, continue insistindo. A maior parte do tempo você receberá nada ou quase nada de volta. Mas algumas vezes obterá retorno. Do nada.

– *Sra. Ehrenfelter? Quer saber mesmo? Eu odeio aquela mulher. Odeio de verdade.*
– *Você não gosta mesmo dela, hein?*
– *É, posso largar a escola?*

O truque é continuar insistindo e conversando.

QUANDO SEU ADOLESCENTE NÃO ESCUTA UMA SÓ PALAVRA DO QUE VOCÊ DIZ

Você ouvi-los é uma coisa. Mas e quanto a eles *te* ouvirem?

– *Todd... Todd... Todd!*

Todd continua assistindo à tevê, aparentemente indiferente ao fato de sua mãe estar falando com ele.

– *Todd, por favor, lembre-se de pegar aquelas caixas de papelão e colocar fora com o lixo... Todd... Todd!*

– *Que foi?*
– *Você ouviu o que acabei de dizer?*
Mais uma vez Todd não dá resposta alguma, continua absorto com a tevê e aparentemente inconsciente de que a mãe está falando com ele.
– *Todd!*
– *Que foi?*
– *Por favor, lembre-se de pegar aquelas caixas de papelão e colocar fora com o lixo... Todd!*

Você pensa:
"*Ele não escuta uma palavra do que eu digo. Ontem de noite ele estava jogando um daqueles videogames entorpecentes e eu o chamei à mesa porque o jantar estava pronto, e ele nem resmungou, nem fez um sinal com a cabeça, absolutamente nada. Ou ontem de tarde, quando ele estava saindo da cozinha: 'antes de sair da cozinha você poderia pegar uma soda pra mim na geladeira?' E ele, sem sequer alterar o passo, passou direto por mim.*

"*Eu não entendo. Ele realmente não me escuta? Será que de alguma maneira o cérebro dele elimina o som da minha voz? Ou será que simplesmente ignora de forma consciente tudo o que eu digo?*"

Os adolescentes – com uma audição extremamente acurada – parecem não ouvir os pais, fenômeno que por vezes leva estes às raias da loucura.

"*Talvez ele simplesmente tenha uma limitação auditiva que o faça não ouvir o timbre da minha voz. É possível. Pode ser isso.*"

Ou será que eles simplesmente nos ignoram? O que está acontecendo?

Vamos perguntar ao Todd.

– *Eu não sei. Estou apenas fazendo as coisas que faço. Estou prestando atenção às coisas em que presto atenção. Não é tão complicado assim. Estou ouvindo música, ou pensando em alguma coisa, ou talvez assistindo à tevê, ou jogando um videogame. Daí minha mãe diz alguma coisa, e ela espera que eu largue tudo que estou fazendo, pare de prestar atenção naquilo que estou prestando atenção e a escute. E sempre é sobre alguma coisa que ela quer que eu faça. Sim, eu a ouço. Como poderia não ouvi-la? Ela está falando. Mas ela não quer que eu escute; ela quer apenas que eu diga coisas como: "Sim, mãe. O que você quer?" Ou: "Sim, eu certamente me lembrarei de levar as caixas de papelão para o lixo; não precisa se preocupar. Eu não ia esquecer, mas obrigado por me lembrar." Ela espera mesmo que eu diga coisas assim, quer dizer, tirando o idiota do meu primo Marcus, quem mais diria coisas como essas para a mãe? Dá um tempo!*

Eles escutam. Eles ouvem cada palavra, o tempo inteiro. É que simplesmente a mente deles registra corretamente o fato de que responder àquelas palavras exigirá algo deles, algo que prefeririam não fazer. E, como uma forma de defesa, eles sempre podem alegar que simplesmente não te ouviram.

Então, o que você deve fazer? É sempre possível tentar mudá-los:

– Certo, mocinho, até que você comece a escutar um pouco melhor, vejamos como fica sua vida sem um celular.

Mas eu não aconselho esse tipo de medida. Você pode conseguir que eles se comportem um pouco melhor temporariamente e de má vontade, mas não conseguirá com isso efetuar quaisquer mudanças de caráter em seu filho. Mais do que isso, você estará provocando ressentimento. O fato de eles não escutarem você poderá, a partir de então, decorrer não mais apenas de sua preguiça, mas também de um desafio raivoso. A tendência deles será tornar-se mais – e não menos – intratáveis.

Você poderá falar com eles mais tarde e fazê-los entender.

– Todd, eu gostaria muito que quando eu falasse com você, quando te pedisse para fazer alguma coisa, você me respondesse da primeira vez, e de uma maneira razoavelmente educada, em vez de simplesmente me ignorar. É muito frustrante para mim, e deve ser desagradável para você, porque muitas vezes eu acabo gritando contigo. Seria bem melhor se você respondesse da primeira vez, e não é legal você me tratar de uma maneira que acaba sendo desrespeitosa.

As palavras acima são de fato algo bom de ser dito. Além disso, é provável que não venham a produzir mudanças dramáticas. Se você pronunciá-las sem expressar muita raiva, eles vão te ouvir e saberão que aquilo que diz é verdade. Pode ser que se sintam até ligeiramente culpados. E talvez – apenas talvez – eles modifiquem seu comportamento de escuta, ao menos um pouquinho, no futuro.

Mas o que você deveria fazer naquele exato momento, quando seu filho está ignorando o que você diz? Aqui vai uma sugestão:

– *Todd.*

Caso ele não responda imediatamente, vá até o lugar onde ele está. Agora você está próxima a ele.

– *Todd.*

Não se preocupe se ele responde ou não. Você está lá, bem no lugar onde ele está. Ele escuta você. E ele não pode realmente fingir que não escuta. Agora diga o que deseja dizer.

– *Por favor, lembre de pegar as caixas de papelão e colocá-las no lixo.*

Não diga isso de maneira raivosa. Você está apenas fazendo uma solicitação amistosa. A diferença é que você estará de pé, bem ao lado dele, ao dizer essas palavras. Ele a ouvirá e prestará atenção, pois você está ali de pé, bem onde ele se encontra. Repito: não se preocupe que ele diga ou não algo em resposta, pois ele definitivamente está te ouvindo.

Ele não vai gostar; na verdade, sentirá isso como uma grande imposição.

– *Mãe! Por que você tem que agir assim? É tão irritante! Você gostaria que alguém ficasse de pé bem na sua frente, enquanto você faz alguma coisa, e começasse a falar com você?*

Mas não morda a isca. De maneira nenhuma você deve dizer:

– *Eu não teria que ficar tão perto se você me respondesse em vez de me ignorar.*

Você não vai querer seguir por aí, pois isso acrescentará uma nota hostil, o que poderá desencadear uma batalha de vontades que só trabalhará contra você. Além disso, suas ações já estarão dizendo o equivalente às palavras acima. O truque é manter-se otimista, sem desculpar-se.

Você tampouco deve pressionar seu filho visando algum tipo de reconhecimento daquilo que foi dito, como:
– *Está bem, eu vou lembrar de levar as caixas de papelão pra fora e colocá-las na lixeira.*
Ele *ouviu* você.

Uma sugestão extra: uma vez que você se encontra agora no espaço dele, e está de pé perto dele, seria útil acrescentar:

– *Eu gostaria que você fizesse isso agora.*

É melhor não apenas assegurar-se de que seu filho ouviu você, mas também fazer com que ele atenda você na hora.
– *Não posso, estou ocupado. Já vou.*
– *Não, Todd, por favor, faça isso agora.*

Obviamente a resposta deverá ser:
– *Por que você sempre quer que as coisas sejam feitas no exato momento em que você deseja? Não dá pra ver que estou ocupado?*

Mas mantenha-se firme:
– *Não, Todd, por favor, faça isso agora.*

Ele escuta e, na maioria das vezes – para que você largue do pé dele, uma vez que se encontra de pé bem ao seu lado – vai concordar.

DANDO CONSELHOS

Conforme mencionado anteriormente, sou casado há muitos anos e acredito ter a sorte de possuir uma esposa maravilhosa. Existe, contudo, um problema que não parece diminuir: sou um sujeito muito inteligente. Eu sei um monte de coisas. Mas minha esposa parece não compreender isso, pois toda vez que lhe dou conselhos – conselhos excelentes, na verdade tão excelentes que não consigo conceber que ela não os siga (Eu já mencionei que sou muito inteligente?) – ela frequentemente ignora por completo minhas sugestões. Eu só quero ajudá-la!

O mesmo é válido para Nadine e seu pai:

— *Aquele espelho estúpido do banheiro sempre fica embaçado depois que tomo banho, e não consigo ver meu cabelo. É muito irritante.*
— *Se você abrir a janela do banheiro antes de tomar banho, isso não acontecerá* – diz seu pai.
— *Isso não vai adiantar nada. A gente devia comprar um daqueles ventiladores que as pessoas têm.*
— *Talvez um dia, mas nesse exato momento não temos dinheiro para isso. Mas, como eu disse, se você abrir a janela do banheiro fará diferença.*
— *Duvido muito. Você não sabe o quanto é irritante não poder enxergar nada no espelho.*

No dia seguinte:

— *Aquele espelho estúpido continua ficando embaçado. Odeio esse espelho.*
— *Por que você não abre a janela?*
— *Por que você continua dizendo isso? Eu não vou abrir a janela. Isso é besteira.*
— *Se você abrir a janela, o vapor do chuveiro vai escapar, e o espelho não ficará embaçado.*
— *Eu não vou abrir a janela. Você não sabe de nada.*
— *Tente uma vez e veja o que acontece.*
— *Pai, você não está entendendo. Eu não vou abrir a janela. Essa é uma sugestão estúpida.*

O pai de Nadine pensa:
"Eu dou conselhos a ela e é como se eu falasse com uma parede. Digo-lhe coisas que iriam ajudá-la, que podem tornar a vida melhor, e é como se qualquer conselho vindo de mim fosse automaticamente indigno de ser considerado. Eu não mereço tanto desrespeito. Eu não sou uma pessoa ignorante e sei mais do que apenas um pouquinho."

Existe uma regra no que se refere a dar conselhos a adolescentes; é a mesma regra que se aplica a qualquer pessoa de qualquer idade. Se você for dar um conselho bom e útil, daquele tipo que só tornará a vida deles um pouco melhor se for seguido à risca, um do tipo tudo-ou-nada, faça-o sem que haja quaisquer cláusulas anexas – nem uma sequer. Se você for dar conselhos, isso não deve incluir a condição de que os mesmos sejam seguidos. Um conselho é uma oferta. Eles podem ignorá-lo. Podem dar a ele nomes feios. Podem reduzi-lo a pó. Ou podem aceitá-lo e valorizá-lo. Caso você lhes dê um conselho, é importante que eles tenham o direito de fazer o que bem lhes aprouver sua sugestão.

Você não pode sentir-se magoado caso eles não aproveitem seu conselho, mesmo que este seja excelente e bem-intencionado. Seus sentimentos não podem estar presos ao conselho. Isso não funciona. Uma forma melhor de aconselhar pode ser vista nessa interação entre Nadine e seu pai:

– Aquele espelho estúpido do banheiro sempre fica embaçado depois que tomo banho, e não consigo ver meu cabelo. É muito irritante.

– Se você abrir a janela do banheiro antes de tomar banho isso não acontecerá – diz seu pai.

– Isso não vai adiantar nada. A gente devia comprar um daqueles ventiladores que as pessoas têm.

– Bem, experimente se quiser.

E o pai nada mais diz.

No dia seguinte:

– Aquele espelho estúpido continua ficando embaçado. Odeio esse espelho.

– Puxa, deve ser frustrante.

O pai de Nadine já deu sua sugestão, e a filha sabe disso. Ele nada mais tem a dizer.

O que quer que você diga, nada mais diga caso aconteça a cena abaixo. Ficar no "Eu-te-disse" não vai levar a lugar algum.

> – Pai, eu li um artigo nesse site de "Dicas Úteis" e ele mostra que quando um espelho de banheiro fica embaçado, tudo o que temos a fazer é aumentar um pouco a circulação do ar abrindo a janela. Eu experimentei hoje de manhã e funcionou.

Outro exemplo:

> – Mãe, não consigo achar meus tênis.
> – Austin, se você os puser no armário perto da porta da frente assim que tirá-los, isso não acontecerá mais.
> No dia seguinte:
> – Meu Deus, eu não consigo achar meus tênis.
> – Quantas vezes eu terei que te dizer para colocá-los no armário assim que tirá-los dos pés?
> – Tá, tá. Onde estão meus malditos tênis?
> No dia seguinte:
> – Onde estão meus tênis? Onde estão esses malditos tênis?
> – Não sei por que você não ouve o meu conselho. Não teríamos que passar por isso toda vez. Você me ouve?
> – Tá, mas onde estão os meus tênis?
> – Sabe o que talvez seja uma boa ideia? Vou tocar fogo nos seus tênis, e daí você não precisará mais procurar por eles, pois terão se tornado cinzas na lixeira.

Uma abordagem melhor pode ser observada nesta troca entre Austin e sua mãe, depois da sugestão inicial dela e todos os outros comentários:

> – Não consigo achar meus tênis.
> – Puxa, isso é um problema.
> – Mas onde estão meus tênis?
> – Sem dúvida é bem frustrante quando você não consegue achá-los, não é?

Ser prestativo tem limites.

RESPEITANDO A FALTA DE BOM SENSO DELES

Se os adolescentes forem capazes de recorrer aos meios mais injustos, manipulativos e vis para conseguirem o que querem, por que seus pais não podem dar o troco? Se eles agirem como completos idiotas, por que não podemos fazê-los sentir um pouquinho o gosto de seu próprio veneno?

– Não, Pamela, você não pode ir ao Death Metal Fest VI.
– Mas, mãe, isso não justo! Eu nunca posso fazer nada divertido! Não é culpa minha se você tem algum tipo de problema com isso só porque sua adolescência foi uma droga!
– Ah, está bem, eu deveria deixar uma garota de catorze anos ir a um show no qual a polícia foi chamada da última vez e um monte de jovens ficou ferido.
– Não, você simplesmente não quer que eu me divirta!
– Pamela, isso não faz o menor sentido, e você sabe disso.
– Não, você está é com inveja porque nunca fez nada quando era adolescente, e você fica enlouquecida de me ver me divertindo de verdade!
– Vou te dizer o que me deixa enlouquecida. O que me deixa enlouquecida é ver minha filha supostamente inteligente dizendo tais absurdos e achando que vou acreditar nisso. Eu não sou uma idiota completa.

A maior parte daquilo que os adolescentes dizem pode parecer – e muitas vezes realmente é – um absurdo completo. Fica difícil não responder sem dar o troco.

– Lawrence, eu te pedi para esvaziar a máquina de lavar louças antes que eu chegasse em casa, e você não fez nada.
– Não é culpa minha, eu ia fazer, mas fiquei em dúvida se ia fazer direito porque achei que você tinha dito que talvez fosse mudar o lugar onde colocar as coisas. Além disso, se eu fizesse o

que você pediu, você provavelmente iria simplesmente mudar tudo de lugar, pois você é um perfeccionista. Então você está reclamando do quê?

– Lawrence, você acha que sou um imbecil? Por que você acha que eu vou acreditar nessas desculpas estúpidas que você vive me dando?

Muitas respostas de adolescentes clamam por uma retaliação com pelo menos um pouco do mesmo veneno. Se eles decidem falar como idiotas – especialmente se for exclusivamente com o propósito de conseguirem o que desejam ou para se absterem das responsabilidades –, os absurdos que eles dizem não merecem algum tipo de resposta à altura? Por que você tem que responder a tudo o que eles dizem com o mais completo respeito?

– Você apontou uma questão importante, Pamela. Vou examinar o meu interior um pouco mais. Minha adolescência, na verdade, não foi tão ruim assim. Mas talvez eu tenha me tornado amarga sem percebê-lo.

– Sim, você é amarga e invejosa. Então isso significa que posso ir ao show?

Por mais absurda que possa ser a resposta dada por sua filha adolescente, ela provavelmente não vê as coisas dessa maneira. Se fôssemos perguntar a Pamela se ela realmente acredita que você não deseja que ela se divirta, ela provavelmente dirá:

– Sim, ela odeia que eu me divirta. Ela sente inveja.

– Você não acredita mesmo que sua mãe acha que um festival de rock desses, que duram a noite inteira e que da última vez terminou de forma violenta, seja perigoso demais e um lugar inapropriado para uma menina de catorze anos?

– Não, ela tem inveja, é por isso.

E se conectássemos Pamela a um detector de mentiras, este demonstraria que ela estava sendo sincera. Não duvide que, quando seus adolescentes estiverem se valendo de absurdos manipulativos, eles realmente acreditam nas próprias palavras. Pelo menos no momento em que as estão proferindo.

"Mas se eu der um pouco do troco para ela, ela saberá como é estar do outro lado, para variar. Talvez dessa forma ela aprenda, certo?"

Infelizmente, não é assim que funciona.

– Ouça a maneira como a minha mãe fala comigo! Não é assim que os pais deveriam falar com seus filhos! Como é que ela pode esperar que eu fale direito com ela se ela fala comigo de uma forma tão rude?

– É assim que você fala com ela.

– Sim, mas eu sou uma adolescente. Além disso, o que eu deveria fazer se ela está sendo tão insensata e injusta?

É assim que os adolescentes pensam.

Por mais que isso possa atacar seu estômago, é melhor lidar com seus filhos da maneira mais madura que você conseguir. Isso servirá como um bom exemplo, da mesma forma como agir do modo oposto funcionaria como um mau exemplo. A mãe de Pamela pode manter-se firme e não deixá-la ir ao show. Mas pode fazê-lo de um modo que não deprecie a filha. Ela pode ouvi-la, mas não precisa embarcar no que a filha diz.

– Não, sinto muito, Pamela, mas não fico à vontade com isso. Não, você não pode ir ao festival de rock.

– Você não fica à vontade com isso? E por que isso deveria ser problema meu? Você não fica à vontade com isso? E eu não fico à vontade em não ir!

E, a essa altura, uma vez que Pamela sempre terá mais coisas a dizer, sua mãe, sustentando a própria posição, deve interromper a interação.

– Mãe, você não está ouvindo nada do que eu digo! Mãe!

O que Pamela aprende com isso? Ela aprende que sua mãe não se deixará dobrar por seus artifícios. Mas ela também aprenderá que sua mãe não irá atacá-la em resposta às coisas que ela disse – não importando o quão tolas sejam suas palavras.

O mesmo se aplica ao pai de Lawrence. Em vez de se ater ao quão ridículas forem as desculpas dadas pelo filho, é muito melhor que ele responda de uma forma bem direta.

– Não é culpa minha – eu ia fazer, mas fiquei em dúvida se ia fazer direito porque achei que você tinha dito que talvez fosse mudar o lugar onde colocar as coisas. Além disso, se eu fizesse o que você pediu, você provavelmente iria simplesmente mudar tudo de lugar, pois você é um perfeccionista. Então você está reclamando do quê?

– Lawrence, por favor, esvazie a máquina de lavar louças. Ponto final.

Apenas lembre-se de que você não se torna um pai ou uma mãe ruim caso tenha um deslize e responda no mesmo nível que eles. Como pai de adolescente e também ser humano, isso acontecerá vez por outra. Mas existe um outro modo muito melhor. Esse outro modo deve ser sempre a sua meta.

RECUPERANDO O CONTROLE DA CONVERSA

Um fenômeno comum entre pais e adolescentes ocorre quando uma troca verbal completamente inócua se desvirtua em um bate boca feroz. Aparentemente do nada emerge um prolongado clima de animosidade. Tentando rastrear, pode parecer praticamente impossível detectar em que momento se deu a virada de uma conversa agradável para um estado de antagonismo declarado.

"Acontece o tempo inteiro com minha Alyssa. Antes mesmo que eu possa perceber, me vejo em uma discussão raivosa com ela. Simplesmente acontece. Eu digo algo e ela responde algo. Eu replico. E antes que eu me dê conta, estamos quase voando uma na garganta da outra. E não tenho a mínima ideia de como tudo começou."

Alyssa e sua mãe estão voltando, de carro, do shopping. A mãe de Alyssa comenta:

– O trânsito está bem congestionado.
– E daí? O que você espera que eu faça a respeito?
– Nada, filhinha. Só estou comentando que o trânsito está bem congestionado.
– Não estava, não. Você estava reclamando.
– Eu não estava reclamando. Estava apenas comentando.
– Não estava, não. Você estava reclamando. Você reclama o tempo inteiro.
– Nem sempre que eu faço um comentário é uma reclamação.
– É, sim. Eu nem ouço a sua verdadeira voz. É como se fosse uma ladainha o tempo inteiro.
– Alyssa, isso não é verdade. Eu não fico de lamúria o tempo inteiro.
– Está vendo? Você simplesmente nunca leva a sério o que eu digo. Fica sempre na defensiva.
– Na verdade, Alyssa, se alguém aqui está falando em um tom negativo, esse alguém é você.
– Está vendo? É disso mesmo que estou falando. Você reclama de tudo! Especialmente de mim!
– Alyssa, eu não estava reclamando de você!
– Estava, sim! Você está mentindo! Você está fazendo isso nesse exato instante: reclamando!

Mãe e filha passam o resto da viagem de volta a casa nesse tom de animosidade.

Como algo assim acontece? Quem sabe? Surge de conversas normais nas quais um dos dois diz alguma coisa que é interpretada pelo outro de forma negativa, muito embora não houvesse qualquer intenção consciente da parte do primeiro. É fácil ver como os adolescentes – sendo demasiadamente suscetíveis como costumam ser – podem se inflamar, com sua propensão a encarar qualquer comentário parental como uma crítica.

— *Mas eles me criticam mesmo o tempo todo.*
Mas o desentendimento também pode ser deflagrado pela hipersensibilidade dos pais aos tons de voz ou vocabulário desrespeitosos adotados por seus filhos.
— *Mas é verdade mesmo. Tudo que sai daquela boca tem um tom desrespeitoso que eu odeio.*
O que importa aqui, entretanto, não é o que causa o bate-boca. A questão é que esse tipo de coisa *acontece*. E acontece com bastante frequência.
Além disso, é importante notar que você nem sempre tem como impedir que esses mal-entendidos ocorram. Ninguém tem condições de monitorar cada palavra que diz. É impossível saber sempre como serão recebidas as coisas que você diz. Simplesmente não dá. Não existe maneira alguma de desarmar essas confrontações vindas do nada antes que as mesmas ocorram.
Você simplesmente não pode prever quando e por que certas conversas se desvirtuam. As palavras iniciais da mãe de Alyssa poderiam ter sido tomadas como um comentário passageiro, e nada mais que isso. Nunca há como você ter certeza a respeito de como suas palavras serão interpretadas.

— *O trânsito está bem congestionado.*
— *Está mesmo.*

Fim da conversa.
Ou talvez um desenrolar positivo.

— *O trânsito está bem congestionado.*
— *É, parece que está sempre assim quando vamos ao shopping, não importa que hora seja. Já reparou? Talvez haja uma maldição lançada sobre nossas idas ao shopping.*
A mãe de Alyssa ri.
— *É mesmo, parece que nunca temos sorte.*

Uma coisa que você não deverá fazer é tentar descobrir e desembaraçar o nó em que a conversa começou a se transformar em uma briga. Fazer isso seria um equívoco, especialmente por ser tão pouco claro qual foi o pomo da discórdia. É difícil demais rastrear um bate-boca e descobrir quem disse quais coisas e o que cada um quis dizer com as palavras que usou.

– *Espere um minuto. Tempo! Tudo começou comigo dizendo que o trânsito estava congestionado. Eu estava apenas fazendo uma observação, só isso. Eu não tive a intenção de dizer nada além daquilo que disse. Apenas que eu havia percebido que o trânsito estava bem congestionado.*
– *Não, não foi assim. Você não está considerando a maneira como disse isso, seu tom de voz. Você tem esse tom de voz queixoso. Talvez nem reconheça que estava fazendo isso porque faz a mesma coisa o tempo inteiro.*
– *Ah, para com isso, Alyssa. Eu estava apenas falando.*
– *Não. Você estava usando aquele tom de voz.*

O esforço de reconstrução com o propósito de descobrir a origem do mal-entendido, para desfazê-lo, simplesmente não é um caminho muito produtivo.

Então, o que fazer? Mais uma vez, você desejará interromper a interação. Mas isso é muito mais fácil de falar do que de fazer. Em primeiro lugar, você já avançou muito no bate-boca, por ter sido pega de guarda baixa, já que só se deu conta de para onde aquilo ia te levar quando já era tarde demais.

"*O que está acontecendo? Como foi que eu pude chegar nisso?*"

E, uma vez que já avançou bastante no bate-boca, você agora tem sentimentos hostis atravessando seu corpo. Você não é mais a pessoa calma, razoável, racional que era alguns minutos atrás. Você agora é sua versão raivosa.

"*Ela está fazendo aquilo de novo! Será que eu não posso passar um único maldito dia sem que Alyssa me dê alguma dor de cabeça? Quando é que ela finalmente irá crescer? Estou pagando por todos os anos em que fui uma pessoa legal com ela, e agora vejo que criei um monstrinho!*"

A chave reside em reconhecer que você se encontra no meio de um bate-boca sem sentido, que não resultará em absolutamente nada de bom. A voz da razão precisa gritar dentro de sua cabeça, mesmo enquanto você continua envolvido no jogo de réplicas e tréplicas:

"Estou no meio de uma discussão completamente ridícula, que não levará a nenhum lugar ao qual valha a pena ir."

E espera-se que tais pensamentos resultem nesse:

"Preciso sair desse lugar!"

É aqui que a coisa fica complicada. Você pode querer interromper a interação, dar fim ao bate-boca, mas uma vez que também sua filha já está bastante envolvida com a discussão – e ainda por cima de cabeça mais quente –, ela estará tão brava como você está. É possível desarmar a bomba do seu lado, mas agora, de certa forma, você terá também que desarmar a bomba dela. Não é tão fácil assim.

Sempre será possível simplesmente parar de falar. Ou, melhor ainda, dizer algo assim:

– *Isso não vai levar a nada. Vamos apenas calar a boca, certo? Vamos dar um refresco.*

Isso pode funcionar, e é uma coisa boa de dizer, mas infelizmente mais comum é que esse tipo de atitude não os detenha. Eles se encontram bravos agora, e não desejarão simplesmente parar. Eles não ficarão satisfeitos com isso; querem algo mais.

– *É, você quer parar porque agiu como uma idiota comigo, e agora quer simplesmente pensar que está tudo bem fingindo que nada disso jamais aconteceu!*

É nesse ponto que a situação fica difícil porque o que estou prestes a recomendar, aquela que creio ser realmente a melhor opção, a melhor maneira de responder, pode ser difícil de engolir para alguns pais. Eles podem ter a sensação de que a medida que proporei absolve seu filho de qualquer responsabilidade pelo malestar que causa nesses momentos. O que sugiro pode ser descrito como um pedido de desculpas parcial.

"*Por que eu deveria me desculpar se nada fiz de errado? Ela é quem devia se desculpar por agir como uma pirralha malcriada! Se eu me desculpo, ela vence. Não vou deixar isso acontecer.*"

Deixe que eu descreva como esse pedido de desculpas parcial funciona. Examinemos o bate-boca anterior pegando-o mais ou menos no meio, onde talvez a mãe de Alyssa tenha começado a se dar conta de que está numa discussão, e que essa discussão não as conduzirá a nada de bom.

– *Na verdade, Alyssa, se alguém aqui está falando em um tom negativo, esse alguém é você.*
– *Está vendo? É disso mesmo que estou falando. Você reclama de tudo! Especialmente de mim!*
– *Alyssa, eu não estava reclamando de você!*
– *Estava, sim! Você está mentindo! Você está fazendo isso nesse exato instante: reclamando!*

Agora o pedido de desculpas parcial:

– *Sinto muito que você tenha tido a impressão de que eu estava reclamando.*
– *Você estava reclamando! Você está sempre reclamando!*

Aqui, a mãe de Alyssa não legitima a afirmação da filha de que ela estaria reclamando. Mas ela tampouco debate esse ponto com Alyssa. Ela não diz: "*Não, eu não estava reclamando. Você não me ouviu direito.*"

Isso só serviria para fazer com que a discussão continuasse: "*Eu não ouvi errado; foi você quem não se ouviu direito.*"

Ao invés disso, a mãe de Alyssa admite que a percepção da filha, quanto ao que havia acontecido, pode ter sido bem diferente da forma como ela própria, mãe, percebeu a situação. E assim está bem. Alyssa ouviu as palavras da mãe como uma crítica. Sua mãe aceita que, inadvertidamente, suas palavras possam ter desencadeado tudo o que aconteceu. Na verdade, o que ela está dizendo a Alyssa é: *Você não estava errada em ver as coisas como as viu.*

O benefício particular desse tipo de abordagem é que ela deixa Alyssa com muito pouco material para criar caso. Sua mãe não a está desafiando de forma alguma. Ela aceita a validade do que Alyssa disse. Imediatamente, essa discussão passa a ter uma chance de ser concluída.

No exemplo acima e nos seguintes, os pais não desafiam seus filhos. Eles não se apegam a cada declaração feita por estes no intento de mostrar-lhes que as coisas que disseram são falsas ou desrespeitosas. Os pais não procuram voltar a gravação para mostrar aos filhos que as afirmações deles estão erradas. Esse é um tipo de abordagem no qual você não precisa estar sempre certo, ensinando uma lição, defendendo sua posição, tentando garantir que seus filhos compreendam a importância de assumir a responsabilidade pelos próprios atos ou palavras, ou qualquer outra coisa desse gênero. É o tipo de abordagem que diz, nesses exemplos em particular, que a sabedoria consiste em levar você a assumir a responsabilidade por dar fim a uma discussão inútil.

Aqui vai outro exemplo:

Alexander entra na cozinha.

– *Alexander, adivinhe quem eu vi hoje!*
– *Não sei.*
– *Eu vi a Sra. Ambidecker, lembra dela? Sua professora da primeira série.*
– *Você acha que eu não lembro quem foi minha professora na primeira série?*
– *Não, é claro que eu sei que você lembra quem foi sua professora na primeira série.*
– *Então por que você disse "lembra dela?", se você sabia que eu lembrava?*
– *Eu não quis dizer nada com isso. Foi só um jeito de falar.*
– *Um jeito de falar no qual você acha que eu não lembro de nada a respeito de minha vida?*
– *Não, claro que não. Não foi essa a minha intenção. É isso que estou tentando te explicar. Foi apenas um jeito de falar.*

– *Continuo não entendendo.*
– *Alexander, você está sendo desagradável de propósito, apenas pra me irritar?*
– *Não, eu simplesmente não sei do que você está falando! Você acha que eu nem ao menos sei quem era minha professora na primeira série!*
– *Alexander, não foi nada disso que eu falei.*
– *Bem, foi o que você disse!*

A essa altura, a resposta mais comum – porém infrutífera – do pai ou da mãe seria insistir em seu esforço de convencer o filho e resolver a aparente confusão. Mas isso seria um equívoco.

– *Alexander, eu não acho que você não se lembra de quem foi sua professora na primeira série. Eu não acho isso. Entendeu? Não, não foi isso que eu disse.*
– *Então, por que você disse aquilo?*

Agora, uma abordagem muito melhor e mais simples:

– *Sinto muito se fiz você pensar que eu não confiava em sua memória. Não foi essa a minha intenção.*
– *Então por que você disse aquilo?*
– *Sinto muito pela confusão.*

E, mais uma vez, a meia desculpa deixa Alexander com poucos motivos para continuar discutindo. Será uma saída eficaz. Uma forma de seguir adiante.

– *Você não deveria dizer coisas que não quer dizer.*

Mas a mãe de Alexander não precisa mais dizer coisa alguma. E eis aqui outro exemplo:

– *Nelda, você viu como a bancada da pia da cozinha está cheia de arranhões?*
– *Não fui eu! Não me acuse!*
– *Eu não estava te acusando, meu amor. É que eu não tinha reparado em como a bancada da pia da cozinha estava cheia de arranhões.*

> – *Só se foi o Justin!*
> – *Eu não estou acusando ninguém.*
> – *Por que você sempre defende o Justin?*
> – *Eu não estou defendendo o Justin.*
> – *Está, sim! Qualquer coisa que eu faça você dá um ataque! Até mesmo com coisas como essa, que nem fui eu que fiz!*
> – *Nelda, sabe de uma coisa? Seria bom se ao menos uma vez na vida você não transformasse tudo em um bate-boca.*
> – *Não fui eu que acusei a outra de ter arranhado sua preciosa bancada da pia!*
> – *Eu não te acusei.*

É melhor de uma vez por todas, que a mãe de Nelda reconheça que entrou em uma conversa que não levará a lugar algum:

> – *Nelda, sinto muito por ter feito você pensar que eu estava te acusando.*
> – *Bem, você acusou mesmo.*
> – *Lamento se fiz você pensar que eu estava reclamando.*
> – *É, você reclama muito.* (O último ataque de Nelda.)

A partir daqui, a mãe de Nelda nada mais diz.
E em geral, tampouco Nelda. Agora elas podem seguir em frente. Não precisamos ter sempre a última palavra.

O QUE FAZER QUANDO O ADOLESCENTE TE PEGA DE SURPRESA

Quem de nós nunca recebeu para aparar uma bolada incrivelmente rápida?

Alexis, de quinze anos, está no carro com sua mãe:

> – *Mãe, camisinha funciona direito?*
> – *O quê?*
> – *Camisinha funciona?*
> – *Por que você está perguntando?*

Comunicação

— Mãe, estou apenas fazendo uma pergunta. Camisinha funciona?
— Bem, sim. Não. Acho que sim. Mais ou menos. Não sei. Geralmente. Funciona contra o quê? Por que você está perguntando? "Será que ela está transando? Será que aconteceu alguma coisa? Será que ela está planejando transar? Oh, meu Deus do céu, será que ela fez sexo e usou uma camisinha, e agora acha que pode estar grávida? Será que ela está jogando comigo, para ver como eu respondo? Tentando me chocar? Se eu der a ela uma resposta simples, será que ela não irá pensar que eu encaro isso com naturalidade e que estou dando a ela permissão para fazer sexo?"

Por vezes, do nada, no transcorrer de um dia normal, e de um modo aparentemente inocente, um adolescente pode lhe fazer uma pergunta tão delicada, tão carregada de implicações, que lhe parece impossível responder. Quando menos se espera, você se percebe em uma saia justa. A pergunta que eles lhe fazem demanda uma resposta, e, no entanto, qualquer resposta em que você possa pensar, ou lhe parece insuficiente, ou lhe dá a impressão de estar enviando mensagens que você não deseja enviar. Nada soa sequer ligeiramente adequado, e de repente você sente que as palavras lhe faltam por completo. O que fazer? Você precisa dizer alguma coisa.

Comecemos por aquilo que você não deve fazer:
Nunca contra-ataque com outra pergunta.

— Alexis, há algo com que eu deva me preocupar?
— Eu não estou transando com o Austin, se é o que você tem em mente. (O que é mentira.)
— Não, não, eu não estava te perguntando isso. Eu estava apenas pensando se há alguma coisa que eu deva saber.
— Eu só queria saber sua opinião. É tão difícil assim?

O problema com uma pergunta é que ela tende a ser evasiva, e será tomada como um contra-ataque – estabelecendo um tom negativo que se imprimirá à conversa. E isso não é de forma alguma o que você quer.

Você tampouco deve dar uma resposta muito elaborada:

– *Alexis, como você sabe, os preservativos são usados também como forma de proteção contra doenças venéreas. É preciso que você entenda que este é um assunto muito sério, e que o que quer que eu venha a dizer a respeito de preservativos – não que eu saiba tudo sobre eles, porque não sei – não significa que eu vá concordar se você quiser fazer sexo de qualquer maneira que seja. Mas acho que é importante que...*

– *Foi muito legal conversar com você, mãe, mas eu preciso fazer minha tarefa de casa. Chame-me quando o jantar estiver pronto. Te amo.*

Alexis queria uma resposta, e não uma palestra. Essa é uma queixa frequente dos adolescentes em relação aos pais, um obstáculo significativo para diálogos futuros.

Deixar de responder à pergunta e, em vez disso, dar sua opinião também não é um bom caminho.

Não se trata de saber se as camisinhas funcionam ou não. Você é jovem demais para ter uma vida sexual. O que acontece com as camisinhas não deveria ter nada a ver com você.

A mãe de Alexis perde assim uma oportunidade de transmitir informações importantes e, mais uma vez, reduz as chances de que ocorram conversas úteis no futuro.

– *Valeu mesmo, mãe. Eu estava procurando um pouco de informação, mas em vez disso tudo que recebi foi um sermão do tipo não-faça-sexo.*

Então, o que você deve fazer?

Responda da maneira mais direta, simples e honesta que puder. Aqui vai um exemplo:

– Mãe, camisinha funciona direito?
– Sim, mas nem sempre são cem por cento eficazes. Além disso, elas têm que ser usadas da maneira correta. Não sei tudo a respeito de camisinhas. Podemos procurar aprender um pouco mais, pra você ter uma resposta melhor; quem sabe damos uma olhada na internet?

Ofereço as palavras acima como um exemplo, que pode expressar ou não aquilo que você deseja dizer. O que importa é que você seja direta, sincera e breve.

O problema, obviamente, é que muitas coisas permanecerão não ditas. Há também a preocupação de que a brevidade da conversa pressupõe que você se sente mais à vontade a respeito das implicações potenciais do que realmente está.

"Será que desse modo estarei dando permissão a ela? Estarei ensinando-a a fazer sexo?"

Você tem dois objetivos que não são totalmente compatíveis entre si. Você quer transmitir a mensagem exata e correta, mas também deseja estabelecer o melhor formato possível para encorajar discussões futuras sobre todos os tipos de tópicos. Desses dois objetivos, considero o de manter uma boa comunicação o mais importante. Além disso, se você sente que há mais coisas a serem ditas, sempre terá a opção de abordar seu filho em outro momento, para fazer comentários adicionais.

A parte difícil é escolher qual será sua abordagem no momento em que a conversa está acontecendo. Você nunca irá sentir-se totalmente à vontade com o que estiver dizendo. É preciso que esteja disposta a dizer aquilo que acha melhor da forma mais sucinta possível, assumir o risco de que aquilo foi o suficiente e em seguida – e essa é a coisa mais difícil de todas – calar-se. Para manter uma linha de comunicação aberta entre você e seu adolescente não há coisa alguma que seja mais importante que ser o mais honesta que puder. Depois de ter partilhado alguma sabedoria, nada mais diga, apenas ouça, e você terá aumentado suas chances de que aconteça uma segunda conversa a respeito daquele tema em ocasiões subsequentes.

– *Obrigada por sua resposta, mãe. Foi legal. Você foi direta, sincera e breve. Tenho outra pergunta: é verdade que ficar doidão de maconha aumenta o desejo sexual?*

CAPÍTULO QUATRO

CONSTRUINDO UM RELACIONAMENTO SÓLIDO

Construir um relacionamento sólido com seu filho adolescente é possível, e mais comum do que possa parecer. Os adolescentes são divertidos, cheios de vida, inteligentes – e até mesmo, em alguns casos, afetuosos. Existem, contudo, três obstáculos principais para que se alcance um relacionamento verdadeiramente harmonioso com eles. Um deles reside no fato de que você não pode ter um relacionamento harmonioso com eles durante *todo* o tempo. Sempre haverá momentos nos quais ou você estará dizendo "não", ou fazendo-lhes solicitações que não serão bem-vindas. Um relacionamento harmonioso sob tais circunstâncias seria algo muito esquisito:

– Não, Cody, eu não vou te dar dinheiro hoje.
– Está bem, não custou tentar. Papai, você continua sendo o máximo. Eu já te contei a piada das três macacas grávidas?
– Espero que não seja como aquela outra, das três avestruzes grávidas.

– Lisa, preciso que você pare de assistir a esse programa da tevê. O Rufus acabou de vomitar no tapete de novo, e eu preciso que você limpe tudo imediatamente para que o quarto não fique fedendo.
– Claro, mãe. Aquele cachorro tapado não é capaz de segurar a comida no estômago. Mas somos uma equipe nessa casa, e tenho que fazer a minha parte. Certo, mamãe?
– Essa é a minha garota!

Ah, se fosse assim...

O segundo maior obstáculo para um relacionamento verdadeiramente harmonioso é a já previamente mencionada alergia dos adolescentes aos seus pais, que faz com que os filhos nessa fase tendam a achar tudo sobre seus pais especialmente irritante.

– *Eu acho tudo a respeito de meus pais irritante.*

Um último obstáculo para um bom relacionamento com seu adolescente refere-se ao fato de que você é um ser humano e de aquele ser seu filho. Em decorrência disso, nem sempre você age da forma mais racional e estrategicamente adequada para otimizar as chances de ter o melhor relacionamento possível com ele.

– *Pra mim chega! Chega! Você ultrapassa todos os limites imagináveis! Todos!*

Por você ser humano e aquele ser seu filho, haverá dias em que você simplesmente não estará no clima, mas terá que se disponibilizar ainda assim, pois ele continuará ali.

– *Vai ser assim, e pronto! Estou falando sério dessa vez, você está me ouvindo? É assim que vai ser!*

Também porque aquele adolescente é seu filho, seus sentimentos ficam muito mais à flor da pele, e você tem muito menos autocontrole do que quando se encontra no mundo lá fora ou está lidando com pessoas que não são membros de sua família.

– *Cheguei ao meu limite! É demais pra mim! Demais mesmo!*

Você não deseja apenas que seu relacionamento com seu filho seja prazeroso; você também quer lhe proporcionar todo o apoio de que precisa nesse momento de sua vida, que é certamente uma fase muito estressante. Você quer que esse relacionamento seja positivo o bastante para servir de base para uma boa relação com ele também quando for adulto. Em outras palavras, você não deseja que a qualidade de seu relacionamento com ele durante a adolescência acabe por prejudicar as possibilidades de uma boa relação no futuro.

Então, o que você pode fazer durante os anos de adolescência de seu filho de modo a assegurar que tal relacionamento seja o melhor possível quando ele entrar na idade adulta? Nas próximas seções você encontrará algumas indicações do que fazer e do que não fazer que podem ajudá-lo a construir um relacionamento o mais sólido e gratificante possível com seu filho adolescente.

PAIS DE NEGÓCIOS *versus* PAIS ACOLHEDORES

As interações entre você e seu adolescente situam-se em uma entre duas categorias bem distintas, nas quais você desempenha papéis diferentes. Um desses papéis pode ser mais bem descrito como o de "Pai de Negócios". O "Pai de Negócios" faz solicitações aos filhos e não concorda com tudo que estes querem. O outro papel está reservado a todos os outros momentos nos quais você não está sendo um "Pai de Negócios". Esse papel pode ser chamado de "Pai Acolhedor". Boa parte deste livro é dedicada a tornar o "Pai de Negócios" o mais eficaz, suave e eficiente possível, para que ele não domine o tempo que você passa com seu adolescente. Se você conseguir reduzir o tempo que tem que passar sendo o "Pai de Negócios", isso deixará mais tempo para o acolhedor. Preciso acrescentar mais uma coisa a essa discussão de papéis: o "Pai de Negócios" e o "Pai Acolhedor" NÃO se misturam.

— *Não, meu amorzinho, não vou levar você até a casa da Valerie. É que a mamãe não está muito disposta a dirigir quarenta minutos para levar sua filhinha preciosa até a Valerie e depois ter que buscá-la de novo. Mas não se esqueça: mamãe te ama demais. Dá um sorriso bem bonito pra mamãe, dá.*

Não, o "Pai Acolhedor" e o "Pai de Negócios" não fazem uma boa dupla. Há momentos para os negócios e outros para acolher e aconchegar. Mas a boa notícia é que há inúmeros momentos em que você está com seu adolescente nos quais não precisa desempenhar o papel de "Pai de Negócios". Em outras palavras, há várias ocasiões nas quais você e seu adolescente podem simplesmente relaxar e desfrutar a companhia um do outro. O problema, obviamente, é que você pode estar disponível para desfrutar seu filho adolescente, pode estar em um estado de espírito adequado a passar um bom momento com ele, mas talvez ele esteja pensando diferente.

– Peraí, por que eu desejaria passar algum tempo na companhia daquela pessoa no mundo com quem, mais que qualquer outra, eu não quero passar tempo algum?

ESTAR COM ADOLESCENTES QUANDO ELES NÃO DESEJAM ESTAR COM VOCÊ

Deixem que eu descreva uma atitude que você pode assumir para resolver o enigma que todos nós enfrentamos ao passar algum tempo com nossos filhos adolescentes: as situações nas quais queremos estar com eles, mas sua alergia por nós está exacerbada. Adotar a atitude que irei sugerir pode realmente fazer diferença – e para melhor – naquilo que se manifesta entre você e seu adolescente todos os dias. Trata-se de uma forma de furar o bloqueio dessa antipatia que pode roubar a alegria do processo de criar um adolescente. A chave para isso reside no fato de que eles podem ser alérgicos a você, mas você não precisa ser alérgico a eles.

O pai de Billy Ray está na cozinha preparando o café da manhã. Ele está bem-humorado. Seu amado filho adentra o recinto.

– O que tem hoje pra comer?
– Rabanada.
– Mas eu odeio rabanada.
– Pensei que você gostasse.
– Mas não gosto. Eu odeio.
– Desde quando você passou a odiar rabanada?
– Sei lá. Eu sempre odiei rabanada. Você é que nunca prestou atenção.
– Bem, é isso que temos para o café da manhã. Se quiser alguma outra coisa, você tem mãos perfeitas e sabe onde fica a comida.
– Nunca tem nada de que eu goste nesta casa horrorosa.
– Nada jamais é bom o bastante para você.
– Nada é bom o bastante porque tudo nesta casa é uma porcaria.
– Você sabe o que eu deveria fazer, Billy Ray? Gravar um vídeo de um dia em casa com você. Acho que eu daria o título

de "Vinte e quatro horas com o Sr. Adolescente Rabugento".
Daí você veria o quanto você é desagradável de conviver.
– Não, daí você veria como tudo nesta casa é uma porcaria.

É um problema. Você pode querer ter um bom momento com seu filho adolescente, um agradável desjejum em família, mas ele pode não estar disposto a cooperar.
"Por que eu desejaria ter um bom momento com meu pai? Eu não gosto de estar com ele. Além disso, tudo que ele diz é idiota e irritante."
Então, como você fica em meio a isso? Ou será você bancando o cara mau, o Pai de Negócios – e aí eles não gostarão de você –, ou serão eles que estarão desempenhando seu papel carrancudo, alérgico, e nesse caso eles tampouco gostarão de você. Então, quando vocês chegam a ter a oportunidade de desfrutar da presença um do outro?
– Que tal nunca? Pra mim estaria ótimo assim.
Como eu disse, é um problema. Mas não se desanime. Há uma solução.

MELODIAS CONCORRENTES E SEU PODER DE ALTERAR O ESTADO DE ESPÍRITO

Não sei precisar quando começou ou de onde veio, mas quando meus filhos, Nick e Margaret, eram adolescentes, desenvolvi com eles o que se revelou uma atitude particularmente útil perante seus ocasionais ataques de rabugice adolescente. Uma vez que eu os amava muito e gostava um bocado de estar com eles a maior parte do tempo, concluí que me daria muito mal se deixasse que a animosidade deles dominasse as interações entre nós. Se eles agiam de modo antipático, isso não significava que eu tinha que reagir com a mesma antipatia – que é a maneira como a maioria dos pais reage ao comportamento marrento de seus adolescentes. Eu estava determinado a não deixar que o tom rabugento deles sobrepujasse meu estado de espírito positivo.

O que se segue é aquilo que eu fiz, pois lembro de um nome para meu comportamento antirranzinza. Eu pensava nele como "melodias concorrentes". Se meus filhos iriam se mostrar briguentos, eu não seria receptivo ao seu mau humor. Eu desejava que meu bom humor prevalecesse, e lutaria para que as coisas fossem do meu jeito.

Quando um de nossos filhos diz: *"Odeio rabanada"*, é natural que os pais mudem de sintonia e digam algo mais alinhado com o comentário antipático deles, tal como:

— *Bem, é isso que temos para o café da manhã. Se você não quiser, não é obrigado a comer.*
Ou:
— *Por que você tem que ser sempre tão negativo?*
Ou até mesmo o sarcástico:
— *Ora, veja quem chegou. É o Mister Alegria.*

O que não adianta, por sinal, pois nossos filhos recebem isso como um cala-boca. O que de fato é.
— *Vá se ferrar, pai.*

Mas se você empregar minha técnica de melodias concorrentes, a troca será provavelmente algo assim:

O que tem hoje pra comer?
— *Rabanada.*
— *Eu odeio rabanada.*

Em vez de eu responder igualmente ao tom negativo dele, eu retribuiria com uma melodia muito diferente, oposta – uma que fosse amistosa e otimista.

— *Bem, eu adoro rabanada. Na verdade, vou até cantar a canção da rabanada:*
"Eu adoro rabanada, você não?
Eu adoro rabanada, você não?
Eu adoro rabanada de manhã,
Oh, por favor, me dê duas."

Construindo um relacionamento sólido

E, a despeito de seus esforços contrários:
— *Pai! Por favor! Não estou nessa pilha!*
Eu me recusaria a abrir mão de minha melodia otimista. Por fim, com mais frequência que o oposto, meu jeito triunfaria.
— *Pai, isso é tão patético. Não dá pra acreditar que você cantou uma canção da rabanada. Eu tenho o pai mais pateta desse mundo.*
— *Eu sei.*

Mas, a partir de então, os comentários deles já não eram bravos, mas bem-humorados.
Não tenho a mínima ideia quanto à sequência acima ter de fato ocorrido ou não; essa história pode ser apócrifa. Mas o que sei dizer é que o tipo de cena que acabo de descrever era característico do espírito das melodias concorrentes, o qual eu uso com frequência como resposta à ranzinzice de meus filhos adolescentes. Há outros exemplos similares e igualmente ridículos.
Há um forte argumento em defesa de não irmos de encontro à negatividade de nossos adolescentes com uma negatividade correspondente. Não apenas a negatividade quase nunca funciona, como também ela alimenta o ciclo vicioso que, com muita frequência, se estabelece entre os pais e seus adolescentes rabugentos. Eu prefiro o meu método. E meus filhos também o preferiram.
Aqui vão alguns exemplos:

— *Como foram as coisas na escola hoje?*
— *Tudo chato e estúpido, como sempre. Por que eu tenho que ir à escola?*
Uma resposta em sintonia seria:
— *Porque é a lei. E se você prestasse mais atenção às aulas e fizesse suas tarefas direito, gostaria mais da escola.*
Mas isso quase certamente resultaria em algo como:
— *Eu faço minhas tarefas escolares! Mas você não entende o quanto tudo isso é chato e estúpido! Quero largar a escola e estudar em casa.*

Ou talvez:
— *Você não tem ideia da sorte que tem de poder estudar em uma escola como a sua e ter as oportunidades que você tem.*
— *Não, é você quem não tem ideia de como é ir todo dia para uma prisão, onde você não aprende nada que vá ser útil algum dia em sua vida!*

Olhemos agora para esses mesmos cenários usando a minha técnica:

— *Como foram as coisas na escola hoje?*
— *Tudo chato e estúpido, como sempre. Por que eu tenho que ir à escola?*

Não aderindo à negatividade deles, mas, ao invés disso, insistindo em meu bom humor, eu diria, então:
— *Pois o meu dia foi ótimo. Tive um papo ótimo com sua tia. Ela é uma pessoa difícil, mas nossa conversa foi bem legal.*

Não é preciso que seja sempre engraçado, mas apenas positivo. Outro exemplo:

— *Por que não podemos comprar poltronas novas? Eu odeio estas poltronas.*
— *Nao ha nada de errado com elas. Além disso, como você bem sabe, não temos um pé de dinheiro no quintal, e por isso não podemos estar sempre comprando móveis novos.*

Uma resposta melhor, que não envolve desculpar-se, nem ficar na defensiva, nem sentir-se ofendido:
— *Eu odeio estas poltronas.*
— *Pois eu adoro estas poltronas. São minhas peças de mobília favoritas nesta casa. Estava até pensando em comprar mais algumas. Veja como o acabamento delas capta a luminosidade da janela. Você não acha fantástico?*

O que, com mais probabilidade que o oposto, resultaria em algo como:

– Pai, você é tão esquisito.

Mas agora ele está respondendo com uma provocação amistosa; ele já não se comporta de maneira hostil.

Repito: não é preciso que seja divertido; basta que seja positivo. Por exemplo:

– Lamento que você não goste dessas poltronas. Eu gosto delas um bocado. Acho que são legais.

Nem sempre é possível lançar mão dessa estratégia. Caso você simplesmente não esteja em um estado de espírito otimista, o melhor a fazer então é ser direto – mas sem ser crítico ou desafiador.

– Lamento que você não goste destas poltronas.
– Não gosto, mesmo. Devíamos comprar poltronas novas.

Mas, em seguida, você nada mais deveria dizer.

Antipatia como retribuição à antipatia simplesmente não é a maneira certa de proceder. É muito mais eficaz – quando você está no estado de espírito adequado – contra-atacar suas atitudes desagradáveis com respostas alegres. Agir assim resultará em um lar muito mais agradável.

A CURA PARA A ALERGIA QUE SEU FILHO TEM A VOCÊ

Conforme eu disse anteriormente, a maioria das crianças contrai uma alergia temporária aos pais quando atingem a adolescência. Isso faz parte de seu desenvolvimento psicológico normal. O resultado em muito se assemelha a um campo de força que te empurra para longe. Portanto, uma das perguntas mais frequentes que se fazem é: Até que ponto devem os pais respeitar a necessidade que sentem seus filhos e mantê-los distantes, sua necessidade de estabelecer seu próprio senso de independência?

Penso que a resposta é que você deve aceitar essa necessidade até certo ponto, mas não completamente. Um bom exemplo envolve os abraços.

Sou um daqueles que acreditam no resultado positivo de dar abraços em filhos adolescentes. Eles odeiam. Mas ao mesmo tempo gostam muito. Os abraços têm que ser verdadeiros, e não pequenos e delicados abraços polidos. E devem também ser breves.

O pai de Renaldo dá um grande abraço no filho.

– *E aí, não foi legal?*
– *Não.*
– *Você sabe que gostou.*
– *Não gostei.*

A verdade é que Renaldo não exatamente gostou do abraço.

– *Foi o que eu disse.*

Mas, bem lá no fundo, ele gostou.

– *Não gostei, não.*

Lá no fundo, ele gostou bastante – embora não possa admiti-lo – da *ideia* do abraço.

"*O que você quer dizer com isso?*"

O abraço diz – mais claramente que qualquer afirmação verbal:

"*Papai me ama. A despeito de qualquer coisa, papai me ama.*"

E isso é ótimo. Direi mais uma vez: os adolescentes odeiam abraços. Mas, ao mesmo tempo, eles gostam muito. Eles podem não gostar de fato do abraço, mas gostam muito da mensagem.

"*Não sei por que meu pai me irrita tanto. Só de ter ele por perto me dá arrepios, e tudo que ele diz é tão estúpido, tão completamente desnecessário. Toda palavra que sai de sua boca é tão irritante.*

"*Mas ainda assim, papai me ama. Sei que posso ser bastante desagradável com ele às vezes, mas mesmo assim ele me ama. Ele continua ali – o pai que costumava me amar demais, e em cujos olhos eu sempre soube que era especial. Ele continua me amando, apesar de todas as coisas que acontecem.*"

Um abraço mostra ao seu filho adolescente que, a despeito de toda a negatividade que ele destila diariamente, você é capaz de erguer-se acima disso. Sua conexão amorosa com ele é tão sólida que transcende tudo o mais.

– Você está enganado. Você não sabe o que se passa dentro de mim. Eu não gosto do abraço.

Mas ele gosta.

Advertência: não fique muito abalado caso seu filho adolescente fique rígido sob seu abraço. Isso é natural. E é por esse motivo que o abraço não deve durar muito tempo.

OS EFEITOS DE UMA ATITUDE PRESTATIVA

Não é nada engraçado saber que alguém que você ama é alérgico a você. É algo que pode te magoar. Felizmente, há uma perspectiva que você pode adotar para tornar mais fácil sustentar a ladainha positiva que eu descrevo aqui.

Muitos pais ficam em maus lençóis desde o início porque partem de uma premissa compreensível, porém equivocada. Deixem que eu descreva esse equívoco.

A mãe de Jonathan diz ao filho:

– Jonathan, quero que você me diga uma única coisa, e depois disso não vou mais te amolar. Apenas responda a esta única pergunta: Por que você me odeia tanto? O que é que eu tenho que você não consegue suportar? O que é que eu tenho que faz com que estar no mesmo quarto que eu seja uma tortura pra você? O que é que eu tenho de tão terrível? Eu só quero saber, pois, se você me disser, eu vou mudar.

– É você. Tudo em você.

– Mas diga-me exatamente o quê. Eu mudarei qualquer coisa que você disser. Só não quero que você me odeie tanto assim.

A mãe de Jonathan não entende: o problema do adolescente com ela não é algo que possa ser mudado. O problema de Jonathan com ela é que ela é a mãe dele. Não se trata de algo pessoal; é apenas a alergia normal dos adolescentes – e ela é a coisa à qual ele é alérgico. Mesmo que você mude tudo em seu comportamento, continuará sendo um dos pais, e ele continuará sendo um adolescente. Eles não te odeiam. Apenas parece que sim.

— Olhe, Jonathan, eu mudei completamente a cor dos meus cabelos. Fiz uma maquiagem nova. Eu nem pareço mais comigo mesma.

— Mas você continua sendo você. Eu não sei... talvez se você fizesse um transplante de cérebro...

Como eu disse, a mãe de Jonathan não entendeu.

Vou propor aqui um mantra, para ajudar os pais a sobreviverem à intransigência, que pode dar o tom de grande parte do convívio com um adolescente. Esse mantra não é para ser dito em voz alta, mas suas palavras são boas de se ter em mente. São palavras que devem subjazer às suas interações com seu filho adolescente. Você não as dirá, de fato, mas elas estarão ali.

— *Sei que você não me suporta. Sei que você não suporta sequer estar no mesmo aposento que eu. Mas também sei que isso é o resultado direto de um processo — a adolescência — sobre o qual você não tem o mínimo controle ou mesmo consciência. Eu compreendo que tudo isso faz parte de seu desenvolvimento psicológico normal. Em poucos anos você voltará a gostar de mim, e não terá problemas em estar perto de mim. Isso não tem a ver comigo. É apenas um estágio pelo qual você está passando. E eu sei que não é uma questão pessoal.*

— Não, é pessoal, sim! É você!

— *Não, não é pessoal. E não apenas não é pessoal, como, além disso, eu te amo muito, e sou tão capaz de abstrair toda a negatividade que você vomita em cima de mim; na verdade eu gosto de estar com você. Não estamos tendo um bom momento juntos?*

QUANDO SEU ADOLESCENTE IGNORA VOCÊ

Já exploramos a questão de estar com seu adolescente quando ele não deseja estar com você, mas agora iremos abordar uma variação sutil, porém importante deste tema: *desfrutar* de seu adolescente mesmo quando tudo que ele faz transformaria o maior dos narcisistas num ser rejeitado. O truque para isso é usar tapa-olhos para bloquear a negatividade de fachada, ajudando-o a se concentrar no amor e apego que sempre estiveram ali e que permanecem embaixo da superfície.

– *Não está, não! Não tem nada embaixo! Você não sabe de nada!*

Mas *tem*, sim. Deixe-me dar um exemplo:

É uma terça-feira à noite. O pai de Renaldo aproxima-se do quarto do filho e bate à porta.

– *Posso entrar?*
– *Não.*
– *Bem, vou entrar de qualquer maneira.*
– *Eu sei do que se trata! Você não é bem-vindo em meu quarto!*

Após uma breve pausa, o pai de Renaldo entra no quarto do filho.

– *Aqui estou eu novamente. É noite de terça-feira, e é hora de nosso bate-papo semanal entre pai e filho. Isso não é fantástico?*

– *Ai, meu Deus, está acontecendo de novo.*

– *Vejamos... por onde devemos começar? Hmmm, deixa eu pensar... acho que devo dar a partida, pois você nunca começa. Já sei sobre o que vamos falar: você lembra que na semana passada eu te contei a respeito de um restaurante em que fui almoçar, que tinha uma ótima sopa de ervilhas?*

– *Eu não acredito.*

– *Bem, não importa. Eu fui lá outra vez, e pedi a mesma sopa, e ela estava nojenta. Não consigo entender isso. Talvez eles tenham mudado de cozinheiro, ou algo assim. O que você acha?*

– *Quando é que eu vou acordar desse pesadelo?*

Essa é uma ótima abordagem. Eles podem ficar rabugentos, mas não apenas você não toma como algo pessoal a ranzinzice deles, como se comporta como um completo idiota, tão cego à aparente aversão que eles manifestam em relação

a você; você os ama tanto, que desfruta do fato de estar com eles – com rabugice e tudo.
– *Não estamos tendo um bom momento?*
– *Não.*

Mas eles apreciam muito essa abordagem, pois ela lhes diz – mais uma vez – que não importa o que esteja acontecendo com eles, o que quer que os torne tão seriamente desagradáveis, você tem a capacidade de superar tudo isto. É uma abordagem que lhes comunica que seu amor por eles triunfa acima de todo o resto. É assim que eles vivenciam isso. Você está acima dessas coisas. E eles gostam muito disso.

Eu sei o que você está pensando: *"Mas não se pode simplesmente ignorar o comportamento negativo deles; esse comportamento merece ser – e deve ser – respondido à altura. De outro modo, eles sentirão que podem se safar sem pagar o preço. E então eles não aprenderão que podem agir dessa maneira quando bem entenderem?"*

Na verdade, não. Certamente haverá ocasiões – conforme eu já descrevi antes e descreverei posteriormente – nas quais você deverá dedicar-se a abordar comportamentos negativos específicos. Mas estou afirmando, sim – e será essa a posição que defenderei ao longo de todo esse livro –, que para as más atitudes cotidianas dos adolescentes não há abordagem alguma que chegue sequer perto, em termos de eficácia na produção de um lar agradável e um relacionamento agradável, do que aquilo que estou propondo aqui.

E a lição que eles aprendem não é.
"Está tudo bem se eu quiser pisar em cima de meus pais."
A lição que eles aprendem é:
"Não sei o porquê, talvez eles sejam idiotas, mas, a despeito de tudo, meus pais parecem me amar. Eles parecem gostar até mesmo de estar comigo."

O TRATO INCONDICIONAL

Acabei de descrever uma forma de estar com seus filhos adolescentes que compensa o comportamento negativo cotidiano deles: eles podem ser desagradáveis, mas isso não significa que você tenha que ser também. Tudo isso se baseia em uma premissa subjacente relativa ao seu papel de pai. Trata-se de uma premissa que reside no âmago deste livro. Penso nisso como o "trato incondicional".

Era temporada de férias de fim de ano, uma época de benevolência e de presentear. A mãe de Graham pensava a respeito de seu filho adolescente.

"O que Graham fez no ano passado para merecer qualquer coisa que seja? Vou dizer o que ele fez para não merecer nada. Para ser breve, vou enumerar apenas alguns itens:

1. Em numerosas ocasiões – tantas, que nem dá pra contar todas – quando eu estava falando com ele, ele simplesmente, no meio de minha fala, saía do quarto.

2. Três semanas atrás, quando minha amiga Clarisse estava aqui em casa, ele me chamou de idiota bem na frente dela.

3. Mais de uma vez ele fumou maconha em casa com os amigos e negou tê-lo feito; e ainda teve a ousadia de ficar bravo comigo quando eu o confrontei.

4. Há dois dias – e esse tipo de coisa acontece regularmente – eu perguntei a ele se podia pegar para mim um refrigerante diet com gelo, já que ele estava indo para a cozinha, e ele agiu como essa fosse a maior imposição do mundo.

5. Ele vive dizendo as coisas mais cruéis do mundo e xingando de todas as formas possíveis o irmão menor.

6. No ano passado ele conferiu um novo significado à palavra emburrado.

7. E, ah, eu ia me esquecendo, ele tem se dado mal em todas as matérias na escola, exceto culinária.

E eu ainda deveria dar-lhe presentes? Por que eu desejaria fazer isso?"

Em uma famosa canção, Papai Noel avisa às crianças que é melhor elas atentarem para como se comportam, pois ele sabe se elas foram boas ou más. Papai Noel quer dizer com isso que se a resposta for "má", ele nada lhes trará de presente, exceto talvez um pedaço de carvão — provavelmente deslocado da chaminé por onde ele passa, de acordo com antiga tradição — ou um celular ultrapassado, estilo tijolão, que não faz coisa alguma além de ligações telefônicas.

Contesto com veemência a posição de Papai Noel. O que você deve fazer se, no balanço final do comportamento, seu filho ou filha tiver recaído muito mais no lado negativo? Não apenas no que se refere a presentes ou ao período de férias, mas também no que diz respeito à questão maior: quanto de coisas boas eles merecem receber de você? Quanto – se é que algo – de atenção, cuidados, favores, presentes, dinheiro deve você dar a um filho adolescente que age regularmente como um completo imbecil?

Sou um ardoroso advogado do que chamo de "o trato incondicional": há muitas coisas que lhe dou de forma automática, devido ao simples fato de você ser meu filho. Embora eu possa, em um momento específico, reagir negativamente em resposta a coisas desagradáveis que você faça, ainda assim há muito que você receberá – não importa sua atitude. Automaticamente, pelo mero fato de ser meu filho, você obtém certas coisas de mim – amor, atenção, carinho, favores, presentes –, de modo que sua vida seja tão agradável quanto for possível. E você recebe tudo isso sem quaisquer condições atreladas, pelo simples fato de ser meu filho.

– *Ho ho ho, você não pode fazer isso. Desse jeito eles não aprenderão a distinguir o que é horrível do que é bacana.*

A posição de Papai Noel é que se seus filhos agirem como completos imbecis e, ainda assim, receberem atenção amorosa e bons presentes como se tivessem se portado como anjinhos, nesse caso o que isso lhes ensinará? Isso não estará ensinando a eles que podem sempre se safar agindo como bem entenderem?

O trato incondicional diz que, de forma totalmente independente de quaisquer consequências relativas a um mau comportamento, há algo edificado em seu relacionamento com seus filhos que lhes assegura que sempre recebam coisas boas de você simplesmente por serem seus filhos. Seu adolescente aprende uma lição com isso, e essa lição não é a de que ele sempre escapará impune com seu mau comportamento. Ele aprende que você dá a ele – quer tenha agido bem ou não – porque é isso que os pais fazem. Os pais tentam fazer com que seus filhos sejam felizes.

O que seu adolescente pensará disso não será:

"Meus pais são tão otários que eu posso fazer o que quiser, que eles me darão coisas mesmo assim. Que imbecis ingênuos! Como é possível respeitar pessoas tão burras?"

O que seu filho pensa está muito mais próximo a:

"Eu não sei. Eles podem ser imbecis, e por vezes eu os odeio completamente. E sei que algumas vezes eles merecem, por se comportarem como verdadeiros idiotas comigo. Ainda assim, eles procuram ser legais, e às vezes até me dão coisas boas. E o único motivo que eu posso conceber para eles fazerem isso é que deve haver alguma espécie de combinação superior que permanece devido ao simples fato de eu ser seu filho. Tenho que admitir que gosto dessa combinação."

E, por serem receptores do trato incondicional, os filhos apresentam uma possibilidade muito maior – e não menor – de serem, eles próprios, generosos.

Independentemente do que as pessoas – ou até mesmo Papai Noel – digam, acredito firmemente que são esse trato e esse tratamento que todos os filhos merecem.

ADULTOS COMO SERES HUMANOS FALÍVEIS

Ser pai ou mãe de um adolescente é uma experiência muito diversa daquela que precede essa fase. Lidar com um adolescente requer certas mudanças de atitude de sua parte. Se você não as fizer, criá-lo poderá ser uma experiência muito mais árdua do que precisa ser. Essas mudanças tornam-se necessárias em função de quem essas crianças se tornam ao entrar na adolescência.

Uma das mudanças mais importantes envolve aceitar o seu status como um ser humano que tem defeitos.

– *Pai, por que você sempre penteia o cabelo desse jeito, tentando cobrir a parte careca? Você tem ideia de como fica esquisitão assim?*

– *Mãe, por que você sempre usa essa voz falsa quando está falando com sua chefe ao telefone?*

– *Pai, você está fazendo aquilo de novo: você sempre coloca os talheres alinhados antes de comer. Acho que você tem TOC.*

Os adolescentes podem ser brutais quando se trata de apontar seus defeitos. Eles parecem ter prazer nisso. Seus comentários podem ser bem difíceis de rebater. Eles nos conhecem bem, e as coisas que apontam costumam ser defeitos reais. Seus comentários com frequência nos atingem em cheio em nossas inseguranças.

"*Eu odeio mesmo essa parte careca de minha cabeça. Tinha esperança de que a maneira como penteio os cabelos desse pra cobri-la, mas talvez não fique tão bom assim. Não tenho certeza do que é melhor fazer.*"

"*É verdade que eu falo com uma voz diferente com minha chefe. Eu não consigo evitar. Simplesmente fico nervosa sempre que falo com ela. Gostaria que não fosse assim.*"

"*Não é verdade. Nem sempre eu alinho os talheres antes de comer. Na verdade, alinho sim. Talvez eu tenha TOC. Não sei. TOC? Será?*"

E é uma mudança tão grande em comparação à maneira como eles costumavam enxergar você quando eram crianças...

– *Oi, mamãe! Veja o que eu tenho para a melhor mãe do mundo!*

– *Ora, que fofo, Samantha: outro cartão escrito "Te amo, mamãe" com corações e carinhas sorrindo. Obrigada, Samantha.*

– *Você quer mais um, mamãe?*

— *Agora não, querida. Mamãe tem bastante por enquanto.*
— *Não tem problema, mamãe! Vou fazer mais alguns pra você! Vou colocar um montão de arco-íris dessa vez!*
— *Mas eu já tenho um monte, Samantha, realmente não precisa.*
— *Mas eu vou fazer outros mesmo assim, porque eu te amo demais!*

— *Eu tenho o pai mais inteligente do mundo, não tenho, papai?*
— *Bem, Jonathan, talvez não o mais inteligente do mundo inteiro.*
— *Você é, sim! Você é o pai mais inteligente que existe no mundo inteiro!*

Eles idolatram você, esta pessoa adulta que é a fonte de toda a força, sabedoria e bondade.
— *Eu amo muito, mesmo, a minha mamãe!*
Quando eram criancinhas, eles precisavam ver você como uma pessoa poderosa e sábia, pois dependiam de você. O senso de segurança e bem-estar deles estava enraizado em você. Sempre que houvesse um problema, eles podiam recorrer à mamãe ou ao papai.

— *Mamãe, estou com um problema.*
— *O que foi, querido?*
— *Eu não sei.*
— *Não tem importância. Mamãe vai descobrir o que é, e vai resolver.*

Uma vez que os pais eram oniscientes e onipotentes, era possível confiar neles. Os pais podiam resolver qualquer coisa, mesmo que eles, os pequeninos, não pudessem. Eles não precisavam se incomodar em ser competentes, já que seus pais o eram.
Então, o que aconteceu? O jogo virou.

Conforme descrevi anteriormente, a marca registrada da adolescência é que seus filhos aprendem que não podem mais ser criancinhas dependentes. Eles precisam ver a si mesmos como seres independentes como os adultos, pois sabem que em breve terão que contar consigo próprios. Eles estão dolorosamente conscientes de que falta muito para se tornarem perfeitos. E se ser adulto significa que se espera que você seja perfeito – se os adultos têm que ser totalmente competentes, saber tudo e não ter defeitos –, então seus filhos estarão em maus lençóis.

"Pra mim estava ótimo achar que meus pais eram perfeitos quando era função deles cuidar de mim. Mas agora cuidar de mim passou a ser minha responsabilidade. E isso me apavora. Espera-se que eu seja independente e conte comigo próprio para dar conta da minha vida. O que está bem, a não ser pelo fato de que há um montão de coisas erradas comigo. Tem um montão de coisas que eu não sei e um bocado de coisas nas quais eu não sou bom. Além disso, não acho que eu esteja nem um pouquinho perto de ter o controle total sobre minha vida. E há todas essas coisas que eu sei que deveria fazer, mas que não consigo me obrigar a fazê-las. Como é que uma coisa confusa como eu poderá ser um dia capaz de dar conta de minha vida? Como poderei ser capaz de sobreviver no mundo grande lá fora se há tantas coisas erradas comigo? Mamãe e papai parecem ter conseguido, mas eles não são confusões ambulantes como eu.

Não, esperem. Acabei de ter uma ideia: talvez eles não sejam perfeitos. Talvez tenham um montão de problemas, exatamente como eu. Se isso for verdade, seria ótimo! Que alívio! Talvez não seja necessário ser tão perfeito assim para sobreviver. Se for verdade, talvez eu tenha uma chance. Excelente!"

É por isso que constitui um grande alívio para os adolescentes quando eles percebem que os adultos em seu mundo, especialmente seus pais, têm defeitos. Milhares de defeitos. Trata-se de algo que eles desejarão apontar em todas as oportunidades que tiverem.

– *Pai, você sabia que sua orelha esquerda é maior que a direita? Por que isso?*

Então, o que devem os pais fazer quando se veem diante de filhos que se revelam mais críticos a cada dia que passa? Trata-se de uma questão muito importante no processo de construir um bom relacionamento com um filho adolescente. Não apenas esse tema perturba muitos pais, como também trata-se de uma questão a respeito da qual muitos pais costumam errar com frequência.

UM TIPO DIFERENTE DE FORÇA

Há maneiras boas *e* ruins de responder quando seus defeitos estão sendo constantemente ressaltados. Uma das maneiras erradas – que os adolescentes odeiam, e que combatem com unhas e garras – é quando os pais se defendem ou, pior ainda, contra-atacam. Muito melhores são respostas que ilustram uma habilidade para aceitar seus defeitos e não se mostrar tão abalado por tê-los expostos para que o mundo inteiro os veja.

Para agir assim a pessoa tem que ser forte – e, ao dizer "forte", não estou me referindo à definição convencional dessa palavra. Os adolescentes não apenas são mais velhos do que eram quando crianças; eles também são mais espertos e sábios no que se refere a compreender como o mundo funciona. Com suas percepções novas, mais adultas, eles reconhecem a existência de uma definição mais sofisticada de "forte". "Forte" não se refere apenas a saber tudo e ter poder sobre as pessoas. Também pode significar estar à vontade consigo mesmo, sentindo que você é – de um modo geral – uma pessoa competente, a despeito do fato de – como todos os demais seres humanos – você ter um monte de defeitos. Na verdade, os adolescentes com frequência percebem os esforços das pessoas em esconder seus defeitos como uma espécie de "fraqueza". Uma vez que as crianças se tornem adolescentes mais espertos e sábios, tais bravatas começam a parecer menos com "forte" e mais com "inseguro". Independentemente disso, os adolescentes continuarão lutando para manter você no lugar de uma pessoa falível.

Voltemos aos exemplos anteriores.
Eduardo para seu pai:

– *Pai, sabe esse jeito como você sempre penteia o cabelo, tentando cobrir a parte careca? Fica esquisitão.*
– *Eu acho que fica legal. Não tem nada de errado com meu cabelo. Ninguém jamais me disse coisa alguma.*

O que seu filho entende:
"*Meu pai não quer admitir que ele tenha quaisquer defeitos. Acho que parecer um cara esquisito é um problema real se você é um adulto, e meu pai não descobriu uma forma de lidar com isso. Ele simplesmente nega. Acho que deve ser realmente duro ter defeitos quando você está no mundo lá fora.*"

E em resposta à atitude defensiva do pai, é provável que Eduardo simplesmente ataque ainda assim.

– *Pois fica. Você fica esquisito pra caramba com este penteado.*
Outra resposta ruim do pai:
– *É muito grosseiro falar comigo assim, Eduardo. Espero que saiba que não deve jamais falar desse jeito com um professor ou um de seus amigos. Ou, Deus me livre, com sua tia Rebecca, que perdeu quase todos os cabelos desde que ficou doente. Você gosta quando as pessoas implicam com você por ser baixinho?*

Repito: essa não é uma boa resposta. Se o pai de Eduardo estiver genuinamente preocupado que o filho venha a falar dessa maneira com outras pessoas que não aquelas de sua família nuclear, ele deve abordar essa questão com o filho em alguma ocasião futura. No momento imediato do diálogo, porém, o único impacto que as palavras do pai terão sobre Eduardo será o de mostrar ao filho que seu pai não é capaz de lidar com o fato de ter defeitos. Desse modo, Eduardo vê – corretamente – que as palavras do pai constituem um soco de retribuição, destinado a disfarçar seu embaraço diante da sua fala. O que, por sua vez, instigará novo contra-ataque.

– Não tem nada de grosseiro. Estou afirmando um fato. É verdade: fica esquisito. Quem mais vai ter coragem de te dizer isso, além do seu filho? Você deveria me agradecer.

Uma resposta melhor – não defensiva – seria a seguinte:

– Pai, por que você sempre penteia o cabelo desse jeito, tentando cobrir a parte careca? Você tem ideia de como fica esquisitão assim?
– Você acha? É, acho que talvez fique meio estranho, mesmo. Mas é o melhor que consigo fazer se quiser cobrir minha careca, e odeio esta careca.

O que pode muito bem provocar uma resposta como:
– Será que não tem alguma outra coisa que você possa fazer? Talvez você devesse ir a um cabeleireiro. Os homens vão, você sabe disso, não sabe?

Agora Eduardo é um aliado.
Como eu descreveria este tipo de abordagem? Honesta. Direta. Disposta a aceitar e ficar à vontade com o fato de você ter defeitos. Acima de tudo, é uma abordagem que não é defensiva. Ela é de longe uma atitude muito melhor de se assumir e muito mais próxima a um comportamento exemplar em relação aos seus filhos.

Revisitemos agora o segundo cenário:

– Mãe, por que você sempre usa aquela voz falsa e esquisita quando conversa com sua chefe ao telefone?
A resposta não tão boa seria:
– Se eu falo com ela de um jeito diferente é porque ela é minha chefe, e eu falo de uma forma mais respeitosa com ela porque é assim que devemos falar com nossos patrões.

O que é uma mentira, visto que essa maneira como ela fala com sua chefe – a quem ela detesta – a deixa nervosa.
Ou talvez:
– Por que você tem sempre que criticar tudo o que eu faço?

Reafirmo que com ambas as respostas a mãe se mostra incapaz de assumir seus defeitos, e está comunicando tal fato à filha de maneira muito clara.

Uma resposta muito melhor seria:

– *Não sei. Ela me deixa nervosa. Sempre que falo com ela minha voz sai desse jeito.*

Honesta. Não defensiva. E a lição que seus filhos aprendem é:

"Mamãe fica nervosa com algumas coisas. Assim como eu."

Essas melhores respostas demonstram definitivamente aos filhos que seus pais são pessoas vulneráveis.

– *Para o bem ou para o mal, essa é quem eu sou.*

Muitos pais têm um bocado de dificuldade em tolerar essa abordagem mais vulnerável. É por isso que rapidamente ficam com raiva e se colocam na defensiva.

Alguns chegam até a perguntar: *"Não tem nenhum problema se os pais se expuserem tanto assim para seus filhos? Isso não faz que eles pareçam fracos? Eles não perdem, com isso, um pouco do respeito que seus filhos têm por eles? Isso não torna os pais mais suscetíveis ao desrespeito dos filhos?"*

Não. Como eu descrevi, essa atitude soa mais honesta. Mais adulta. Mais – e não menos – digna de respeito.

O terceiro exemplo:

– *Pai, sabe esse jeito como você alinha os talheres antes de comer – mesmo que fique legal? Você tem TOC.*

A resposta não tão boa:

– *Não há nada de errado em gostar das coisas bem arrumadas. E eu certamente não tenho TOC.*

– *Ah, mas você tem TOC, sim. Talvez fosse melhor você tomar uma medicação.*

A melhor resposta:

– *É, acho que sou meio obcecado por arrumação.*

– *Meio, não. Totalmente.*

Outro exemplo ainda:

— *Mãe, você é muito idiota. Você comprou todos esses iogurtes de banana com morango pra minha irmã, mas a Carrie nunca come iogurte de banana com morango.*
— *Bem, se eu não estivesse tão apressada no supermercado, porque precisava voltar logo pra dar tempo de te levar pra casa da Vanessa, eu não teria cometido esse engano. Além disso, é bom pra Carrie ter que se acostumar às vezes a alimentos de que ela não gosta.*
A melhor resposta de todas:
— *É mesmo, eu esqueci.*

Um último exemplo:

O pai de Darren subestimou o tempo que seria necessário para ir de carro de casa até o local onde aconteceria a partida de futebol do filho. Como resultado, Darren chegou ao jogo com vinte e cinco minutos de atraso.

— *Pai, você fodeu com tudo! Agora eu tô fodido! O técnico Daniels vai ficar puto da vida comigo! Você sabe como ele fica quando eu me atraso!*
A resposta não tão boa:
— *Essas instruções de trajeto que eles deram não eram nada boas. Fizeram parecer que a viagem seria muito mais curta do que ela foi de verdade. Vou descobrir quem foi o responsável por essas instruções.*
A melhor resposta:
— *Desculpe, Darren, eu pisei na bola.*
Você pode se perguntar, com toda a razão:
Mas como posso admitir meus defeitos em um minuto e no minuto seguinte estar dando ordens ao meu filho? Essa abordagem não irá minar meu poder? Não é incompatível com ser um pai com autoridade?

Não. Trata-se, penso eu, de uma abordagem particularmente adulta. Na verdade, você está dizendo: *"Sim, eu tenho defeitos. Um montão deles. Mas sinto-me bem comigo mesmo. Sinto-me bem até mesmo na tarefa de ser seu pai – por mais ignorante que eu possa ser vez por outra."*

É uma abordagem mais realista. Em vez de se portar como um adulto que sente constantemente a necessidade de aparentar ser alguém completamente desprovido de defeitos, você assume uma persona menos defensiva. É um modelo muito mais útil para seus filhos. Você está dizendo a eles que é assim que é ser adulto: não um sabichão, não alguém capaz de lidar com todos os tipos de situações, mas alguém que é imperfeito, mas, ainda assim, é bom o bastante. É possível ser adulto sem ter que ser perfeito.

É uma abordagem que os adolescentes apreciam. Eles querem sentir que seus pais são competentes. Mas não tão competentes assim. O problema da abordagem que implica a equação "adulto = perfeito" é que os adolescentes a odeiam, e irão partir para o ataque. Eles não toleram adultos que acham que sabem tudo. São esses os que apresentam mais dificuldades em lidar com os adolescentes. Quando você admite ter defeitos, eles te respeitam mais, e não menos.

ENVOLVENDO-SE EM PROVOCAÇÕES AMIGÁVEIS – QUANDO SEU ADOLESCENTE FAZ ISSO COM VOCÊ

Possuir seus próprios defeitos pode ser bastante útil na edificação de um relacionamento com seu adolescente. Pode até mesmo haver um bônus adicional, além do fato de eles se sentirem assegurados de que não é preciso ser perfeito para ser um adulto competente. Se você estiver à vontade com o fato de ser falível na frente de seus filhos adolescentes, este conforto poderá possibilitar que eles expressem sentimentos amorosos em relação a você.

– *Pai, você é tão desajeitado* – diz Bernie ao ver o pai subindo as escadas que levam à casa deles. – *O Sr. Desajeitado: é o que você*

é. *Talvez você pudesse ter seu próprio programa de tevê, uma espécie de super-herói ao contrário.*
— Mãe, *você fez a mesma coisa outra vez* — grita Johanna, excitada. — *Você virou pra direita quando o GPS mandava dobrar à esquerda. Você tem problemas sérios de orientação.*

Por mais estranho que possa parecer, ambas as situações são exemplos de contato amoroso de um adolescente com seus pais. Por vezes é a única maneira que conhecem de contornar sua alergia aos pais. Eles podem ter sentimentos verdadeiros de amor e intimidade em relação a você, mas a alergia adolescente os impede de demonstrá-los de forma explícita. As provocações propiciam um bom disfarce.

Existem, obviamente, alguns momentos nos quais os adolescentes sentem-se à vontade para expressar diretamente seu amor e afeição.

— *Te amo, pai.*

Ou em dar nos pais um abraço espontâneo.

Na verdade, muitos adolescentes fazem isso mesmo. Mas outros não. Muitos deles simplesmente não se sentem à vontade com manifestações públicas ou físicas de afeto. Uma vez que expressões de proximidade e intimidade — ser amoroso, abertamente vulnerável e amigável — contrariam de forma direta a alergia adolescente, muitos deles recorrem às provocações dóceis como sua única maneira aceitável de manter um contato amoroso com seus familiares. São manifestações que equivalem a um soco amistoso no ombro de um amigo.

"Se der para eu de algum jeito manter um contato amigável de uma forma que inclua um mecanismo de distância embutido, isso poderia funcionar. Eu seria capaz de fazer isso. Na verdade, sou capaz por vezes de sentir afeição por meu pai, mas dizer 'Eu te amo' ou dar-lhe um abraço não dá; me parece estranho demais."

Os dois exemplos acima ilustram bem o ponto de vista dos adolescentes.

"Estou sendo íntimo e amigável, mas isso é aceitável pra mim porque vem expresso na forma de um insulto." (Nenhuma dessas

palavras passa conscientemente pelas cabeças dos adolescentes. Mas é assim que eles se sentem.)

Caso você assistisse a vídeos dos dois exemplos acima, de filhos implicando com seus pais, perceberia claramente que tais interações são de natureza amigável. Mas para que esse espaço de troca exista, para que as interações sejam positivas, os pais precisam já ter estabelecido uma postura serena em relação a receber provocações amigáveis.

Mais uma vez: para que as implicâncias possam ser amistosas e positivas, é necessário que aquele que é alvo das provocações não se importe com elas. Uma vez que você se sinta confortável sob a mira de constantes ataques brincalhões, estará se encaixando na maneira como os adolescentes preferem ver seus pais. Eles querem ver você como uma pessoa que se mostra competente quando necessário, transmitindo-lhes uma sensação de segurança. Mas também gostam muito da ideia de ter pais que em alguns aspectos demonstram não saber o que fazer.

Os adolescentes querem ver seus pais como pessoas capazes de administrar as próprias vidas, de lidar com as questões que surgem de forma relativamente eficaz, que têm conhecimento sobre as coisas do mundo e em quem eles podem confiar para lhes proporcionar uma vida segura. Eles tendem a ter orgulho de pais que se saem bem.

Ao mesmo tempo, não querem pais conhecedores do mundo *deles* – seus amigos, a escola e, especialmente, aquelas coisas peculiares ao universo dos adolescentes: do que eles gostam, as atualidades, o que é considerado *cool* e o que não. Definitivamente, não querem que seus pais se mostrem ou pretendam ser conhecedores no que diz respeito a *essas* coisas.

Um aspecto significativo no que se refere ao adolescente se mostrar capaz de manter uma distância confortável de seus pais repousa no fato de eles perceberem que os pais não sabem tudo o que se passa na cabeça deles. Há muitas coisas em que os adolescentes acreditam que seus pais não seriam capazes de compreender por serem mais velhos e viverem em um mundo muito diverso do deles, de modo que os pais não teriam condições de conhecer essa parte de suas vidas. Eles simplesmente são caretas demais para essas coisas.

É o aspecto pais-como-trapalhões.

O que eles desejam de seus pais:

"Meu pai e minha mãe são legais, mas tem um monte de coisas a respeito das quais eles são completamente sem noção. A mamãe acha o máximo ficar andando pela casa com aquelas pantufas de coelhinho, e o papai também não vê nada de errado em usar aquele gorro com abas cobrindo as orelhas, que ele diz que mantém suas orelhas aquecidas. E o estômago dele, que faz aqueles sons horríveis, e tanto um como o outro ronca, o que a mamãe nega, mas ela ronca. E quando assistimos a algo engraçado na tevê, eles só riem nas partes que não têm graça. E não conseguem entender o Rappin Lennie, que eles acham que deveria ser proibido, e absolutamente não sacam o quão legal ele é. Além disso, todas as piadas que qualquer um dos dois conta são sempre completamente sem graça."

Não se trata necessariamente de defeitos verdadeiros. Está mais perto de uma caricatura fictícia.

Existe uma caricatura parental com a qual os adolescentes sentem-se particularmente à vontade. Não se trata do adulto bacana que é competente em algumas coisas e totalmente sem noção em outras.

– Ora, pai, dããããã... basta você clicar o botão direito do mouse, e depois clicar duas vezes no ícone.

ENVOLVENDO-SE EM PROVOCAÇÕES AMIGÁVEIS – QUANDO É VOCÊ QUE FAZ ISSO COM SEU ADOLESCENTE

Seus filhos gostam de implicar com você. Pode ser uma troca genuinamente afetuosa. Eles gostam. Você gosta. Entretanto, a recíproca não é verdadeira.

– Nós chamamos o Travis de Sr. Orelhudo. Ele sabe que estamos só mexendo com ele. Que não estamos falando sério. É só brincadeira.

– Por falar em vômito, Renee, você se lembra daquela vez no zoológico, quando você botou os bofes pra fora?

— *Carly tem uma quedinha por aquele menino legal da sua turma de álgebra. Ele é sua nova paixonite, não é, filhinha querida?*

Volta e meia, como parte da expressão de nosso amor pelos nossos filhos, recorremos a provocações dóceis. Faz parte da maneira como os pais se divertem com os filhos. O problema é que eles não gostam disso.

Isso é o que *nós* pensamos sobre o que eles acham de nossas provocações afetuosas:

"Não me incomodo que eles me chamem de Sr. Orelhudo. Eu gosto. Sei que eles não querem dizer nada com isso. É apenas uma forma de nos divertirmos.

Eis o que seu filho realmente pensa:

"Não tem graça. Eu não gosto. Sim, eu sei que tenho orelhas grandes. Queria não tê-las. Tenho vergonha delas, e eles sabem disso. Não sei por que eles acham engraçado implicar comigo a respeito de algo que me deixa tão desconfortável.

A única coisa que acontece a Travis a partir dessas provocações é ficar constrangido e ter um sentimento desagradável.

— *Ha ha ha* — diz ele, aparentemente numa boa. — *"Vão se foder!"* — É o que ele pensa.

Não, eles não gostam que você implique com eles. Implicar significa debochar dos seus defeitos. Só faz com que se sintam mais desconfortáveis, até mesmo envergonhados.

— *Lá vem nosso Garoto Cotovelo* — diz o pai de Clement, provocando o filho. E durante todo o ano Clement usará apenas blusas de mangas compridas.

Com o tempo, se a implicância continuar, eles podem se acostumar com isso, até que se chegue a um ponto em que já não se incomodam tanto. Eles criam uma casca protetora. Mas nunca chegam a gostar.

Uma boa regra no que diz respeito a implicar com adolescentes é essa: não o faça.

Mas uma provocação bem-humorada de vez em quando não ajuda nossos filhos a lidarem melhor com as provocações com que irão se deparar no mundo lá fora? Na verdade, não. Esse tipo de habilidade deriva de uma combinação da autoconfiança deles com suas capacidades verbais (por exemplo, crianças com transtornos de aprendizagem ligados à linguagem passam especialmente maus bocados para lidar com as provocações). A implicância por parte dos pais tende a causar – e causa, de fato – um endurecimento de seus filhos. Mas isso não é algo bom. Quando muito, eles ficam endurecidos de um modo tal que começam a acreditar que depreciar e magoar os outros não é algo tão condenável assim.

É normal e natural sentir vontade de provocar seus filhos adolescentes. Só que não é uma boa ideia.

A natureza das provocações favoráveis implica *sempre* que o seu receptor sinta-se à vontade, feliz e disposto a ocupar tal posição. Aquilo que pode parecer uma provocação amigável torna-se algo muito diferente quando o alvo não lida 100% bem com isso.

– Allison, parece que você está ficando com um bigode. Engraçado né?

– É, muito engraçado mesmo.

Pais implicando com seus filhos – mesmo que tal implicância seja bem-humorada e bem-intencionada – não é uma boa ideia.

PAIS COMO AMIGOS

"O problema com os pais de hoje em dia é que eles não querem ser pais. Eles não gostam daquela parte na qual têm que realmente dizer 'não' ou fazer exigências aos filhos. Eles não gostam quando precisam agir como adultos ou fazer coisas que possam gerar a inimizade dos filhos. Tudo que os pais desejam hoje é ser amigos de seus filhos. Descer ao nível onde se encontram seus filhos. Ser seus maiores camaradas. E, grande surpresa, seus filhos estão se tornando mais

selvagens a cada dia, fazendo tudo que sentem vontade de fazer, sem respeito algum por quem ou o que quer que seja."

O tipo de discurso acima expressa uma das críticas mais comuns que se ouvem dos pais de hoje em dia. Eles querem ser amigos, camaradas de seus filhos. Deveriam os pais ocupar esse lugar? Ser amigo do filho adolescente entra em conflito com um comportamento parental adequado?

Depende. Quando eu falo em ser amigo, refiro-me a como você passa o tempo de que dispõe com seu adolescente, quando vocês estão simplesmente juntos. Dirigindo o carro, indo daqui até ali, praticando juntos um hobby ou esporte, tomando café na cozinha. Acima de tudo, o tempo que vocês passam conversando um com o outro. Mas não me refiro àquelas conversas sobre questões parentais, como planos, regras ou tarefas que precisam ser realizadas, mas às conversas sobre qualquer outro assunto, sobretudo naqueles momentos nos quais vocês compartilham suas experiências – o mesmo que você faria se estivesse com um amigo.

A mãe de Daria dirige-se à filha:

– *Então eu fui à loja da High Fashion, Low Price, no shopping, e eles tinham este top maravilhoso que combina muito bem com minha calça cinza. Mas tinha uma fila imensa no caixa, e eu meio que acabei perdendo a paciência e disse alguns palavrões pra moça do caixa, e fiquei tão constrangida que acabei colocando o top de volta no lugar e indo embora. Mas o problema é que eu adorei aquela blusa, e quero tê-la.*

– *Mãe, você é tão boboca.*

– *Eu sei, mas o que eu faço agora? Eu quero mesmo aquela blusa.*

O exemplo acima ilustra uma excelente troca entre mãe e filha. Só tem efeitos positivos no relacionamento entre ambas, e um efeito positivo para a filha. É benéfico porque estabelece uma intimidade com seu adolescente de uma forma adulta, uma forma que é tanto acolhedora como prazerosa.

Construindo um relacionamento sólido

E não é apenas isso. Quando pais e seus filhos adolescentes conversam abertamente e à vontade acerca das experiências de seus cotidianos, sempre há a possibilidade de que seu adolescente possa falar não apenas a respeito dos aspectos mundanos de sua vida, mas também sobre comportamentos de risco com os quais nos preocupamos e que gostaríamos de ser capazes de discutir de forma mais aberta: sexo, drogas, bebidas.

— *Daí o PJ ficou muito bêbado mesmo, e estava agindo como um verdadeiro pateta, como costuma fazer várias vezes, e, mãe, ele nem estava mais conseguindo andar em linha reta. Mãe, ele estava completamente chapado.*

Quando pais e adolescentes conversam à vontade a respeito desses temas, o mero fato de estarem conversando funciona como um fator que diminui significativamente a tendência de o adolescente adotar um comportamento de risco excessivo. Você tem a oportunidade de lançar sutilmente uma ou outra opinião.

— *Alguém tomou conta dele, pra garantir que não dirigisse? Você nunca bebe tanto assim, né?*

— *Mãe, você sabe que eu nunca faria isso.* (O que na verdade ela já fez – duas vezes –, mas ficou assustada ao ver o quão fora do controle havia ficado seu amigo PJ, e estava começando a ficar um pouco nervosa a respeito de sua própria relação com a bebida.)

Mas o que é ainda mais importante é que o mero ato de conversar sobre esses tópicos planta pensamentos a respeito de comportamentos de risco na cabeça de seus filhos adolescentes. A partir de então, quando as situações arriscadas se apresentarem, eles poderão não apenas reagir, como também tomar decisões responsáveis – simplesmente por haverem conversado com você.

Estar em um relacionamento no qual você é amigo de seu adolescente é ótimo, e muito vantajoso para ele. Mas há certas restrições.

Em primeiro lugar, por vezes você terá que ser pai ou mãe. Haverá momentos nos quais você terá que dizer "não" ou fazer solicitações a eles, e geralmente em tais momentos eles não ficarão contentes com você. Caso isso signifique que por alguns períodos de tempo você não será capaz de ser "amigo", é preciso que esteja disposto a passar por tais fases.

Certa tarde, a mãe de Daria disse à filha que não queria que o professor particular de violão, de vinte e cinco anos, lhe desse aulas em ocasiões nas quais não houvesse qualquer outra pessoa em casa. Daria não estava contente com essa decisão. Ela e a mãe discutiram, mas sua mãe manteve-se firme. Daria explodiu:

– *Você é uma bruxa.*

Uma hora mais tarde, a mãe de Daria, que não havia saído de casa o dia inteiro, decidiu que seria uma boa ideia dar uma saída para tomar um café. Ela aproximou-se da filha.

– *Daria, você gostaria de sair pra tomar um café comigo?*
– *Por que eu desejaria sair com alguém que é uma tremenda bruxa?*

A mãe de Daria decidiu ir sozinha.

Às vezes, por você ter desempenhado seu papel parental, seu filho adolescente te dará um fora. Será algo que você tem que estar disposto a aceitar e sustentar. Isso somente se tornará um problema caso, devido à sua necessidade de retomar a posição de amigo imediatamente, você se esforce demais para que ele não fique com raiva de você. Isso só fará as coisas piorarem. Por exemplo, se a mãe de Daria insistisse em pressionar a filha:

– *Vamos, Daria. Não fique brava comigo. Você verá. Podemos sair juntas e nos divertirmos à beça.*

Daria provavelmente encararia essa como mais uma oportunidade de punir sua mãe por sua interdição em relação ao professor de violão.

– *Como é que eu posso me divertir com alguém tão pouco razoável, que não confia que a própria filha tenha bom senso?*

E elas recairiam na discussão do mesmo assunto.

Mas a situação acima não aconteceu, pois nesse caso em particular a mãe de Daria soube lidar com a situação, optando por ir ao café sem a filha.

Outro tipo de atitude que pode gerar problemas é quando, por não querer arruinar a relação de "amigos", você deixa de dizer "não", mesmo quando deveria fazê-lo. Nesses momentos, se o seu desejo de ser amigo de seu filho adolescente se tornar sua prioridade número um, o resultado não será nada bom.

Uma das não tão fáceis habilidades necessárias à tarefa de educar um adolescente é a de mudar de amigo para pai, por vezes contando com pouco espaço de manobra.

Logo após uma conversa muito agradável no carro, Daria e sua mãe chegam em casa.

– *Daria, não esqueça que eu preciso que você limpe o quarto da família, pois seus avós vêm jantar conosco.*

– *Mãe, eu já disse que vou fazer isso; você não precisa ficar me enchendo o saco.*

– *Tá bom, mas eles vão chegar lá pelas cinco, então preciso que você tenha terminado antes dessa hora.*

– *Eu ouvi você da primeira vez! Eu já disse que vou limpar! Nós estávamos tendo um momento tão legal, e agora você estraga tudo dando uma de bruxa de novo!*

O problema seria se a mãe de Daria não houvesse mencionado a limpeza do quarto e tivesse suspendido as tarefas cotidianas para não interferir em seu bom momento com a filha.

"*Nós estávamos tendo um momento tão especial... eu não vou estragar isso. Não tem nada demais. Eu mesma posso limpar o quarto da família.*"

Recuar e deixar de fazer as solicitações e proibições parentais normais de modo a preservar um relacionamento amistoso é um equívoco. Entretanto, é muito comum que os pais recuem e avancem por esses papéis, embora nem sempre de forma tão suave.

"Afinal, qual é o problema da Daria? Estávamos tendo um ótimo momento juntas. Seria de supor que ela, sentindo-se mais próxima e amigável em relação a mim, não desejasse fazer todo esse escarcéu só por causa de uma limpeza do quarto da família, que, afinal de contas, não é nada demais. Era de se esperar que tivesse havido algum tipo de saldo positivo decorrente da troca afetiva entre nós, do bom momento que havíamos acabado de ter."

Era de se esperar. Mas espere sentada.

Outro problema surge quando a amizade de um dos pais com seu filho adolescente se torna algo de que esse pai passa a depender em demasia para a própria felicidade. Percebendo tal necessidade – como eles usualmente percebem –, os filhos podem acabar colocando restrições a seu próprio comportamento, o que eles realmente não deveriam ter que fazer.

"A mamãe não tem lá muitos amigos, exceto eu. Talvez eu seja sua melhor amiga. Quero dizer, eu gosto de trocar uma ideia com ela, mas e se eu não passar tanto tempo com ela quanto ela passa comigo? Daí ela ficaria sozinha. Eu não quero fazer nada que fira os sentimentos dela.

Um adolescente pode não se sentir tão livre como deveria para viver sua vida e fazer suas conexões adolescentes.

– Daria, vamos assistir a um vídeo hoje. Eu faço aquela pipoca cheia de manteiga que a gente nem deveria comer. Não vai ser divertido?

Mais cedo, porém, Daria havia conversado com sua amiga Shawna sobre elas fazerem alguma coisa juntas naquela noite. Daria estava prestes a ligar para a amiga para definirem seus planos.

– Sim, mãe, acho que vai ser legal.

Assim, Daria liga para Shawna, explicando que estará ocupada.

Talvez esteja tudo bem assim. Talvez não haja problema algum em Daria escolher ficar em casa com a mãe. Mas talvez as necessidade da mãe estejam interferindo no desenvolvimento da filha, dificultando que esta possa viver sua própria vida adolescente em toda sua plenitude.

Por fim, incluídos em um relacionamento de amizade haverá lugares aos quais não é desejável que você vá. Algumas coisas são demasiado pessoais, nuas e cruas demais para que se possam adequar a uma imagem mais tranquila de uma figura parental.

"*Quero pensar em minha mãe como alguém que está ali, presente, caso eu precise dela, mas em quem, quando estou vivendo minha vida lá fora, eu não precise pensar. Sei que talvez isso soe errado, mas gosto de pensar nela como estando naquele pequeno compartimento das coisas de mãe, e para além desse lugar está a minha vida, que é um compartimento muito maior e diverso. E esses dois compartimentos não se misturam muito, a não ser quando eu quero. Ou quando a mamãe faz uma dessas coisas maternais do tipo se-intrometendo-em-minha-vida-mas-que-eu-consigo-aturar, que é quando ela fica reclamando sobre as coisas.*

"*Fico mais contente quando as paredes entre esses dois compartimentos estão bem sólidas. Há partes da minha vida que prefiro manter privadas, e há coisas dela a respeito das quais ela pode desejar conversar, mas que eu preferiria que ela mantivesse privadas, coisas que não me deixam nem um pouco à vontade.*"

Os adolescentes precisam sentir que existem fronteiras, que não há muito de você se intrometendo em partes deles que eles preferem manter em privacidade. E que você não se abre em excesso e os expõe em demasia a partes suas que eles preferiam que se mantivessem privadas.

"*Seremos amigas, comadres, próximas – mas cada uma de nós mantendo uma certa distância da outra. Próximas, mas não próximas demais.*"

Um dos exemplos de transposição indevida de barreiras diz respeito a revelar tudo de sua vida sexual. O que você deveria partilhar com seu filho adolescente sobre sua vida sexual é *nada*. Os adolescentes não ficam à vontade com isso. Eles estão tentando lidar com sua própria sexualidade emergente, e a sexualidade dos pais é a última coisa a respeito da qual eles querem saber.

— *Seu pai e eu nunca tivemos uma vida sexual especialmente excitante.*
— *Mãe, eu realmente não quero ouvir isso.*
Nem deveria ter que ouvir.

Está tudo bem em conversar sobre seus problemas com seus filhos adolescentes:
— *Acho que às vezes eu me preocupo demais com minha irmã. Eu deixo que os problemas dela me atinjam, e isso afeta meu estado de espírito mais do que deveria. Mas eu não consigo evitar. Às vezes acho que não é justo com você e com o James eu estar aborrecida a respeito de sua tia Elena, e acabar sobrando para vocês dois.*

Um exemplo de cruzar de forma inapropriada a linha é quando você partilha seus sentimentos com seu adolescente, mas os sentimentos em questão são expressos em estado demasiado bruto, sem filtragem prévia. Uma dose forte demais de suas preocupações, infelicidade ou apreensões pode exercer sobre eles um impacto esmagador.

"*Algumas vezes eu fico tão deprimida que chego a pensar: 'Qual é o sentido? Por que eu deveria sequer me levantar da cama? Tem vezes que eu realmente detesto a minha vida.'*"

Não há nada de errado em conversar assim com um terapeuta, mas é um fardo demasiado pesado para um filho adolescente. O problema desse tipo de atitude é que ela inverte a diferença entre filhos e pais. Em vez de a mãe ser aquela pessoa que ainda tem a responsabilidade pelo bem-estar dos filhos, agora é o adolescente que precisa se preocupar em cuidar da mãe.

— *Mãe, não diga uma coisa dessas! Ainda há um bocado de coisas boas! Tem o seu clube de leitura das terças-feiras.*

A melhor forma de manejar a discussão dessas emoções é a seguinte:

"Tem vezes em que eu me sinto um bocado deprimida, mas é algo com que eu tenho que lidar."

A fala acima demonstra que estou deprimido, mas sou eu quem está envolvido nisso, procurando dar conta da situação. A maneira anterior coloca muita responsabilidade no mundo externo, e é uma forma de pedir ajuda.

"O que eu posso fazer? Sou apenas uma criança. Gostaria que minha mãe segurasse as rédeas e não jogasse esse maldito peso em minhas costas."

Os filhos precisam sentir que seus pais são capazes de administrar as próprias vidas. Que o bem-estar geral deles não é algo com que os adolescentes precisem se preocupar. Isso os libera para se preocupar com os próprios problemas, e até mesmo para se voltarem para os pais em busca de ajuda. Tudo isso é minado se um adolescente percebe excesso de vulnerabilidade nos pais.

"Minha mãe já tem uma boa cota de problemas. Não vou deixá-la preocupada com o que está acontecendo comigo."

É preciso que haja uma linha divisória entre o mundo real das preocupações adultas e a versão mais arrumada, para consumo dos filhos. Estes têm o direito de ter pais que os protegerão da força plena do sofrimento adulto, que em demasia simplesmente acaba tendo um efeito esmagador, tornando-os ansiosos, estressados ou deprimidos. E isso não serve a qualquer propósito que seja útil.

Uma das nossas tarefas é a de proporcionar aos nossos filhos, tanto quanto nos for possível, a liberdade de se preocuparem com as questões adolescentes:

– *Tem uma menina nas minhas aulas de biologia de quem eu gosto bastante, mas ela nem sabe que eu existo. Mas ontem eu estava andando perto dela no corredor, e eu disse: "Você não acha a Sra. Pemmelman uma chata?" – o que eu sabia que era uma coisa estúpida de dizer, mas ela riu e disse: "É mesmo." Daí eu não sabia mais o que dizer, e por isso não disse mais nada. Mas agora não sei o que fazer.*

Esse tipo de coisa.

Os adolescentes não precisam saber o que acontece nos recônditos mais profundos do seu ser. Eles merecem a versão editada.

Ser amigo de seu filho adolescente é bom. Mas você não pode ser amigo durante todo o tempo. E tampouco pode trazer tudo de você para esse relacionamento.

O SOFRIMENTO COMO INFLUÊNCIA

Bruno deveria trabalhar em casa quando chegasse da escola, de modo que tudo estivesse arrumado quando sua mãe chegasse. A mãe dele chegou em casa e se deparou com o filho todo esparramado no sofá, assistindo à tevê e comendo salgadinhos industrializados, o chão ao seu redor coberto de migalhas, além de alguma coisa amarela e gosmenta, que deveria ser alguma pasta de queijo.

– Bruno, você deveria ter arrumado a casa, mas tudo o que fez foi aumentar a bagunça!

– Que foi? Por que você está gritando comigo? – disse Bruno, enquanto mudava de posição no sofá, o que fez com que esbarrasse em uma lata e derramasse soda no tapete.

– Eu não acredito! Olhe pra essa sala! Você não está nem aí pra essa casa, nem pra nada do que eu digo! Você não entende o quanto eu me sacrifico por você! Minha vida é uma droga! Nem você, nem seu pai me ajudam um pouquinho sequer! Estou sob uma tremenda pressão em um emprego que eu detesto! Tenho que estar sempre me preocupando com dinheiro! Não me sobra tempo pra nada! Que tipo de vida eu tenho? E ainda chego em casa pra isso? É muito injusto!

Quando eles se comportam como idiotas e nós queremos saber o quão idiotas estão sendo, por vezes pode ser muito difícil não trazer à tona nossa própria dor e sofrimento para deixar claro o que queremos dizer, acrescentando algum peso a nossos argumentos.

– Como você pode fazer isso comigo? Você não sabe as coisas pelas quais eu tenho que passar! Eu tento te poupar de saber o quanto

é difícil pra mim porque quero que você seja livre para viver sua própria vida. Mas você simplesmente não entende! Eu não mereço isso! Simplesmente não mereço!

Os adolescentes podem ser muito insensíveis, cruéis até, e aparentemente nem refletir sobre isso. Queremos torná-los conscientes do que seu comportamento nos causa.

"Quero que Bruno compreenda como as coisas que ele faz me afetam, me magoam. Se ele fosse capaz de compreender de verdade a dor que me causa, talvez pensasse duas vezes antes de agir como um imbecil."

O problema é que todos nós temos – em uma camada não tão profunda assim de nosso interior (basta se embriagar e observar o que emerge) – um vasto reservatório de mágoa e dor que inclui todas as injustiças que foram cometidas contra nós e que nunca foram resolvidas, acontecimentos que foram tão injustos no passado como continuam sendo hoje, a injustiça cósmica que fez com que nossa vida acabasse sendo muito menos do que desejávamos – e nada disso foi culpa nossa. Mas na maior parte do tempo, nosso lado mais racional mantém essa fonte de amargura fora do caminho, em segurança.

"Na verdade, quando penso a respeito, acho que minha vida não foi nada ruim. Não há motivos para eu ficar me apegando a coisas que aconteceram em um passado distante, e que nunca serão resolvidas, de qualquer modo."

Mas quando nos sentimos injustiçados, lá se encontra tudo aquilo, não tão abaixo da superfície, esperando por um pretexto para vir à tona.

O desafio que enfrentamos nessas ocasiões tem a ver com o fato de que essa parte de nós, quando se manifesta, não está tão interessada assim em resolver um problema do aqui e agora – por exemplo, fazer com que Bruno aja com mais consideração. Essa parte nossa deseja mais que isso. Ela quer tudo – incluindo vingança. Não é uma parte boa de nós. Para aqueles que se encontram na extremidade receptora, a sensação que se tem é que a outra pessoa está usando seu sofrimento como se fosse um porrete. O que é exatamente o que a pessoa está fazendo. E a resposta invariável de um adolescente não é de empatia por nosso sofrimento, mas sim de ressentimento em relação a você, por atingi-lo com tudo isso.

"Qual é o problema dela? Sinto muito se a vida dela é uma bosta. Mas não é culpa minha. O que dá a ela o direito de despejar toda essa merda em cima de mim? Ela que se dane!

"Vá à merda! Por que você não arruma uma vida própria pra viver? Não sou eu quem ferra com a sua vida!"

E Bruno sai do quarto pisando forte, deixando as migalhas de salgadinhos e a soda derramada sobre o sofá.

– *Bruno, volte aqui imediatamente!*

Uma tática bem melhor seria deixar que eles soubessem como se sente a respeito do comportamento deles, sem empregar termos imprecisos. Não há nada de errado em ficar brava com eles. Está tudo bem se você quiser fazer com que eles saibam *o quão* brava. É excelente que você os faça saber o quão inaceitável o comportamento deles é.

– *Olhe para esta bagunça! Eu te pedi pra limpar a casa, e ao invés disso... olhe pra isto! Eu não acredito! Você simplesmente sentado aí! Você não está nem aí pra nada! Só se preocupa com seu próprio umbigo!*

A mensagem é: *"Menino, sua mãe está brava, não tenha dúvidas. Ela ficou realmente furiosa com essa baita bagunça que você fez."*

É uma consequência natural. Você age como um moleirão preguiçoso e sua mãe tem um ataque.

Será que isso motivará Bruno a fazer a limpeza da próxima vez? Talvez. Talvez não. Mas certamente ele terá em mente: *"Se eu não limpar a casa, certamente mamãe terá um mega-ataque."*

Esse fato nem sempre fará com que ele arrume a casa. Mas às vezes pode fazer com que arrume. *"Acho melhor eu dar uma arrumada, pois não estou com pique de encarar um daqueles surtos da mamãe."*

Mas isso não é o mesmo que ter a mãe desfiando seu sofrimento completo. Esse tipo de atitude, como eu disse, provoca uma resposta bem diferente. A raiva e o sofrimento intenso são dois sentimentos bem distintos. Os adolescentes não gostam das manifestações de raiva, mas são capazes de lidar com elas. Um profundo sofrimento pessoal como consequência de uma limpeza não ter sido feita não é algo com que se possa lidar. É demais. Além das possibilidades.

Se você não gosta do comportamento deles, faça com que saibam disso. Mas mantenha sua infelicidade pessoal fora disso. Incluir seu sofrimento nas discussões tende a ser um tiro que sairá pela culatra.

PERDENDO

Deixem-me recorrer novamente ao exemplo anterior, mas dessa vez para ilustrar um ponto diferente, envolvendo Bruno e seu pai. O pai de Bruno teve um dia difícil. Ele esteve sob forte pressão no trabalho, e naquela manhã em especial teve uma reunião desagradável com seu chefe, que se somou a uma desavença breve, porém intensa, com um colega de trabalho com quem vinha tendo problemas frequentes. Além isso, ele estava com uma de suas dores de cabeça tensionais. Seu estado de espírito não era dos melhores. Ao chegar em casa ao fim do dia, o pai de Bruno estava, portanto, no limite e não desejava ser incomodado por pessoa ou coisa alguma. Pelo menos ele não precisaria arrumar nada da casa, pois haviam combinado que Bruno o faria quando chegasse da escola.

Assim como no exemplo anterior, isso não ocorreu. A casa estava uma bagunça, e lá estava Bruno no sofá, comendo seus salgadinhos.

– *Que diabos é isso?*
– *Como assim? Eu não sei.*
– *Bruno, você deveria ter arrumado a casa, mas a única coisa que fez foi aumentar a bagunça.*

– *Que foi? Por que você está brigando comigo? Eu ia limpar. Ia mesmo.*

– *Bruno, estou de saco cheio disso! Tive um dia superdifícil! Eu não mereço isso!*

– *Bem, eu também tive um dia difícil.*

– *Você teve um dia difícil? Você teve um dia difícil? Eu estou de saco cheio disso! Você é um perdedor de merda! E quer saber de uma coisa? Isso será tudo que você conseguirá ser em sua vida! Deitadão no sofá, um maldito perdedor! É isso que você é! Estou de saco cheio disso!*

E o pai de Bruno saiu da sala, furioso.

– *Você é que é um maldito perdedor!* – respondeu Bruno. Mas seu coração não estava em suas palavras, pois ele havia sido atingido em cheio pelas palavras do pai.

"*Eu não sou um perdedor. Isso não é justo. Eu ia arrumar a casa, mas estava cansado. Eu tinha planejado arrumar. Ele não tinha o direito de dizer aquelas coisas pra mim. Olhem pra ele: ele não devia falar.*"

Bruno acabou fazendo o serviço de má vontade, mas passou o resto da tarde em seu quarto, evitando qualquer contato com o pai. Ele não conseguia livrar-se daquelas palavras.

"*Sei que não sou tão bom quanto eu poderia ser nessas coisas de ajudar em casa. Mas isso não faz de mim um perdedor. Isso não é justo. Será que ele pensa mesmo que sou um perdedor? Eu não sou um perdedor. Ele é que é.*"

Mas se era o pai quem era um perdedor, e não ele, Bruno não podia entender por que motivo ele sentia vontade de chorar.

Às vezes nós perdemos. Eles criam uma pressão tão grande, que vamos além do ponto que gostaríamos de ter ido. Dizemos coisas que não queríamos dizer de verdade. Coisas que ferem. Talvez tenhamos tido um dia ruim. Talvez não. Mas nossos filhos podem nos deixar loucos de raiva. E somos apenas humanos.

Isso os magoa? Isso os prejudica?

Expressar raiva com um adolescente não é necessariamente algo ruim. Quando eles agem de uma forma incrivelmente insensível e imbecil, e quando o comportamento deles tem um efeito direto e negativo em você, deixar de expressar sua raiva poderia até mesmo soar inapropriado. A raiva parental, especialmente em resposta a algo que o deixa irado, não prejudica um adolescente – desde que a expressão dessa raiva se dê dentro de limites aceitáveis. Mas ficar furioso demais e expressar isso em volume demasiado alto e por um tempo demasiado longo, além de empregar palavras demasiado brutais, pode ser um problema.

– Você é um perdedor!
– Você é um idiota!
– Não entendo como foi que você se tornou uma pessoa assim!
– Você é uma desgraça!

Nossos filhos não têm defesas contra esse tipo de ataque. Essas palavras machucam fundo demais. Eles não podem mudar quem são; somente podem mudar aquilo que fazem. As palavras permanecem em suas cabeças, mas não de uma forma construtiva.

Ou eles pensam:
"Eu sou um perdedor mesmo, então de que adianta?"
Ou:
"Ele acha que eu sou um perdedor; ele que vá se foder! Por que eu deveria procurar agradá-lo? De que adianta? Vou tentar encontrar alguém que ache que sou legal."

Então, se você achar que foi longe demais, o que deveria fazer? Pedir desculpas. Desculpe-se o quanto antes. Apenas aguarde que as coisas se acalmem um pouco, mas não espere demais. No mesmo dia ou no dia seguinte. E desculpar-se pessoalmente é melhor.

O que você deveria dizer?
Uma asserção curta e inequívoca:

– Bruno, eu não devia ter dito as coisas que disse. Não há justificativas para o que eu fiz. Eu estava errado. Me desculpe.

Mas você não deve esperar obter uma resposta a seu pedido de desculpas.

– *Você aceita minhas desculpas? Está tudo bem?*

Você está fazendo uma afirmação. Não deve esperar coisa alguma de seu filho.

Tendemos a não nos sair muito bem quando pedimos desculpas. O problema mais frequente é que a maioria de nós não se sente à vontade falando "me desculpe", e em seguida nada mais dizendo. Não queremos aceitar a atribuição de culpas de uma forma direta e completa. Isso faz com que nos sintamos vulneráveis demais.

Em geral temos uma forte preferência por incluir atenuantes – algo que ajude a mitigar o impacto pleno da culpa.

"Me desculpe, mas..."

Tendemos a apresentar justificativas.

"Me desculpe, mas é que eu tive um dia muito difícil e estressante."

O que é verdade, mas, quanto mais justificativas você incluir, acaba neutralizando a maior parte – senão todo o efeito positivo que um pedido de desculpas teria. É comum que tais justificativas façam com que as coisas fiquem ainda piores do que se você não fizesse qualquer pedido de desculpas. *"Viu? Ele nem ao menos consegue pedir desculpas!"*

Mais frustrante ainda é quando tentamos pôr a culpa de volta neles. *"Me desculpe, Bruno, mas se ao menos você tivesse sido mais responsável pelo que faz na casa, isso não teria acontecido."*

Nesse caso, suas palavras dizem que você não está disposto a assumir a responsabilidade por seu comportamento inaceitável, e está transferindo a culpa para seu filho. O efeito é sem dúvida alguma pior do que não pedir desculpas. *"Ele é um babaca. Ele que se dane!"*

Também não é boa ideia você dizer que garante que nunca fará isso de novo. O problema, obviamente, é que pode ser que você faça isso de novo. Portanto, não faça promessas que você não tenha certeza de ser capaz de cumprir.

A mensagem deve ser que você sente muito, que acredita ter cruzado a linha, e que não foi certo ter agido assim. Fim da história.

Pode ser difícil, mas há um grande efeito positivo nessas desculpas diretas e sem justificativas. Um desses resultados é que tais desculpas removem o veneno de suas palavras. *"Papai disse que sentia muito. Ainda doem as palavras que ele disse, mas as desculpas que pediu parecem fazer eu me sentir melhor."*

É isso que acontece quando pedimos desculpas.

O outro excelente resultado das desculpas sem atenuantes é que elas estabelecem um bom exemplo. *"Papai disse que sentia muito, e não deu nenhum tipo de justificativa furada. Ele apenas pediu desculpas. Foi bacana."*

Mas os pedidos de desculpas funcionam apenas até certo ponto. Se essas suas reações demasiado contundentes acontecerem com uma frequência excessiva – exatamente como as do alcoólatra que tem acessos de ira quando embriagado e está sempre pedindo desculpas, mas repetindo esse comportamento seguidas vezes –, os pedidos de desculpas se tornam vazios.

Por último: nunca bata em um adolescente. É um desastre. Isso os enlouquece. E com frequência terá consequências ruins, em vários casos muito ruins e imediatas. Nunca é bom. Mesmo em situações nas quais você sinta que houve uma provocação extrema. Nunca é bom.

"Vá se foder, seu filho da puta! Vá se foder, seu chupador de pica!"

POW!

"Bem, o que era de se esperar que eu fizesse? Depois do que ele acabou de dizer? Ele mereceu."

Não mereceu, não.

PEQUENAS PALAVRAS DE AMOR

Tonia está deitada no sofá, assistindo à televisão. Sua mãe entra na sala à procura de um lápis, encontra um perto das revistas e sai.

Adam está em seu quarto, com a porta fechada. Seus pais estão em casa. Ao longo das três horas seguintes não há uma só troca de palavras entre eles.

O pai de Morgan a deixa na porta do clube para a aula de futebol. Morgan murmura "tchau" enquanto abre a porta do carro para sair.

Lance, seguindo em direção ao próprio quarto, passa pelo pai no corredor. Nenhuma palavra é dita.

Uma vez que seus filhos tenham alcançado a adolescência, como parte da normal mas transitória alergia aos pais, eles manifestam uma tendência a não iniciar qualquer conversação. Pode se tornar muito fácil atravessar longos dias com virtualmente nenhuma comunicação, a não ser as trocas de palavras necessárias para as questões pragmáticas do cotidiano.

– *Ryan, não esqueça que você disse que ia deixar lá fora o lixo reciclável.*

– *Tá.*

Vários dias podem se passar sem que haja qualquer contato amoroso entre pais e filhos. Mesmo quando o relacionamento é, de um modo geral, amigável, ainda assim muita coisa positiva está deixando de acontecer. Isso não é bom.

Há coisas que você pode e deve fazer sob tais circunstâncias. Vamos tentar reencenar as situações acima de uma forma um pouco diferente:

A mãe de Tonia entra na sala à procura de um lápis.

– *Eu amo minha Tonia.*

Tonia grunhe. Sua mãe sai, mas não sem antes acrescentar:

– *Eu amo muito a minha Tonia.*

A mãe de Adam vai até a porta do quarto do filho, bate à porta e em seguida fala alto:

– *Oi, eu te amo.*
Silêncio.
E uma hora mais tarde ela volta e bate à porta novamente.
– *Oi, eu continuo amando você.*
E talvez uma hora mais tarde:
– *Sou eu. Eu te amo.*
– *Tchau* – diz Morgan, saindo às pressas do carro do pai em direção ao campo de futebol.
– *Tchau, minha filha preferida. Eu te amo. Dê uma surra neles. Eu te amo* – diz seu pai à filha, que se afasta rapidamente.
– *Eu tenho o melhor filho do mundo* – diz o pai de Lance ao filho conforme eles passam um pelo outro no corredor. (Isso é dito mesmo que Lance seja um estudante que só tira D e que parece reservar a maior parte de sua paixão a videogames violentos.)

Os exemplos acima são particularmente úteis para aqueles breves momentos desconfortáveis em que você e seu filho adolescente se encontram juntos, mas sem coisa alguma a dizer um ao outro. Essas falas transformam imediatamente um momento de silêncio e embaraço em outro suave e amigável.

O ponto que quero frisar: é uma ótima ideia expressar regularmente – todos os dias – seu amor por seu filho adolescente com palavras afetuosas. Todos os dias. Mais de uma vez por dia. Inicie contatos amorosos breves e frequentes.

Essa não é uma sugestão de menor importância. Faça disso um hábito. Trata-se de uma dessas práticas nas quais um pouquinho pode vir a render muito.

Seu adolescente pode responder ou não. Não importa. O que é significativo é que você estará alcançando seu filho e fazendo um contato regular, de forma breve, porém amorosa com ele. Não deve ser condicional. Você não está exigindo coisa alguma de seus filhos.

Considere a alternativa, e o quanto esta difere do que estou sugerindo:

— *Sabe de uma coisa? Seria simpático se ao menos uma vez, quando eu dissesse algo agradável, você respondesse com algo agradável.*
— *E que tal se você nunca falasse comigo? Não seria legal?*

Não. Não deve ser condicional.

Em alguns dias será mais fácil que em outros. Haverá dias nos quais você estará cansado ou de não muito bom humor, com pressa, ou não estará se sentindo especialmente amoroso em relação a seu filho porque este andou lhe dando muitos aborrecimentos, de modo que você não estará propenso às pequenas palavras e frases amorosas. Isso seria um equívoco. Você deverá manter a atitude, independentemente de seu estado de espírito. Felizmente não é preciso um grande esforço. E se o fizer regularmente, acabará se tornando automático, um hábito.

A boa notícia é que não apenas eles gostam disso, dessa evidência de que você os ama, de que você não se deixa intimidar por completo pela concha que eles deixaram crescer ao redor de si mesmos — mas que na verdade isso faz você gostar deles ainda mais, faz com que se sinta mais próximo deles. Você estará tendo conversas com a criança interior amorosa deles, que pode com frequência estar invisível, mas que continua ali, firme e forte. Imagine que é com esta que você está conversando, pois, de fato, é.

— *Sei que você está aí.*

A verdade é que eles acabam aprendendo a gostar disso. Um bocado.

— *Pai, você precisa sempre dizer essas coisas? "Você é o cara. Você é o cara." Você fica pagando mico.*
— *Sim, eu preciso sempre dizer essas coisas.*
— *Pois é bem patético. Não leva a nada.*

Mas leva, sim.

CAPÍTULO CINCO

INTERPRETANDO AS EXPRESSÕES MAIS POPULARES DOS ADOLESCENTES

Os adolescentes de hoje são muito hábeis no emprego de certas expressões que descobrem ser particularmente úteis ao lidar com comunicações desagradáveis de seus pais. Tais comunicações desagradáveis tendem a ser de três tipos:

> 1. Quando se pede a eles que façam algo que eles não sentem vontade de fazer: *"Angie, você poderia trazer para dentro as latas de lixo?"*

> 2. Quando têm que ouvir um "não": *"Não, Jonathan, sinto muito. É muito tarde. Você não pode ir pra casa do Mitch."*

Ou

> 3. Quando estão sendo criticados: *"Valerie, você deixou todos nós esperando; você sabia que tínhamos que sair. Agora vamos chegar meia hora atrasados ao jogo de basquete."*

A função principal dessas expressões é permitir que o adolescente se afaste das situações desagradáveis sem ter que confrontá-las. Eles esperam desfazer as palavras.

"Oh, sinto muito. O que você acabou de dizer me fez reconsiderar o que acabei de dizer. Foi muita falta de consideração de minha parte te pedir para trazer as latas de lixo para dentro. Eu mesmo faço isso. Sinto muito por ter te perturbado."

Uma vez que a fala anterior raramente acontece, essas expressões muito úteis servem a seu verdadeiro propósito, que é o de desviar os pais para questões mais irrelevantes, agradáveis e menos estressantes – do ponto de vista do adolescente.

Um dos problemas dessas expressões favoritas dos adolescentes é que elas são muito boas. Com "muito boas" quero dizer muito sagazes e eficazes. Os adolescentes são muito inteligentes e, na base da tentativa e erro, são capazes de aparecer com as expressões mais úteis. O que tais afirmações têm em comum é que todas elas atingem os pontos mais vulneráveis dos pais. Por sua própria natureza, elas fazem os pais questionarem se estão de fato fazendo a coisa certa – em contextos nos quais momentos antes esses mesmos pais estavam plenamente confiantes a respeito do que haviam acabado de dizer. Repetindo: elas são muito eficientes.

Uma regra útil quando você for confrontado por esse tipo de asserção é perguntar a si mesmo: *"Em que situação estou ouvindo isso?"* Se for em resposta a você ter dito algo de que seu adolescente não gostou, é aconselhável que você pense bem antes de se prender ao que foi dito. Se você ficar realmente preocupado com as palavras dele, volte ao assunto em outro momento. Mas definitivamente não quando você tiver acabado de dizer-lhe "não" ou de pedir que se encarregue de alguma tarefa onerosa, como limpar a pia da cozinha.

Seguem abaixo algumas amostras das expressões testadas e bem-sucedidas de adolescentes que têm obtido êxito em desviar os pais de comunicações simples e propositivas para bate-bocas intermináveis. Após cada uma delas, eu incluirei algumas respostas parentais frequentes, mas não muito boas, e em seguida apresentarei respostas alternativas bem mais úteis e eficazes para os propósitos dos pais.

"EU TE ODEIO"

Existem três palavras que, quando juntas, podem magoar sob quaisquer circunstâncias, mas que ferem em especial quando são ditas a você por seus filhos. Elas são pronunciadas por ele quando você menos espera:

— *Cherie, eu não gostei do jeito como você agiu quando sua tia e seu tio estavam aqui ontem. Você foi rude, e foi constrangedor para mim.*

— *Você está sempre me criticando! Eu te odeio! Eu queria ter qualquer outra mãe, menos você!*

Essa é uma resposta adolescente particularmente eficaz, pois ninguém quer ser odiado pelo próprio filho.

"*Bem, eu não quero, mesmo. Depois de tudo que fiz por ela. Depois de eu ter dado tanto duro para conseguir ser uma boa mãe. Tudo que eu sempre quis foi dar a ela uma vida boa. E agora ganho isso. Isso me parte o coração.*"

É aqui que o teste do "*Em que situação estou ouvindo isso?*" é imprescindível. Como Cherie realmente se sente em relação à sua mãe? Será que ela realmente a odeia, ou estará apenas furiosa porque não gosta de ser criticada? Se Cherie for uma adolescente típica, haverá certamente momentos nos quais ela terá fortes sentimentos negativos direcionados à mãe – especialmente quando Cherie não estiver conseguindo que as coisas aconteçam como desejaria. Mas também haverá momentos – quando não houver pontos de discórdia entre ambas – nos quais Cherie irá se permitir sentir a afinidade que faz parte do vínculo entre ela e a mãe, o qual permanece profundo. Em outras palavras, os sentimentos de Cherie em relação à mãe variam de uma situação para outra. Mas o forte vínculo subjacente continua ali.

Abaixo podemos observar a tradução mais provável desse "Eu te odeio" específico:

"*Quando você me critica, isso me faz sentir muito desconfortável, especialmente quando sei que sua crítica é justificada. Como você ousa me dizer algo que faça eu me sentir mal?*"

Por isso, uma resposta parental não tão boa poderia ser:
– *Como você pode me dizer uma coisa dessas? Eu sempre tentei fazer o que é melhor para você!"*

Como Cherie pode ser capaz de dizer algo assim para sua mãe? Obviamente, com muita facilidade.

O grande problema com esse tipo de resposta parental é que ela instiga uma réplica de Cherie:

– *Não, você não tenta nada disso! Tudo que importa pra você é ter uma casa arrumada e impressionar todo mundo que entra nela! Eu poderia estar morrendo, que você nem se importaria!*

E, então, Cherie e sua mãe se envolvem em uma discussão muito mais agradável – para Cherie –, a respeito dos defeitos de sua mãe.

Uma resposta melhor seria:

– *Sinto muito que você esteja com raiva de mim. Mas a maneira como você agiu é inaceitável.*

O valor dessa resposta é que ela reconhece, mas não reage, aquilo que sua filha disse, mas se fixa no tema real, a saber: que a mãe de Cherie considera que sua filha agiu como uma idiota, e quer que ela saiba disso.

"VOCÊ QUER ALGUÉM QUE SEJA SIMPLESMENTE PERFEITO"

Quando seu filho reclama que você faz com que ele se sinta como se não fosse bom o bastante para você, isso é o suficiente para que *você* se sinta uma pessoa imperfeita!

– *Collin, eu te pedi para limpar o quarto da tevê, e, se é que você chegou a fazer algo, nem deu pra perceber. Por favor, volte lá e faça um serviço melhor, dando um jeito na bagunça que você fez.*

– *Eu limpei o quarto! O problema é que você quer alguém que seja perfeito!*

Esse é um lamento particularmente eficiente quando dito por um adolescente, pois põe imediatamente os pais na defensiva. Os pais, no entanto, não deviam morder essa isca. E se, a despeito de meu conselho, eles seguirem adiante, algo que definitivamente não deve ser dito é:

– *Não é verdade, Collin. É que às vezes você simplesmente não faz um serviço bem-feito.*

Isso só fará provocar a seguinte resposta:

– *É verdade, sim! Nada do que eu faço é bom o bastante pra você! Pra você tudo tem que ser perfeito! Sinto muito por eu ser apenas um ser humano! Nós, humanos, nem sempre somos perfeitos!*

Infelizmente, tão logo os pais respondam ao tema do "*Você quer alguém que seja simplesmente perfeito*", eles estarão imediatamente mudando o foco para uma discussão a respeito de esperar ou não mais do que deveriam esperar de seus filhos. Isso, para o deleite de qualquer adolescente, significa um desvio da desagradável solicitação de que esse adolescente faça um serviço adequado de limpeza do quarto de tevê. Qual adolescente não iria preferir, em vez disso, discutir com seus pais acerca de suas expectativas exageradas em relação aos filhos?

– *Não, não, é que você espera demais de mim! Sinto muito se não sou bom o bastante! Talvez você devesse adotar alguém da minha idade e ver se consegue uma troca!*

É muito melhor você simplesmente responder:

– *Collin, eu preciso que você faça um serviço mais bem-feito de limpeza do quarto de tevê.*

As regras para essas respostas parentais são simples:

1. Em sua resposta inicial, você deve falar com seu filho de maneira respeitosa e reconhecer que ele não está contente com aquilo que você acabou de dizer. Você deve agir assim

independentemente do quão absurdo e manipulativo tiver sido o que ele acabou de dizer.

2. Atenha-se ao assunto original – o seu assunto.

3. Caso você fique realmente mobilizado pelo que eles disserem, retome o assunto com eles mais tarde. Abordar o tema evocado por eles naquela mesma hora só trará problemas.

A lista das frases favoritas continua:

"EU NÃO ESTOU ME SENTINDO BEM"

Essa é, obviamente, uma das grandes campeãs – útil como resposta a qualquer solicitação, particularmente para aquelas situações desagradáveis nas quais pede-se aos filhos que façam algo que envolva algum esforço físico ou mental.

— *Angie, você poderia, por favor, guardar sua bicicleta, conforme eu te pedi pra fazer, para que ela não fique molhada se chover nem seja roubada?*
— *Eu não estou me sentindo bem.*
Ao que você não deve responder:
— *Muito engraçado eu ouvir isso bem na hora que te peço para fazer algo.*
— *Mas eu não estou me sentindo bem, mesmo. Não estou mentindo.*

Você quer mesmo entrar em uma discussão com seu filho adolescente a respeito dele estar ou não doente de fato? Esse será o tipo de debate que você irá perder, sempre.

— *Mas eu estou doente de verdade. Talvez eu tenha tuberculose.*
— *Isso é ridículo. Você não está com tuberculose.*
— *Você tem razão. Provavelmente não é tuberculose. Estou com dor de cabeça, eu tenho umas dores nas costas e estou com náusea, e meus joelhos também estão doendo.*

Uma resposta melhor seria:

— *Sinto muito que você não esteja se sentindo bem, mas ainda assim você terá que trazer sua bicicleta para dentro de casa.*
— *Você vai se arrepender! Você vai ver só! Vou acabar vomitando em cima de tudo!*

"VOCÊ ESTÁ ARRUINANDO A MINHA VIDA"

Reconhece essa?

— *Não, Alyssa, você não vai dormir fora com seus amigos.*
— *Meu Deus do céu, você está arruinando a minha vida!*

Essa é das boas.

Nós não queremos arruinar as vidas deles. Queremos que suas vidas sejam boas. Definitivamente não queremos que eles sintam que somos o maior dos obstáculos a uma vida feliz ao invés de uma vida que eles odeiem. Não, nós não queremos que se sintam dessa forma. Estamos do lado deles. Queremos que sejam felizes. Quem desejaria arruinar a vida de um filho?

— *Não é verdade, Alyssa. Sinto muito, mas algumas vezes eu simplesmente sinto que preciso dizer "não". Eu realmente quero que você tenha uma vida boa. Mas, na condição de sua mãe, há algumas coisas com as quais eu simplesmente não me sinto à vontade. Tem muitas coisas que nós permitimos, e eu sei que você curte essas coisas. Acho que você não está sendo completamente honesta comigo. Acho que na maior parte do tempo você gosta da sua vida.*

A resposta acima seria boa – razoável e compassiva –, exceto pelo fato de ela ser um desastre.

— *Não, você está totalmente enganada! Você não sabe de nada! Você não entende como é pra mim! Qualquer coisa que seja divertida você é contra! Não sei por que você é assim! Não sei por que faz essas coisas! E você fica em cima de mim até nas mínimas coisas! Você está arruinando minha vida mesmo! Não estou falando apenas de ir dormir fora de casa hoje ou não!*

Talvez nós de fato arruinemos suas vidas – pelo menos parte do tempo. Dizendo "não". Pedindo-lhes que façam coisas que não desejam fazer. Até mesmo criticando-os. Mas é isso que os pais fazem.

– Alyssa, eu não estou arruinando a sua vida.
– Está, sim! Se não fosse você, eu não reclamaria de nada! Minha vida seria maravilhosa! E você veria que nada de ruim me aconteceria, a não ser que eu seria feliz! O que, aliás, eu não sou! Por sua causa!

Mais uma vez, é melhor não morder essa isca.

– Não, Alyssa, eu sei que você quer ir, mas não quero que vá dormir fora.

E caso os pais de Alyssa não adiram ao tema do "arruinando-a-vida-dela", ela terá que mudar de tática.

– Mas eu prometi à Lorraine que eu iria! Não posso faltar com a minha promessa! É você mesma quem sempre me diz: "Uma pessoa é tão boa quanto for a força de suas palavras." Eu não posso descumprir uma promessa! Não posso! Foi você quem me disse isso!

"VOCÊ NUNCA..."

Mais uma vez, como já havia feito várias vezes anteriormente, em um horário absurdamente tardio, Brianna queria que seu pai a levasse a uma loja de conveniências para comprar doces.

– Para o pessoal que senta à mesa comigo no almoço amanhã. Você sabe como nas terças-feiras nós nos revezamos levando algum doce especial para cada um da mesa.

Mas nessa noite em especial seu pai não estava nem um pouquinho a fim de fazê-lo.

– Não, Brianna, sinto muito. Está muito tarde. Não vou fazer isso. Basta que você diga que não fará. Talvez o faça em outro dia qualquer.

> – Mas você nunca faz nada pra mim! Se eu te peço um favor, você nunca faz! Nunca!

"Você nunca" e sua irmã gêmea "Você sempre" são particularmente eficazes porque são tão visivelmente inverídicas que você tem que dizer alguma coisa em resposta. Você não pode simplesmente deixar passar, pois essa fala vai de encontro a uma necessidade permanente dos pais, a de assegurar que os registros sejam corretos.

"Quero dizer, eu não posso simplesmente deixar que ela diga algo tão obviamente falso. E se ela disser isso e eu nada disser em resposta, estarei concordando que aquilo que ela está dizendo é verdade, o que de maneira nenhuma é fato. Por isso tenho que dizer alguma coisa."

Entretanto, embarcar nessa discussão resulta em um tipo especial de desastre, visto que todos os adolescentes são portadores de MTI – "Memórias de Total Injustiça" –, síndrome com a qual você não tem a menor chance de competir.

> – Não, Brianna. Na verdade, eu faço as coisas que você me pede. Você sabe disso.
> – Não, você nunca muda seus planos por minha causa! Nem uma vezinha sequer! Se houver o mínimo inconveniente para você, não importa o quanto seja importante pra mim, você nunca faz! Eu sou como a Gata Borralheira ou algo assim! Só fico com as suas sobras!
> – Você sabe que isso não é verdade, Brianna. É claro que eu faço coisas para você. Especialmente quando você realmente precisa de alguma coisa.
> – Ah, tá bom, até parece! E aquela vez em que não me levou pra comprar canetas marca-texto pro meu trabalho de história? Hein? E aquela vez que você não quis voltar à loja quando eu perdi meu chaveiro? Se você quiser eu continuo a lista.

Como eu disse, essa não é uma discussão na qual você desejará embarcar.

— Não, sinto muito, está muito tarde. Você terá que pensar em alguma outra coisa.

— Eu nunca consegui recuperar aquele chaveiro, e era meu chaveiro favorito! Ainda sinto falta dele!

"SINTO MUITO POR EU SER UMA COMPLETA DECEPÇÃO PARA VOCÊ"

Essa é uma que os pais escutam o tempo inteiro.

— Justin, quantas vezes eu vou ter que pedir a você para verificar se a porta da geladeira está fechada direito? Quantas vezes eu vou ter que falar?

— Sinto muito por eu ser uma total decepção para você.

Essa frase, obviamente, é acompanhada de suas parentes mais próximas: "Desculpe por eu ser um fracasso" e "Lamento por eu não ser como meu primo Steven" (Essa última, contudo, requer que exista um primo Steven, que obtém notas melhores e diz com mais regularidade "por favor" e "obrigado"). Essas frases são comprovadamente bem-sucedidas, pois acertam em cheio em praticamente todos os pais.

Filhos desapontam seus pais de alguma forma, e por isso estes sentem-se culpados quando são acusados. E sempre há o receio de que talvez seu filho esteja deprimido, pois nesse caso as expectativas dos pais — embora legítimas — podem estar atingindo o filho em uma área na qual ele pode ainda ser vulnerável.

"Eu não sei... Talvez estejamos exigindo demais dele. Não tinha pensado nele como particularmente deprimido, mas ele pode estar tendo problemas de variação de humor. Certamente não quero fazer coisa alguma que o pressione além de seus limites. Ele não pensaria em suicídio, pensaria?"

Menciono aqui a mais sombria das preocupações parentais porque esta se esconde no fundo da mente da maioria dos pais de adolescentes. As pessoas ouvem falar de suicídio adolescente.

É uma realidade. E sempre há histórias de filhos que "ninguém sabia". Em outra parte do livro, discutirei a questão do suicídio – os riscos e o que você pode fazer a respeito dos mesmos. Mas por agora é suficiente dizer que, quando os adolescentes falam que estão infelizes, raros são os pais que não experimentam aquela pontada de medo por seus filhos.

Felizmente, a despeito dessas questões muito reais, há algumas soluções bastante simples para as circunstâncias do dia a dia descritas acima.

Também aqui é aconselhável que você recorra ao teste do *"Em que situação estou ouvindo isso?"* Se for quando eles não gostam do que você está dizendo, talvez não seja o caso de você levar aquilo muito a sério. Mas, caso você fique preocupado, então sempre terá a possibilidade de deixar de lado o assunto e retomá-lo em alguma ocasião posterior, mais neutra.

– *Justin, você sente realmente que é uma decepção para nós?*

E talvez naquele momento vocês acabem tendo uma discussão franca. Justin fala – porém de uma forma mais genuína e menos manipulativa – sobre como por vezes ele sente que não é o modelo de adolescente que você deseja que ele seja. Ou talvez ele simplesmente diga:

– Não, não de verdade. Eu sei que você me acha legal. Pelo menos para maioria das coisas. E talvez para outras que você não sabe a respeito.

Mas, seja como for, comprar esse debate naquele momento específico implica quase sempre arrumar sarna para se coçar, uma vez que isso levará ao esquecimento da única questão real naquele exato instante: o fato de Justin ter falhado em fechar corretamente a porta da geladeira.

Assim sendo, o que não se deveria dizer em resposta a: *"Sinto muito por eu ser uma total decepção para você"*, seria: *"Você realmente acha que é uma total decepção para mim?"*

Tal resposta levará a uma derrota de seus propósitos, pois só poderá resultar na seguinte réplica, acompanhada de um brilho de triunfo:

"Sim, você sabe que não me saí do jeito que você esperava. Eu sei que há um monte de coisas erradas em mim. Sinto muito por não ter sido bom o bastante pra você, mas o que é que eu posso fazer? Eu só posso ser eu mesmo. E pelo jeito, isso não é bom o bastante. Sinto muito!"

O que você esperaria que ele fizesse a respeito? Que tal ser mais cuidadoso no futuro e fechar direito a porta da geladeira?

Seria muito melhor dizer simplesmente:

"Justin, você poderia, por favor, tentar lembrar de fechar a porta da geladeira da forma correta?"

E nada mais após isso.

"NÃO É JUSTO"

E há, é claro, a grande favorita de todos os tempos: "Isso não é justo!"

– Não, Jonathan, sinto muito. Mas você não poderá ir à casa do Mitch

– Mas isso não é justo! Pra tudo que o Anderson pede você diz "sim", e comigo é sempre "não". É muito injusto!

Esse é, obviamente, o avô de todos os argumentos. Como todos os pais bem sabem, a primeira frase completa que as crianças aprendem é: "Isso não é justo!" É uma frase tão eficaz que nos desafia no que se refere à regra primeira de socialização, sobre a qual é erigida toda a civilização. Nós desejamos muito ser justos.

– Você sabe que isso não é verdade, Jonathan. Nós dizemos "não" ao Anderson um monte de vezes.

Ih, tsk, tsk. Agora você fez. Cometeu um grande erro. Conforme mencionei anteriormente, todos os filhos são portadores de

"Memórias de Total Injustiça" –, e eles também inventam coisas. O que você não vai querer é entrar em um debate do tipo justo ou injusto com seu adolescente. Você certamente irá perder.

    – *Me diga uma só vez! Uma só vez!*
    Insisto: é melhor se ater ao assunto original.
    – *Não, Jonathan. Você não pode ir à casa do Mitch.*
    – *Mas quando foi a última vez que você disse "não" a alguma coisa que o Anderson quisesse fazer? Quando foi?*

É bom ouvir seu adolescente. É excelente que, tendo ouvido o que eles têm a dizer, você eventualmente mude de ideia. Mas entrar em um debate a respeito de justiça verdadeira? Evite isso a todo custo. Na condição de pai, você precisa aceitar o fato de que haverá ocasiões nas quais você será injusto com seus filhos. Você procura ser justo. Você pode não ter êxito às vezes. Mas se puder dizer que, no balanço geral, foi um bom pai, alguns erros parentais como uma ou outra injustiça a serviço da brevidade e da sanidade – as suas – não irão destruir seus filhos.
"Irão, sim!"

"POR FAVOR, EU ESTOU MUITO ESTRESSADA; REALMENTE NÃO PRECISO DISSO AGORA"

    – *Kendra, é a terceira vez que eu te peço para tirar os copos sujos do seu quarto e levá-los para a cozinha.*
    – *Pai, eu estou muito estressada. Não preciso disso agora.*

Você tem que sentir empatia. Você sabe como é estar sob um forte estresse, e que nessas situações já é difícil o bastante se concentrar naquilo que você precisa se concentrar. É pedir demais a alguém nesse tipo de situação que pare tudo e desvie completamente seu foco por ter que fazer algo para o que não há absolutamente motivo algum que justifique tal interrupção, já que a tarefa em questão pode ser cumprida em algum outro momento. Como levar copos sujos para a cozinha.

Esse é um estratagema particularmente eficaz empregado pelos adolescentes, pois traz em seu bojo a ameaça implícita e muito real de que, a menos que você recue de imediato, eles farão você saber o motivo de seu estresse.

– *Não, Kendra. Quero que você o faça agora.*
– *Você não me ouviu? Estou sob um forte estressa agora! Não consigo lidar com isso! Não dá pra eu ficar nessa casa! Eu não suporto isso!* – E a cada palavra, o grau de histeria sobe um pouco mais. – *Não suporto isso! Não suporto!*

Uma resposta não tão boa seria:
– *Sinto muito que você esteja sob um forte estresse, mas realmente não é pedir demais que você leve os copos pra cozinha.*
– *Meu Deus do céu, é só isso, então! Você simplesmente não compreende! Eu realmente, realmente não consigo aguentar mais isso! Estou muito estressada!*

E ela está só aquecendo.

A resposta com mais tato seria:
– *Kendra, por favor leve os copos para a cozinha.*

E afastar-se em seguida.
– *Meu Deus do céu! Meu Deus do céu!*

Mas ela não está dizendo isso a pessoa alguma, pois você saiu de perto dela.

"MAS OS PAIS DE TODOS OS MEUS AMIGOS DEIXAM"

Quero saber: quem são esses pais, afinal de contas?

– *Não, Garrett, eu li uma sinopse de* Mil maneiras de morrer. *Não quero que você assista a esse filme.*
– *Mas, mãe, nenhum dos pais de meus amigos acharam algo de errado com esse filme! Todos eles estão deixando os filhos verem! Eu serei o único a não assistir. O único! Você quer ter um filho discriminado, que todo mundo vai tratar como um esquisitão?*

"Os pais de todos os meus amigos" é outra expressão famosa. E por bons motivos. Não queremos ser muito diferentes dos outros pais. Não queremos ser os pais estranhos que permitem que suas visões ultrapassadas sobre como deve ser a educação dos filhos acabe isolando-os da maioria dos adolescentes da mesma faixa etária.

"E se for verdade? Eu lembro como ele ficou triste no segundo ano, quando tinha dificuldades de se adaptar e fazer amigos. E sou tão grata por hoje as coisas aparentemente funcionarem direito entre ele e os seus colegas de turma. Eu certamente não quero fazer coisa alguma que ponha isto em risco.

"Se realmente não for algo tão ruim assim, não quero afastá-lo dos colegas, não o quero isolado por minha causa. Mas talvez ele esteja mentindo. Mas de jeito nenhum vou ficar conferindo com os pais dos outros. Vou manter minha posição, não importa a dos outros."

— *Garrett, eu duvido que os pais de todos os seus amigos estejam deixando que eles assistam* a Mil maneiras de morrer. *Aposto que pelo menos metade deles nem sabe de que trata esse filme.*

— *Você está completamente enganada! Os pais de todos os meus amigos estão deixando eles assistirem! Todos!*

— *Não tem como você saber isso com certeza.*

— *Você acha que não? Venha aqui! Veja! Os resultados da minha enquete: "Você deixaria seu filho adolescente assistir* a Mil maneiras de morrer?" *Setenta e três responderam até agora, e todos disseram que sim, que deixariam! Nem um "não" sequer! Então, posso ir?*

Não é bom negócio para você entrar em um debate para saber se os outros pais estão realmente autorizando seus filhos ou não. É nesses casos que o melhor a fazer é sustentar aquilo que você acha certo. Mas isso pode ser difícil, pois os adolescentes farão tudo que puderem para fazer com que você se sinta integrante de uma estranha minoria de uma pessoa só.

Talvez um mantra útil possa ser:

"*Não sei se estou certa. Mas sou a mãe dele, e isso é o que eu penso. E vou ter que arriscar e acreditar que não estou arruinando a vida dele por isso. O que eu não penso, mesmo, que esteja.*"

– Não, Garrett, sinto muito, *você não vai assistir* a Mil maneiras de morrer.
– Mas, mãe, eles já acham que eu sou uma aberração, por sua causa! Eles sentem pena de mim! Eles vão acabar parando de andar comigo! E então, o que é que eu vou fazer?
– Não, sinto muito.
– Mãe! Você não pode fazer isso! Eu posso até sentir eles se afastando de mim!

"MAS POR QUÊ?"

"*Mas por quê? Por que não? Por quê?*"

Essa frase é um dos remanescentes da infância remota. Mesmo assim, ela continua forte, seguindo adolescência adentro. Essa tática obtém sua força da facilidade inerente à sua execução: "*Por quê?*" ou "*Por que não?*", acrescidos de um ocasional "*Mas você não me deu um bom motivo!*". Uma vez que esse tipo de apelo não tem qualquer fundamento lógico, ele é muito eficaz no sentido de levar os pais às raias da loucura. Essa é aquela que eles dizem enquanto seguem você pela casa, e também pode ser pronunciada a distância. Eles sabem que estão agindo como bebês, mas não se importam.

O grande equívoco aqui – o que é bastante óbvio – ocorre quando você tenta dar respostas – quaisquer respostas – ao "Por quê?", na esperança de que uma de suas respostas venha a funcionar, e eles digam:

– Ah, é por isso, agora eu entendi. Está bem.

A única maneira de lidar com o "Por quê?", tão logo eles comecem a fazer essa pergunta, é colocar a máxima distância possível entre você e aquele que está perguntando o "Por quê?".

CAPÍTULO SEIS

REGRAS E CONTROLE

Existe uma fórmula infalível para estabelecer regras às quais seus adolescentes irão se submeter sem questionamentos. Segue uma amostra abaixo:

– *Muito bem, mocinho. Aqui está a combinação, e não quero que você sequer ouse pensar em desobedecer-lhe. Uso de telefone celular: nenhuma restrição. Hora de ir para a cama: quando você sentir sono. Use a internet, mas esteja ciente de que o uso que você fará dela será completamente desprovido de qualquer monitoramento. Substâncias ilegais: faça uso conforme seu próprio julgamento. Sexo: comunique-nos quando desejar fazer em casa, para que sua mãe e eu possamos sair antes. E uma última coisa, rapazinho: você deve chegar em casa na hora que bem entender nas vésperas dos dias de aula. Entendeu tudo direitinho, mocinho? Acho bom!*

– *Sim, senhor!*

ESTABELECENDO REGRAS

Na condição de pai de um adolescente, você precisa criar regras. Mas como saber quais devem ser essas regras? Você deve exigir que seu filho de catorze anos esteja sempre em casa na hora do jantar nas vésperas dos dias de aula? Quando estiverem no ensino médio, eles ainda devem ter um horário rígido para ir para a cama? Como saber quais são as regras certas para seu filho adolescente especificamente? E como criar regras que sirvam para protegê-los, e que sejam obedecidas?

Uma das formas óbvias de obter alguma ajuda é conversando com os pais de outros adolescentes. Ouvir o que eles fizeram ou estão fazendo. O que eles consideram que funciona e o que não funciona. Mas lembre-se de que todos os filhos são diferentes, e que ninguém mais conhece seu filho tão bem quanto você. Por vezes as coisas que os outros pais disserem lhe soarão relevantes, mas em outras ocasiões não parecerão adequadas para você e seu filho adolescente. Ainda assim, é sempre bom poder manifestar seus pensamentos junto a outros que se encontram enfrentando dilemas semelhantes aos seus. Isso pode ajudá-lo, no mínimo, a adquirir alguma perspectiva.

— *Você o quê? Está pensando em deixar sua filha Christina sair com um rapaz de vinte e três anos?*
— *Bem, ele pareceu muito educado e gentil. Ela o trouxe à nossa casa para que o conhecêssemos, e nós o achamos simpático. Fala suave. Estabeleceu um bom contato ocular.*
— *Você está louca! Ele tem vinte e três anos!*
— *Você acha? Devo admitir que você me deu algo em que pensar.*

O exemplo acima pode parecer forçado, mas, como todos os pais de adolescentes bem sabem, você pode ver-se capturado em uma situação e se ver perdido de uma tal forma que, se pelo menos pudesse dar um passo para fora, poderia ver as coisas de modo diferente.

"Onde é que eu estava com a cabeça? Na verdade, ele parece, inclusive, ter mais de vinte e três anos."

Você pode conversar com outros pais. Mas no fim das contas, as decisões estão em suas mãos. Então, como você deve decidir? Como pode saber o que é certo, especialmente quando tantas situações que demandam decisões se apresentam todos os dias com seu adolescente?

A resposta, obviamente, é que você não tem como saber. Mas não se preocupe; nem tudo está perdido. Existe um padrão que você pode seguir para ajudá-lo a determinar o que é melhor para você e para seu filho adolescente especificamente. Esse padrão é o de se basear naquilo com que você se sinta confortável. Uma vez que você não tem o poder de ver o futuro, não há como saber o que exatamente é o certo para a maioria das decisões mais difíceis.

Talvez você devesse ter uma plaquinha em algum canto da casa com os seguinte dizeres: *"Sou eu quem decide o que é o melhor. Não posso garantir que estou certo. Por vezes estarei errado. Mas estou confortável com o fato de que sou eu quem toma as decisões. E embora minhas decisões nem sempre sejam acertadas, sou eu a pessoa certa a tomá-las."*

Mas é claro que existe outra pessoa nessa equação: seu filho. E ele pode não estar tão convencido assim de que você é a pessoa certa a tomar as decisões. Nem um pouquinho convencido disso.

– *Não, Teddy, sinto muito. Você não poderá ir ao show amanhã à noite. A regra é: nada de shows em vésperas de dias de aula.*
– *Mas, mãe, você não pode! Vai ser a única vez que o Blades of Confusion irá se apresentar em toda esta região! Será a única chance de ver esta banda – em toda a minha vida! Não é justo!*
– *Não, Teddy, sinto muito.*

É aqui, quando uma regra está em xeque, que os pais cometem o maior dos equívocos no que se refere ao estabelecimento de regras. E esse equívoco é a oportunidade para meu conselho número um a respeito do estabelecimento de regras: *a base de sua autoridade não é o fato de você estar certo, mas sim o fato de ser você o pai.*

É aí que os pais acabam se vendo em situações difíceis com frequência. Pois se sua autoridade se basear no fato de você estar certo, seus filhos irão disputar quem tem razão.

– *Mas, mãe, você tem que me deixar ir ao show! É tão injusto!*
– *Não, você é jovem demais para estar fora de casa tão tarde numa véspera de aula.*
– *Eu vou dormir uma hora a mais nas quatro noites anteriores. Eu te mostro na internet como um garoto da minha idade*

precisa de um certo número total de horas de sono, e assim mesmo com o show eu terei alcançado esse número total de horas. Você está totalmente enganada! Isso não é justo!

– *Não, eu não vou olhar nada na internet. Você é muito jovem. O show acaba muito tarde. Nunca se sabe o que pode acontecer em um show desses.*

– *Mãe, não vai acontecer nada de ruim! Eu te mostro os registros policiais para todas as noites em que houve shows na Blue Onion! Você verá; não há nenhum registro de confusões! Nenhum!*

Você tem como provar a eles que está certa? Pode convencê-los? Posso até sentir a sua ira:

– *Não, porque ela está errada. Como é que ela vai me convencer de que ela está certa, se está errada?*

E se houvesse algum tipo de conselho deliberativo – a Junta de Aconselhamento de Regras para Adolescentes – à qual toda regra contestada tivesse que ser submetida?

– *Nós lamentamos, Sra. Millstrom, mas julgamos que os argumentos de seu filho Teddy são mais convincentes que os seus. Ele poderá ir ao show do Blades of Confusion amanhã à noite.*

– *Isso!* – diz Teddy.

Tudo o que você consegue ao tentar demonstrar que está com a razão são novos desafios. A situação transforma-se em um caso de tribunal interminável.

– *Mãe, veja isso! É um artigo científico que eu baixei da Revista do Comportamento Adolescente sobre um grande estudo que fizeram e que demonstrou que os alunos do ensino médio que vão a shows durante a semana têm um desempenho escolar superior a 23%! Você não tem como refutar a Revista do Comportamento Adolescente!*

Mais uma vez: não há nada de errado em você; após ouvir o que eles têm a dizer, você decide – por quaisquer razões que sejam – mudar de ideia. Trata-se de uma prerrogativa sua. Isso em nada diminui sua posição como chefe. Mas, uma vez que você tenha decidido manter sua decisão original, ao fim das contas você recairá em sua posição original: não a de que você está com a razão, mas a de que é você a figura parental. Foi isso que você decidiu, e eles terão que acatar. Quer eles gostem, quer não.

Então, o que você deve fazer? O que você deve dizer?

Diga-lhes qual é a regra. Diga-lhes o porquê. Quando for estabelecer regras, explique a eles os seus motivos – não para convencê-los de que você está certo, mas por que você decidiu quanto a essa regra em particular. Diga as razões da forma mais simples, clara e honesta que você for capaz.

– Não, sinto muito, Teddy, mas a regra é que não quero que você saia e chegue tarde da noite nas vésperas de dias de aula. Considero que você é jovem demais para ficar fora de casa até tarde quando tiver aula no dia seguinte.

– Mas eu vou compensar com um sono extra nas noites anteriores!

– Não, Teddy, sinto muito. Foi isso que eu decidi.

– Mas você não pode decidir assim!

Você não desejará entrar em um debate sobre você ter ou não o direito de estabelecer as regras. Você simplesmente o faz.

– Sinto muito, Teddy, mas não quero você fora de casa até tarde da noite em vésperas de dias de aula.

– O que te dá o direito de tomar decisões que arruínem minha vida? É a minha vida – e você está completamente enganada!

Mas sua participação na discussão já terá terminado.

Deixem que eu dê mais alguns exemplos acerca de regras e motivos:

"Você tem que jantar conosco, pois eu fico feliz de ter a família toda reunida na hora de jantar."

"Você não pode ir à escola vestindo roupas que eu acho que fazem você parecer um vagabundo, pois fico preocupado com sua reputação."

"Nada de videogames ou tevê nos sábados de manhã, pois nesse horário eu preciso que você me ajude a arrumar a casa."

Essas são as suas regras, e esses são seus motivos. Talvez você esteja com a razão, talvez não. Talvez as regras sejam justas, talvez não. Mas lembre-se: a base que sustenta as suas regras não reside no fato de você estar com a razão, mas no fato de que *acredita* estar certo.

– Você deve estar brincando! Você está dizendo que se eu estiver certo e meu pai estiver errado, eu perco mesmo assim porque ele é um idiota e eu não posso convencê-lo de que está errado, mesmo que ele esteja errado?

Na verdade, é essa a combinação.

QUANDO REGRAS SÃO VIOLADAS

Tudo bem, você fez as regras. E agora, o que acontece?

Era uma noite de sexta-feira e Aaron, de dezesseis anos, deveria chegar em casa até meia-noite. Era esse seu horário de se recolher nas noites de sexta e sábado. Além disso, caso ele tivesse alguma dificuldade para chegar em casa no horário combinado, deveria telefonar para avisar. Eram essas as regras.

Agora era 00:30, e Aaron ainda não dera qualquer sinal de vida. Nenhum telefonema, nada. A mãe ligou para ele, mas tudo que conseguiu foi ouvir a gravação da caixa postal do celular:

"Oi, aqui é o Aaron. Deixe uma mensagem. Você sabe como fazer."

Ela deixou uma mensagem:

"Ligue pra mim. Agora."

"Onde é que você está?" – Ela enviou várias mensagens de texto para ele. – *"Me ligue."*

Supunha-se que Aaron estivesse com os amigos de sempre, mas a mãe dele não tinha a mínima pista quanto a onde eles estavam.

– *Eu não sei para onde nós vamos* – Aaron havia dito antes de sair à noite. – *Jeff vem me buscar daqui a pouco. Provavelmente vamos ao Heidi's, mas eu não sei o que faremos depois disso. É capaz de irmos assistir a um filme. Eu não sei.*

A mãe de Aaron estava preocupada, mas não muito. Ela suspeitava que o filho não estivesse respondendo porque sabia que havia passado muito de seu horário de chegar em casa, e que sabia também o que aconteceria se atendesse ao telefone: sua mãe estaria muito zangada e o mandaria voltar para casa imediatamente.

Entretanto, por volta de uma hora da madrugada ela começou a ficar preocupada, e quinze minutos mais tarde já estava seriamente preocupada. Ela estava prestes a ligar para um dos amigos de Aaron para ver se alguém sabia onde seu filho se encontrava, quando Aaron ligou do celular.

– *Oi, mãe.*
– *Onde diabos você está? Por onde andou? Faz uma hora que estou tentando falar com você! Volte imediatamente pra casa!*
– *Oh, desculpe, mãe. Eu estava tentando te ligar, mas tem alguma coisa errada com meu celular. Ele anda assim há algumas semanas. Talvez eu tenha que mandar consertá-lo, ou talvez precise comprar um novo. Eu estou na casa do JJ. O carro do Jeff não está funcionando direito, e por isso nós decidimos ficar por aqui e tentar de novo amanhã de manhã.*
– *Quem diabos é o JJ?*
– *Você sabe, o JJ.*
– *Eu não conheço nenhum JJ.*
– *Bem, seja como for, eu e o Jeff vamos passar a noite aqui, mas eu estarei de volta pela manhã. Eu estou bem. Não foi culpa minha o problema com o celular. Eu tentei ligar.*
– *Seus amigos têm telefones celulares também! Você poderia ter usado um deles!*
– *Mãe, eu tentei ligar. Finalmente consegui falar com você. Sinto muito se ficou preocupada, mas não foi culpa minha.*

Era início da madrugada, e a última coisa que a mãe de Aaron queria era entrar no carro, dirigir até a casa de algum garoto – cuja localização ela nem sequer sabia –, buscar o filho e voltar para casa. O que ela queria era ir para a cama. Estava aliviada por saber que Aaron estava bem, mas também um tanto brava com ele. Porém, ela não estava disposta a entrar em uma confrontação raivosa com o filho a essa hora da noite.

– Tudo bem, fique por aí, mas é bom que você esteja em casa amanhã pela manhã.
– Sim, claro que estarei, mãe.
– Acho bom!

O que de fato acontecera era que Aaron havia saído com os amigos e ido para a casa do JJ, onde alguns desses garotos iriam passar a noite. JJ era um garoto que Aaron mal conhecia, mas era amigo de seu amigo Kelly. Aaron tinha bebido um pouco, tinha perdido a hora, mas estava se divertindo, e não queria sair dali para chegar em casa à meia-noite. Além disso, ele não queria que sua mãe descobrisse que ele andara bebendo – embora não demais –, o que ele talvez conseguisse esconder (já o havia feito no passado), mas não queria correr o risco. Nada havia de errado com seu telefone celular – embora ele de fato gostasse da ideia de ter um novo, já que o seu estava ficando um pouco ultrapassado. Talvez ele fizesse essa campanha mais tarde.
No dia seguinte:
Aaron chegou em casa um pouco depois de meio-dia. Sua mãe partiu imediatamente ao ataque:

– *Você deveria estar em casa ontem à meia-noite. Eu não quero ouvir nenhuma de suas baboseiras sobre o que aconteceu, pois não vou acreditar em uma só palavra!*
– *Mas, mãe, tudo o que eu disse foi verdade! Não foi culpa minha! Eu ia chegar em casa à meia-noite, mas daí o carro do Jeff começou a ratear, e nós decidimos não arriscar. Eu te liguei, e não sei qual foi o problema que deu no meu celular. Você tem que acreditar em mim, porque é verdade!*

Os adolescentes violam regras, mas se forem descobertos, tentam, empregando toda a sua habilidade, escapulir da culpa. Eles também podem agir de forma tão furtiva e mentir tanto que por vezes você nem sequer fica sabendo que eles desrespeitaram uma dada regra. É esse o tipo de coisa que eles fazem.

POR QUE OS ADOLESCENTES VIOLAM REGRAS

Por que eles violam as regras? Muitas pessoas atribuem tal comportamento a uma expressão aberta de rebeldia:

"Eles que se danem! Eu vou fazer o que eu quiser fazer! Vou romper as malditas regras deles só pra eles saberem que não podem mandar na minha vida! Eu sou meu próprio chefe, e não eles! Eles que se fodam!"

Essas pessoas acreditam que os adolescentes violam as regras intencionalmente, tendo a quebra das regras como seu propósito principal, para mostrar que você não pode sair mandando neles.

Entretanto, penso que a rebeldia adolescente como motivação principal do comportamento deles é um fator superestimado. Em minha experiência, não é por esse motivo que os adolescentes violam as regras. Seus propósitos são muito simples e diretos.

1. Os adolescentes violam regras acima de tudo porque acreditam que qualquer dada regra irá de algum modo tornar sua vida menos agradável do que eles gostariam.

"A regra estúpida deles vai fazer eu ter que vir pra casa mais cedo que a maioria de meus amigos, e vou perder oportunidades de me divertir."

Ou, talvez:

"Eles querem que eu ponha minhas roupas sujas no cesto – todo dia. Pode não parecer que eu gastaria tanta energia assim com isso. Mas eles não compreendem como eu fico cansado."

2. Os adolescentes violam regras porque pensam que provavelmente conseguirão se safar.

"*Tenho certeza de que vou conseguir acabar pensando em alguma desculpa. Eu sempre consigo.*"

3. Os adolescentes violam regras porque acreditam que isso não é de forma alguma potencialmente perigoso ou prejudicial a eles.

"*Fumar maconha não vai me tornar nenhum dependente químico.*"

4. Os adolescentes violam regras porque é algo relativo ao *agora* – quando estão desrespeitando a regra –, e quaisquer possíveis consequências negativas que possam advir se referem ao *depois*.

"*Estou me divertindo um bocado agora. Sim, eu sei que estarei provavelmente encrencado com meus pais em algum momento. Mas não vou me preocupar muito com isso agora.*"

LIDANDO COM A CONFRONTAÇÃO

Então, o que você deve fazer quando eles violam as regras? Em primeiro lugar, lembre-se de que eles sempre terão justificativas a apresentar. Eles *sempre* terão uma história. E nela nada em absoluto é culpa deles; eles são sempre vítimas. E mais: se eles forem capazes de torcer as coisas, o seu conteúdo fará com que a culpa seja sempre *sua*. Até mesmo Aaron conseguiu torcer sua história dessa maneira. Eu sei o que você está pensando: "*Como ele não ter ido para casa poderia ser culpa da mãe dele?*" Mas vejamos o que ele diz:

– *Se você tivesse me deixado usar seu carro ontem à noite, afinal, você não ia mesmo a lugar nenhum, nada disso teria acontecido. Eu não teria que ter pegado uma carona com o Jeff. Daí não teríamos que depender do carro dele, que estava todo ferrado. Você gritou comigo por causa de uma coisa que poderia ter sido completamente evitada se você tivesse sido mais generosa, emprestando seu carro.*

A culpa é sua, e eles ficam particularmente bravos quando você não acredita no que eles estão dizendo. Como você ousa?

Em primeiro lugar, não desperdice muita energia tentando estabelecer o que realmente aconteceu naquela noite.

Certamente não será um bom negócio para você dizer:

– Como é que pode o carro do Jeff estar convenientemente bom hoje de manhã e não ter funcionado ontem à noite? E por que, se seu celular não estava funcionando, você não pediu para usar o de algum amigo?

– Mas, mãe, é verdade! O carro do Jeff estava estranho. Ainda está. Se você não acredita em mim, vou pedir a ele que te leve pra dar uma volta. (O carro de Jeff está ótimo, mas Aaron acha que é um bom blefe – e é –, pois acredita que dificilmente sua mãe aceite sua oferta de dar uma volta no carro do Jeff.)

– Eu não sei por que meu celular não funcionou, mas o fato é que ele não funcionou. É só isso que eu sei. Ele está funcionando agora, mas acho que pode ficar ruim de novo. Eu não sei. E a razão pela qual eu não pedi emprestado o telefone de algum amigo? Eu fiquei constrangido. Você não sabe como esses garotos se incomodam de alguém pedir emprestado o celular deles. Por isso teria sido muito desconfortável. (Essa ele inventou na hora, totalmente de improviso.)

Eles sempre terão uma resposta para todas as coisas. Essa resposta pode não ser muito lógica. Pode até mesmo ser absurda. Mas ainda assim eles continuarão defendendo essa justificativa com grande paixão.

Você nunca ouvirá:

– Puxa, mãe, nessa você me pegou! É preciso acordar bem cedo de manhã pra conseguir inventar uma história que consiga te convencer.

É bem melhor você não se deixar enredar de modo algum pela história, mas simplesmente dizer:

– Aaron, você deveria ter chegado em casa à meia-noite. E não chegou. Se você não puder, por algum motivo, chegar em casa no horário combinado, eu espero que você ligue.

– Mas, mãe...

– Eu não quero que isso se repita.

– Mas, mãe...

E a mãe de Aaron sai, havendo dito o que tinha a dizer.

Mas a mãe de Aaron não precisa fazer alguma coisa? Ela já fez. Ela deixou claro para o filho que ele violou uma regra, e que isso não está certo. E, o que é mais importante, que a regra continuava valendo. O que a maioria dos pais não entende a respeito de suas regras é que estas – meramente pelo fato de existirem – têm poder. Consideravelmente mais do que eles costumam se dar conta. Deixem que eu explique isso.

VENDO OS RESULTADOS

O fato número um no que se refere a regras para adolescentes é que elas funcionam. Quando você cria uma regra e deixa claro para seu adolescente qual é ela exatamente, esta passa imediatamente a existir, e com um efeito considerável sobre o comportamento de seu filho.

A mãe de Jamal diz ao filho:

– *Eu não quero que você traga mais do que um colega pra casa depois das aulas quando eu não estiver aqui.*

Essa regra, uma vez estabelecida, entra na cabeça de Jamal.

"Eu não devo trazer mais que um colega pra casa de tarde se a mamãe não estiver aqui."

Como essa regra atua?

Terça-feira à tarde. Jamal faz planos com Brant para que esse venha à sua casa depois da escola. Mas Dewayne fica sabendo, e diz que quer ir com eles.

"Seria legal", pensa Jamal. Mas em seguida: *"Merda. Mamãe vai ficar puta da vida se ela descobrir que eu chamei os dois pra casa."*

A regra lhe vem à mente, pressionando-o a obedecer-lhe.

– *Não, Dewayne, não vai ser legal. Minha mãe fica uma fera se ela descobre que eu levei mais de um colega pra casa quando ela não estava.*

Mas talvez Jamal opte por violar a regra.

"Que se dane. Minha mãe não vai saber, e vou me assegurar que um dos dois vá embora antes que ela chegue."

– *Tá bom, Dewayne. Brant e eu podemos te encontrar quando acabarem as aulas, e vamos os três diretamente pra minha casa.*

Em qualquer dos dois casos, uma vez tendo a mãe de Jamal feito a regra e se assegurado de que seu filho a compreendesse bem, haverá uma probabilidade muito maior de que ele não leve mais de um amigo para casa do que se sua mãe não houvesse estabelecido regra alguma. Conforme discutirei em seguida, as regras não funcionam à perfeição. Mas atuam muito melhor que a inexistência absoluta de quaisquer regras.

Mas e se eles violarem as regras e você descobrir? E se Jamal levasse os dois amigos para casa? E se a mãe dele descobrisse, porque, mais tarde no mesmo dia, ela, conversando com uma vizinha, ouvisse a mesma mencionar que tinha visto três garotos em sua casa? O que deveria fazer a mãe de Jamal?

Ela deverá confrontá-lo. Isso significa que ela o fará saber que ele violou uma regra, e que isso não está certo.

– *Jamal, eu disse para não trazer mais de um amigo para casa quando eu não estivesse, mas você foi em frente e trouxe mesmo assim. Eu te disse, e espero que você me obedeça.*

E você mantém a regra válida.

– *Espero que isso não aconteça novamente.*

De que isso servirá?

Pelo simples fato de a mãe de Jamal ter descoberto, confrontado o filho e ficado chateada, e feito com que Jamal soubesse que a regra ainda valia, esta tem seu poder confirmado. Exatamente como antes, quando a oportunidade de levar vários amigos para casa após as aulas surgir, a regra ecoará em sua cabeça.

"Merda, mamãe terá um ataque se ela descobrir que eu levei uma galera pra casa."

Como antes, a regra terá poder. E, assim como antes, talvez ele a siga e talvez não. Mas a existência da regra continuará diminuindo as chances de que Jamal leve mais de um amigo para casa.

Você pode, se preferir, acrescentar uma consequência – geralmente algum tipo de castigo ou perda de um privilégio. Mas com ou sem a ameaça de uma penalidade, as regras mantêm sua força. Elas têm impacto porque a maioria dos adolescentes acredita nos direitos dos pais de impor regras. E são eles próprios que dão às regras o poder que estas possuem.

A maior parte dos adolescentes não quer ser um fora da lei em seu próprio lar. Eles protestarão contra as regras, proclamando quão injustas e insensatas elas são, mas a maioria deles prefere se manter dentro do sistema familiar. Eles não desejam balançar o barco além da conta. Há sem dúvida um senso de paz e segurança que advém de viver de acordo com o sistema geral da casa. Os adolescentes querem poder fazer aquilo que querem fazer, mas não querem se sentir estranhos dentro de sua própria família. Eles já têm ansiedade suficiente com a qual lidar.

"Isso mesmo, eu não estou procurando sarna pra me coçar. Já tem um bocado de coisas acontecendo em minha vida. Não quero que eles fiquem furiosos comigo vinte e quatro horas por dia. Fica muito mais fácil se pelo menos de vez em quando eu puder estar nas boas graças deles."

Os adolescentes não estão procurando destruir a autoridade de seus pais; eles aceitam o direito deles de estabelecer regras. O que não significa que eles gostem dessas regras. As consequências pouco acrescentam, pois o poder delas provém unicamente da escolha de seus filhos na adesão ao sistema como premissa.

Na verdade, se os adolescentes realmente desejarem desafiar uma regra, eles o farão, independentemente das consequências – conforme os pais descobrem, com frequência, para sua própria e grande frustração. Se os adolescentes desejarem de fato desafiar uma dada regra, eles o farão, e nada haverá que seus pais possam fazer, a não ser chutar o filho para fora de casa. As consequências só têm efeito porque os adolescentes escolhem permitir que tenham efeito.

Como saber se as suas regras têm poder perante seu adolescente, com ou sem ameaças de punição? Vendo se eles argumentam. Os adolescentes que realmente rejeitam as regras dos pais, que não se sentem presos a elas, não as discutem. Já que eles desobedecerão a essas regras de qualquer jeito, para que discuti-las?

– Victoria, acho bom que você esteja em casa lá pela meia-noite!

Mas Victoria não se detém para discutir. Ela simplesmente dá de ombros e dirige-se à porta de saída.

"O que me importam as regras deles? Eu não vou segui-las mesmo. Vou fazer o que eu estiver a fim de fazer. Realmente não me importo em saber quais são as porras das regras deles. Elas não têm, mesmo, nada a ver comigo.

– Volte aqui, mocinha! Você ouviu o que eu disse?"

Mas Victoria já está longe do alcance da voz da mãe.

Como eu disse, no entanto, a maioria dos adolescentes se importa.

"Quero dizer... eles são meus pais. É isso que os pais fazem. Ficar mandando nos filhos."

Eles apenas não gostam de regra alguma.

"Porque essas regras são todas loucas, e arruínam minha vida! Se fossem regras boas, seria legal. Mas não são! Então, o que se espera que eu faça?"

A maior parte dos adolescentes faz tudo o que for possível para contornar as regras – o que significa burlar, mentir e, acima de tudo, confundir: torcer suas regras até um ponto tal que você acaba nem sabendo de onde partiu.

– Eu sei que você disse que eu tinha que voltar diretamente pra casa, mas eu já tinha combinado com o Steven de irmos à loja de artigos de hockey, e não tive coragem de simplesmente furar com

ele, e você mesma me disse pra sempre ter consideração pelas pessoas, e eu não tinha tempo pra te ligar e começar uma longa discussão sobre o que eu deveria fazer. Daí eu decidi agir de modo independente – o que você vive me dizendo pra fazer, que preciso ter mais iniciativa e não ser tão banana. Então, na verdade, eu fiz a coisa certa, não fiz?

Confundir. Eis algo em que eles são muito bons.

ESTABELECENDO UM CONTROLE IMPERFEITO

Em passagem anterior, eu disse que a natureza do controle com os adolescentes é imperfeita. Deixem-me elaborar esse pensamento. Insisto: as regras funcionam. Mas os adolescentes lhes obedecem de uma maneira parcial. Geralmente. Não costuma ser do modo como você desejaria que as regras fossem obedecidas.

– *Jackie, você sabe que horas são?* – perguntou o pai, quando a filha entrou em casa.
– *Não.*
– *São onze e quarenta e sete. Que horas era pra você estar em casa?*
– *Uh, eu não lembro direito.*
– *Você sabe muito bem. Seu horário limite é onze e meia.*
– *Bem, uma de minhas lentes de contato caiu. Eu não conseguia achá-la.*

No outro sábado:

– *São onze e cinquenta e seis.*
– *Não foi culpa minha. O Gregory teve que colocar gasolina no carro.*
– *Colocar gasolina levou vinte e seis minutos?*
– *Não sei.*

No sábado seguinte:

— Certo, mocinha, é bom que você tenha uma ótima desculpa! Três vezes seguidas! São onze e cinquenta e cinco. Vinte e cinco minutos atrasada em relação ao seu horário de chegar! Essa vai ter que ser muito boa!
— Eu perdi uma das minhas lentes de novo.
— Não, senhorita! Essa só vai funcionar uma vez, e você já a usou.
— Mas é verdade! Eu perdi uma das minhas lentes de contato de novo! E demorou um tempão pra eu conseguir encontrá-la! Não foi culpa minha!
— Sabe de uma coisa, Jackie? Vamos ver como você se dá com sua hora de chegar mudando para as dez e meia na semana que vem.
— Mas não é justo! Não foi culpa minha!

Há uma questão importante envolvida no exemplo acima. Para todos os efeitos, a impressão que se tem é que o horário limite de onze e meia não estava funcionando. Em três sextas-feiras consecutivas, Jackie descumpriu o combinado. Mas eu argumentaria que o horário de chegar *estava* funcionando, sim. Ele forçava Jackie e voltar para casa mais cedo – apenas não tão cedo quanto seu pai desejava que ela chegasse. Mas ela não estava chegando à meia-noite, ou a uma hora da madrugada. O limite de onze e meia a estava fazendo voltar para casa. É a forma como os adolescentes lidam com as regras. Eles as forçam um pouco. É o que você consegue. Não é um desrespeito completo à regra; é simplesmente não segui-la exatamente como você gostaria que eles o fizessem. A regra continua ali, e funcionando. Apenas não de forma perfeita.

A resposta do pai de Jackie foi boa. Mas muitos pais cometem um erro sério, que é o de acreditar que qualquer desvio do cumprimento perfeito da regra equivale a esta ter fracassado por completo. A maioria dos pais pensa que qualquer pequeno esgarçar no tecido do controle significa que todo o pano se rasgou completamente. Assim, eles tentam, cada vez com maior ardor, resgatar o que entendem como uma regra falida. Eles sentem que precisam manter a letra da lei. Sentem estar perdendo a guerra e que precisam, portanto, impingir punições cada vez mais severas, de modo a recuperar o pleno controle sobre seus filhos.

– *Duas semanas sem sair à noite não deram certo? Vamos ver o que você acha de um mês!*

Isso não funciona. Os pais nunca recuperam o controle pleno (se é que já o tiveram algum dia). Mas, infelizmente, eles se arriscam a se distanciar de seus adolescentes, tornando-se permanentemente percebidos como inimigos. Não há grandes problemas em seu filho adolescente te odiar parte do tempo em decorrência de alguma regra de que eles não gostam. Mas durante todo o tempo, ao longo de toda a adolescência deles? Isso seria um convite a problemas mais graves. Você se arrisca a perder uma batalha que talvez estivesse vencendo.

O que você pode obter com seus filhos adolescentes é um controle imperfeito. Entretanto, desde que você os confronte quando desobedecem às regras e – acima de tudo – mantenha as regras em seu lugar, tais regras, ainda que esgarçadas, irão quase sempre continuar válidas. O segredo das regras com adolescentes é entender que é isso que você pode obter – um controle imperfeito –, e, a partir dessa premissa, lidar com as situações que se apresentam. Nunca se sentir no controle por completo com seu adolescente não é exatamente confortável, mas ainda assim não deixa de ser controle. E você exercer esse controle – que nem sempre dá a impressão de ser controle – significa muito na vida de seu adolescente.

– *VOCÊ VAI ME OBEDECER!*
– *NÃO VOU, NÃO!*

Mas eles obedecem. Mais ou menos.

Para a maioria dos adolescentes as regras funcionam na maior parte do tempo, desde que você as mantenha em seu lugar. Ou seja, elas funcionam de forma imperfeita. Mas é esse o acordo implícito que você consegue ter com um adolescente. Para a maioria deles isso é o suficiente.

LIDANDO COM ADOLESCENTES FORA DE CONTROLE

Adolescentes fora de controle são algo completamente diferente. Esses são aqueles que regularmente passam a noite inteira fora de casa, têm problemas sérios com o uso de substâncias químicas ou estão encrencados frequentemente com a lei. São aqueles que estão visivelmente se colocando em situações de risco.

Em tais casos, as medidas e atitudes que recomendei acima *não* irão funcionar. Lidar com adolescentes verdadeiramente fora de controle é muito árduo. É aqui que os pais precisam recorrer a todo tipo de ajuda que puderem conseguir, desde profissionais especializados até o tribunal. Com adolescentes verdadeiramente fora de controle, os pais frequentemente erram ao tentar por mais tempo do que deveriam dar conta de tudo sozinhos. Sentindo que deveriam ser capazes de controlar um adolescente que eles não conseguem controlar, eles relutam em se voltar para o mundo além do lar para que este assuma uma tarefa da qual eles não conseguem dar conta. O mundo diz que você deveria ser capaz de lidar com seus próprios filhos. E se você não conseguir, nesse caso a culpa é sua. Mas adolescentes complicados podem ser muito difíceis de lidar, e até mesmo os melhores esforços parentais com frequência não bastam para resolver problemas mais sérios. Com adolescentes fora de controle, a forma mais sábia de exercício da parentalidade é recorrer a todo tipo de ajuda que você for capaz de obter.

Obviamente, o que foi dito acima implica que você – em graus variados – estará renunciando ao controle de seu filho e delegando-o a outros. E esse pode ser um passo muito difícil de dar. Mas você continua sendo uma figura parental. Você não abriu mão disso. A conexão continua. O que acontece é que você está dizendo que nesse momento você, como pai, não consegue realizar a tarefa que precisa ser realizada. No presente momento você não é capaz de mantê-los sob um controle satisfatório. Por ora você não está dando conta de impedir que eles façam mal a si mesmos ou a outros. Como eu disse, é um passo difícil de ser dado, mas por vezes é um passo necessário.

A VERDADE SOBRE MENTIR

Os adolescentes não gostam de desafiar abertamente as regras criadas por seus pais. Preferem claramente burlá-las e mentir. Os adolescentes mentem. Os adolescentes bons. Os não tão bons assim. Os baixos. Os altos. Eles mentem.

O combinado era que Lila passasse a noite de sexta-feira fora, na casa de Trudy, e que de lá ela fosse direto para seu jogo de futebol na manhã seguinte.

— *Tchau, mãe. Eu chego em casa amanhã, depois do meu jogo de futebol*
— *Divirta-se na Trudy, querida.*
— *Vou mesmo. Te amo.*

Uma semana mais tarde, aconteceu de a mãe de Lila encontrar casualmente a mãe de Trudy no supermercado.

— *Obrigada por ter ficado com a Lila na sexta-feira à noite. Espero que ela não tenha dado muito trabalho.*
— *Não, ela não deu trabalho nenhum, porque elas dormiram na casa da Gabriela. Ela não te contou? Houve uma festa. Acontece que os pais da Gabriela não estavam, e parece que as coisas andaram saindo dos trilhos. Você não soube?*

Mais tarde, naquela noite:

— *Você mentiu para mim.*
— *Não menti.*
— *Como você pôde mentir pra mim desse jeito?*
— *Eu não estava mentindo! Você nunca acredita em nada do que eu digo! Nunca!*
— *Você continua mentindo!*

Os adolescentes mentem. Eles mentem muito.

Regras e controle

Eles mentem porque não querem ter problemas.

– Eu poderia jurar que tinha cinco notas de vinte na minha carteira. Garrett, você tirou vinte dólares da minha carteira?
– Não, pai.

Eles mentem porque querem fazer o que você os proíbe de fazer.

– Jared, você estava fumando maconha? Seus olhos parecem um pouco vermelhos.
– Não, claro que não. Como você pode pensar uma coisa dessas?

Eles mentem porque não querem fazer o que se espera que façam.

– Lisa, você não deveria estar fazendo sua tarefa escolar?
– Não tem nenhuma hoje.

Eles mentem como um princípio geral, apenas para nos manter longe de suas vidas.

– Reggie, o que você estava fazendo agora mesmo?
– Nada.

Os adolescentes dizem o quão importante é que seus pais confiem neles.
– Sim, é importante pra mim que meus pais confiem em mim. Isso mostra que eles têm fé em mim e que eles reconhecem que estou a caminho de me tornar uma pessoa madura. Não apenas um garotinho.

O ato de mentir, para eles, não entra nessa equação.

– Mas você mente o tempo inteiro.

— Sim, o que eu deveria fazer? Dizer a verdade? Bem, mamãe, na verdade eu não vou dormir na casa da Trudy. Nós todas vamos pra casa da Gabriela, que você nem conhece, e os pais dela não estarão lá, e é provável que eu fique bêbada e, se a Jeannine estiver lá, talvez eu fume um pouco de maconha, e talvez eu acabe transando com um menino – Dan alguma coisa, que é o maior gato.
— VOCÊ O QUÊ?
— Está vendo? Foi isso que eu quis dizer.

Conforme eu disse, os adolescentes mentem. É isso que eles fazem.

Mas aqui vai a boa notícia: a maioria deles cresce e amadurece, se tornando cidadãos adultos satisfatoriamente bons e honestos – assim como nós.

O fato de um adolescente mentir para seus pais nessa fase de sua vida não constitui um indicador no qual se possa confiar para julgar se essa pessoa irá se tornar ou não um adulto desonesto.

E é no que diz respeito às mentiras contadas por seus filhos que os pais repetidas vezes erram a mão. Eles se prendem muito ao fato de seus filhos haverem mentido para eles, e perdem o foco em relação a sobre o que eles estão mentindo.

— *Como você ousa mentir para nós?*
— *Eu não estou mentindo!*
— *Você não apenas está mentindo, como está sustentando a sua mentira! Você simplesmente continua mentindo!*
— *EU NÃO ESTOU MENTINDO!*

Ou, tornando as coisas ainda piores – e se distanciando ainda mais do verdadeiro assunto – um dos pais toma a coisa como algo pessoal.

— *Como você pode mentir para mim? Eu achava que podia confiar em você! Eu pensava que nosso relacionamento fosse além disso! Como você pode fazer isso comigo?*

Com muita facilidade.

"Isso não tem nada a ver com minha mãe e eu. Eu continuo amando minha mãe – a maior parte do tempo. E eu sei que ela me ama. Eu gostaria de não precisar mentir pra ela. Mas eu minto. Simplesmente há um monte de coisas a respeito das quais eu tenho que mentir, pois se eu não mentisse, não teria uma vida. Pelo menos não a vida que eu quero ter neste exato momento."

Como eu disse, os pais perdem com muita facilidade o foco naquilo que realmente importa.

Que Lila esteve em uma festa sem qualquer supervisão, na qual houve confusão.

Que Garrison tirou vinte dólares da carteira de seu pai (talvez seu pai não devesse deixar a carteira dando bobeira por aí).

Que Jared anda fumando maconha.

Que Lisa não fez a tarefa escolar que deveria estar fazendo.

Então, o que você deve fazer? Concentre-se no real problema que você tem em mãos.

– Lila, eu encontrei a mãe de Trudy e fiquei sabendo o que realmente aconteceu na sexta à noite.
– Não aconteceu nada. Eu não sabia que os pais da Gabriela não estariam lá, e simplesmente esqueci de te dizer que nós íamos pra lá. E de qualquer modo, eu não fiz nada de errado.
– Eu vou ter que repensar isso de deixar você dormir na casa de suas amigas no futuro.

Não há, na verdade, muito mais que a mãe de Lisa precise ou vá querer dizer. Da próxima vez que sua filha quiser dormir fora, a mãe terá que decidir se deixará ou não, e, caso resolva permitir, deve determinar quais condições irá impor. É essa a questão. Observe que a mãe de Lila nem traz à discussão o episódio da mentira da filha propriamente dito. O fato, sem dourar a pílula, é que ela não pode confiar na sinceridade da filha. Mas a mãe de Lila não está sozinha.

Para ser o pai ou a mãe de um adolescente, você precisa manter um certo grau permanente de ceticismo. Os pais subestimam significativamente a extensão do envolvimento dos filhos em comportamentos de risco: sexo, drogas e bebidas.

Seria bem mais fácil poder acreditar em um filho adolescente. Mas a realidade é que eles mentem. Por isso seus pais estão condenados a ter que fazer julgamentos a respeito do que irão e do que não irão permitir, com base em informações incompletas. Faz parte da dificuldade de ser pai de um adolescente. Se sua meta é ter um adolescente em quem pode confiar, isso seria ótimo, mas você não estará fazendo o seu trabalho da maneira correta caso conte demais com isso.

Então, como ensinar os seus filhos a não mentir? Mais por meio de exemplos do que qualquer outra coisa. Os filhos não aprendem a honestidade a partir de pais furiosos ou grandes punições. Isso apenas os ensina a se esforçar por se tornarem mentirosos mais hábeis.

CAPÍTULO SETE

O DESENVOLVIMENTO DO CARÁTER

O comportamento de alguns adolescentes faz por vezes a pessoa ficar perplexa.

"*Onde está a porra do controle remoto? Quem foi que pegou a porra do controle?*"

Girard levantou-se do sofá à procura de alguém com quem gritar por causa do controle remoto desaparecido, até que acabou pisando em cima dele. O controle estivera ali mesmo por todo o tempo, no chão, bem próximo ao sofá, onde o próprio Girard o havia deixado.

"*Quem foi que deixou essa porra desse controle aqui?*"

Agora de pé, Girard achou que era uma boa ideia ir até a cozinha e pegar algo para beber. Estendendo a mão na direção do fundo da prateleira da geladeira em busca de uma garrafa de refresco de maçã, ele esbarrou em um vidro de picles aberto. (Alguns dias antes ele havia jogado fora a tampa em vez de enroscá-la de volta no frasco, porque fazer isso lhe parecera demandar um esforço demasiado.) O conteúdo do vidro de picles foi derramado, espalhando-se pelas duas prateleiras inferiores – um fato que Girard ignorou –, e ele estava saindo da cozinha com o refresco de maçã para voltar ao sofá, onde ele poderia então assistir ao seu programa favorito, *Espancamentos Policiais Verdadeiros*, quando notou que seu pai havia entrado na cozinha.

– *Girard, você acabou de derramar um vidro de picles na geladeira. Você não pretende limpar essa meleca?*

– *Eu não derramei nada* – disse Girard.

– *Girard, eu acabei de ver você derramando.*

– Eu não derramei nada. Eu tenho que assistir ao meu programa.

E Girard passou, desajeitado, pelo pai, correndo de volta para a tevê, para não perder nem um pouquinho de seu programa.

DEFEITOS DE CARÁTER TEMPORÁRIOS

Os adolescentes, como se pode ver, apresentam vários defeitos relativamente sérios de caráter.

Talvez você esteja pensando: *"Eu não sei o que fazer. Tenho tão pouco tempo sobrando. Quando ele tinha onze anos, eu achava que talvez ele fosse chegar a algum lugar. Mas, desde que ele se tornou um adolescente, parece que tudo retrocedeu. Ele agora tem quinze anos. Daqui a três anos – não, na verdade está mais para dois anos e oito meses – ele fará dezoito e concluirá o ensino médio. E depois? Ele irá partir para o mundo desse jeito? Como é que eu posso mudá-lo? Como posso consertá-lo? Eu não vou ter tempo suficiente para isso. Aliás, do jeito que andam as coisas, parece que eu não tenho nem de longe a competência para mudá-lo. O que devo fazer? Se ele é o meu maior motivo de orgulho, então me sinto um completo fracasso. Tenho que fazer alguma coisa. Rápido."*

Nossa tarefa, como pais, é tentar moldar nossos filhos para se tornarem os melhores seres humanos que lhes for possível. Fazer deles filhos dos quais tenhamos orgulho. Filhos que reflitam os melhores traços de caráter que trabalhamos duro para instilar neles. Filhos que irão para o mundo lá fora para fazer dele um lugar melhor.

"Cadê a porra do vidro de molho? Ele estava aqui mesmo. Quem tirou a porra do meu molho daqui?"

Felizmente, nem de longe é tão ruim quanto parece. Nesse capítulo, discutirei os traços de caráter negativos que com tanta frequência perturbam os pais quando estes olham para seus filhos adolescentes. Também abordarei de onde vêm esses traços, o que eles significam e o que a presença dos mesmos prognostica. E lhe

direi o que você precisa, ou não, fazer a respeito deles quando se manifestarem no seu lar.
"*QUEM PEGOU A PORRA DO MEU MOLHO?*"
Grande parte do que se segue se baseia em uma premissa desenvolvimental descrita anteriormente: com a maioria dos adolescentes, aquilo que você vê não é aquilo que você obtém. Para boa parte deles, os pais são seres subordinados aos eus bebês dos filhos – um aspecto imaturo, e por vezes muito malcriado, do adolescente. Mas há uma outra questão muito diversa, um eu maduro que existe no mundo lá fora, e na maior parte das vezes é nesse eu maduro que eles se transformam quando adultos.

A história a seguir é fictícia, mas, sem dúvida alguma, bastante plausível:

Desde que Amber completou oito anos passou a ser dela a tarefa de retirar a louça da mesa do jantar, remover o excesso de sujeira e colocar tudo na máquina de lavar louça. E toda noite, quando o jantar terminava, era a mesma coisa.

– *Amber, aonde você pensa que vai?* – perguntava seu pai.
– *Pro meu quarto.*
– *Não tem nada pra você fazer antes disso?*
– *Preciso mesmo? Estou tão cansada. Por que essa tarefa não pode ser de outra pessoa, só pra variar um pouquinho?*

Finalmente, um dos pais acabava convencendo-a a cuidar da louça, mas apenas depois de longos protestos.

Os anos se passaram. As folhas outonais caíram das árvores. O inverno veio e se foi várias vezes. E eis que às primeiras cores da primavera seguiu-se o inevitável verão, com seu calor de abater. Depois foi outono outra vez. Mas ainda assim, todas as noites, após cada refeição em família, Amber invariavelmente se afastava da mesa sem recolher a louça.

– *Amber, aonde você pensa que vai?*
– *Sei lá. Eu já terminei.*

– *Não terminou, não. Você tem que tirar a mesa.*
– *Preciso mesmo?*

Até que, um belo dia, Amber fez dezesseis anos. Era uma noite de terça-feira, para ser exato.

– *Essa comida estava bem gostosa* – disse o pai, limpando a boca com o guardanapo enquanto se levantava da mesa após o jantar. E, nesse mesmo momento, também Amber levantou-se da cadeira e pegou alguns pratos.
– *O que você está fazendo?* – perguntou o pai.
– *Como assim?*
– *Exatamente o que eu disse. O que você está fazendo?*
– *O que parece que estou fazendo? Estou tirando a mesa.*
– *Você está tirando a mesa? Essa é alguma pegadinha, ou algo assim?*
– *Não. Por quê? Do que você está falando?*
– *Mas, Amber, você está tirando a louça da mesa. Você nunca fez isso antes sem criar um caso tremendo. Nunca. Jamais. Não estou entendendo.*
– *Eu é que não entendo o que você não entende. Eu estou tirando a mesa. É a minha tarefa. Está certo?*
– *Isso não é uma brincadeira?*
– *Por que você continua falando isso?*

E daquele dia em diante Amber passou a recolher a louça da mesa imediatamente após as refeições.
É assim que funciona. Nem sempre. Nem com todos os adolescentes. Mas com a maioria. Todos aqueles bons traços de caráter que você trabalha para instilar neles, estão todos lá. É que você simplesmente não consegue vê-los. Mas, por fim, com a maioria dos adolescentes, na maior parte das vezes, a árvore dá frutos.
Se ao menos houvesse alguma forma de acelerar o processo!

OS ADOLESCENTES E SEUS DIREITOS

James, de quinze anos, estava sentado à mesa da cozinha, comendo um sanduíche de queijo e picles quando ninguém menos que Sua Majestade, o rei Thomas IV, adentrou o aposento com passos largos. O rei dirigiu-se diretamente a James.

– *Eu, o rei Thomas IV, decreto que, daqui por diante, James, devido a seu sublime direito de nascimento, está autorizado a ter tudo. Por você ser quem é, qualquer coisa que deseje você a merece, e é seu direito obtê-la. Acima de tudo, James, não será permitido que pessoa alguma declare que você deve fazer qualquer coisa de modo a obter aquilo que deseja. Todas as coisas devem vir até você. Nada por seu esforço, mas como mera decorrência de quem você é, James.*

"Isso está certo", pensou James. "Está no Projeto de Lei dos Direitos. Eles nos ensinaram a respeito disso na escola. Isso quer dizer que todas as pessoas têm o direito de ter coisas boas. Também significa que se houver coisas que eu não queira fazer, eu não tenho que fazê-las. Isso se chama liberdade. Todo mundo sabe disso também. Ninguém pode me dizer o que fazer. Ora essa, dããã, esse é um país livre, e eu posso escolher fazer se eu quiser, mas se eu não quiser, ninguém pode me obrigar. É a lei."

Na verdade, sentir-se como alguém que possui direitos não é algo ruim. Mas há uma forma boa e outra má de se relacionar com isso. A forma boa é quando você sente que, pelo mero fato de ser um humano nascido no mundo, merece um quinhão igual ao que recebem os demais, e que você é igual a todas as outras pessoas. É quando você acredita que deve ser bem tratado, que deve ser respeitado. Que deve ter as mesmas oportunidades que todos os outros de obter coisas boas. Além disso, é também sentir que você tem automaticamente um direito inalienável de ser cuidado, amado, protegido e de receber a sua cota justa de coisas boas, simplesmente por ser uma menina ou um menino.

Essa é a forma boa de alguém se perceber detentor de direitos. As pessoas devem sentir que sua condição de seres humanos faz com que mereçam ser bem tratadas. É seu direito de berço – simplesmente por serem humanas.

Mas há também uma forma nociva de alguém se perceber detentor de direitos.

"Eu sou especial. E a natureza desta minha condição especial é que, simplesmente por eu ser quem sou, eu mereço mais. Tratamento especial. Pelo mero fato de eu ser quem sou: merecedor de mais do que os outros."

William e sua mãe estavam no supermercado. Eles estavam em frente a uma seção na qual havia homus, a iguaria árabe. A mãe de William esticou o braço e pegou um recipiente de plástico com homus de pimenta vermelha Palmeiras Ondulantes, a mais barata das três marcas no supermercado.

– Não, mãe – disse William. – *Nós temos que comprar a Estrela do Oriente. É a única marca que eu como.* – E William pegou uma caixa do homus de pimenta vermelha Estrela do Oriente. O único problema era que esta era a mais cara das três marcas, literalmente quase o dobro do preço de uma embalagem do mesmo tamanho da Palmeiras Ondulantes.

– *Não, sinto muito, William. Não vou pagar a mais pela Estrela do Oriente.*

– *Mas, mãe, você tem que comprar. Eu odeio a Palmeiras Ondulantes e a Satifa [a marca de preço intermediário]. A Estrela do Oriente é a única marca que eu como. Odeio as outras duas. Eu não vou comer essas porcarias. Elas me dão vontade de vomitar. Você tem que comprar pra mim a Estrela do Oriente.*

– *Não, sinto muito, William. Se você a quer tanto, pode usar seu próprio dinheiro para pagar a diferença de preço.*

Foi nesse ponto que William ficou furioso e começou a gritar com a mãe.

– *Não, mãe! Eu não vou usar meu dinheiro! Não é esse o combinado! Não é justo! Você tem que comprar pra mim a Estrela* do Oriente! É a única que eu como! *VOCÊ TEM QUE COMPRAR!* Você não pode deixar de comprar pra mim a Estrela do Oriente!

— Não, William! Eu não tenho que comprar pra você a Estrela do Oriente.

— Você não está entendendo! Você tem que comprar, sim!

A boa notícia a respeito dos meninos e meninas cientes de que têm direitos é que não é tão ruim assim você querer as coisas que quer. E se você realmente sente que tem direito a tudo, isso é uma questão sua. Só se torna um problema se os outros – por exemplo, seus pais – embarcam nessa com você. Mas se não embarcarem, tudo bem.

Portanto, tudo que a mãe de William tem que fazer, de modo a traçar a linha dos direitos na qual deve ser traçada, é não comprar o homus mais caro. O que ela não precisa fazer é declamar o Sermão 16A:

— *William, foi você que não entendeu. Quantas vezes eu vou ter que repetir para que entre na sua cabeça? Você não tem direito a ter tudo o que quer, simplesmente porque quer. Você não é mais especial nem merece mais do que os outros só porque você é você. Não é assim que funciona. Existem sete bilhões de outras pessoas no mundo.*

Essa é uma informação desnecessária e não muito útil, já que tudo que decorrerá disso é a réplica:

— Mas não é justo! Eu odeio as outras marcas de homus! Não é justo!

Ou seja: William não capta o sentido da coisa. Continuar o sermão só fará com que ele discuta ainda mais e ache que sua mãe está sendo uma bruxa.

"Pois ela é mesmo! Ela pode gastar o dinheiro a mais! O que querem que eu faça? Que eu vá embora sem o homus? Ou talvez ela pense que eu devia comer o outro homus, que provavelmente vai me fazer vomitar!"

Se a mãe de William sustentar o que disse e não comprar o homus para ele, o filho aprenderá a única lição verdadeiramente necessária àquela situação específica.

> *"Eu sou especial. Mas ninguém mais parece reconhecer isso. Qual é o problema deles? Eu mereço tratamento especial. O problema é que ninguém parece saber disso. E eu explico a eles, mas eles nem se interessam. Então o que eu vou ter que fazer, pois é óbvio que não pretendo deixar de conseguir as coisas, é um trabalho estúpido, que eu odeio, e que já expliquei que é completamente injusto. Mas parece que eu não tenho escolha. É assim que é. Será a única maneira pela qual eu conseguirei qualquer coisa que seja. Então vou ter que fazer o jogo. Até que eles finalmente entendam quem eu sou."*

A forma nociva de se sentir detentor de direitos – o sentimento de que eles deveriam obter o que desejam porque simplesmente o desejam, e todos os outros que se danem – provém basicamente de três fontes. A primeira delas é quando, com muita regularidade, os adolescentes conseguem o que querem intimidando os pais, bajulando e discutindo.

> – *Acho que eu sou alérgico às duas marcas mais baratas. É por isso que elas me dão enjoo. Meu sistema digestivo é delicado.*
> – *William, você não é alérgico às duas outras marcas de homus.*
> – *Sou, sim! Você não sabe de nada! Como pode saber se eu sou ou não?*
> – *Ah, tudo bem, William. Mas é a primeira vez que eu ouço falar de seu problema digestivo.*

Outra maneira pela qual eles apreendem a forma nociva de se sentirem com direitos é por seu intermédio. Eles costumam ver você agir como se nem todas as pessoas merecessem o mesmo respeito?

Eles veem você sendo intolerante com um vendedor, por exemplo?

"Pelo amor de Deus! Você não sabe nada sobre os produtos que vende? Eles não te treinaram?"

Eles veem você zombando dos outros?

"Se existir no mundo um cara mais idiota que o tio Arthur, eu gostaria de conhecer essa pessoa."

Ou sendo impaciente com pessoas que não podem evitar agir como agem?

"Biii, Biiii! Vai, anda logo! Anda logo! Olha aquele cara no carro na nossa frente: ele deve ter mais de noventa anos! Eles não deviam permitir velhos na estrada! Anda logo! Anda logo! Biii, biii!!"

E, finalmente, eles aprendem a se julgar detentores de direitos especiais caso as exigências normais não sejam feitas, ou os pais não insistam no seu cumprimento ao longo da infância dos filhos:

– Amarre o cadarço dos seus sapatos, Cindy.
– Não, você é que amarra.
– Ah, está bem, Cindy. Mas você não quer ser uma mocinha?
– Não.

– Preciso que você pegue os cobertores lá fora antes que comece a chover.
– Não posso. Estou ocupado.
– Você nunca ajuda em casa.
– É porque você sempre pede em algum momento inconveniente.

– Você tem que fazer o dever de casa de amanhã.
– Não posso. Estou muito cansada e com dor de cabeça.
– Coitadinha, está com dor de cabeça? Quer que eu escreva um bilhete para sua professora?
– Quero. Não. Faça o dever pra mim.
– De novo?
– É.

Sentir-se possuidor de direitos é bom se isso significar que, pelo mero fato de você ter nascido como membro da raça humana, você é especial e merece ser tratado bem e receber seu justo quinhão de tudo na vida. Sentir-se detentor de direitos não é tão bom assim se a sua versão de "especial" significa que você deveria receber uma porção maior que os outros, simplesmente por você ser quem você é.

ADOLESCENTES MIMADOS

Outra queixa comum a respeito das crianças e adolescentes de hoje é a de que eles são mimados. Ser mimado é obviamente um "parente próximo" de sentir-se cheio de direitos, mas aqui me refiro especificamente a ganhar coisas. A imagem clássica do adolescente mimado é a de alguém que ganha muitas coisas de forma muito fácil, de modo que seu mundo gira em torno de estar sempre ganhando e possuindo coisas maneiras.

"Que é que tem demais? Eu ganho um monte de coisas. Mas o que há de errado nisso? Você quer ver meus suéteres? E daí se eu passo boa parte do meu tempo em web sites de roupas e acessórios caros de grife? Isso não faz de mim uma má pessoa. Quer ver minha pulseira chique personalizada?"

"Eu sei que vai parecer muita ganância. E compreendo que sou uma pessoa de sorte por meus pais poderem comprar para mim coisas realmente boas e caras. E me importo com os pobres. Mas eu realmente preciso daquela calça jeans da Kismet. Eu sei que ela é cara. Mas meus pais não entendem o que vai acontecer se eu aparecer na escola com jeans de outra marca qualquer. Minhas amigas vão imediatamente notar, e vão sentir pena de mim – você não pode entender o quão mortificante é ver os outros sentirem pena de mim –, ou vão sentir que precisam se afastar de mim. Você não conhece minhas amigas. Elas vão dizer: 'Tina, não é que a gente não goste de você, e tal. Mas se certas pessoas nos vissem andando por aí com você e você estivesse usando esses jeans... quer dizer, tudo bem que não está certo, mas é assim que é. Iria pegar muito mal, mesmo, pra nós. Tenho certeza que você compreende como funciona. É que... o que isso diz sobre nós, ficar andando por aí com alguém que veste esse tipo de jeans?'"

"Quero dizer que eu sei que pode soar meio dramático demais, mas se meus pais não comprarem essa calça Kismet pra mim, isso vai arruinar a minha vida social. Na verdade, vai arruinar minha vida inteira. Acredite em mim."

"Está bem, eu vou vestir cada uma das duas calças jeans. E vou me olhar nesse espelho, e quero que você me diga se não consegue ver a diferença. Primeiro, eu na calça da Kismet. Certo? Fico ótima. Estou me olhando agora no espelho e fiquei bem. Agora, eu com esse jeans vagabundo. Não venha querer me dizer que você não nota a diferença! Eu não fico bem. Eu não posso ir à escola usando essa calça jeans. Não posso!"

Ou a alegação de Myron:

"Não está sendo um bom dia na escola. Eu me tornei uma pessoa inferior. Eu não era assim antes. Na verdade, até hoje de manhã eu ainda não era uma pessoa inferior. Eu não era uma pessoa inferior até exatamente as 10:13 de hoje. Foi nessa hora, no intervalo entre as aulas, que o Jamie Aldowitz me mostrou seu novo Delta Whisper (o mais ultrarrecente aparelho de comunicação do tipo faz-tudo). Infelizmente, desde aquele momento eu me tornei uma pessoa inferior. Não tem graça. E vou continuar sendo uma pessoa inferior até eu ganhar um Delta Whisper."

Naquele exato momento Myron recebe um pequeno pacote, que lhe é entregue no meio da aula por um mensageiro do gabinete do diretor. O pacote acaba de ser deixado na escola como uma entrega de emergência enviada a Myron por sua mãe. Ansioso, Myron abre o pacote.

– Oh, meu Deus! É um Delta Whisper. Posso erguer minha cabeça novamente. Agora, voltei a ser uma pessoa de valor.

O modo como o mundo funciona é assim: existem numerosas pessoas, inteligentes e criativas, que recebem muito dinheiro para criar produtos que se tornem muito desejáveis. Esses produtos ou têm uma aparência que lhes confere um grande apelo, ou são diferentes o bastante para que se tornem o modismo da vez. Os outros tipos de produtos extremamente desejáveis são aqueles capazes de realizar coisas que fazem o adjetivo "maneiro" subir mais um nível, coisas que você nem sequer imaginava que existissem, ou que você não desejaria tão desesperadamente até que essas pessoas muito espertas e criativas pensassem nelas.

As pessoas não deveriam ser definidas por sua aparência, e menos ainda por suas posses. Não é bom que você precise ter um monte de coisas legais para se sentir bem consigo próprio. Mas, ao mesmo tempo, essas coisas legais, enquanto existirem, vão exercer uma forte atração. Querer coisas não faz de você uma má pessoa. Se a maioria de seus amigos tem um celular bacana, é normal que você se sinta excluído se também não tiver um. E se você realmente desejar um celular caro e ganhar um, isso tampouco faz de você uma pessoa má.

Não queremos criar filhos que sintam que suas vidas são definidas por aquilo que eles têm. Ao mesmo tempo, viver no mundo em que eles vivem torna difícil não se sentirem, pelo menos até certo ponto, exatamente assim.

O que você pode fazer? Não dê a eles quantidades obscenas de coisas, mesmo que você tenha condições de comprá-las. Não deixe que eles pressionem você com muita frequência a dar-lhes coisas de que eles não têm verdadeira necessidade. Não deixe que pressionem você a comprar coisas que estejam acima de suas possibilidades financeiras.

Provavelmente, o mais importante de tudo é que você procure assegurar que eles interajam com o mundo, que se empenhem em *realizar*, em vez de simplesmente *ter*. Na verdade, você deve tentar assegurar que eles sejam ativos de forma tal que se sintam eficientes no manejo de suas vidas, isso como um valor independente daquilo que eles têm. O que já é aquilo que a maioria dos pais procura fazer.

Finalmente, é bom que eles sintam ao menos um pouco de culpa. Em boa parte, é você que deve fazer com que experimentem esse sentimento. Você lhes informa, de uma maneira bem sincera, que eles vivem em um mundo no qual há uma quantidade imensa de pessoas que nada possuem? E que o motivo pelo qual eles, seus filhos, *têm coisas* é porque tiveram a sorte de nascer onde nasceram? Nenhum outro motivo. Nada mais os separa daqueles que nada têm, exceto sua sorte. Se eles têm a boa fortuna de poderem possuir coisas boas, deveriam se sentir um pouco mais que ligeiramente culpados pelo fato de outros não haverem tido sua sorte.

ADOLESCENTES SEM CONSIDERAÇÃO

– *Mãe, você tem que me levar à papelaria, agora mesmo. Sabe meu trabalho de história? Eu tenho que entregar amanhã, e preciso de um pacote daqueles adesivos coloridos de separar páginas, porque a Sra. Tremblay disse que temos que usá-los para separar as seções.*

– *Darryl, estou no meio de um relatório que eu tenho que entregar amanhã. Você sabia disso desde o começo da semana, e só agora você vem falar comigo. Você não pode simplesmente esperar que eu largue tudo que estou fazendo para me colocar instantaneamente à sua disposição.*

– *Mas, mãe, você tem que me levar! O que é que eu vou fazer? Preciso dos adesivos agora!*

– *Darryl, você teve a semana inteira para me avisar. Não é justo você vir exigir isso de mim no último minuto. O mundo não gira à sua volta.*

– *Mas, mãe, é pra amanhã!*

Uma característica nada agradável dos adolescentes é que eles realmente não parecem compreender que o universo não gira ao redor deles e de suas necessidades. Se perguntarmos a Darryl:

– *Você não acha que está sendo meio sem consideração?*
– *Bem, eu sei que não devia ter deixado pro último minuto. Sinto muito, mas eu preciso dos adesivos coloridos.*
– *Mas você não acha isso injusto para com sua mãe?*
– *Não sei. Quero dizer, ela só vai precisar ir deitar um pouco mais tarde. Não é nada demais.*
– *Você não se sente ao menos um pouquinho mal em relação à sua mãe? Como você pode ter deixado isso para a última hora*

e agora nem sequer estar pensando que se interromper o relatório do trabalho dela vai lhe causar algum inconveniente?

– Pra ser honesto, eu não me sinto tão mal assim. Afinal de contas, ela é minha mãe. É isso que se faz quando você é mãe e tem filhos.

Eles contam como garantida a sua subordinação às necessidades deles.

Os adolescentes frequentemente agem como se seus pais fossem seus escravos, e supõem que estes devem estar prontos a servi-los em um piscar de olhos, e que não têm vida própria. Como os filhos podem ser tão sem consideração? Existe alguma maneira de ensiná-los a não serem assim?

O que se espera é que, à medida que toquem suas próprias vidas, os adolescentes tenham pelo menos uma parte de suas mentes dirigidas para você, em como você pode estar se sentindo, ou em quais devem ser as suas necessidades. Um pequeno lugar permanente nas cabeças deles que leva você em consideração – pelo menos um pouquinho.

"*Que efeito isso terá na mamãe? Como isso a fará se sentir?*"

Como você pode fazer com que eles entendam que não são o centro do universo?

"*Oi, eu estou aqui. Eu existo no universo. O mesmo universo que você ocupa. Olá, eu estou aqui.*"

Se você quiser atingir essa meta, não tente forçá-los a compreender o quão sem consideração eles são.

Darryl, será que pelo menos de vez em quando passa pela sua cabeça que outras pessoas além de você também têm suas próprias necessidades? Você não pode simplesmente seguir pela vida afora pensando apenas em si mesmo. Sabia disso? Pare de vez em quando e pergunte a si mesmo: "Que efeito isso vai ter na mamãe?" É tão difícil assim? Você não é a única pessoa do mundo.

As palavras acima são, na verdade, boas de serem ditas, e provavelmente entrarão na cabeça dele. O problema só ocorre se você esperar obter uma resposta positiva.

— Está certo, eu sei que às vezes sou muito egoísta. Vou tentar ser um pouco mais reflexivo. Eu sei que você também tem uma vida. Às vezes eu me esqueço disso. Tenho que pensar mais nisso daqui pra frente. Me desculpe.

Isso não acontece. Em vez disso, o que costuma acontecer é que eles respondem, mas não da forma que você gostaria:

— Isso não é justo! Eu penso nas outras pessoas, sim! Eu penso em você! Eu te dei flores no Dia das Mães. Mas acho que pelo jeito isso não foi bom o bastante pra você. De que adianta eu fazer qualquer coisa boa por você, se você nem reconhece?
— É inacreditável, Darryl! Você simplesmente não entende! Você não compreende uma palavra do que estou te dizendo!

Infelizmente, o resultado prático de tais interações é geralmente:
"Minha mãe não aprecia nada do que eu faço por ela. De que adianta, então, fazer alguma coisa, porra?"
Não é a lição que você desejava que ele aprendesse. E para os pais:
"Ele é impossível. Ele é totalmente impossível. Não importa o que eu diga. Então, de que adianta?"
Também não é o que você esperava.
A lição principal — e a única que conta — vem daquilo que você faz, e não daquilo que diz. A lição real aprendida depende de Darryl conseguir ou não que sua mãe o leve à loja. Não há nada de errado em ela decidir levá-lo. Talvez ela sinta que, por mais sem consideração que Darryl esteja se mostrando, a necessidade dele de obter os adesivos seja real, e ela não queira que ele tire uma nota ruim na escola.
Mas se ela fizer isso, a lição principal para Darryl será:
"Se eu conseguir fazer com que soe urgente o bastante, ela irá ceder. Ela vai ficar fula da vida comigo, mas vai ceder."
O que está ok, desde que não seja sempre o caso. Por exemplo, digamos que a mãe de Darryl estivesse se sentindo muito pressio-

nada em relação ao relatório que estava escrevendo, e não quisesse perder tempo, bem no meio de seu serviço, e a papelaria estivesse para fechar logo.

– Não, Darryl, não posso.
– Mas, mãe!
– Não posso, Darryl, sinto muito.

E ele acabou entregando o trabalho de história sem os adesivos de separar seções, perdendo, por isso, dez pontos do total de sua nota.

Ou um momento completamente diferente, quando a mãe de Darryl simplesmente decidiu não aceitar uma inconveniência:

– *Mãe, eu convidei T. J., Lanny e Melanie para o jantar.*
– *Sinto muito, Darryl. Eu só comprei o suficiente para você, eu e Kimmy, e não estou a fim de sair correndo pra comprar mais coisas a essa altura.*
– *Mas, mãe, eu já os convidei.*
– *Bem, você terá que desconvidar.*
– *Mas, mãe, é tão injusto!*
– *Da próxima vez, me pergunte antes.*

Os adolescentes precisam aprender que sua atitude servil tem limites. Você pode ceder às demandas deles vez por outra, mas isso se tornará um problema caso o lado egoísta deles começar a te governar em demasia. Por vezes eles precisam viver a experiência de não ser o centro do universo. Não é tanto uma questão de eles aprenderem a ter consideração pelos seus sentimentos. O que eles aprendem é uma lição diferente, porém necessária.

"*Se eu pedir a ela que faça algo por mim, talvez ela faça, talvez não. E se no futuro eu for pedir algo a ela, terei que levar em conta a possibilidade de que ela não faça, se for muito inconveniente para ela – se eu estiver pedindo demais –, pode ser que não role. Isto é, existe essa outra variável no universo, além de simplesmente aquilo que eu quero. Existe também o que ela quer. Que droga!*"

Então, como eles acabam aprendendo a ter consideração? Como desenvolvem uma parte de si mesmos que pensa de fato nos sentimentos dos outros e genuinamente não deseja causar sofrimento desnecessário aos demais? Essa é a característica que chamamos de empatia – colocar a si mesmo no lugar da outra pessoa.

"Como eu me sentiria se estivesse muito ocupado e alguém me pedisse pra fazer alguma coisa naquele exato instante, algo que aquela pessoa poderia ter me pedido em outro momento, quando sabia que eu não estava ocupado? Oh, eu provavelmente não me sentiria feliz. Iria me sentir muito irritado!"

Como é que eles aprendem isso? A partir da experiência de terem sido amados de forma incondicional e tratados com consideração e sem crueldade. Tudo isso é internalizado, e acaba por criar neles a capacidade de se importar genuinamente com os outros.

Um último componente poderoso do ato de ensinar seus filhos a ter consideração reside no fato de você próprio ter consideração por eles – independentemente de como eles agem ou deixem de agir em relação a você.

A mãe de Lindsay foi buscá-la na escola:

– Você quer que eu te deixe em casa antes de ir fazer minhas coisas? Fica um pouco fora do meu caminho, mas sei que é chato pra você ficar sendo arrastada para lá e para cá durante uma hora e meia.

– Sim, mãe, obrigada.

Linsday pensa:

"Foi muita consideração da parte da minha mãe."

Um pouquinho assim se espalha até longe.

É importante que ensinemos aos adolescentes que não somos seus escravos. Mas também precisamos mostrar a eles que somos sensíveis a seus sentimentos.

E, obviamente, como foi repetido várias vezes neste livro, se você é um pai bondoso e que demonstra consideração na maior parte do tempo, provavelmente já venceu a batalha. Existe no interior de seu adolescente uma parte boa e que tem consideração pelos outros, a qual já se manifesta no mundo.

"Darryl é sempre tão bom com aquela velhinha, a Sra. Tuttle, ajudando-a a atravessar a rua. Eu gostaria de receber também um pouco disso."

Você vai receber. Mas terá que esperar.

ADOLESCENTES INCONSCIENTES

Os adolescentes podem não apenas parecer completamente indiferentes a nossa existência como algo além de um objeto a serviço de suas necessidades, como também podem por vezes se mostrar um tanto incapazes de perceber a si próprios e de como sua forma de agir pode eventualmente prejudicar a sua imagem. Às vezes sua atitude faz lembrar muito um filme editado, com trechos totalmente cortados, como se certas cenas nunca houvessem acontecido.

A mãe de Kayla não queria deixá-la trazer Steven, seu namorado, para fazer a tarefa escolar em casa com ela, pois a mãe estava para sair e não lhe agradava a ideia de sua filha ficar sozinha em casa com ele.

– *Meu Deus do céu, nós não vamos fazer nada! Vamos estudar! Você é obcecada pela ideia de que eu sou algum tipo de vadia louca por sexo, o que eu não sou!*

– *Não, eu apenas não me sinto à vontade com vocês dois sozinhos aqui.*

A discussão continuou ladeira abaixo dali por diante, terminando com Kayla dando um chilique completo e gritando com a mãe sem medir as palavras:

– *Eu te odeio! Eu odeio essa porra dessa casa! Você me trata como se eu fosse uma porra de uma pirralhinha de dois anos de idade! Eu te odeio!* – durante muito tempo e recorrendo a um vocabulário de bem mais baixo calão.

Até que Kayla, em movimentos explosivos, deixou o aposento.

Na noite do mesmo dia, quando a mãe voltou da rua, ela confrontou a filha.

— Kayla, você perdeu a linha hoje de tarde, quando eu disse que não poderia trazer o Steven pra casa. Você não pode se comportar dessa maneira.

— Que maneira?

— Kayla, você deu um tremendo ataque essa tarde, e ficou me xingando quando eu disse que não ia poder trazer o Steven para cá.

— Não, eu não fiz isso. Você sempre exagera as coisas.

— Você deu um baita chilique.

— Não dei, não.

É como se aquilo nunca houvesse acontecido. Não apenas isso, mas também:

— Kayla, quero que você assista a isso.

— O que é isso?

— É um vídeo do surto que você teve hoje de tarde.

E sua mãe lhe mostra o vídeo.

— Essa não sou eu. É algum tipo de truque no vídeo, como se tivesse sido feito no computador.

Eles estão mentindo, ou são capazes de distorcer a realidade com tanta facilidade assim? A resposta provavelmente reside em algum ponto no meio do caminho entre essas duas possibilidades. Quando lidam com a família, alguns adolescentes (e também muitos adultos) podem ser surpreendentemente alienados quanto ao próprio comportamento. É como se em casa eles ficassem em um estado alterado de consciência, no qual, de alguma forma, qualquer coisa desagradável fosse deletada. Eles simplesmente não parecem assimilar. O que, então, você deve fazer?

O que você *não* deve fazer é despender uma quantidade enorme de energia tentando fazer com que seu filho assuma o que de fato aconteceu. Tentativas para fazê-los ver a verdade muito raramente – e eu digo *muito* raramente, mesmo – obtêm qualquer grau de sucesso. Em vez disso, o que invariavelmente acontece, e que impede diretamente que haja qualquer resultado positivo, é que você e eles acabam entrando em uma discussão cada vez mais raivosa a respeito do que realmente aconteceu.

> *— Kayla, você deu um baita ataque e ficou me xingando porque eu não deixei você trazer o Steven pra casa.*
> *— Eu não dei ataque nenhum! Você está sempre exagerando tudo que eu faço!*
> *— Não, você saiu completamente da linha.*
> *— Foi você quem saiu da linha! Foi você quem ficou gritando comigo!*
> *— Não, Kayla, você ficou gritando e xingando. Foi horrível!*
> *— Eu estava com um pouco de raiva. Quem não ficaria? Foi só isso que aconteceu! Você adora exagerar!*
> *— Eu não exagero.*

Infelizmente, quanto mais a mãe de Kayla se concentrar em fazer que sua filha admita o que realmente aconteceu, mais combativa Kayla se torna, defendendo sua posição e ficando cada vez com mais raiva da mãe. Quanto mais defensiva Kayla se mostra, mais ela considera sua mãe uma pessoa má, e mais sente estar sendo acusada. Ela não reflete a respeito do que pode ou não ter sido seu comportamento.

Se perguntarmos a Kayla:

> *— O que você acabou de aprender a respeito do seu comportamento a partir da discussão com sua mãe?*
> *— Que ela é uma bruxa.*

Será assim que ela verá a questão.

É muito melhor não se deixar capturar na armadilha de tentar convencê-los de qual é a história real. É bem melhor simplesmente afirmar o que aconteceu da forma como você viu, e prosseguir a partir daí.

– Kayla, eu não gostei da maneira como você agiu hoje à tarde.
– Que maneira?
– Você deu um tremendo chilique e me xingou quando eu disse que você não poderia ficar em casa com o Steven.
– Eu não fiz isso! Você está exagerando!
– Não quero que você volte a agir dessa maneira no futuro.
– De que maneira? Eu não agi de nenhuma maneira!

E a mãe de Kayla finaliza sua participação nessa discussão.

– Você não está me ouvindo! Eu não dei chilique nenhum! Você exagera tudo! Você acha que estou gritando com você quando eu não estou! Você é completamente insensível!

Ou seja, a mãe de Kayla, relativamente indiferente às negações da filha, marca sua posição e se afasta. Ela já deixou claro o seu ponto, e nada mais precisa dizer.

Kayla ouve a mãe, sim. Ela pode mudar ou não sua visão a respeito do próprio comportamento. Mas não haverá qualquer bate-boca a respeito do que realmente aconteceu, mas apenas uma afirmação feita pela mãe, a qual Kayla ouve e tem que acomodar em sua mente.

Será que ela irá mudar sua atitude no futuro? Talvez. Talvez não. Mas há uma chance muito maior de que ela reflita sobre o próprio comportamento, em vez de encarar aquela situação como apenas mais uma ocasião na qual sua mãe agiu como uma bruxa.

"Sei lá; eu tenho essa lembrança meio nebulosa de eu meio que gritando e dizendo um monte de vezes a palavra 'porra'. Não sei. A lembrança é muito vaga."

POR QUE NUNCA É CULPA DELES?

Os adolescentes não apenas parecem ter uma memória seletiva, como também, quando lembram algo, seu relato nunca os coloca em posição de culpados.

– Onde está o Major? Oh, não! Ele saiu de novo!
Meia hora depois:
– Elena, eu tive que percorrer a vizinhança inteira para encontrar ele. Qualquer dia desses não teremos tanta sorte, e algo ruim poderá acontecer. Quantas vezes eu vou ter que te dizer que a porta de tela tem que ficar fechada, e que você tem que ter certeza de que ela deu o clique?
– Não fui eu!
– É claro que foi você. Você era a única pessoa na casa.
– Não fui eu!
– Pare de dizer que não foi você.
– Não fui eu, e, além disso, como você pode querer que eu consiga fechar a porta direito se eu tenho tantos livros pra trazer da escola? Eu nem queria mesmo que a gente tivesse esse cachorro idiota!

Quando se trata de adolescentes, a culpa nunca é deles.

"Meu D+ em história? Eu te falei sobre o Sr. Terwilliger. Ele me odeia! Eu não sei qual é o problema dele. Desde o primeiro dia, ele pega no meu pé!"

"Só porque eu trouxe uns amigos pra casa quando você não estava, isso quer dizer que é culpa minha o Stevie Quinlan ter roubado dinheiro da gaveta de emergência?"

"É essa geladeira estúpida. Acho que está desalinhada ou alguma coisa assim. Toda vez que eu abro a porta alguma coisa cai."

Por que é que eles não podem jamais dizer: "É, foi minha culpa. Me desculpe. Eu vou me esforçar de verdade pra agir melhor no futuro."

"Bem, mas não é minha culpa. Meus pais sempre me culpam por tudo. Eles automaticamente pensam que a culpa foi minha. Quero dizer... eu faço coisas erradas às vezes. Todo mundo comete erros. Mas – realmente – eles me culpam por tudo."

A resposta humana normal a acusações é tentar desviar-se delas. Isso faz sentido. Se você fizer algo e alguém descobrir, geralmente haverá consequências desagradáveis. Na pior das hipóteses, as pessoas estarão com raiva de você. Ou talvez você seja punido, ou terá que compensar o que fez de alguma maneira.

– *Você quebrou a lâmpada. Vai ter que pagar por ela.*
– *Não quebrei!*

Os adolescentes negam a culpa não apenas para escapar de retaliações dos outros, como também negam ter culpa perante si mesmos. A maioria das pessoas sente remorso quando sabe ter feito algo de errado. É um sentimento desagradável.

"*É, eu sei que devia ter sido mais cuidadosa. Seria realmente uma droga se acontecesse alguma coisa ao Major e fosse por culpa minha. Eu não quero sentir culpa. É um saco.*"

Não apenas o remorso é um sentimento desagradável, mas também admitir a culpa para si mesmo significa que você terá que mudar seu comportamento no futuro. Você precisará ter mais cuidado quando for fechar a porta a cada vez que entrar em casa; terá que ser mais aplicado no que se refere a fazer o dever de casa, de modo a obter melhores notas em história. Você não poderá levar os amigos – ou pelo menos, não o Stevie Quinlan – para casa depois da aula. Você precisará ter mais cuidado ao tirar a comida da geladeira. Você preferiria não ter que fazer nenhuma dessas coisas. Isso dá trabalho.

Por isso, em sua maioria, os adolescentes preferem discutir e negar ter feito qualquer coisa errada, e nutrem esperanças de que, no processo, consigam desviar o foco daquilo que eles fizeram. Em suas mentes, é bem melhor culpar alguma outra pessoa; caso contrário, consequências indesejáveis irão advir.

"*Foi o vento.*"

Então, como você pode ensinar seu adolescente a assumir a responsabilidade por suas próprias más ações? O que você pode fazer para que eles venham a compreender que o que fizeram é um problema, e que precisarão mudar seu comportamento no futuro?

O que você não desejará sob tais circunstâncias é qualquer coisa que permita que seu filho evite encarar a verdade nua e crua a respeito daquilo que fez e suas consequências.

Infelizmente é muito fácil acabar, inadvertidamente, tomando a direção errada. Isso ocorre quando os pais despendem muito tempo e esforço tentando fazer com que seus filhos admitam a culpa. Os pais tendem a valorizar em demasia a importância de obrigá-los a assumirem a culpa por seus atos, e em fazê-los pedir desculpas.

"Fui eu. Foi minha culpa. Eu não tive cuidado, me desculpe."

Ótimo. Mas conseguir fazer o adolescente dizer tais coisas ajuda em quê? Será que ao dizer *"Fui eu. Me desculpe"* significa que é isso que eles realmente pensam? Ou será que significa apenas que você conseguiu submetê-los de modo que eles dirão as palavras que você quer ouvir, apenas para se livrarem de você? Infelizmente, o processo de tentar fazê-los assumir funciona, na verdade, contra o seu objetivo. Nas mentes deles, isso permite que transfiram a culpa para longe de si mesmos.

— Elena, é sua responsabilidade se certificar sempre de que a porta fique bem fechada.

— Eu fecho! Não é minha culpa se essa porta estúpida não fecha direito! Você devia mandar consertar!

— Elena, a porta está boa; o que acontece é que você não espera o tempo que precisa para ter certeza de que deu o clique.

— Eu espero, sim! Você não sabe de nada!

— Elena, quando é que você vai aprender a ter mais cuidado? Você só pensa em si mesma o tempo inteiro. Você nunca pensa no que pode acontecer.

— Eu penso, sim, no que vai acontecer! Você é que não quer gastar dinheiro pra consertar a porta! Tudo que acontece é automaticamente minha culpa!

— Ora, foi mesmo sua culpa, Elena.

– Não, é culpa sua, porque você é muito pão-dura e não manda consertar a porta.

Em sua mente, Elena transfere a culpa para a mãe:
"Mamãe é uma idiota. Ela nunca acredita em nada que eu digo. Ela devia comprar uma porta nova. É difícil demais ter que fazer a porta dar clique todas as vezes. Ela é muquirana demais."

E quanto mais Elena é acusada, mais defensiva ela se torna, e menos ela olha para seu próprio comportamento. Quanto mais ela encara sua acusadora como a vilã e contra-ataca, mais ela se distancia de ver e aceitar a responsabilidade pelas próprias ações. Ela vai se convencendo de que a responsabilidade reside fora dela.

Então, o que você deve fazer?

Diga o que você pensa que eles fizeram. Diga por que você considera aquilo um problema. E, se quiser, diga como você se sentiu a respeito. Mas diga todas essas coisas de forma breve. E em seguida cale-se.

– Elena, o Major fugiu e eu tive que percorrer a vizinhança inteira para encontrar ele. Você tem que se certificar de que a porta de tela dê o clique direito. Todas as vezes. Qualquer dia desses não teremos tanta sorte, e algo ruim poderá acontecer.

Elena, obviamente, irá replicar.

– Eu não deixei a porta aberta! Eu não fiz nada de errado! Eu não sei como foi que isso aconteceu! Você não acredita em nada do que eu digo! Seja como for, você tem que comprar uma porta nova!

Mas a mãe de Elena já disse tudo que tinha a dizer. A essa altura, ela sem dúvida alguma deverá parar de falar. Mesmo quando sua filha insistir:

– Você é obcecada por controle! Nada que eu faça está certo pra você!

Elena gostaria de despejar toda a culpa na mãe, mas esta, ao não discutir, impossibilita que a filha tenha a que se opor. Elena está presa aos fatos crus: ela não fechou a porta corretamente, e, como resultado, Major saiu, e algo ruim poderia ter acontecido. Ponto final.

– *Você nunca acredita em nada do que eu digo! Nada! Nunca!*

Mas sem alguém com quem discutir, Elena está falando consigo mesma. Assim, em sua cabeça – uma vez que, ao recusar-se a discutir, sua mãe não fica no caminho disso – Elena não pode evitar pensar:

"Aquela porta estúpida... por que ela não pode simplesmente fechar sozinha? Ninguém entende o trabalhão que dá. Mas seria terrível se alguma coisa acontecesse ao Major."

Sem nenhum dos pais a desempenhar o papel de vilão, Elena não tem como se desviar da culpa. Ela tem que aceitar o fato de que não foi cuidadosa e que provavelmente deveria ter mais cautela no futuro.

Os filhos não aprendem a assumir a responsabilidade por suas ações em decorrência de seus pais os convencerem de que a culpa foi deles. Eles aprendem vendo as consequências de suas ações.

E, como é tão frequentemente o caso, recaímos naquela tão importante habilidade parental: saber quando calar a boca.

POR QUE ELES SÃO SEMPRE TÃO NEGATIVOS?

E há aqueles adolescentes que parecem ser sempre muito negativos. Se eles tiverem algo a dizer, geralmente será algo desagradável.

– *Mãe, esse suco de laranja está com um gosto amargo. Está estragado. Está nojento.*

A mãe de Evan toma um gole.

– *Está legal pra mim.*

– *Não tá, não. Está estragado. Você devia jogar isso fora.*

"Ele está sempre reclamando. Sr. Negatividade. Como na noite passada, quando eu lembrei a ele que iríamos à casa da tia Reba, e ele imediatamente respondeu: 'Droga, que programa estúpido e entediante.' Mas ele sempre acaba se divertindo – o que

ele nunca admite depois. Sempre que algo sai de sua boca, é sempre uma reclamação ou um comentário depreciativo."
– *Esse carro está com um cheiro esquisito.*
"Qualquer coisa que eu diga recebe uma resposta negativa."
– *O quintal não está bonito?*
– *O que você quer que eu diga? É um quintal.*
"Qual é o problema dele?"

O problema de Evan é a adolescência. Até atingirem essa fase da vida, as crianças parecem ser abertamente entusiásticas a respeito de tudo.

– *Mãe, mãe, você tem que ver isso!*
– *Evan, é um inseto morto.*
– *Não, não, mãe, você não entende! É muito legal! Olhe pra ele! É o besouro mais maneiro que já existiu!*

Mas agora ser entusiasmado – especialmente com você – não é nada maneiro. Demonstrar entusiasmo significa se abrirem para você, um convite para que compartilhe a experiência interna deles. Não é exatamente isso que eles desejam. Sendo fechados e negativos, eles te mantêm a distância. E isso é muito mais seguro.
"É, tipo... eu não quero compartilhar meus sentimentos íntimos com meus pais."
Entretanto, por mais estranho que possa parecer, boa parte desses comentários pode não ser tão negativa quanto aparenta. Muitas dessas afirmações são apenas a forma deles de fazer contato, a versão deles do *"Oi, que bom te ver"*, mas como não são capazes de explicitar isso, acaba saindo como *"Esse suco de laranja está estragado"*.
Outra fonte de negatividade tem a ver com o fato de que os adolescentes, assim como nós – porém ainda mais –, usam o lar e a família como um espaço onde todos os estresses reprimidos vividos ao longo do dia finalmente encontram um lugar seguro para serem manifestados. Não significa que eles irão te contar o que os aborrece:

— Hoje na hora do almoço os meninos não fizeram outra coisa além de ficar me zoando, dizendo que eu estava bancando o otário com a Christine. E eles não queriam parar. Eles estavam se achando muito engraçados. Mas a vontade que eu tinha era de dar uns tapas neles.

Você não ouve esses tipos de comentários. O que você ouve são queixas de como o gosto do suco de laranja está ruim.

Então, como você deve responder?

Como sempre, segue aqui a minha sugestão do que *não* fazer:

A resposta mais comum à negatividade adolescente costuma ser algo do tipo:

"Se você não tiver nada de positivo para dizer, então é melhor ficar calado."

Também há essa:

"Você sabia que existe um monte de crianças passando fome no mundo que seriam gratas por poder beber esse copo de suco?"

As duas são boas, se for isso que você quer dizer. Mas como você já deve ter aprendido com a experiência, ouvirá como resposta alguma coisa como:

"Eu teria algo de positivo para dizer se não fosse pelo fato de que tudo nessa casa é uma droga."

Ou:

"Mas essas crianças famintas não estão aqui, então é melhor a gente jogar esse suco fora."

Tudo que você obterá será mais do mesmo de sempre.

Eu também aconselharia a não dizer:

"Aqui está uma lista de todos os comentários negativos que você fez só nessa semana. Assim você pode ver até que ponto você é o Sr. Desagradável-de-se-Viver-Com."

A resposta mais normal à negatividade deles é apontá-la e explicar o quanto é desagradável. Mas tudo que você estará fazendo ao agir assim será acumular ranzinzice sobre ranzinzice. Conforme eu descrevi anteriormente, essa estratégia quase sempre só piora as coisas.

Em minha experiência, é muito melhor ser direto. Ir direto ao assunto. Sem ficar na defensiva. Mas também não sendo crítico.

— *Sinto muito se você não gosta do suco de laranja. Você não precisa beber, se não quiser.*
— *Eu não quero. Está amargo e estragado. Não devia ter um suco com esse sabor estranho em casa.*

Mas uma vez que não está nos seus planos jogar fora o suco de laranja, você nada mais tem a dizer. Por isso você encerra sua participação na conversa. Mesmo que Evan continue, ainda desejando mais contato amoroso.

— *O suco de laranja está estragado! Tem algo errado com as suas papilas gustativas! Está com um gosto horrível!*

Obviamente toda essa negatividade é apenas um estágio. Logo, o Evan de vinte e dois anos de idade deverá dizer:

— *Lembra aquele suco de laranja que a gente costumava tomar quando eu era adolescente? Ele era bem gostoso.*
— *Então, por que você sempre reclamava dele?*
— *Não sei. Pra bancar o difícil?*

CULTIVANDO BOAS MANEIRAS

Havia quinze minutos que Jordan, seu pai e seu irmão estavam sentados à mesa de um restaurante quando o garçom trouxe uma das refeições.

— *De quem é o frango à parmegiana?* — perguntou o garçom.
— *Meu!* — disse Jordan. E lançou-se avidamente sobre o prato, tão logo foi colocado à sua frente.
— *Jordan, espere até que nossos pratos cheguem antes de começar a comer* — disse seu pai. — *A forma educada de agir é esperar até que todos tenham sido servidos, antes de começar a comer.*
— *Mmpf* — disse Jordan, com a boca cheia de frango à parmegiana.

Mais tarde, enquanto voltavam de carro para casa:

– Jordan, quando é que você vai aprender a ter boas maneiras? Você não pode seguir vida afora agindo como alguma espécie de selvagem incivilizado.
– Boas maneiras são frescura. Estou falando sério, pai. Boas maneiras são frescura. São os que os ricos esnobes fazem pra mostrar como eles são superiores aos outros. Boas maneiras são falsidade. Pense a respeito, pai. Boas maneiras são exatamente o oposto de agir como você sente vontade de agir. É julgar as pessoas baseado em seus gestos falsos, e não em quem elas realmente são.

Queremos criar filhos que saibam boas maneiras, mas, para muitos adolescentes, isso é algo a ser desdenhado. Eles acreditam que as boas maneiras não são genuínas. Muitos desses mesmos adolescentes sentem também que ter boas maneiras requer um nível de esforço que eles preferem não ter que despender.

Eu acredito em ensinar boas maneiras a nossos filhos. Elas são benéficas. É bom para uma criança ou adolescente tê-las em seu repertório cotidiano. Estou falando aqui de cortesias comuns, como dizer "Por favor", "Obrigado" e "De nada". Olhar as pessoas nos olhos quando você fala com elas, e não ficar resmungando. Comer com os talheres apropriados. Mastigar com a boca fechada. Esperar até que todos sejam servidos. Dizer "Você poderia, por favor, me passar as ervilhas?", em vez de se apoderar delas.

Existem alguns motivos muito reais e práticos pelos quais as boas maneiras fazem sentido. O primeiro deles é que elas tornam as coisas mais agradáveis para os outros, os quais irão, por sua vez, ser mais agradáveis com você. As boas maneiras ajudam a iniciar interações em um tom positivo, especialmente com pessoas que você está acabando de conhecer. Boas maneiras estabelecem uma fórmula, um roteiro de como agir. Elas ajudam a saber o que dizer e fazer em uma situação nova. É comum que as pessoas que não têm boas maneiras fiquem intimidadas em novas situações ou diante de pessoas novas. Como consequência, elas não se saem bem em territórios que não lhes sejam familiares.

Ter boas maneiras ajuda você a pôr um pé na porta do clube das qualidades – um clube do qual é muito útil fazer parte.

"*Eu não vou fazer isso. É muito careta.*"

Então o que os pais devem fazer?

Continue insistindo no "Por Favor", "Obrigado" e "Levante a cabeça quando estiver falando com as pessoas". Se eles apresentarem objeções, responda calmamente:

"*Você pode achar que as boas maneiras são algo estúpido. Mas eu quero que você as pratique, mesmo assim. Elas fazem diferença na forma como o mundo vê você. É útil ter boas maneiras.*"

Não discuta. Não castigue. Apenas persista.

Pode ser frustrante. O máximo que você conseguirá obter será uma aceitação rabugenta. Mas, quando eles se tornarem adultos, a maioria deles compreenderá o sentido que existe em ser educados. Eles podem até mesmo te agradecer por lhes ter ensinado boas maneiras.

– *Eu não vou agradecer nada. Quero fazer parte do clube dos maus modos.*

– *Não, você apenas acha que quer fazer parte do clube dos maus modos.*

Como eu disse, persista.

– *Jordan, lembre-se: se ofereça para carregar um desses pacotes.*

– *Tá, tanto faz.*

– *Obrigado, Jordan.*

– *Isso é tão careta e patético.*

– *Não, lembre-se: a resposta correta é "De nada".*

IRÃO ELES APRENDER ALGUM DIA?

Como é que eles um dia vão aprender? Eles cometem tantas gafes, e o tempo parece estar expirando rapidamente. E o que é pior, nada que você faça parece estar fazendo com que eles mudem minimamente que seja. Como poderão aprender a agir de uma forma que lhes possibilite atravessar o resto de suas vidas convivendo com os outros e tendo bons hábitos suficientes e senso de responsabilidade, de modo que possam sobreviver no mundo lá fora por conta própria?

Como é que eles chegam algum dia a aprender? A partir do que você lhes ensina. A partir do modelo de comportamento adulto que você apresenta a eles. A partir da forma como você age com eles. A partir de como você age com os outros também. E, conforme eu disse antes, se você tiver sido um pai basicamente bom e apoiador, o pacote que lhes proporcionou irá tornar-se parte deles. E, com o milagre do amadurecimento, eles se tornam adultos. Com a maioria dos adolescentes, você não precisa se preocupar em supri-los com todas as coisas que lhes faltam no último momento. Elas já estarão lá.

Existe um último fator importante nessa área a ser abordado: como irão os adolescentes realmente agir quando tiverem que se virar sozinhos no mundo adulto? Quer eles queiram, quer não, a partir de então eles terão que ser verdadeiramente responsáveis pelas consequências dos próprios atos. Ou seja, eles terão que encarar os resultados daquilo que fizerem. Eles aprenderão que não há outra escolha.

Consideremos o exemplo de Celine e sua mãe:

— *Celine, o que é isso?*
— *O que você acha que é? Um melão cantaloupe.*
— *Não foi isso que eu quis dizer. O que é que uma casca de melão está fazendo na geladeira?*
— *Sei lá, tem ainda um pouco de melão nela.*
— *Não, Celine, é só a casca. Você não pode comer toda a polpa do melão e depois deixar só a casca na geladeira.*
— *Ora, ainda tem um restinho de melão aí. É você mesma quem sempre diz pra eu não desperdiçar comida.*

A mãe de Celine pensa: *"Eu não me importo tanto com o melão que já foi comido; mas não vai demorar para ela estar no mundo adulto lá fora, e ainda há tantas coisas para as quais ela não está nem aí! Se ela não aprender e mudar, como é que vai sobreviver por si mesma?"*

Se perguntarmos a Celine:
— *Celine, o que há com esse cantaloupe? Ninguém vai comê-lo, e ele simplesmente vai ficar lá na geladeira até apodrecer.*
— Não sei, pode ser que em algum momento eu coma o resto. Pode acontecer.
A mãe de Celine:
"*É isso que eu quero dizer. Ela simplesmente não entende.*"

Certamente é isso que deve parecer. No entanto, ela não é essa causa perdida completa que sua mãe pensa que é. Será que ela aprenderá algum dia?

Vamos dar uma espiada no futuro. Celine tem agora vinte e cinco anos e mora sozinha em um pequeno apartamento. Ela trabalha como representante de vendas, e acaba de romper um relacionamento de três anos com um namorado. Vamos olhar dentro de sua geladeira. Lá está uma casca de melão cantaloupe semelhante e um pote de iogurte aberto destampado, começando a dar mofo nas beiradas.

"*Viu? Ela não aprendeu. Eu sabia que isso iria acontecer! Eu sabia!*"

Mas esperemos um pouquinho mais. Talvez Celine esteja começando a mudar. Talvez ela tenha começado a notar que sempre que compra um melão cantaloupe e come só a parte do meio, deixando a carcaça na geladeira, ela nunca volta para comer o restinho que sobrou. Após uma semana ou duas, o melão começa a ficar com uma aparência de estragado, e ela acaba jogando-o fora. Talvez um dia, depois de ter comido a parte interna do melão, em vez de colocar o restante na geladeira, ela se dê conta de que não faz sentido agir assim, e jogue as sobras fora. Dali por diante Celine passará a jogar direto no lixo as cascas de cantaloupe, em vez de deixá-las apodrecer no congelador.

"*Eu não acredito! Ela aprendeu? Minha Celine aprendeu?*"

Como pode isso ter acontecido? Por que não aconteceu antes? Celine aprendeu porque já não era mais uma criança. Ela era uma adulta. Agora eram apenas ela e as consequências de suas ações. Quando se é adolescente, assumir a responsabilidade pode ser um pouco como um truque de mágica. Se você puser uma casca de melão cantaloupe na geladeira e nada fizer, dentro de uma semana, talvez menos, a casca não estará mais na geladeira. Ela terá desaparecido por completo. Algum adulto – provavelmente um dos pais – se cansou de ver aquela casca de melão na geladeira, e jogou-a fora.

"*Viu? Eu disse que o melão iria sair dali. Não seria um problema.*"

Mas se você estiver vivendo sozinha e puser cascas de melão na geladeira, toda a mágica se vai. O melão simplesmente permanece lá, e acaba apodrecendo.

Um adolescente pensa: "*Eu não preciso fazer isso agora mesmo. Sou apenas uma criança, com outras pessoas para cuidar das coisas por mim. Serei responsável mais tarde, quando eu for adulto. Simplesmente não estou a fim agora.*"

Esse "mais tarde" acaba finalmente chegando. E quando chega, nem todos os adolescentes aprendem, mas a maioria sim.

Então o que devem os pais fazer nesse meio-tempo? O que deveria a mãe de Celine fazer? A resposta pode ser: qualquer coisa que ela deseje. Ela pode reclamar. Ela pode tirar fotos da casca de melão dia após dia e as colar na geladeira para documentar o declínio gradual do melão em processo de mofar. Ela pode parar de comprar melões cantaloupe.

Os problemas só aparecem quando a mãe de Celine se esforça muito para tentar fazer com que a filha aprenda. Ela despende energia demais nisso porque sente que o tempo está expirando.

– *Celine, quantas vezes eu vou ter que te dizer? Não ponha cascas de melão de volta na geladeira!*
– *Celine, quantas vezes eu vou ter que te dizer?*
– *Celine, quantas vezes?*
– *Celine!*

É essa a lição final, e não se trata de uma lição que você possa ensinar-lhes. As pessoas mudam, amadurecem mesmo depois de adultas. E isso acontece porque, como adultas, elas se confrontam – diariamente – com as consequências nuas e cruas de seu próprio comportamento.

"Hmmm. Você sabia que os melões cantaloupe têm um tipo de cheiro adocicado que dá náuseas?"

E isso acontece até mesmo para aqueles que se tornam adultos e continuam vivendo na casa dos pais. Não sendo mais crianças, eles agora possuem status de adulto. O trato é diferente. Além disso, eles amadureceram de fato. E, talvez para a supressa dos demais, eles começam a assumir a responsabilidade de adultos onde eles não teriam feito antes.

"Acho que é melhor eu jogar fora esse melão. Ele tá começando a estragar, e fui eu quem o pôs ali."

É assim que acontece com boa parte do processo de educar adolescentes. Para todos aqueles traços de caráter desagradáveis, você não precisa se esforçar em demasia para moldar seus adolescentes. Muitas dessas batalhas podem ser batalhas que você já venceu.

QUANDO SEU ADOLESCENTE NÃO ESTÁ SE TORNANDO A PESSOA QUE VOCÊ DESEJAVA

"Harrison nunca teve um bom desempenho na escola, mas sempre se mostrou bom em descobrir como fazer as coisas, aparecendo com ideias em que a maioria dos garotos não teria pensado. Lembro-me de uma vez, quando era apenas um garotinho, ele fez uma escada com livros e cadeiras para conseguir alcançar a estante. Foi impressionante.

"Sempre achei que ele se sairia bem. Não para ser um desses garotos que, quando os amigos perguntam como ele está, você tem que murmurar palavras inaudíveis e torcer para que mudem de assunto. Mas é exatamente isso que ele se tornou.

"Ele agora está no fim do ensino médio e só tira C e D, com um ocasional F. E ele não faz nada. Só fica saindo por aí com seus amigos fracassados. Sei que ele fuma muita maconha. Em casa,

procura ficar fora do meu caminho, para evitar que eu lhe peça para fazer qualquer coisa que seja.

"Eu costumava reclamar com ele, mas isso era menos que inútil. Dizem que alguns garotos demoram um pouco mais para amadurecer, que isso acontece mais tarde na vida deles. Mas não vejo isso acontecendo com o Harrison."

E Harrison pensa:

"Eu sei que meus pais desejam que eu me dê melhor na escola, e que tenha mais interesses. Mas é assim que eu sou. Sou uma decepção para eles. Mas estou feliz com o que estou fazendo. Talvez não seja o suficiente para eles, mas pra mim está bem.

"Não gosto de ficar perto deles porque isso sempre me faz sentir que não sou bom o bastante para eles. Mas eu sou quem sou. Não posso evitar ser eu mesmo. Quero estar com pessoas que estejam felizes por eu ser eu mesmo, que não estejam me julgando o tempo inteiro."

É normal você ter expectativas em relação aos seus filhos. É normal que se sinta desapontado quando seu filho não alcança o que se espera dele – especialmente quando um amigo ou parente está falando do filho que vem apresentando um ótimo desempenho.

– Dexter ficou muito desapontado quando tirou um B+ em história.

– Meu Harrison ficou muito desapontado ontem à noite quando viu que na televisão só estavam passando reapresentações.

Aflija-se por não obter o que você esperava. Mas em privacidade. No carro. No meio da noite. Quando o dia amanhecer, porém, ele continuará sendo seu filho. Ele precisa e merece seu amor e seu apoio tanto quanto aqueles adolescentes de alto desempenho.

Você pode continuar reclamando. Isso significa que você espera mais dele. Mas estabeleça uma regra:

"Eu só estou autorizada a lhe dar sermões algumas vezes por mês. No restante do tempo, terei que ser um pai amoroso e que o apoia."

Por fim, talvez ele surpreenda você, ou talvez não. Ainda assim, existe uma ironia a respeito dos filhos conforme crescem: não são necessariamente os mais bem-sucedidos aqueles que proporcionam mais prazer às vidas de seus pais ou os que pensam melhor.

Seus filhos serão sempre seus filhos. E por acaso seu filho merece menos o seu amor e seu apoio do que um filho mais bem-sucedido nos termos do mundo?

O FILHO PERFEITO

Era uma manhã de terça-feira. A mãe de Jason estava de pé na cozinha quando, subitamente, notou que não estava sozinha. Um garoto que parecia ter quinze anos surgiu do nada.

– *Quem é você?* – perguntou a mãe de Jason.
– *Eu sou o filho que você sempre desejou.*
– *Bem que eu te achei familiar. Agora que você mencionou, você parece com o meu Jason. Mas suas roupas são tão limpas e de bom gosto, e você parece tão bem penteado.*
– *Olhe, veja quem vem descendo a escada* – disse o Jason bem-vestido. – *É o Jason verdadeiro.*

E realmente, descendo atabalhoadamente os degraus, vinha o verdadeiro Jason.

– *Ele nem sequer olhou para mim* – disse a mãe de Jason.
– *Veja isso* – disse o Jason fantasioso, e subiu a escadaria, somente para descê-la em seguida.
– *Oi, mamãe. Eu te amo. O que temos para o café da manhã? E, a propósito, eu estou indo muito bem na escola e escrevo poesia. Quer ouvir meu poema mais recente?*
– *Quem é esse panaca? De onde ele veio?* – disse o verdadeiro Jason, que acabara de perceber a presença do visitante.
– *É o você que eu sempre quis* – disse a mãe.
– *Eu achei que ele parecia familiar, só que patético.*
– *Oi, eu sou você, só que perfeito. Não, na verdade eu sou você do jeito que sua mãe sempre quis que você fosse.*
– *Por que você se veste desse jeito engraçado?*
– *É o jeito como a mamãe sempre quis que eu me vestisse.*

— *Mas você parece ter jeito de idiota.*
— *Não, pra mamãe eu não tenho. Não é, mamãe?*
— *É verdade. Ele está vestido exatamente do jeito que eu sempre imaginei que ele seria.*
— *Mãe, posso te ajudar em algo?* – perguntou o Jason perfeito.
— *Ora, que meigo!*
— *Acho que vou vomitar* – disse o Jason real.

Subitamente um cavalheiro grisalho e distinto surgiu no aposento.

— *Quem é você?* – perguntou a mãe de Jason.
— *Sou o escritor dessa história. Posso fazer acontecer o que eu quiser. Desse momento em diante você poderá escolher ter um ou o outro dos dois Jasons. A escolha é sua. E se você decidir ficar com o Jason perfeito, você jamais se lembrará de que seu Jason real um dia existiu, ou que você fez essa escolha. Assim você não terá que sentir culpa por ter relegado seu Jason verdadeiro ao esquecimento eterno. O único porém é que você tem apenas vinte segundos para fazer sua escolha. E se você não decidir dentro desses vinte segundos, eu transformarei todos os dois em coelhinhos gigantes.*
— *Isso é tão cruel!*
— *Vinte... dezenove... dezoito...*
— *Posso falar com o Dr. Wolf?*
— *Sou eu.*
— *Você não se parece com ele. Na foto você parece bem mais novo.*
— *Sim, bem, aquela foto foi tirada já faz alguns anos.*
— *Você deveria atualizá-la, seria mais honesto.*
— *Tudo bem.*
— *Você pode me prometer que o Jason verdadeiro irá crescer e amadurecer direitinho? Que ele será bom comigo?*
— *Não, eu não posso prometer isso. Mas é o que provavelmente acontecerá. E, aliás, seu tempo está acabando. Três.. dois... um...*
— *Vou ficar com o meu Jason.*

– *Oops, sinto muito, tarde demais.*

E os dois garotos desapareceram, sendo substituídos por dois coelhos gigantes em pé na cozinha.

– *Que é que eu vou fazer com dois coelhos gigantes?*

– *Gdoink. Gdoink* – disseram os dois coelhos gigantes.

– *Eu estava só brincando. Aqui está o seu Jason* – disse o Dr. Wolf.

E, dessa maneira, o verdadeiro Jason estava de volta, e o Dr. Wolf e o coelho gigante que sobrara desapareceram.

– *Eu acabei de te salvar do esquecimento porque te amo* – disse a mãe de Jason.

– *Do que você está falando?*

– *Esqueça.*

CAPÍTULO OITO

OS ADOLESCENTES E SEUS DILEMAS

Matthew, de sete anos, estava brincando no parquinho com um grupo de outras crianças. Seu pai estava sentado num banco, próximo a ele. De repente Matthew separou-se do grupo e veio correndo em direção ao pai.

– *Papai! Papai! Eles estão implicando comigo!* – disse Matthew, aos soluços. – *Papai, manda eles pararem!*

A mãe da pequena Reina, de sete anos, havia entrado no quarto da filha para dizer-lhe boa-noite, e estava sentada à cama da filha quando esta começou a chorar.

– *O que foi, doçura? O que está havendo?*
– *Eu sinto saudade da vovó Lucy* (que havia morrido um ano antes).
– *Eu sei, todos nós sentimos* – disse a mãe.

Oito anos depois:

– *Matthew, você parece meio abatido. Tem alguma coisa errada?* – pergunta-lhe o pai.
– *Não.*

– *Reina, você parecia estar meio tensa hoje. Tem alguma coisa te aborrecendo?*
– *Mãe, dá um tempo!*

PAIS COMO AJUDANTES

Era tão mais fácil quando eles eram mais novos. Se tivessem um problema, quase sempre este chegaria aos seus ouvidos. Você era a pessoa a quem eles se voltavam para tornar as coisas melhores. Porém, com a determinação adolescente de que devem ser independentes, eles acham que buscar você para obter ajuda deve ser, na verdade, o último dos recursos. Logo, se houver um problema, este somente se manifestará quando houver atingido as proporções de uma crise, quando parece ser muito mais difícil saber como ajudar.

"Meus pais têm boas intenções, mas abraços não vão ajudar a resolver meus problemas. É meio difícil de explicar, mas quão mais pessoal for uma coisa, menos eu desejo que eles fiquem sabendo a respeito, já que seria... tipo... superconstrangedor se eles descobrissem. E na verdade eu não acho que exista algo que eles possam fazer ou dizer que vá ser realmente útil. Simplesmente não acho que compreendem coisa alguma disso."

Para os pais, tais situações podem ser motivos de perplexidade.

"Era tão diferente quando ele era um garotinho. Agora que é um adolescente, os problemas parecem tão mais sérios. Há tantas coisas perigosas lá fora: drogas, sexo, álcool. Ele acha que eu não sei nada sobre o seu mundo. Mas eu sei que na verdade ele é muito ingênuo, que acha que sabe muito mais do que realmente sabe. Tudo isso me apavora de uma forma que não acontecia quando ele era uma criança. A sensação que dá é que o que acontece agora afetará o resto da vida dele. Que isso conta. Eu não tenho muita certeza do que fazer, mas, seja como for, não sei o quanto eu deveria me envolver. Quanto precisa aprender para que possa lidar com as coisas por si mesmo?"

Eles podem não recorrer a você como faziam antes. E quando os problemas vêm à tona, os eventos parecem se desenrolar em sua direção tão rapidamente que, com frequência, você pode ter uma sensação opressiva. Mas sem dúvida você ainda pode e continua desempenhando um papel importante e útil nas vidas de seus filhos.

TRANQUILIZANDO UM ADOLESCENTE QUE NÃO PODE SER TRANQUILIZADO

Certa noite, Erin dirige-se à sua mãe, muito aborrecida.

– Eu não acredito! Eu dei uma de imbecil hoje no almoço! Entrei num bate-boca com o Adam [seu quase namorado] e perdi o controle completamente! Eu gritei com ele e o xinguei! Fiz a maior cena no meio da cantina! Todo mundo tava olhando! Não sei como vou conseguir ir pra escola amanhã! Estou me sentindo tão humilhada!

– É claro que você pode ir à escola. Sei que é constrangedor. Mas o pessoal vai esquecer logo. Vai ser como se fossem notícias requentadas.

– Você não entende! Postaram no Facebook! Graças a Deus ninguém fez um vídeo, ou a gente teria que se mudar pra outro estado!

– Erin, acho que você está exagerando. Escute: em um ou dois dias isso vai passar, e todo mundo terá esquecido essa história.

– Não vão, não, mãe! Eu vou ficar com uma reputação de lunática, e todo mundo vai olhar esquisito pra mim! Eu sei como rola: as meninas não vão mais querer andar comigo!

– Vão, sim. Elas já sabem quem você é, e não será uma única cena que vai mudar isso.

– Você ainda não entendeu: minhas amigas não são leais! Elas podem te largar de uma hora pra outra!

– Você não dá às suas amigas o devido crédito. Elas são capazes de compreender que as pessoas às vezes explodem. Todas elas já devem ter tido seus próprios ataques, talvez não na cantina da escola.

– Eu não vou à escola amanhã!

"Nada que eu diga parece ajudar. Quanto mais eu tento reassegurá-la, menos segura ela parece se sentir."

Pode ser muito frustrante. Para eles qualquer problema parece ser o fim do mundo. E quando você tenta ser razoável e contribuir com um pouco de perspectiva, todos os seus esforços para tranquilizá-los só parecem tornar as coisas ainda piores. É comum que você sinta que seu adolescente está lutando contra você, e não tentando sentir-se melhor.

– Você não entende, mãe! Se alguém achar que você é um pouquinho esquisita que seja, eles não querem nada com você!
– Não é verdade, Erin.
– É verdade sim!

O segredo reside em procurar compreender a natureza da preocupação do adolescente. Muitas vezes essa preocupação pode adquirir vida própria. Para cada palavra de conforto, para cada motivo pelo qual a coisa possa não ser o desastre que Erin teme que seja, seu cérebro gera um fluxo incessante de contra-argumentos. É isso que os cérebros fazem, e cérebros inteligentes o fazem com uma prontidão de resposta maior ainda. Uma vez que cada palavra tranquilizadora de sua parte suscita neles uma nova preocupação, na verdade eles ficam ainda mais perturbados.

Então o que você deve fazer? Compreender que os adolescentes *podem*, sim, ser tranquilizados por você. Mas não será tanto pelo seu raciocínio, e sim pelo fato de você ouvir a preocupação deles e demonstrar empatia por seu sofrimento genuíno. Eles sentem que você os ouve e que quer apoiá-los. Mas uma parte significativa do efeito positivo causado por você reside no fato de que, ao ouvi-los, você não está nem de longe tão preocupada quanto eles estão. O sucesso do seu esforço de tranquilizar seu adolescente decorre não apenas da sua presença empática, mas também de sua própria convicção de que as mais profundas preocupações de seu filho adolescente não são razoáveis. Você tem aquela porção útil de informação que faz parte do conhecimento adulto, a saber: que grande parte do que parece perturbador no momento em que é vivido tende a esmaecer e se tornar irrelevante com o passar do tempo. Não que seja solucionado, mas deixa de ser perturbador. Mas isso se aprende não por se seguir uma linha de raciocínio, e sim pela experiência de vida.

Para tranquilizar seus filhos, você não deve se basear na lógica. O que aconteceria se o raciocínio lógico deles fosse capaz de confundir o seu raciocínio lógico? E se eles te convencerem de que todos os motivos que você apresentou para que não entrem em pânico não são válidos? O que você fará então?

— *Então veja, mãe, nem mesmo esses seus argumentos se sustentam.*
— *Você tem razão, Erin! Você me convenceu! É um desastre! Oh, meu Deus do céu, o que nós vamos fazer?*

Na verdade, o que você está dizendo é: eu não tenho como oferecer respostas para todas as suas preocupações. Mas. pela minha experiência, ouvindo o que você está me dizendo, eu simplesmente não fico tão preocupada assim.

O fato de você ouvir as preocupações de seus filhos e não ficar preocupada, é o que, em última análise, acaba por ter sobre eles um efeito tranquilizador.

— *Eu não sei mais o que dizer, Erin. Sei que é chato, mas acho que você ficará surpresa de ver como isso vai passar rápido. Eu simplesmente não estou muito preocupada com isso.*
— *Mas eles vão rir da minha cara! Eu sei! Eu conheço o pessoal! Eu não vou poder mais sentar perto de nenhum deles de novo!*

Lembre-se: a chave está em sua atitude tranquilizadora e empática, e não em suas palavras

— *Erin, eu não sei mais o que dizer. Eu sei que isso realmente te deixa preocupada, e entendo o quão perturbador isso é. Mas eu simplesmente não estou tão preocupada quanto você.*
— *Mas você não entende! Você não está ouvindo o que eu estou falando!*

Mas você está. E ela sabe que você está. E que o fato é que você não está preocupada do modo como ela está. E isso ajuda bastante.

— *Eu te ouvi, sim, Erin. Eu sei que isso perturba. Apenas não vejo as coisas do jeito que você as vê.*

– Tá bem, eu vou pra escola! Mas você vai ver: será um desastre total!

– Pode ser incômodo por um tempo. Vai ser difícil no começo, mas tudo isso vai cair no esquecimento.

– Mas eu não vou saber o que eles estão pensando, porque agora acham que qualquer coisa que digam pode me fazer ter outro ataque! Por isso eles vão aos poucos deixando de ser meus amigos, e eu nem ao menos saberei que isso está acontecendo!

– Eu não penso assim. Mas sei que você se preocupa com isso.

– Você não sabe!

Erin vai à escola. E é desagradável. Mas felizmente – como geralmente acontece – o evento logo se torna notícia requentada.

E SE SEU ADOLESCENTE ESTIVER DEPRIMIDO?

Uma mãe ou um pai reflete sobre sua adolescência:

"Eu me lembro de quando eu era adolescente. Cara, meu irmão, que tempos aqueles! Eu me divertia a valer! Eu pintava o sete! Aqueles, sim, foram dias felizes. Meus tempos de adolescente, que época fantástica aquela!"

Alguém que vive agora sua adolescência vê as coisas de forma bem diferente:

"Isso tudo é uma tremenda baboseira! Você quer saber como é ser adolescente? Deixe que eu te fale da escola. É um tédio! Eu tenho que tirar boas notas se quiser ter futuro. Mas na verdade eu não consigo tirar boas notas. Eu nem ao menos sei se é mesmo verdade que a gente precisa tirar boas notas pra ter um futuro decente. Mas não quero correr o risco. Por isso estou sempre sentindo essa pressão sobre mim. Mas eu odeio estudar, e detesto ter que fazer a tarefa de casa, e me preocupo por ter que fazer assim mesmo, o que é um saco, mas acho que eu não me preocupo o bastante, pois não fico motivado a fazer a tarefa. Tudo que minha preocupação faz é fazer com que eu me sinta um lixo, já que praticamente o tempo todo eu não estou fazendo o que devia estar fazendo.

"E, sim, eu tenho uma vida social. Mas, pra dizer a verdade, ultimamente o que tenho achado melhor é encher a cara. E isso me preocupa, mas eu não vou contar a ninguém que me preocupo com isso. E eu sei que estou apenas me enganando quando digo a mim mesmo que posso ficar sem beber se eu quiser. Pois eu sei quando estou e quando não estou mentindo pra mim mesmo. Na verdade, eu fico na fissura de beber, e não deixaria de beber por nada neste mundo. Acho que eu meio que estou fodido, né?

"Enfim... a principal coisa na minha vida social é que – a não ser quando estou bêbado – às vezes parece que eu digo coisas estúpidas às pessoas, ou faço coisas estúpidas, e elas não saem como eu imaginava. Daí eu entro em algum tipo de drama porque alguém fica puto da vida comigo, o que não foi minha intenção. E eu não tenho a mínima noção de como fazer as coisas melhorarem. Há uns caras que parecem ser bons nisso, mas eu não sou um deles.

"Se eu penso em me matar? Já pensei, mas nunca seria capaz de fazer isso. É tudo tão difícil, e não parece que nada realmente bom vá um dia acontecer. E às vezes eu simplesmente não vejo motivos pra seguir em frente, se vai ser sempre assim, exceto pelo fato de que dizem que quando você é mais velho fica ainda mais difícil. Grande coisa pra se desejar!

"Meus pais são legais, e eu sei que me amam. Mas de que me adianta, se eles não têm a menor noção, não sabem como é ter uma vida como a minha? A única coisa que eles sabem fazer, na verdade, é me encher o saco pra eu ajudar com as chatices da casa, como se fosse algo muito importante. Mas, nosso relacionamento é só isso?"

A maior parte dos adolescentes irá eventualmente entrar em depressão; eles podem até ficar bastante deprimidos. É normal. É uma ocorrência frequente na vida adolescente.

Eles podem ficar deprimidos devido a coisas ruins que acontecem em suas vidas: um relacionamento amoroso que se deteriora. Problemas com amigos. Problemas na escola.

Eles podem ficar deprimidos porque a vida nem sempre é fácil ou divertida, e pode parecer que as coisas ruins superam as boas, que tudo simplesmente parece ser complicado demais.

Eles podem ficar deprimidos em decorrência de uma predisposição psicológica inata a ficarem deprimidos.

Como você pode saber se seu adolescente está deprimido? Existem sinais padrão de depressão: notas escolares piorando; perda de interesse nos amigos e atividades; recolher-se; dormir demais. Tristeza perceptível; irritabilidade; ausência generalizada de alegria.

O problema é que as características acima podem muitas vezes servir para descrever qualquer adolescente, de qualquer época. Ser adolescente pode ser duro, estressante, decepcionante. A questão não é tanto se eles estão ou não deprimidos, e sim se existe algo que esteja acontecendo com que você deva se preocupar.

Você pode perguntar.

– Katrina, você tem parecido deprimida ultimamente.
– Você acha que eu estou deprimida? Viver nesta casa é deprimente, mas eu não estou deprimida!

Se eles estiverem deprimidos, pode ser que não se deem conta disso, ou que não estejam dispostos a conversar a respeito. Mas haverá vezes nas quais eles lhe contarão.

– É, acho que estou. Tem muitas coisas diferentes acontecendo ao mesmo tempo. Tenho me sentido bem chateada. Há vezes que eu nem sei muito bem o porquê.

Mas como você pode saber se deve ou não se preocupar? A resposta não se aplica somente à questão de seu filho estar ou não deprimido. Ela também vale para quaisquer preocupações que você possa ter quanto a eles estarem vivenciando algum problema emocional ou psicológico significativo, quer se trate de depressão, ansiedade, abuso de substâncias, impulsividade (agir impensadamente de uma forma que cause regularmente problemas) ou TDAH (Transtorno de Déficit de Atenção e Hiperatividade).

A regra é: esteja atento a problemas significativos em qualquer das grandes áreas da vida de seus filhos. Pergunte a si mesmo se seu filho:

- Tem problemas significativos na escola – com notas, comportamento ou faltas demais às aulas;
- Parece não ter amigos, ou está perdendo os amigos que tinha;
- Tem problemas significativos para comer ou dormir (seja demais ou de menos);
- Parece ser muito retraído, ou infeliz, a maior parte do tempo.

Todos esses devem ser motivos de preocupação. Isso vale especialmente se tais problemas continuarem com o decorrer do tempo; nesse caso, pode ser uma boa ideia procurar um profissional de saúde mental. O pediatra de seu filho costuma ser a melhor referência para que você obtenha uma boa indicação de um profissional na região onde mora.

Se uma criança ou adolescente estiver manifestando problemas psicológicos significativos, profissionais de saúde mental podem ser genuinamente úteis. Eles podem ajudar a indicar se há ou não motivos para sérias preocupações, e, em caso positivo, podem ajudar a aliviar o problema.

Há um tipo de situação para a qual você não deve demorar a buscar ajuda: se estiver preocupado com a possibilidade de que seu filho venha a ferir a si mesmo ou outra pessoa, você precisa consultar um profissional o mais rápido possível. Caso tema que esse dano seja iminente, você deve ligar para os serviços de emergência ou levá-lo a um hospital. Se a situação aparentar ser insegura, não hesite em chamar a polícia. Você não vai querer correr riscos na esperança de que nada de mau ocorra. Quando há sérios motivos para preocupação quanto a um perigo iminente de alguém ser ferido, então algo de mal *pode* ocorrer. É sempre um erro não buscar ajuda se você estiver seriamente preocupado com a segurança de seu filho ou de qualquer outra pessoa.

A outra situação em que você sempre deverá consultar um profissional é se seu adolescente começar a falar que deseja morrer. Toda e qualquer conversa desse tipo deve ser levada a sério. Mesmo que se trate de uma brincadeira, parte de uma explosão de mau humor ou de um comentário lançado bruscamente em meio a uma ladainha de queixas, você não deve deixar passar. Como resposta, você sempre deve perguntar:

"*Você está falando sério? Está pensando mesmo em se matar?*"

E a menos que você seja completamente assegurado pela resposta de seu filho de que ele não pretende fazer isso, você precisa buscar ajuda. Também nesse caso, se achar que há uma possibilidade de risco iminente, aja exatamente como foi dito acima, tomando uma providência de emergência.

Se você tem um filho que talvez seja infeliz, independentemente do quão grave seja essa infelicidade, há sempre duas outras atitudes que você pode tomar de modo a fazer diferença no sentido positivo. Uma delas é – conforme aconselhei anteriormente – conversar regularmente com ele.

– *Como você está? Como vão as coisas na escola? Tem alguma coisa acontecendo?*

Você poderá receber ou não uma resposta positiva.

– *Nós temos mesmo que fazer isso sempre?*

Ou talvez:

– *Sei lá, tá tudo bem. Não se preocupe.*

Mas persista. Por vezes, você obterá respostas; em outras, não. Seja como for, seus filhos sempre ouvirão a mensagem: "*Estou preocupado em relação a você. Eu me importo com você, e não irei embora.*" E tal mensagem é muito boa de ser reforçada.

Finalmente, independentemente de qual possa ser o problema de seu filho, cabe a você sempre fazer o melhor para tornar seu lar um espaço bom de se viver. Quando o adolescente se sentir arrasado, ele saberá que sua casa estará sempre lá, um lugar seguro, e espera-se que agradável, onde ele pode desabar. Embora eles possam não se sentir felizes, a mera existência desse lugar caloroso e seguro em suas vidas pode fazer uma diferença significativa no sentido de ajudá-los a atravessar os momentos mais difíceis.

"Minha vida atualmente é uma merda, e não sei se vai continuar sendo assim ou não. Mas pelo menos tenho meu quarto e minhas coisas, e na maior parte do tempo meus pais não me amolam. Eu sei que eles me amam, embora isso não adiante de nada. Na verdade, minha casa não é tão ruim assim. E é deprimente admitir que a melhor coisa em minha vida é estar em meu quarto. Mas é assim que é. E odeio admitir isso, mas fico feliz de ter meu quarto."

E SE SEU ADOLESCENTE SE METER EM COMPLICAÇÕES?

A mãe de Alex está em seu local de trabalho quando recebe um telefonema da escola de seu filho:

– Sra. Crestman?
– Sim?
– Aqui é Charles Neely, diretor adjunto da escola secundária. A senhora terá que vir aqui para buscar o Alex. Ele foi suspenso por hoje por ter brigado com outro aluno.

Quando a mãe de Alex foi buscar o filho, ela soube a versão da escola sobre o acontecido: um professor que passava pelo corredor viu Alex empurrar outro garoto, fazendo com que este perdesse o equilíbrio e caísse. O outro menino disse que não o havia provocado. Alex também ficaria suspenso no dia seguinte – a pena automática prevista para quem briga na escola.

Tão logo Alex e sua mãe chegaram ao carro, ele disse em sua defesa:

– *Mãe, não foi nada disso que aconteceu! Travis Bennett faz coisas assim o tempo inteiro, e não apenas comigo! Ele me empurrou pra cima de um armário sem qualquer motivo, e eu o empurrei*

só pra tirar ele de cima de mim! Eu só estava me defendendo! Mas o Sr. Olivetti só viu essa parte. Além disso, o Sr. Olivetti não gosta de mim, porque ele me achava muito metido a besta quando ele foi meu professor de educação física no ano passado. O que talvez eu fosse mesmo, um pouquinho, mas isso não é motivo para me acusar de algo quando eu não fiz nada de errado! Eu juro por Deus, mãe!
Alex começou a derramar lágrimas.
– Você tem que fazer alguma coisa, mãe! Isso não é justo!

Deveria a mãe de Alex deixar a penalidade ser mantida, ou deveria ela se envolver diretamente na questão, procurando a direção da escola e defendendo o filho daquilo que poderia ser uma acusação injusta? Ou até mesmo desafiar agressivamente a escola quanto ao que percebe como uma injustiça?

Os pais com frequência dizem a seus filhos adolescentes que, agora que eles são mais velhos, terão que começar a encarar as consequências de seu comportamento no mundo real.

Mas quando seu filho adolescente se vê em uma complicação, as coisas tendem a parecer um pouco diferentes daquilo que você havia imaginado. Por exemplo, eles sempre parecem ter uma versão bem diferente da oficial, e geralmente suas versões são plausíveis e invariavelmente ditas com aparente sinceridade.

– Você tem que acreditar em mim, mãe! Eu não fiz nada de errado! Eu apenas me defendi! Juro por Deus!

E não apenas a versão dele parecerá convincente, como talvez o fator número um que mina as resoluções mais duras dos pais seja a ansiedade que imediatamente se manifesta:

"Agora que ele está no ensino médio, todas essas coisas podem macular seu histórico. Não apenas quando ele for se candidatar a uma vaga em uma universidade, mas também em sua ficha permanente. Eles dizem que registros desse tipo não sujam sua ficha de maneira permanente, mas quem vai querer arriscar? E se isso afetar o futuro dele?"

Então, o que fazer? Onde está a linha que separa a atitude superprotetora da defesa legítima dos interesses maiores de seus filhos?

Cada situação é diferente, e por isso eu não posso ditar aos pais uma regra curta e grossa. Mas há uma mensagem importante quanto a não assumir demasiadamente rápido uma atitude protetora. A mensagem é de que eles agora estão entrando em um estágio de suas vidas no qual você não tem mais condições de protegê-los por completo. Eles não podem agir impunemente. Eles não podem presumir que, independentemente do que façam, serão sempre blindados contra quaisquer consequências de seu comportamento. Afinal, em pouco tempo eles seguirão suas vidas por conta própria.

– *Não é uma questão de acreditar ou não. É que não podemos estar sempre protegendo você, quer você esteja certo, quer esteja errado. Certo ou errado, você terá que descobrir o que fazer para não entrar em nenhuma confusão. Se eles te discriminarem – mesmo que seja injusto – o que você pode fazer para que isso não aconteça novamente?*

E se seu filho estiver sendo realmente injustiçado? Caso isso seja visível, aja sem pestanejar. Mas em grande parte das vezes, você não tem certeza. Com frequência é praticamente impossível discernir o que exatamente aconteceu. Sob tais circunstâncias, lembre-se de que mesmo que seu filho venha a se envolver em alguma confusão por um motivo injusto (supondo que as consequências não sejam demasiado severas), a mensagem pode não ser tão ruim: o mundo lá fora é um lugar um tanto caótico, onde as coisas acontecem de forma um bocado aleatória, e você precisa estar atento e saber cuidar de si mesmo.

– *Alex, eu decidi que não vou ligar para a escola. Você terá que lidar com o que a escola decidiu.*

– *Você não vai ligar pra escola e lutar pelo seu filho? Você está me deixando à mercê de pessoas que são completamente injustas, incluindo um professor que me odeia?*

– Sinto muito, Alex. Eu posso estar errada, mas você terá que lidar com isso sozinho. Você terá que descobrir o que é que você precisa fazer para não voltar a entrar em uma confusão como essa no futuro.
– Mas você está abandonando seu próprio filho! Você vai mesmo abandonar seu próprio filho?

Às vezes isso é pelo bem deles próprios. Mas a triste realidade é que é extremamente difícil quando se trata de seu próprio filho.

CAPÍTULO NOVE

OS ADOLESCENTES E A ESCOLA

O pai de Logan e Vanessa se preocupa com seus dois filhos: *"Lá fora é uma selva. Eu queria que não fosse assim, mas é. Do jeito que anda o mundo, nada mais é automático. Quando você sai da escola, precisará de toda e qualquer vantagem que possua. Quero que meus filhos tenham bons momentos durante sua adolescência, mas a verdade é que aquilo que eles fazem agora, em seus anos escolares, fará diferença, uma grande diferença, no futuro deles. Mas eles simplesmente não conseguem entender isso."*

Talvez alguns realmente não entendam. Mas outros sem dúvida alguma entendem.

"Todo domingo durante o ano letivo é a mesma coisa. Sábado, eu curto bastante. Estou relaxado, e posso me divertir. E o domingo começa bem. Mas no finzinho da tarde, assim que o sol começa a se pôr, eu tenho essa sensação de ir afundando. É como uma nuvem negra. Começo a ficar ansioso, e continuo assim após escurecer e durante a noite inteira. E a mesma sensação está lá quando acordo segunda-feira de manhã. É como se eu morresse de medo do início das aulas toda semana. E ao longo do ano letivo isso acontece todo domingo. Sempre."

A EDUCAÇÃO E O FUTURO DELES

É assim a escola na vida dos adolescentes. Eles têm essa sensação bastante real – isso é dito a eles todo o tempo – de que, desde que começam o ensino médio, a coisa passa a ser pra valer. O que eles fizerem na escola agora irá determinar seu futuro. Todos eles captam essa mensagem. Todos são bem conscientes disso. Entretanto, aquilo que eles fazem dessa mensagem pode variar muito de adolescente para adolescente. Alguns a utilizam como um estímulo para darem o melhor de si mesmos. Mas muitos lutam contra a mensagem. Procuram afastá-la para bem longe deles.

— *Você não tem dever de casa para fazer hoje?*
— *Eu não preciso fazer dever de casa porque vou trabalhar no McDonald's o resto da minha vida.*
— *Isso é ridículo, Timothy, você não vai trabalhar no McDonald's.*
— *Vou, sim. Estou falando sério! Assim eu não vou precisar ficar sob essa pressão toda. Você não sabe como é difícil conseguir um emprego hoje em dia! McDonald's tá legal pra mim. Você vai ver!*
— *Timothy, você tem que começar logo a fazer o dever de casa.*
— *Eu já te disse: eu vou trabalhar no McDonald's.*
— *Mas você trabalhou no McDonald's outro dia mesmo, em maio deste ano, e você odiou, e largou o emprego depois de um único dia de trabalho.*
— *Foi, mas nesse caso é porque naquela época eu tava pensando nisso como uma carreira. Não, na verdade, eu vou ter minha própria banda de rock.*

Eles sentem a pressão e recorrem ao que quer que lhes venha à mente para negar seu efeito.

— *De que adianta estudar? Eu não vou mesmo usar nada disso no futuro.*
— *Não é verdade, meu querido. Você ficará surpreso com a quantidade de coisas que hoje podem parecer irrelevantes e que vão se mostrar úteis algum dia.*
— *Não vão, não! Isso é besteira! Me diga um só assunto que eu aprendo em minhas aulas que eu vou usar algum dia!*
— *Não sei dizer nesse exato momento, querido. Quero dizer... eu não sei tudo que você aprendeu este ano.*
— *Você não sabe dizer porque não tem nada de útil! Então eu estou certo: não adianta de nada. Então não tem por que eu fazer meu dever de casa.*

Mas eles nem sequer acreditam nas próprias palavras. Todos os adolescentes, bem lá no fundo, acreditam na importância da escola. Eles acreditam nas palavras que ouvem com tanta frequência do mundo adulto: *"Sair-se bem na escola lhe dará melhores oportunidades no futuro. Ir bem na escola lhe dará uma chance maior de ter uma boa remuneração e empregos mais interessantes."*

Os adolescentes podem dizer o contrário, mas acreditam em cada palavra.

Existe uma verdade básica no que diz respeito à escola secundária: se fizer a maior parte das tarefas escolares de casa, você terá um desempenho satisfatório no ensino médio. Suas notas serão boas. Seus pais não ficarão o tempo inteiro no seu pé. Você sentirá que está fazendo o básico daquilo que se espera de você. Caso contrário, se você regularmente deixa de cumprir seus compromissos, o ensino médio será uma luta. Você estará sempre com uma sensação lamuriosa de não estar fazendo aquilo que deveria.

MOTIVANDO ADOLESCENTES

Então, como você pode conseguir fazer com que eles se empenhem? Como motivá-los?

A família Petherbridge formou uma fila e, liderada pelo Sr. Petherbridge, marchou para fora do quarto da tevê, atravessando a sala de jantar e entrando na cozinha, onde eles fizeram meia-volta e retornaram ao quarto da tevê, entoando enquanto caminhavam:

> *Se trabalharmos como desesperados*
> *Nos manteremos bem alinhados*
> *E seguindo sempre em frente*
> *Chegaremos aonde não chega toda gente!*
> *S-U-C-E-S-S-O*
> *Tem sete letras*
> *E cinco delas são diferentes*
> *Mas juntas, juntas todas elas*
> *É assim que se vence!*

S-U-C-E-S-S-O!
S-U-C-E-S-S-O!
S-U-C-E-S-S-O!

Na verdade, se esse método funcionar, eu sou a favor dele. Mas quando se trata de sentar-se à mesa e fazer o dever de casa, estudar duro para as provas e prestar atenção de fato nas aulas, muito embora os adolescentes possam até comprar esse tipo de discursos lugar-comum – *"Eu quero me sair bem na escola"* –, a inspiração não costuma durar muito tempo.

– E o dever de casa?
– Eu já comecei, mas preciso dar uma parada. Volto a ele já, já.
– Mas e a sua declaração de que iria tentar de verdade, e que iria se sair bem de verdade? Você não estava falando sério?
– Eu estou falando sério! É só que neste exato momento eu estou realmente muito cansado. Só vou fazer um pequeno intervalo. Certo? Dá pra você dar um tempo, por favor?

Quando tudo o mais falha, os pais começam a considerar a possibilidade de recorrer a recompensas e punições.

– Agora, Enrique, quero que você olhe pela janela.
– Meu Deus, é um Lamborghini zerinho!
– Sim, e ele será seu – disse o pai de Enrique, sacudindo as chaves. *– Se...*
– Se o quê?
– Se nós gostarmos do seu boletim final. O que você acha disso?
– Vrummm! Vrumm!

– Mamãe, por que você está segurando esse calendário, e por que os meses de fevereiro e março foram retirados dele?
– Porque você poderá esquecer fevereiro e março se o seu primeiro boletim no segundo semestre for como o anterior.

— *Por que eu não posso ganhar um Lamborghini como o garoto do exemplo anterior?*

Recompensas e punições funcionam. Especialmente recompensas tais como incentivos financeiros e aparelhos eletrônicos caros, inclusive um carro. E as punições – geralmente algum tipo de restrição pra sair, como fazê-los ficar em casa nos fins de semana, tirar-lhes o telefone celular ou vetar o uso do carro – funcionam também. Em resposta, eles irão aumentar seus esforços. Eles terão um desempenho melhor. Mas então, depois de algum tempo – por vezes um tempo brevíssimo – as recompensas e punições deixam de funcionar. No que se refere aos trabalhos escolares, assim como à maioria das atividades que os adolescentes não gostam de realizar, recompensas e punições tendem a ser eficazes apenas a curto prazo. Com o passar do tempo – por exemplo, durante a trajetória de alguém ao longo do ensino médio – elas não funcionam tão bem, de forma nenhuma.

— *E o Lamborghini? Seu pai vai tirá-lo de você se você não obtiver boas notas, e rápido!*
— *Os Lamborghinis, na verdade, não são tudo isso que se diz deles. Além disso, você não entende o quanto eles são injustos na minha escola, com aquele montão de trabalhos pra fazer em casa! Ninguém consegue fazer o que eles querem!*

QUANDO A MOTIVAÇÃO NÃO É O PROBLEMA

Contrariamente ao que possa parecer, penso que a grande maioria dos adolescentes sente-se motivada a se sair bem na escola. Eles querem ir bem. E não apenas isso, como também acredito que a maior parte deles gostaria de fazer os deveres de casa.

Se perguntarmos:
— *Você raramente faz seu dever de casa, não é?*
— *É.*
— *Por que não?*

— Eu não sei. Acho que a principal razão é que eu nunca sinto vontade de fazer. É muito chato. O fato é que eu odeio fazer o dever de casa.
— Você quer ir bem na escola?
— Quero.
— Mas você não acabou de dizer o contrário?
— Não. Seria bem mais fácil se eu me desse bem na escola. Em primeiro lugar, as pessoas não ficariam pegando no meu pé o tempo inteiro. Eu sei que quem vai bem na escola consegue empregos melhores e essa bosta toda. Mas na maior parte do tempo eu simplesmente não sinto a menor vontade de fazer o dever de casa. Simplesmente não sinto a menor vontade.

Os adolescentes variam quanto ao seu grau de motivação para terem um bom desempenho escolar. Em sua maioria, no entanto, eles desejam genuinamente ser bem-sucedidos. O principal problema, contudo, não diz respeito à motivação, mas reside em outra questão – em um dentre dois planetas distintos. Deixem-me explicar.

Eu estudei na mesma escola secundária que minha irmã mais velha. Nós dois éramos muito motivados. *Muito* motivados. Eu fui bem na escola. Mas minha irmã foi extremamente bem. Penso que um dos motivos pelos quais minha irmã foi melhor que eu se deve ao fato de que ela era melhor em tudo que envolvesse o inglês.

Mas havia outra minúscula diferença entre nós dois. Sempre percebi que, quando ela tinha que ficar duas horas fazendo um dever de casa, ela pensava:

"Droga, vou ter que ficar duas horas fazendo o dever de casa."
Então ela sentava-se e fazia.

Eu, por minha vez, quando me via diante de duas horas de dever de casa, pensava:

"Olhe, vejam, aqui tem uma *Esportes Ilustrada* que eu só li duas vezes."

E começava a folhear a revista. Depois talvez eu me levantasse e fosse à cozinha pegar alguma coisa para comer.

"Eu devia estar fazendo o dever de casa. Eu farei. Vou começar em um minuto."

Em seguida eu possivelmente iria assistir a um pouco de tevê. Talvez fizesse mais um lanche. Talvez desse uma olhada em outra *Esportes Ilustrada*.

"Hmmm. Isso é bem interessante. Eu não tinha captado as nuances nas primeiras duas vezes em que li essa revista."

E se, em alguma rara ocasião, eu realmente me sentasse e fizesse um pouco do meu dever de casa, nem por isso eu iria entrar em um fluxo e trabalhar direto por um tempo. Meu estilo era um pouco diferente. Quando eu finalmente me sentava para trabalhar, eu fazia um pouquinho e então voltava para a *Esportes Ilustrada* ou para a geladeira. Eu não penso, tampouco, que eu era o único a praticar esse estilo de estudo; havia – e ainda há – muitos adolescentes, não muito diferentes de mim, para os quais a ideia de permanecer duas horas seguidas fazendo o dever de casa é impensável. Minha irmã e eu éramos ambos altamente motivados, mas, olhando em retrospectiva, eu sempre senti como se ela e eu pertencêssemos a dois planetas completamente diferentes.

As pessoas do planeta da minha irmã não são capazes de entender. Elas consideram totalmente incompreensível que se espere para fazer algo que precisa ser feito – especialmente algo cujas consequências por não fazer sejam tão claramente desastrosas. E não é apenas isso; as pessoas do planeta da minha irmã também acreditam que se elas realizassem a tarefa desagradável e a superassem, estariam livres para fazer qualquer outra coisa que desejassem, sem ter qualquer grande compromisso pendendo sobre suas cabeças para arruinar seu lazer. Aqueles alienígenas olhavam para sujeitos como eu e se perguntavam: "Por que eles simplesmente não vão e fazem o que têm que fazer?"

Como eu disse, para aqueles que pertencem ao plano paralelo dos fazedores, um comportamento como o meu está além da compreensão. Mas para nós, do outro planeta, trata-se de um estilo de vida. Assim que alguém da minha espécie se depara com algo que não nos sentimos inclinados a fazer, instantaneamente – e é isso mesmo que quero dizer: *instantaneamente* – emerge em nosso peito uma força de poder insuperável. *"Nãããooo! Eu não estou a fim de fazer isso! Eu realmente não estou a fim de fazer isso! Nãããooo!"* É um problema.

A questão central de meu argumento é que a ausência de motivação não é o fator mais importante quando acontece de regularmente os trabalhos de casa não serem feitos. Existem muitos adolescentes que têm dificuldades de aprendizagem genuínas, as quais tornam a realização do dever de casa muito mais difícil para eles do que para outros estudantes. Para eles, o processo envolvido no ato de fazer o dever de casa ataca sua autoconfiança, pois se torna um constante lembrete do quanto tal tarefa é difícil para eles, em comparação a seus colegas. Entretanto, eu acredito que, acima de tudo, o principal problema para aqueles que fracassam regularmente no que se refere a começar ou a concluir os trabalhos de casa necessários reside no grau de dificuldade de cada um em obrigar a si próprio a fazer aquilo que não sente vontade de fazer.

Parece haver uma diferença significativa de gênero. Ou seja, a maioria dos habitantes do meu planeta parece ser de rapazes. A maioria dos habitantes do planeta da minha irmã parece ser de garotas. E não apenas os rapazes parecem ser diferentes das garotas no que se refere a essa menor habilidade de se obrigarem a fazer aquilo que não sentem desejo de fazer, como também há uma característica rapazes-*versus*-garotas que interfere na capacidade dos meninos para fazerem seu dever de casa. E essa característica tem a ver com a maneira como cada um lida com a ansiedade.

VARRENDO A ANSIEDADE PARA BAIXO DO TAPETE

Existem duas abordagens distintas de como lidar com a ansiedade, as quais todos os pais devem conhecer. Listaremos abaixo algumas interações típicas entre pais e filho, e em seguida algumas interações entre pais e filha:

– *Tyler, o que você está fazendo?*
– *O que você acha? Estou vendo tevê.*

– O que você está assistindo?
– É um documentário sobre animais que comem outros animais.
– Você tem algum dever de casa para amanhã?
– E por acaso isso é da sua conta?
– Estou só perguntando.
– Sim, na verdade, tenho sim.
– E quando você planeja fazer esse dever de casa?
– Mais tarde.
– Mas já é bem tarde.
– E daí?
– Você está gostando do programa que está assistindo?
– Sim, é bem maneiro. Na verdade eu já assisti antes, mas ainda assim é bem maneiro.

– Deirdre, o que você está fazendo?
– O que você acha? Estou fazendo essa porcaria de dever de casa.
– Eu achava que ia passar hoje, agora mesmo, um especial sobre estudantes do ensino médio que tiveram o coração partido por seus namorados ou namoradas que os traíram. Você não quer assistir?
– Quero.
– Você não quer assistir agora?
– Quero, só que não posso.
– Não pode?
– É, não posso. Se eu assistisse agora, eu nem iria curtir, pois ficaria com essa porcaria de dever de casa pesando na minha cabeça. Eu não conseguiria assistir ao programa, pois ficaria preocupada com o dever de casa que tenho que terminar. Na verdade, estou gravando o programa, na esperança de que eu possa assistir a ele em outro momento.

– Alonzo, você já sabe para qual faculdade pretende se candidatar?

– *Não.*
– *Você já pensou a respeito?*
– *Não.*
– *Quando você planeja pensar sobre o assunto?*
– *Não sei.*

– *Zena, o que são essas pilhas imensas no chão do seu quarto?*
– *Ah, isso? São os cento e cinquenta e sete catálogos de faculdades que eu pedi pelo correio. Preciso decidir a qual delas vou me candidatar, e também tenho que ver se elas têm os cursos nos quais estou interessada.*

Os garotos adolescentes, em um grau bem mais alto que as garotas, têm a capacidade de varrer a ansiedade para baixo do tapete. Muito mais que as garotas, eles – em detrimento de si mesmos – são capazes de afastar sua mente da ansiedade normal, do desconforto normal que provém de haver algo que você precisa realizar pendente em sua cabeça. Trata-se de uma ansiedade que é útil, pois nos leva a fazer aquilo que precisa ser feito. As garotas, mais que os rapazes, são motivadas por esse tipo de ansiedade. Ela as mobiliza a fazerem o que precisam fazer, e até mesmo a fazê-lo bem-feito. Os rapazes parecem ser mais hábeis em suprimir por completo essa ansiedade útil.

"*Uau, vejam só aquele guepardo matando e comendo aquela gazela!*"

Por que existe essa diferença entre rapazes e moças? Isso é quase certamente parte das inúmeras diferenças fundamentais entre garotos e garotas. Haverá alguma relação entre esse fenômeno e o fato de existir um número quatro a cinco vezes maior de meninos que de meninas com diagnóstico de TDAH? Será que existe alguma diferença constitucional na forma como são estruturados os cérebros dos rapazes? Provavelmente. Mas independentemente de qual seja a explicação, a diferença está lá.

Belinda diz à sua mãe:

– Olha o meu fichário. Viu como está dividido em um código de sete cores? Viu como eu acrescentei uma frase temática para cada nova seção, apesar de não ser obrigatório?
– Onde está o seu fichário, Jimmy?
– Ih, caramba! Aquilo era um fichário?

VOCÊ DEVE DEIXAR QUE ELES FRACASSEM?

Quero falar sobre uma coisa que você não deve fazer. Quando comecei a trabalhar com adolescentes e seus pais, eu acreditava que estes nada deviam fazer diante dos filhos que não fazem seus trabalhos da escola de forma adequada. Eu defendia essa posição por crer que isso permitiria que os filhos vivenciassem o que lhes acontece caso não dedicassem o tempo e o esforço necessários às tarefas escolares. Quando não se saíssem bem, talvez até mesmo se fracassassem – eu raciocinava –, eles aprenderiam que precisavam mudar seus hábitos. De que outra maneira poderiam eles aprender as consequências de não se trabalhar duro o bastante? Entretanto, havia um pequeno problema: eles não pareciam aprender essa lição almejada. Simplesmente fracassavam. E continuavam fracassando.

Consequentemente, hoje eu acredito que quando os filhos não estão conseguindo ter um desempenho satisfatório na escola, os pais precisam, sim, envolver-se.

O que farão eles quando tiverem que se virar no mundo lá fora e não houver pais para supervisionar seu comportamento? Minha resposta é: talvez eles venham a aprender, talvez não. Mas há a esperança de que desenvolvam o hábito de trabalhar. E ao conseguirem concluir as coisas, eles terão aprendido hábitos significativamente melhores do que se tudo que aprenderam na vida foi nada fazer.

É preciso determinação para seguir esse conselho dos pais, já que os filhos irão invariavelmente dizer:

– Se você simplesmente ficasse na sua, você iria ver! Eu iria bem! Eu me sairia melhor do que com você ficando assim sempre no meu pé! Isso só piora as coisas! Porque a única coisa que acontece quando você age assim é eu ficar p. da vida, e daí mesmo é que eu não fico nem um pouquinho a fim de fazer qualquer trabalho!

Ao que eu recomendaria como resposta de um pai ou mãe:
– Está certo. Se eu ficar na minha e você for bem, continuarei na minha. Mas se suas notas caírem e sua escola relatar que o motivo se relaciona a deveres de casa que não estão sendo feitos, ou que estão sendo feitos de forma insatisfatória, eu voltarei a ficar no seu pé.

FAZENDO COM QUE SEU ADOLESCENTE FAÇA O DEVER DE CASA

Quer se goste ou não do fato, as crianças e adolescentes que fazem regularmente seu dever de casa e estudam para as provas se dão muito melhor nos ensinos fundamental e médio do que aqueles que não o fazem. Eles percebem que caminham do lado certo da escola, e não sentem uma nuvem permanente sobre suas cabeças, o que não se pode dizer dos adolescentes que regularmente deixam de fazer os trabalhos escolares que lhes são exigidos.

Então, o que você pode fazer para ajudar? Conforme eu discuti anteriormente, o valor da atitude dos pais de tentar motivar seus adolescentes como forma de melhorar seu desempenho escolar é muito limitado. Na melhor das hipóteses, é útil em curto prazo, mas de maneira nenhuma é tão útil assim em longo prazo, durante toda a vida escolar de uma criança pelos ensinos fundamental e médio.

O fator decisivo reside no fato de que você não pode realmente obrigar que alguém faça algo que essa pessoa não está disposta a fazer.

"Eu não estou a fim de fazer isso. Eu não vou fazer isso. E você não pode me obrigar a fazer."

Mas você pode estruturar o ambiente deles de modo a criar uma probabilidade maior de que os trabalhos escolares sejam feitos. Embora não possa realmente obrigá-los a fazer os trabalhos, você tem como se assegurar de que, pelo menos durante alguns períodos de tempo, eles não estejam fazendo coisa alguma que não seja as tarefas escolares.

Como isso pode ser feito?

O que vou descrever em seguida é mais ou menos o que muitas escolas preparatórias de tempo integral fazem. Elas estabelecem um horário, no fim da tarde, em que os estudantes não têm permissão para fazer coisa alguma que não seja um trabalho escolar. Estes podem estar em seus quartos, ou em uma área de estudos, mas as regras determinam evitar qualquer coisa que represente distração. E as escolas têm inspetores que andam pelos corredores reforçando o seu cumprimento. Alguns pais pagam preços bem altos para manter seus filhos em tais escolas. Talvez a aplicação desse tipo de abordagem possa funcionar para você.

Lembre-se de que, acima de tudo, você deseja proporcionar aos seus filhos o tipo de estrutura que ele pode não estar sendo capaz de criar. Eis algumas sugestões de primeiros passos que você pode dar:

- Estabeleça horários – de segunda-feira a quinta-feira, e domingo – nos quais o dever de casa tem que ser feito. Não precisa ser o mesmo horário todos os dias; eles podem variar ao longo da semana. Mas para a maioria, quanto mais fixo for o horário, melhor será.

- A regra é que, durante esse horário, seu filho adolescente não poderá fazer qualquer outra coisa. Nada de assistir à tevê nem de checar a página do Facebook, nem falar com amigos ao celular.

- Um lugar público da casa é a melhor opção de espaço para esse momento. Muito embora possa haver pessoas entrando e saindo, ainda assim isso será uma distração menor do que tudo que há no quarto de um adolescente. O quarto dele é uma segunda opção – com a porta aberta, para que seja fácil verificar se ele está cumprindo a regra.

- Eles têm permissão para ouvir música. Na verdade, muitos adolescentes estudam melhor quando ouvem música. Além disso, os adolescentes são multitarefa. Alguns deles são capazes de fazer seu dever de casa enquanto manejam aparelhos eletrônicos – mas, sem dúvida, não tão bem como quando o dever de casa é o foco exclusivo. Se seu filho adolescente estiver indo bem na escola – caso não haja notificações de tarefas não cumpridas ou notas baixas nas provas que sejam indícios de que ele não estudou o suficiente –, então você não precisa se envolver. Caso contrário, a imposição da regra que proíbe quaisquer outras atividades no horário de estudo deve ser mantida.

- O horário do dever de casa precisa ser estabelecido em um momento do dia no qual você ou seu cônjuge estejam em casa. Você é quem fará o papel do inspetor que confere periodicamente, para se assegurar de que seus filhos não estejam fazendo alguma outra coisa no horário combinado.

- A duração do horário do dever de casa deve ser limitada: uma hora e meia ou duas horas, não mais. Quando o tempo chegar ao fim, eles estarão livres para fazer o que quiserem. Caso não tenham concluído o trabalho, ainda assim o horário do dever de casa compulsório terá terminado. Se o horário da tarefa escolar prosseguir de forma indefinida, todo o plano irá por água abaixo. Caso o trabalho pareça interminável, eles irão desistir. É importante que sejam sempre capazes de ver luz no fim do túnel.

Algumas escolas impõem demandas que requerem um tempo ainda maior de dedicação aos trabalhos. Nesses casos, cabe somente a você usar seu discernimento para decidir se acha conveniente expandir o tempo compulsório – durante o qual seu adolescente nada mais poderá fazer que não seja estudar – ou não. Eu sugeriria uma regra na qual você ainda tem a expectativa de que o dever de casa exigido seja feito, mas que talvez, ainda assim, você se atenha às duas horas de tempo exclusivo para os trabalhos escolares; essa regra deverá estar sempre sendo reforçada por você. O resto depende deles. Mas, no fim das contas, a decisão quanto a estender ou não o tempo compulsório é sua.

Qual será o efeito da adoção desse tipo de medida? Talvez, pouco a pouco, eles comecem a empregar esse tempo para fazer pelo menos parte do dever de casa. E talvez, com o decorrer do tempo, a quantidade de trabalho produzida por seu adolescente durante esse período finito comece a aumentar. Conforme o passar do tempo, se você se mantiver fiel ao plano, eles tenderão a se aprimorar em termos da realização de suas tarefas escolares. Mas nunca espere que a eficácia deles venha um dia a rivalizar com a dos adolescentes pertencentes àquele outro planeta.

Finalmente, caso opte por seguir esse plano, você precisa sustentar sua posição. No início, eles vão se opor a essa regra com unhas e dentes. Mas se você se mantiver firme, noite após noite, eles verão que a regra será mantida, e então – mas somente então – pode ser que comecem a utilizar parte desse tempo de forma produtiva, em vez de usá-lo para protestar.

"*Isso é estúpido! Eu não vou fazer isso! Eu não estou realizando nada, a não ser te odiar ainda mais! Eu já mencionei que isso é estúpido?*"

O QUÊ? NENHUM DEVER DE CASA?

Todos nós já ouvimos isso antes – é a frase que dá início a uma das discussões mais comuns de todos os tempos:

– *Eu não tenho dever de casa hoje.*
– *Como pode ser isso? Eu achava que você tinha duas tarefas para amanhã e uma prova.*
– *Mas não tenho.*

Como bem o sabemos, ele está mentindo.

– *Eu não sei o que é pra fazer nos trabalhos de espanhol e de álgebra, e não conheço nenhum dos colegas de nenhuma das duas turmas pra poder ligar e perguntar.*

Ou:

– *Deixei todos os meus livros na escola.*

O que ele fez de propósito, na esperança de que isso tornasse impossível fazer o dever de casa.

– *Eu fiz todo o meu dever de casa no horário de estudo do quarto período.*

Que ela não fez.

Uma vantagem do horário de estudo preestabelecido é que isso oferece uma solução para o problema de os adolescentes mentirem a respeito do dever de casa. Se eles não têm feito suas tarefas regularmente, mas também têm sido desonestos quanto ao que precisa ser feito, você pode acrescentar um adendo à regra estabelecida: o horário continua valendo, independentemente de eles terem ou não uma tarefa escolar para fazer naquele dia, e durante esse período eles não estão autorizados a fazer qualquer outra coisa. E se disserem que não há nada que possam fazer, nem sequer um livro didático para ler, você pode inventar alguma atividade – que eles poderão fazer ou não –; seja como for, eles não têm permissão para fazer qualquer outra coisa.

Se apresentarem fortes objeções a tudo isso, você pode simplesmente dizer que tudo que eles precisam fazer para que as regras sejam mudadas é mostrar, ao longo de um período razoável, que estão sendo capazes de alcançar boas notas. Que não há quaisquer notificações da escola que indiquem que estão deixando de cumprir compromissos. Nesse caso, você ficará feliz por deixar totalmente nas mãos deles a responsabilidade pela realização das tarefas escolares. Você ficará feliz de poder se retirar do problema. Mas diga-lhes também que você está preparado para reverter tudo à antiga combinação, caso eles recaiam em seus hábitos de não fazer o dever de casa.

A questão central não diz respeito a mentir ou não mentir, mas ao fato de que você tem um filho que – por qualquer que seja o motivo – não está fazendo seu dever de casa. Diante disso, você tem uma escolha: envolver-se nisso ou não. E, caso você se envolva, a probabilidade é de que seu filho acabe fazendo mais trabalhos escolares do que se você ficar completamente alheio ao assunto. Mas isso também implicará uma necessidade de você dedicar mais tempo e energia, além de lhe causar mais dores de cabeça. É uma escolha.

– *E que tal você não fazer nada? É uma boa opção! Escolha essa! Eu vou dar duro! Vou mesmo! Você vai ver!*

Mas talvez ele o faça, talvez não.

LIDANDO COM O ESTRESSE

Os filhos captam a mensagem relativa à necessidade de se saírem bem nos estudos. E, para muitos deles, isso pode se transformar em uma verdadeira obsessão.

"*Tudo que eu faço conta. Não era assim quando eu estava no ensino fundamental, mas agora é. É tão competitivo! Se eu vacilar, mesmo que só um pouquinho, sempre haverá alguém que se sairá só um bocadinho melhor, e eu perco. É assim que é.*"

Há pais que impõem uma pressão demasiada aos seus filhos. Em muitos casos, porém, não são os pais que o fazem.

"*Não sei de onde ele tira essa ideia. Nós não o pressionamos. Sempre dizemos que queremos que ele faça o melhor que puder. Mas desde que sintamos que ele está se esforçando razoavelmente, nós nos damos por satisfeitos.*"

"*Isso é o que eles dizem, e suponho que acreditem nisso. Mas eles não sacam. Será que eles têm olhado pela janela ultimamente? Ninguém te dá nada, eu sei disso. É um mundo duro lá fora, e se você não consegue um bom emprego, então ninguém da minha idade será capaz de conseguir ter nem a metade de uma vida decente para si mesmo.*"

Obviamente, eles não estão errados em sua percepção de que o desempenho na escola faz diferença. A pressão é real e constante. Na escola, a qualquer dado momento há sempre trabalho a ser feito. E o trabalho nunca mais deixa de existir. Uma vez que as tarefas escolares tenham terminado, no dia seguinte haverá sempre mais trabalhos a serem feitos. Os alunos podem se sentir oprimidos. Eles crescem com a sensação de que tudo isso é demais para eles. Duro demais.

Existe um problema. O problema é que é necessário que a criança ou adolescente sinta estresse. As atividades escolares não são uma diversão. Muitas vezes, aliás, elas não têm absolutamente graça *nenhuma*. Então, como os estudantes se obrigam a fazer algo que eles sentem uma forte inclinação a não fazer? A resposta é simples: eles têm que se sentir como se precisassem agir dessa maneira. A pressão e a ansiedade resultante delas são coisas que fazem com que as pessoas trabalhem. A pressão é necessária.

"Eu não sinto pressão alguma. Não tenho medo das noites de domingo. Eu sei que, quando chegar a hora de dormir, eu já terei concluído meu dever de casa e estudado tudo que era preciso. O Sr. Tremmelman diz que o E em meu nome – Emily – deve ser a inicial de eficiência. Acho que talvez isso seja verdade. Esse Sr. Tremmelman é mesmo um piadista."

Mas as Emilys do mundo são raras.

Então o que os pais devem fazer? Ficar na retaguarda? Reclamar? Não é um dilema que se possa resolver por completo. A resposta é que, com a maioria dos adolescentes, você tem que fazer as duas coisas.

Quando eles ficarem muito enlouquecidos:

– *Meu Deus do céu, eu arruinei a minha vida. Tirei 74 na minha prova de biologia.*

– *Não, você vai se sair bem. Você é um bom aluno; vai se dar bem.*

– *Não vou, não! Eu não sei nada! Eu não tenho nenhum futuro!*

– *Que nada, você vai ficar bem.*

Eles podem nem sempre parecer reagir às suas palavras, mas sua voz da razão poderá surtir neles um efeito calmante.

Talvez seja bom você dar um tempo até, quem sabe, o dia seguinte, quando voltará a perguntar:

– *Eu pensava que seu projeto de história fosse para amanhã. Quando planeja fazê-lo?*

E ouvir como resposta:

– *Sai de cima de mim! Para de gritar comigo! Eu me sairia melhor se você não ficasse sempre gritando comigo, o que só me deixa com mais raiva, mais nervoso e deprimido! Hoje é domingo! Estou ficando com sintomas de crise de pânico! Não consigo sentir meu braço esquerdo! Estou com dificuldades para respirar! Ohhh! Acho melhor eu me deitar!*

A MOTIVAÇÃO DERRADEIRA

"O meu Clayton é um bom menino. Durante o ensino médio, no entanto, ele nunca parecia conseguir se orientar. Agora ele está no último ano, e provavelmente vai se formar por um triz. E não é porque ele não seja inteligente o bastante. Ele é um menino inteligente. Mas nunca se esforçou minimamente nos deveres escolares. Simplesmente parecia não se importar. Eu costumava ficar em cima dele o tempo inteiro, cobrando que fizesse as tarefas escolares e tirasse notas melhores, mas tudo que isso produziu foi um monte de bate-bocas, e ainda menos deveres de casa feitos. Para dizer a verdade, eu meio que desisti antes do fim do penúltimo ano. Dava pra ver que eu não estava chegando a lugar algum – a não ser, talvez, progredindo rumo a um colapso nervoso. Ele não se meteu em nenhum grande problema na escola secundária. Basicamente, vivia andando por aí com os amigos. Mas não o vejo indo para lugar algum."

"Sim, eu quero me divertir na escola. Que há de errado nisso?"

"Eu simplesmente não sei o que fazer. Já tentei de tudo, mas nada parece ter funcionado."

Seu primeiro pensamento é: *"O que vai acontecer com ele? Do jeito que está indo, ele não vai chegar a lugar algum. Ele levou a vida como se não houvesse qualquer futuro, nada que ele precisasse planejar. Eu me preocupo tanto com ele... O que posso fazer?"*

Resta a fonte derradeira de motivação: com o término do ensino médio, um jogo completamente novo tem início. Ele não terá mais que ir para a escola. Talvez tenha um emprego, mas quase certamente não será um por meio do qual ele será capaz de construir uma vida independente. Os meses vão se passar, e o que muito provavelmente se tornará claro para ele é que de alguma maneira ele aterrissou no fundo. Ganhando pouco ou nenhum dinheiro. Não tendo quaisquer perspectivas significativas. Embora isso funcionasse razoavelmente bem quando estava na escola, nesse momento, quando a maioria dos colegas que conheceu seguiram adiante, ele se dá conta de que essa situação em que se encontra não é mais aceitável. Ele reconhece que agora está no mundo real lá de fora – o mundo do trabalho. E ele não gosta do lugar onde se encontra. Os outros parecem estar se movendo para a frente em suas vidas, enquanto ele permanece imóvel. Está ficando para trás. E isso o obriga a refletir sobre o que até então eram pensamentos inimagináveis.

"Não sei. Parece que não tem tanta coisa acontecendo quanto costumava haver. Eu sempre me achei um cara legal. Mas já não tenho tanta certeza hoje. É que os outros caras estão na faculdade, e alguns deles estão até mesmo começando a ganhar dinheiro de verdade. Não vejo como vou conseguir obter as coisas como as outras pessoas parecem estar conseguindo se eu simplesmente continuar sendo quem sou. Que saco."

Essa é a alavanca derradeira. O mundo começa a seguir em frente sem ele, e ele sente isso. Ele sente a pressão de fazer algo. E à medida que o tempo continua, o mundo se move ainda mais. E ele permanece imóvel.

"Eu não sei. Realmente não quero ter que fazer isso, mas talvez eu deva dar uma olhada nos cursos da KCC" (a faculdade comunitária local).

Nem todos chegam a esse ponto. Alguns continuam à deriva. Mas é uma porção poderosa de motivação do mundo real que bate neles quando concluem o ensino médio. E você não precisa fazer coisa alguma para colocar em ação essa força poderosa. Só precisa esperar. Você conta com um grande aliado para empurrar seu filho para a frente. Esse aliado sempre esteve ali, esperando pela sua vez – caso seja necessário.

CAPÍTULO DEZ

OS ADOLESCENTES E A FAMÍLIA

Até aqui eu falei principalmente de questões entre um dos pais e o adolescente. Mas a vida de um jovem não se limita a interações em pares ou trios. A coisa fica mais complicada. Seu adolescente é parte de uma família. E as famílias possuem suas próprias questões.

ENTRE PAI E MÃE

Eu sei que você reconhecerá esse tipo de interação:

– *Ricky, desligue o computador e venha jantar* – disse seu pai.
– *Já vou, em um minuto. Deixa só eu terminar uma coisa. Estou bem no meio. Vão ser só dois minutos, juro por Deus.*
– *Não, Ricky, desligue o computador agora.*
– *Mas, pai, vão ser só dois minutos. Deixa só eu terminar.*
– *Não, Ricky, agora!*
– *Pai, eu disse dois minutos, Jesus!*
– *Você me ouviu, Ricky!*
– *Pai, que babaca você é!*
– *Não fale desse jeito comigo!*
– *Mas você está agindo como um babaca!*
– *Quer saber de uma coisa? Você está de castigo neste fim de semana!*
– *PAI!*

Relutante, Ricky dirige-se à copa para o jantar.

– *Mãe, o papai disse que eu estou de castigo neste fim de semana, e isso é muito injusto! Eu já vinha jantar! Ele nem me deu uma chance! Agora vou perder a festa do Evan! Eu não fiz nada de errado!*

A mãe de Ricky – que estivera no quarto ao lado – ouviu toda a cena entre pai e filho.

– Carl, você não acha que isso é rígido demais? Eu sei que a linguagem que ele usou foi desrespeitosa, não estou questionando isso. Mas você poderia ter dado a ele os dois minutos. Você acha mesmo que colocá-lo de castigo pelo fim de semana inteiro é proporcional à falta que ele cometeu?

– Fique fora disso, Elizabeth. Ele sabe que você come na mão dele.

– Não, não é isso, Carl. Às vezes você simplesmente fica bravo demais. Ele é um adolescente.

– Fique fora disso, Elizabeth.

– Eu não vou ficar fora disso se você continuar jogando tão duro com ele o tempo inteiro.

– Não é de admirar que ele esteja crescendo e se tornando um pirralho mimado e malcriado – disse o pai de Ricky. Ele levantou-se de um salto da cadeira, pegou as chaves do carro e saiu de casa intempestivamente. – *Você conseguiu o que queria, não foi, Ricky?* – Seu pai disse imediatamente antes de bater a porta com força ao sair de casa.

O problema número um em educar um adolescente, quando há mais de uma figura parental no lar, é que os pais com frequência discordam quanto a decisões relacionadas à criação dos filhos. Isso é normal e inevitável. Quaisquer pais irão necessariamente discordar aqui e ali acerca de questões cotidianas: se está tudo bem ou não em seus filhos colocarem os pés calçados no sofá, ou se há ou não problemas em desligarem a luz ao deixarem um aposento. E com frequência eles irão discordar também quanto a questões maiores, um ou outro do casal sendo mais rígido ou mais liberal no que diz respeito a limites, ou diferindo quanto ao grau de atitude respondona que irão tolerar. Essas divergências podem ser uma fonte de irritação ocasional entre os pais, por vezes até destruindo o relacionamento deles.

"Eu admito: sou mais leniente que o pai dele. Na verdade, acho que parte do motivo pelo qual eu cedo tanto é que sinto que o pai é rígido demais a respeito de um monte de coisas, e eu procuro compensar – talvez não de forma consciente – sendo menos rígida. Talvez eu consiga fazer com que Ricky se sinta um pouco menos como se estivesse vivendo sob um regime militar, que é como, com frequência, se sente quando o pai dele está no comando."

Felizmente, isso não tem que ser um grande problema. Existem certas regras simples que, caso seguidas, podem debelar a maioria dos embates mais sérios entre pais na arena da criação dos filhos.

Se o pai que entrou antes em uma interação tomar uma decisão, seu cônjuge precisa apoiá-la, mesmo que discorde dela completamente. Agir de outra forma – como no caso dos pais de Ricky – irá minar a autoridade do primeiro dos pais, e demonstrará que eles não agem como um time unificado. Ricky percebe que pode driblar ou enfraquecer qualquer decisão parental tomada pelo pai. Isso pode abalar seriamente o relacionamento entre o filho e aquele dos pais que tiver seu poder minado, pois este irá nutrir um ressentimento considerável em relação ao filho por haver ludibriado sua autoridade. Essa reação é inevitável. A figura parental que teve seu poder minado irá também nutrir sentimentos negativos consideráveis em relação ao parceiro ou parceira. Sentimentos negativos sérios. Isso também é inevitável.

"A Elizabeth não se dá conta sequer do quanto o Ricky a manipula. Não é só o fato de que Ricky está aprendendo com ela a não me respeitar. Ela não está me respeitando. E isso me aborrece bastante."

Finalmente, há um benefício muito real em um dos pais apoiar as decisões do outro, mesmo discordando delas. Isso força o filho a aprender a lidar com quem for o mais rígido dentre seus pais. Possibilita que a relação evolua – talvez para um lugar melhor. Essa evolução não tem como acontecer quando o filho aprende que não precisa ter que se empenhar em lidar melhor com o pai, porque sabe que poderá sempre contorná-lo. Então a mãe de Ricky deve simplesmente manter a boca fechada caso ela discorde do que o marido fez? Naquele instante sim. Mas se for algo que realmente a preocupe, nesse caso ela deve conversar a respeito com o pai de seu filho em particular, em um momento posterior. Então, como fazem os casais, eles poderão debater ou mesmo ter uma discussão mais dura a respeito da punição – não para mudá-la, mas para que a mãe de Ricky possa expressar como ela se sentiria a respeito de decisões similares àquela no futuro. Os casais nunca irão concordar completamente a respeito de como educar seus filhos, e não é necessário que concordem. Mas o importante é que, quando um deles tomar uma decisão, conte com o apoio do outro. A exceção ocorre quando um dos pais entender que está havendo um abuso real; nesse caso, você deve intervir. Mas não gostar da decisão tomada por seu parceiro não é motivo suficiente para isso.

A seguinte atitude teria sido mais adequada:

– *Mãe, o papai disse que eu estou de castigo nesse fim de semana, e isso é muito injusto! Eu já vinha jantar! Ele nem me deu uma chance! Agora vou perder a festa do Evan! Eu não fiz nada de errado!*
– *Isso é entre você e seu pai.*

Ou seja, deixe o caso onde ele pertence: entre pai e filho. É a única maneira.

Repito: se a mãe de Ricky sentir realmente que o pai de seu filho é duro demais com uma frequência excessiva, ela deve discutir isso com seu parceiro em um momento posterior, longe dos ouvidos do filho.

E uma última questão: se ela sentir que o filho sofre por ser, com demasiada frequência, alvo da ira do pai, pode manifestar empatia. Mas isso é delicado, pois ela não deve expressar críticas ao pai dele. Isso só faria com que o filho desistisse por completo de quaisquer esforços para procurar mudar seu próprio comportamento nas interações com o pai.

"Vejam, a mamãe concorda comigo. Papai é um idiota. É tudo culpa dele. Não tenho que examinar meu próprio comportamento."
Talvez seja melhor dizer algo como:
"Eu sei que você acha seu pai uma pessoa muito rígida. E sei que por vezes é difícil para você." (Ela está reconhecendo os sentimentos dele, e talvez ele saiba que ela sente o mesmo, mas ela não está dizendo isso. Dizer tal coisa romperia a posição unificada. Mas ele também sentirá que não está tão sozinho com aquilo que pode ser, por vezes, verdadeiramente difícil para ele.) *"Mas você poderia tornar a minha vida e a sua muitíssimo mais agradáveis se atendesse o que seu pai solicita sem ter que fazer um escarcéu todas as vezes."*

A mãe de Ricky diz o que tinha a dizer, e o filho a escuta. A afirmação dela reconhece os sentimentos dele, mas não o absolve de toda a responsabilidade. Dizer as palavras acima seria o suficiente. Ela não deve dizer mais coisa alguma.

JOGANDO UM CONTRA O OUTRO

Mamãe Amy está do lado de fora da casa, no jardim, quando é abordada pela filha, Melanie.

– *Mamãe Amy, posso pegar cinquenta dólares pra comprar um top maravilhoso que eu vi no shopping semana passada?*
– *Não.*

Melanie, então, entra em casa e se dirige à biblioteca, onde Mamãe Jean está fazendo palavras cruzadas.

– *Mamãe Jean, posso pegar cinquenta dólares pra comprar um top maravilhoso que eu vi no shopping semana passada? Está em promoção, e o preço na etiqueta é de cento e vinte dólares.*
– *Não sei... cinquenta dólares parecem muito dinheiro por um top.*
– *Mas, Mamãe Jean, ele é demais, e, como eu disse, é uma pechincha incrível!*
– *Está bem.*

Mais tarde:

– Melanie, esse top é novo? – pergunta Mamãe Amy.
– Mais ou menos.
– Você acabou de comprar isso quando eu te disse explicitamente pra não comprar?
– Mamãe Jean disse que eu podia.
– Jean, você disse à Melanie que ela podia comprar o top?
– Sim.
– Mas eu tinha dito a ela que não podia.
– E como eu podia saber disso?

Muitos adolescentes, que acabam se tornando pessoas maravilhosas, podem ser verdadeiros vaselinas com seus pais, jogando um contra o outro. Procurando o acerto mais favorável de seu próprio ponto de vista, recorrendo a meias-verdades e inverdades completas para obter o que desejam, desde que acreditem que conseguirão passar por tudo ilesos.

E eles não veem nada demais nessa atitude.

"Bem, se a Mamãe Amy disser não, e eu sei que talvez a Mamãe Jean diga que está tudo bem, eu seria estúpida de não pedir pra Mamãe Jean."

Obviamente, a melhor política consiste em conferir com seu parceiro antes de tomar uma decisão. Mas conferir com o outro nem sempre é possível. E em algumas situações, isso simplesmente parecerá trabalhoso demais. O que significa que em algumas situações, mesmo que você seja cuidadosa, eles conseguirão se dar bem.

Então, o que você deve fazer caso os flagre em uma tentativa desonesta de manipulação? O principal é mostrar-lhes que descobriu sua manobra, e que não gostou daquilo. Mas também é importante que lhes diga que agora você terá que ser mais cuidadosa quanto às decisões que tomar quando seu parceiro não estiver por perto.

O que isso lhes ensina é que eles não são tão espertos quanto julgam ser, e que perderão um grau de liberdade devido à sua desonestidade.

Isso tem um efeito parcial no sentido de detê-los, mas, quando se trata de controlar adolescentes manipuladores, será o máximo que você conseguirá fazer.

O quão grave é o fato de um adolescente jogar um dos pais contra o outro em busca do melhor acerto para si? Acho que esse é um daqueles comportamentos que entram na categoria de "ruim", mas não de "muito ruim". Estou disposto a ser zeloso para que eles não manipulem as pessoas e situações para conseguirem ser favorecidos... mas apenas até certo ponto. Se algumas vezes eles trapacearem para ter o que querem, eu não vou perder meu sono por isso. É assim mesmo que os adolescentes agem.

O QUE É JUSTO E O QUE NÃO É

Criar regras poder ter efeitos bastante diretos quando se está falando de um só adolescente. Mas a coisa fica imediatamente mais complicada quando há vários filhos na família. Basta isso para que qualquer decisão a respeito de um deles passe a ser vista no contexto do outro.

– Não, Garrett, sinto muito. Não quero que você traga o Timmy para cá depois das aulas quando estiverem só vocês dois na casa.

– Mas isso não é justo! Você sempre deixou a Miranda trazer as amigas aqui pra casa quando não havia nenhum adulto!

– Não, Garrett, sinto muito.

– Você não pode fazer isso! Não é justo!

É um problema. Uma regra existe para um de seus filhos, mas agora outro começa a entrar na adolescência e se encontra na mesma situação. Mesmo que os dois tenham a mesma idade – digamos, para efeitos de argumentação, que Garrett e Miranda sejam gêmeos fraternos –, você não se sente à vontade aplicando a mesma regra.

"Sim, meu pai estabeleceu a regra com Miranda: ela podia trazer amigos pra casa sem que houvesse adultos. O Estatuto Federal

6388 diz claramente que, se há uma regra para um dos filhos, essa regra tem que ser a mesma para outro filho nas mesmas circunstâncias. Ora, todo mundo sabe disso. É a lei."

Na verdade, não é a lei. Mas a maioria dos garotos de hoje provavelmente acredita, do fundo do seu coração, que realmente existe uma lei não escrita que confere os mesmos privilégios a cada um dos filhos de uma idade comparável na mesma família.

E não são apenas os filhos que se preocupam com a ausência de justiça. Também os pais se sentem governados por regras de justiça.

"Bem, sim, eu procuro me assegurar de que todas as decisões que tomo sejam justas. Acho isso importante, mesmo."

Quando eles dizem "Isso não é justo", e nós concordamos com eles que não está havendo um tratamento igual, temos um problema. Afinal de contas, ser justo não é a própria espinha dorsal do que ensinamos a eles? Por que lhes ensinamos a ter consideração pelos outros? Não é importante que nós – dentre todas as pessoas do mundo – sejamos justos também? De que outra maneira irão eles aprender, se não for pelo exemplo?

"É por meus pais não terem sido justos quando eu era garoto que hoje eu assalto joalherias e lojas de bebida. Eles nunca me ensinaram a maneira correta."

Não é assim que funciona?

Na verdade, não. Por vezes há outras considerações que falam mais alto que a questão da justiça. Mas não tenha a expectativa de que eles vejam as coisas desse jeito.

Garrett, eu sei que nós deixamos Miranda trazer as amigas. Mas elas não vão fazer confusão. Eu me preocupo quando se trata de você e... na verdade, qualquer de seus amigos. De alguma forma você vai aprontar. Como daquela última vez, quando vocês roubaram bebidas, ficaram passando trotes ao telefone e quebraram a lâmpada do quarto da tevê porque estavam lutando.

– O que uma coisa tem a ver com a outra? Vocês deixam a Miranda fazer, e dizem que eu não posso. Isso não é justo!

É um problema comum. Pode dizer respeito a coisas grandes, como quando você os autoriza a tirar uma carteira de motorista ou sair para encontros românticos. Ou coisas pequenas, como assistir a um filme de conteúdo adulto ou se você vai comprar ou não para eles um saco de batatinhas fritas no impulso no supermercado.

Embora a justiça seja algo de alto grau de prioridade, ela não é sua maior prioridade. Os pais são guiados por princípios que podem transcender a questão da justiça: por exemplo, segurança, ou aquilo que você acredita que condiga com os interesses mais importantes de cada filho. Ou até mesmo as suas próprias necessidades, levando em conta que em um determinado dia você pode simplesmente estar se sentindo demasiado cansada para levar seu filho à lanchonete, a despeito do fato de que tenha feito o mesmo para o irmão desse filho no dia anterior.

"Hoje eu estou cansada demais. Simplesmente não tenho energia para sair."

Mas vá tentar fazer com que ele entenda...

Então, o que você deve fazer? Tente explicar, mas saiba também que se sua decisão for genuinamente não igualitária, eles não irão engolir, não importando o que você diga.

"Mas isso não é justo! Você deixa a Miranda trazer as amigas, mas não me deixa! Você não pode fazer isso!"

Como você bem sabe a essa altura, chega um momento no qual você deve se desligar da interação, e essa é muito provavelmente a ocasião para fazê-lo. É preciso que seja você a pessoa que dá por concluída a discussão. Garrett não conseguirá o que deseja. A injustiça continuará incomodando, não importa o que se faça ou diga. E empenhar-se demais em fazê-lo compreender somente resultará em um aumento da frustração.

– *Mas isso não é justo!*
– *Eu acabei de te explicar, Garrett.*
– *Mas isso não é justo!*

Nada que você diga irá convencê-lo do contrário. Por isso, a essa altura, seria melhor dizer:

> — *Sinto muito, Garrett, sei que você sente isso como injusto, mas eu simplesmente não fico à vontade em saber que você e seu amigo estão sozinhos aqui em casa.*
> — *Mas isso não é justo!*

Nada mais há a dizer. Sua mensagem será ouvida. Nem todas as decisões são baseadas exclusivamente na justiça. Em determinadas ocasiões, outras questões assumem a prioridade – por exemplo, o fato de o seu julgamento dos riscos variar de um filho para outro.

Com o passar do tempo, Garrett pode vir a compreender. Isso faz parte do desenvolvimento de um sistema moral mais maduro e capaz de incorporar nuances. A justiça é importante, mas, por vezes, existem outros aspectos mais significativos a ser levados em consideração. Algum dia ele talvez compreenda. Mas não agora.

PICUINHAS ENTRE IRMÃOS

Duas piranhas travavam uma luta sangrenta em um rio. Nesse exato momento, uma mulher atraente, que se encontrava à margem, chamou-as, dizendo:

— *Digam-me qual é o problema, e tenho certeza de que posso ajudar vocês a encontrarem uma solução.*

As piranhas pararam imediatamente de lutar, nadaram até a superfície e responderam:

— *Oh, sim, é um plano excelente. Por favor, entre no rio e vamos começar nosso debate. Temos certeza de que será bastante produtivo.*

Então a mulher mergulhou no rio para ajudar as piranhas.

À noite a família estava muito triste, pois a mulher não voltou para casa.

Para aquelas famílias com mais de um filho, deixem que eu ofereça um conselho capaz de eliminar aquilo que pode ser a maior fonte isolada de desgaste parental:

Quando dois irmãos estão se desentendendo por coisas pequenas, intervenha somente quando for absolutamente necessário, quando a coisa estiver ficando demasiado corporal ou quando o barulho estiver deixando você louco. Nesses momentos, seu objetivo deve ser o de fazer com que parem. O que você deseja é que eles se afastem um do outro, e não ficar mediando ou ficando ora do lado de um, ora do outro; você quer apenas que eles deem um fim àquela briga. A única exceção se refere às situações nas quais houver uma ameaça de danos físicos. Nesses casos, você deve intervir sempre, e se a briga não for interrompida imediatamente, não hesite em chamar a polícia. Na condição de adolescentes, eles agora são grandes, e podem ocorrer ferimentos significativos. Você não pode correr o risco de danos físicos. Você deve gritar:

"*Vocês dois, parem com isso!*"

Mas não se envolva você mesma na contenda. Esse é o grande erro. Pois tão logo você intervenha, não importa o que diga, você se verá no meio dela.

— *Mãe, aquela pirralha folgada da Carly mexeu na minha maquiagem e destruiu meus batons!*

— *Não fui eu! Não fui eu! Eu nem toquei no batom da Anne Marie! Ela sempre acha que fui eu! Mas foi ela mesma! Aliás, ela nunca me deixa usar nenhuma coisa dela!*

— *Mãe, ela vive usando as minhas coisas!*

— *Não uso! Não uso!*

Não toque nisso. Esse não é o espaço de bancar a onisciente, a mãe, ou pai, que sabe resolver todos os conflitos.

— *Acabou! Acabou! Certo, Carly, Anne Marie, quero que cada uma de vocês me diga o que aconteceu. As duas terão a oportunidade de me contar sua versão. Lembrem-se, sem uma interromper a outra. Vejamos se posso encontrar uma solução que funcione pra vocês duas. Carly, você começa.*

— *Certo, mãe, foi assim...*

Insistindo na questão: costumamos aprender que um raciocínio "justo" é o método empregado pelos pais perfeitos. Mas tudo é diferente no mundo real. Esse método nunca passa da parte do "sem uma interromper a outra". Esse será o caminho que vai te levar à loucura.

– *Mãe! Mãe! Não escute o que ela diz! Não foi nada assim que aconteceu!*
– *Meu Deus, mãe! A Carly é tão mentirosa! Eu vou te dar um tapa, Carly!*
– *Mãe, a Anne Marie disse que vai me dar um tapa!*

Isso acontece porque, uma vez que você tenha entrado em uma disputa entre irmãos, algo estranho acontece: seus filhos deixam de estar interessados no tema original da discórdia. Com você no quadro mais amplo, eles passam a se interessar por uma única coisa: fazer com que você fique do lado deles. Eles só se darão por satisfeitos com a captura completa da sua pessoa.

– *Sim, eu já cheguei a uma conclusão. Anne Marie, você está completamente errada. Você vai ficar de castigo em seu quarto por um mês... não... pensando melhor, dois meses. Vamos tirar tudo de seu quarto, para que fique o mais desagradável possível. E, Carly, minha joia mais preciosa, vou aumentar sua mesada pra dez dólares, embora eu saiba que isso não é o suficiente para compensar toda a dor e sofrimento que sua irmã lhe causou.*
– *Oba!* – diz Carly.
– *Eu vou te matar, Carly!* – diz Anne Marie.

É bem melhor não dar atenção. Isso só ajuda a colocar lenha na fogueira. É bem melhor deixar para elas próprias a responsabilidade de chegar a uma solução.

Frases úteis incluem:
– *Eu não quero ouvir esse assunto.*

Ou:
– As duas devem resolver.
Ou, talvez, quando uma delas correr até você em busca de seu auxílio:
– Anne Marie disse que vai me bater com a escova de cabelo se eu ao menos me aproximar dos cosméticos dela!
– Meu Deus, isso parece ser um problema (para você, mas não para mim).
Ou:
– Menina, aposto que isso te deixou furiosa.

Todas as respostas acima retiram você da equação, e colocam o fardo da busca de uma solução sobre seus filhos adolescentes. Talvez eles consigam encontrar uma solução, talvez não. Mas certamente não a encontrarão caso tudo que eles tenham sempre a fazer seja correr até você.

Se você seguir esse procedimento com firmeza e regularidade, eles aprenderão que quando se trata de resolver as disputas entre eles, você é inútil.

"*A única coisa que a mamãe sempre faz é dizer: 'Vocês duas terão que se entender sobre isso.'*"

"*Mas como elas irão aprender a resolver conflitos se os pais não lhes mostrarem o caminho das resoluções justas?*", você se pergunta.

Exatamente. Como elas aprenderão a elaborar soluções no mundo real, a negociar, a menos que pratiquem? Quando muito, sua intervenção se interporá no caminho delas, dificultando que desenvolvam por si mesmas essa habilidade.

Mas o benefício principal de se abster de intervir nas lutas entre seus filhos – e trata-se de um grande benefício – é que, embora eles continuem seu jogo de picuinhas, você não será capturado e obrigado a tomar parte na mais terrível das atividades parentais: tentar solucionar uma disputa sem solução.

Os benefícios em termos de redução do estresse podem ser notáveis.

COMO LIDAR COM O DIVÓRCIO

Com frequência alguém me pergunta: *"Com que idade é um pouco menos difícil para um filho lidar com o fato de seus pais estarem se divorciando?"* A resposta é: nenhuma. O divórcio é difícil para eles até mesmo quando já são completamente adultos. As questões diferem conforme cada faixa etária, mas é sempre duro.

No que se refere aos adolescentes, existem várias questões, dependendo das circunstâncias e do filho. Seja como for, seguem abaixo três grandes preocupações dos adolescentes no que diz respeito ao divórcio.

O que vai acontecer comigo?

Um divórcio acrescenta um grau de instabilidade à vida de um adolescente. Para combater isso, você deve, no decorrer do divórcio, ser tão honesto e específico quanto for possível em relação ao que irá acontecer. Seja claro a respeito de onde cada um dos pais irá morar – admitindo que isso pode mudar. Para os adolescentes, saber onde seu lar – ou lares – será é algo de extrema importância. Eles também desejarão saber com que frequência verão cada um dos pais, e quais serão os arranjos. Isso normalmente não é algo que se possa estabelecer com garantia infalível, pelo menos não no início de um divórcio. Eles irão querer saber se terão que se mudar ou mudar de escola. Para os adolescentes, essa última mudança é um assunto bem sério, e é importante que você esteja ao lado deles nesse ponto tanto quanto lhe for possível.

"O que vai acontecer? Onde eu vou morar? Como vai ser a combinação sobre esse lance de visitas e tudo o mais? Eu vou ter que mudar de escola? Vão haver novos problemas de dinheiro?"

Os adolescentes, sem dúvida alguma, se preocuparão com tudo isso. Em prol da paz de espírito deles, a melhor estratégia é ser comunicativo, e sempre que você não tiver certeza das respostas às suas perguntas, deixe que eles saibam disso também – da forma mais sincera que você for capaz.

– *Por ora você vai morar comigo. Você verá seu pai regularmente, ainda não sabemos com que frequência. Ele precisa se estabelecer* em um lugar. *Não sei quanto a nos mudarmos; eu não tenho plano algum de me mudar. Certamente por enquanto não haverá quaisquer grandes mudanças. Se houver necessidade de alguma, eu sempre te direi, e você sempre poderá me perguntar. É possível que não tenhamos tanto dinheiro quanto tínhamos antes, e por isso pode haver algumas coisas que não poderemos mais ter e que antes podíamos.*

Mantenha-os informados, pois quanto mais eles souberem a respeito do que acontecerá, mais serão capazes de manejar a ansiedade considerável que naturalmente sentem quanto a essa nova mudança em suas vidas.

Escolhendo um lado

Praticamente todos os pais dirão – e com intenção genuína – que não desejam que seus filhos sintam como se tivessem que ficar do lado de um deles. Eles dizem que querem que os filhos sejam livres para ter um relacionamento bom e próximo com ambos. Embora possam ter má vontade – até mesmo muita má vontade – em relação ao ex-parceiro, realmente não querem que isso influencie as interações dos filhos com a outra figura parental.

O problema é que esses sentimentos e afirmações provam ser mais difíceis de sustentar do que a maioria das pessoas se dá conta. Os pais que estão se divorciando em geral começam bem. Mas o momento de oficializar o divórcio chega, exigindo que se estabeleçam por escrito os verdadeiros arranjos com relação aos filhos e, especialmente, ao dinheiro, e então fica mais difícil manter todas as promessas. Há quase sempre surpresas indesejadas que fazem o dinheiro ser mais apertado do que se esperava. A despeito das possíveis boas intenções de todos, as disputas frequentemente surgem. E, de alguma forma, os filhos acabam indo parar bem no meio de tudo isso.

Muito embora os pais estejam agora divorciados, é precisamente por causa de seus filhos que eles têm que lidar um com o outro por um período extenso de tempo. Arranjos relativos a visitas – e o assunto ainda mais espinhoso do dinheiro – asseguram a continuidade de suas interações. Um dos pais pode ter que estar sempre depositando dinheiro, enquanto o outro pode estar continuamente sentindo que não está ficando com dinheiro suficiente. E com essas disputas – não importa quão boas eram as intenções de todas as partes envolvidas –, são os filhos que são tragados para o interior do redemoinho.

"O papai disse que não vou poder jogar no novo time de futebol porque você não vai dar dinheiro pra isso, e ele acha que você tem que dar. Ele diz que já paga minha pensão, e que, portanto, você tem bastante dinheiro sobrando. E ele não tem nenhum dinheiro extra porque ele está no limite com tudo isso, incluindo a pensão, que ele diz que é mais do que a maioria dos pais tem que pagar. Ele diz também: 'Sua mãe teve um advogado muito bom.'"

Não demora para que a questão acabe se tornando uma disputa de qual versão é a verdadeira. A questão é muito direta: seu filho contará a você a versão de seu ex-cônjuge sobre os fatos, uma versão que te lança sob uma luz negativa e é patentemente inverídica. A reação absolutamente normal – pelo menos no que tange a inverdades – é a de também querer contar o seu lado da história, fazer com que sua versão seja conhecida.

"Bem... sim, só o que estou dizendo é que não é justo pra mim que Jamie vá seguir por aí com essa concepção completamente errada, pensando todas essas coisas negativas sobre mim por causa de mentiras que seu pai lhe contou, sem que ele ao menos conheça o meu lado da história – o lado verdadeiro."

O problema desse raciocínio e atitude é simples. Digamos que a mãe de Jamie realmente conte ao filho o lado dela da história.

"É obrigação do seu pai pagar atividades extracurriculares razoáveis, além da pensão. O fato é que seu pai não está mal financeiramente, e mesmo com o meu salário e a pensão fica bem apertado cobrir até mesmo as despesas básicas. Olhe para o carro que eu dirijo e para o carro que o seu pai dirige. E toda aquela conversa sobre eu ter arranjado um bom advogado e sobre como seu pai foi prejudicado é baboseira. Ele paga menos do que a maioria dos pais que têm a renda anual semelhante à dele – renda a respeito da qual ele nunca foi totalmente honesto."

E digamos que tudo que a mãe de Jamie está dizendo seja verdade. O que há de errado no fato de ela conscientizá-lo dos fatos, conforme ela os vê, de modo que o filho possa ao menos conhecer os dois lados da história, para poder concluir por si mesmo qual dos pais está causando problemas que dificultam seu plano de participar do time de futebol?

O problema é que, quando a mãe de Jamie responde às acusações a ela feitas pelo pai do menino, Jamie estará sendo, a partir de então, puxado oficialmente para dentro do debate. Essencialmente, ambos forçaram Jamie a adotar o papel de juiz e júri, estudando o caso conforme o mesmo foi apresentado por cada um dos advogados em contenda. Eles o estão colocando bem no centro de um caso de tribunal – no qual seus pais são os combatentes.

Mas talvez isso não seja aquilo que Jamie realmente quer. O resultado líquido e inevitável das acusações de seu pai e dos contra-argumentos de sua mãe é que, enquanto o debate continuar, Jamie carregará todo o tempo a pergunta: *"De quem é a culpa? Da mamãe ou do papai?"* Essa pergunta estará em sua cabeça, constituindo um verdadeiro martírio para ele. Quem é que desejaria ficar com a incumbência de decidir qual de seus pais é um imbecil? Ou de descobrir que talvez ambos o sejam. O que Jamie preferiria pensar é:

"Eles odeiam um ao outro. Eles não concordam em ponto nenhum. É por isso que se divorciaram. Dãã! Mas os dois gostam de mim... pelo menos é o que eu acho. É só com isso que me preocupo. Eu só quero ter uma vida legal, e não ter que ficar perdendo tempo me preocupando em saber qual dos dois está com a razão, ou tendo que tomar cuidado com as coisas que eu digo para que eles não fiquem loucos de raiva. Eu só quero ter bons momentos quando eu estiver com um ou com o outro, e não ter que me preocupar nem um pouquinho com essas bostas. Toda vez que penso nessas coisas, eu me sinto mal. Por que eles não podem – pelo meu bem – resolver isso tudo entre eles, sem ter que me arrastar pro meio delas? Eles são adultos, mas não estão agindo como tal no que se refere a como tratam um ao outro. Com certeza não."

No caso mamãe *versus* papai no tribunal da mente de Jamie, não importa qual seja o resultado, Jamie será sempre o perdedor.

"Eu, Jamie Ramsbottom, cheguei a uma decisão, e minha decisão é que minha mãe é uma idiota. (Não, isso não é tão fantástico assim. Que tal isso?) Eu decidi que meu pai é um idiota. (Não, também não gostei dessa.) Eu decidi que os dois são idiotas. (Eu certamente não gosto dessa, mas parece um pouco mais próxima à verdade.)"

Qualquer que seja o desfecho, Jamie perde. É ele quem teve que participar do caso de tribunal de seus pais. Isso certamente não tem graça.

Por que os pais iriam querer que fosse assim? Como pode seu filho ser beneficiado por entrar no meio da briga deles? A resposta é óbvia: o filho não se beneficia.

A maneira como penso que tais conversas deveriam ter acontecido é a que segue abaixo:

"Eu farei tudo que eu puder para possibilitar que você faça parte do time de futebol. Mas isso é entre mim e seu pai."

A mãe não se defende com a apresentação de uma versão alternativa dos fatos ao filho. Em vez disso, ela diz a ele que não irá discutir as acusações a ela feitas pelo pai dele.

É verdade que talvez o projeto do futebol não aconteça porque nenhum dos pais se dispôs a pagar por ele, e o pai tenha mantido sua posição anterior, dizendo:

"Conforme eu já disse, é tudo culpa da sua mãe, pois ela não move uma palha quando se trata de ferrar comigo."

Ainda assim, a mãe de Jamie não deve defender-se, e sim dizer:

"Sinto muito que seus planos pro time de futebol não tenham dado certo."

Mesmo que Jamie replique, dizendo:

"O papai disse que é tudo culpa sua, porque tudo que você quer é ferrar com ele."

Sua mãe deve, ainda assim, dizer apenas:

"Sinto muito que o futebol não tenha dado certo."

Como é que Jamie fica, nesse caso?

"*Não sei em que acreditar. Papai diz que é tudo culpa da mamãe, e ela disse que isso seria entre ela e o papai, e obviamente eles não conseguiram se entender. Mas quem se ferra sou eu. Não sei de quem é a culpa; só sei que é uma bosta ter pais divorciados que não se entendem a respeito de nada.*

Quando estou com a mamãe, ela não puxa esse assunto, o que é bem melhor do que quando estou com o papai, que insiste em falar nisso um monte de vezes. Pelo menos quando estou com ela eu não tenho que me envolver com nada disso. Com o papai não é assim."

Com o passar do tempo, quando, em situações comparáveis, o pai de Jamie falar mal da mãe dele e esta não comprar essa briga, Jamie quase certamente chegará à conclusão de que:

"*Eu gosto mais do jeito da mamãe. Não tenho a menor ideia de qual é a verdade sobre todas essas coisas que aconteceram, mas pelo menos ela não me colocou no meio disso, como o papai fez."*

Em longo prazo, aquele que não delegar a Jamie tarefas de tribunal ficará com uma imagem melhor aos olhos do filho.

O fim de nossa família feliz

"*Eu sei que é melhor assim. Minha mãe e meu pai não estavam felizes um com o outro. E quando foi chegando perto do fim, foi terrível. Havia uma tensão constante, se é que já não havia uma explosão de raiva acontecendo. Mas eu não posso deixar de pensar que ainda assim eu sinto falta da família que éramos, e que nunca mais será como era."*

— Você sente falta dos bons momentos em família, né?

— Na verdade, não. Na verdade, não me lembro de que houvesse quaisquer bons momentos.

— Não entendi.

— Nem eu, mas mesmo assim às vezes eu me sinto bem triste quando penso nisso.

Pode ser difícil de perceber, mas a maioria dos adolescentes lamenta que as coisas não sejam mais como eram. Mesmo que o jeito como as coisas de fato eram não fosse assim tão fantástico, há, de qualquer modo, uma tristeza. Os filhos não lamentam apenas os bons momentos de família (feliz ou não); muitos nutrem o desejo secreto de que seus pais voltem a ficar juntos.

– *Mas, Ricky, eles odeiam um ao outro agora. E já faz oito anos. Você diz que gosta do Wayne (o padrasto dele há quatro anos). Você está feliz por ele pertencer à sua família. E você diz que nunca teria dado certo se seus pais tivessem voltado um para o outro. E disse também que não havia a menor possibilidade de que isso acontecesse, de qualquer modo.*
– *É, eu sei.*
– *Mas ainda assim você queria que eles voltassem a ficar juntos?*
– *É, eu sei que isso é estúpido, mas sim.*

Por todos os motivos acima expostos, é sempre uma boa ideia que os pais divorciados de adolescentes procurem seus filhos periodicamente em um momento calmo e perguntem:
"Você às vezes se sente triste a respeito do divórcio?"

E talvez você não obtenha qualquer resposta significativa.
"Não, eu não penso muito sobre isso."

Tudo bem. Mas algumas vezes seu filho lhe dirá algo como:
"Eu não sei. Acho que sim. Quero dizer, nós éramos uma família. E tudo acabou. Eu sei que não era nenhuma maravilha, mas ainda assim eu sinto saudade."

E eles podem até mesmo se sentir tristes. O que não é algo ruim. É importante apenas admitir para eles que a tristeza está ali, e que está tudo bem que seja assim.

Lares diferentes, regras diferentes

É ótimo quando pais divorciados trabalham juntos por aquilo que ambos acreditam ser em prol dos interesses de seus filhos, empenhando-se sempre para andarem no mesmo compasso.

– Oi, Diane. Você disse mesmo para o James que estava tudo bem se ele quisesse alugar A noite de terror das louras burras?
– Ah, aquele safadinho! Não, é claro que não! Obrigada por conferir comigo, Brad.
Mas em boa parte das vezes não é assim que as coisas acontecem.
– Mãe, por que eu tenho que ir pra cama às dez e meia nos dias de aula? O meu pai me deixa ficar acordado até a hora que eu quiser, desde que eu esteja de pé na hora certa, de manhã. Ele diz que eu sou responsável o bastante e que não precisa mais determinar minha hora de dormir.
– Mãe, por que eu tenho que lavar o banheiro? Eu não tenho que fazer isso na casa do meu pai.
– Mãe, o meu pai me deixa ficar no quarto com a Sherri Ann. Ele diz que você é muito careta.

Obviamente a mamãe está pensando:
"O pai dele não apenas adota regras diferentes; na verdade, ele diz tudo que puder para minar as minhas regras. Ele não aceita discutir nada. Se eu ligar para ele, ele simplesmente desliga ou diz: 'Sabe qual é a grande vantagem de termos nos divorciado, Eleanor? É que eu não preciso prestar atenção no que você diz. O que você acha disso?' Eu realmente acho que muitas dessas coisas que ele faz são somente para me incomodar."
E o ex dela está pensando:
"Não, eu ajo diferente com o Marcus porque acredito que o meu jeito é o certo. A mãe dele está por fora. Ela sufoca o garoto. Mas tenho que admitir que se ela fica louca de raiva de mim por isso, me dá um certo prazer."
É sempre melhor quando os pais atuam em cooperação. Por outro lado, não é necessário nem realista acreditar que pais divorciados terão as mesmas regras. Eles veem as coisas de formas diferentes, o que é parte do motivo pelo qual se separaram. Isso dito,

pode ser bastante frustrante para os pais ouvir aquilo que acontece no outro lar de seus filhos. E não são apenas as regras o motivo de preocupação. Vários outros comportamentos aos quais seus filhos são expostos podem também afligir os pais.

"*Marianne bebe muito, e deixa que as crianças vejam isso. Fico preocupado com o efeito disso sobre elas.*"

Pais divorciados têm muita dificuldade para lidar com o fato de que, a não ser em situações que configurem abusos ou negligências reais, você só pode controlar aquilo que acontece na vida de seus filhos quando você está com eles. Tenho ouvido pais manifestarem esse tipo de preocupação com frequência em sessões de aconselhamento comigo:

"*Mas isso não está certo. O pai deles faz várias coisas que podem ser qualificadas como um mau exercício da paternidade, e isso certamente terá efeitos negativos nos meus dois filhos. As coisas que ele diz são por vezes ultrajantes! E também há uns amigos dele nos quais eu não confio, e que frequentam a casa dele.*"

Mas você deve se lembrar que você somente pode controlar o que acontece nos momentos e situações em que está com seus filhos.

É uma das partes mais duras de educar e ser divorciado, se não for *a* parte mais dura! Você tem uma grande influência sobre seu filho adolescente; há, porém, essa outra pessoa na vida deles, que, ao menos até certo ponto – e por vezes até um ponto exageradamente alto –, pode não exercer uma influência tão positiva assim. E tal pessoa continuará, apesar disso, a estar em contato permanente com seu filho, influenciando a vida dele, assim como você a influencia.

Recorrer à justiça é sempre uma possibilidade. Mas isso custa dinheiro, e os tribunais não gostam muito de ficar criando regras relativas a questões cotidianas a respeito da melhor forma de criarmos nossos filhos.

É extremamente frustrante quando você acredita genuinamente ter razão. Para você, aquilo que o seu ex está fazendo sem dúvida alguma não está sendo feito com base nos interesses de seus filhos, e que as atitudes dele constituem uma sabotagem ao que você acredita ser o certo. E, no entanto, uma vez que as regras de seu ex tenham mais apelo, é ele quem acaba influenciando mais o seu filho.

"*É, o jeito do meu pai lidar com as coisas é bem mais maneiro que o da minha mãe.*"

É muito comum que os pais sintam uma forte pressão para reconfigurar suas regras meramente para que não fiquem na posição de pais malvados. Eles se percebem sentindo a necessidade de defender cada uma de suas ações ou decisões isoladas, mesmo que apenas em suas próprias mentes.

"*Para ele, tudo é diversão. E eu fico presa ao papel de quem está sempre criando regras e carregando a cruz cotidiana de educar, tipo: 'Ponha sua roupa suja no cesto para lavar.' É tão absurdamente injusto! Mas não tem como eu vencer.*"

A despeito das pressões que você tenha que suportar, contudo, acredito que ainda assim funcionará melhor se você se mantiver fiel às regras nas quais acredita: "*É esse o combinado quando você estiver aqui, comigo. O que acontece na casa do seu pai cabe a ele decidir.*"

Os adolescentes geralmente aceitam o fato de que as regras difiram de um dos pais para o outro. Mas isso não significa que eles irão gostar das suas regras um pouquinho mais por isso, ou que você não vá ouvir com frequência:

"*Mas na casa do papai...*"

Mudando de lar

Sob tais circunstâncias, é normal que um dos pais se preocupe.

"*Mas e se eles detestarem minhas regras a tal ponto que decidam viver com o pai?*"

Não é raro que adolescentes de pais divorciados mudem da casa de um para a do outro em algum dado momento. E por vezes eles podem até mesmo voltar à casa anterior. Isso pode acontecer por eles preferirem as combinações que reinam naquela casa.

"*Sim, como eu disse, era mais legal na casa do meu pai.*"

Isso pode acontecer quando as brigas seguem em uma escalada até chegarem a um ponto insuportável.

São 2:30 da madrugada de um dia de semana, e você se vê fazendo aquela ligação que não gostaria de jamais ter que fazer: *"Robert, venha buscar sua filha antes que eu a mate."*

Isso não é necessariamente algo ruim. Os pais se preocupam com o fato de que se os adolescentes têm a opção de mudar de lar, eles acabem, com isso, fugindo das responsabilidades.

"Será que eles não estão eliminando a possibilidade de ter alguma chance que seja de aprender a lidar com conflitos?"

Talvez. Mas com frequência o que acontece é que o adolescente descobre que o outro lar também não é o mar de rosas que ele esperava, que a grama mais verde na verdade era aquela que eles acabaram de abandonar!

"Eu não tinha percebido que idiota o papai pode ser às vezes. E eu também subestimava como a Lisa (a madrasta) *pode ser mandona quando a gente vive com eles."*

Essas mudanças podem ser para melhor quando a situação em um dos lares se tornou muito problemática e, seja por que motivo for, as coisas acontecem de forma mais suave no outro lar. Ainda assim, a pessoa pode experimentar a sensação de derrota:

"Bem, ela conseguiu o que queria, e ele também. Agora eu fico com o estigma da mãe impossível, a bruxa que não foi capaz de lidar com o próprio filho."

Apenas saiba que não é bem assim. É muito comum que uma relação pouco amistosa entre pais e filhos adolescentes melhore quando eles deixam de viver sob o mesmo teto a maior parte do tempo. Mesmo que não o digam, ambos os lados estão pensando:

"Sim, minha mãe e eu estamos na verdade nos dando bem melhor, agora que eu moro com meu pai."

"Sim, Isabel e eu estamos nos dando bem melhor, agora que ela fica mais tempo com o pai do que comigo. Odeio dizer isso, mas na verdade estou gostando das coisas deste jeito."

Lidando com novos membros na família

Se você não vive mais com o pai ou a mãe de seus filhos, há sempre a possibilidade de que entrem novas pessoas na sua vida e nas deles. Novos membros na família. Novos "mais ou menos" membros da família. Namorados, namoradas, novos parceiros, madrastas e padrastos, novos meios-irmãos ou enteados de seu ex, novas pessoas no pedaço. Isso, obviamente, pode instigar resistências reais.

"Eu não gosto disso. Eu não pedi para meus pais se divorciarem. Não foi escolha minha, e agora eles esperam que eu viva com a Sondra (a atual namorada do pai), que na verdade não é tão ruim assim, mas também com o Louis, aquele panaca, que eu não entendo o que minha mãe vê nele. Isso sem contar que só de pensar neles fazendo sexo me dá vontade de vomitar, e eles ficam de mãozinhas dadas o tempo inteiro – o que certamente não acontecia entre ela e meu pai. Quero dizer... é realmente nojento. Nada disso foi escolha minha."

"Ah... e eu mencionei o Craig, o pirralho hiperativo (o filho de Sondra, de oito anos de idade)? Não sei se ele é oficialmente hiperativo, mas ele é um pequeno selvagem, o que eu sei que realmente irrita meu pai, e a Sondra não consegue controlá-lo. E posso dizer mais uma coisa? Louis. Ele chega e já vai sentando na poltrona reclinável no quarto da tevê, que sempre foi a poltrona onde eu sentava. E ele se acha tão legal... Você tem que ver as joias que ele usa. Ele devia estar na capa da revista Panacas da Semana. *Sério. Quero dizer... É tudo completamente injusto. E sabe o que eu posso fazer a respeito? Bosta nenhuma. É isso que posso fazer."*

O acréscimo de novos parceiros ou irmãos pode, na verdade, ser menos problemático para filhos pequenos do que para adolescentes. Estes tendem, tipicamente, a não ver novas pessoas como novos membros de sua família. Eles são mais rígidos, e não têm interesse algum em mudanças que não sejam de sua escolha. Agora eles terão que compartilhar espaço. Eles receberão proporcionalmente menos de você – o que poderia, na verdade, não importar tanto para eles, a não ser pelo fato de que gostam de saber que você estaria disponível se eles assim o desejassem. E agora se espera que eles ajam de forma cordial – em sua casa, seu próprio espaço – com pessoas com as quais poderiam se importar menos, ou que talvez até mesmo detestem ativamente.

Posso lhe contar muito mais sobre Louis.

Uma regra importante para se ter em mente é a seguinte: assegure-se de que haja um período de tempo regular apenas para você e seu (s) filho (s). É muito importante para eles saber que a antiga família não está totalmente destruída, e que eles podem ter total e regular acesso a você.

Obviamente, alguns dos problemas decorrentes da presença de novos membros familiares nem sempre são passíveis de solução. Isso é especialmente verdadeiro quando se trata de gostar ou não de alguém... e quando há adolescentes envolvidos. Felizmente não é necessário que todas as pessoas em uma nova família gostem umas das outras. Você não está exigindo de seu filho que ele goste dos novos membros da família. Você pode, por outro lado, esperar e exigir dele um comportamento civilizado. Mas, assim como tudo o mais, é aqui que a coisa fica delicada.

Observe essa interação entre Sybil e a menina de quinze anos que recentemente se tornou sua enteada:

– *Carlin, foi você que fez essa bagunça com a pipoca?*
– *Foi.*
– *Você poderia limpar isso, por favor?*
– *Eu limpo, mais tarde.*
– *Não, eu preciso que você limpe agora.*
– *Quem você pensa que é, pra ficar me dando ordens? Você não é minha mãe.*
– *Como é que é?*
– *Você não é minha mãe! Você não manda em mim!*
– *O que foi que você acabou de dizer?*
– *Você me ouviu muito bem!*

Mais tarde, no início da noite, Sybil disse ao pai de Carlin:

– *Você não vai acreditar no que a sua filha me disse hoje de tarde.* – E Sybil contou a ele. – *Eu não mereço ser desrespeitada desse jeito.*

Um pouco mais tarde, o pai de Carlin falou com a filha:
– *Carlin, a Sybil disse que você foi grosseira com ela hoje quando ela te pediu para limpar a sujeira que você tinha feito com a pipoca.*
– *Pai, você acredita em tudo que ela diz! Foi ela quem foi grossa comigo! Ela não pode ficar me dando ordens! Você fica sempre do lado dela! Eu odeio a Sybil! Por que você tinha que casar com ela?* – E Carlin irrompeu em lágrimas.

Um pouco mais tarde, Sybil perguntou ao pai de Carlin:
– *Você falou com a Carlin?*
– *Falei.*
– *O que você disse?*
– *Você tem que entender que ela estava apenas com quatro anos quando eu e a mãe dela nos separamos. É difícil para ela ter outra pessoa com autoridade parental sobre ela, além de mim.*
– *Eu não acredito! Você não tem a mínima noção da pirralha mimada e malcriada que você está criando! Você deixa a Carlin te fazer de gato e sapato! Eu sabia que isso ia acontecer!*
– *Merda!* – disse o pai de Carlin, baixinho.
– *O que foi que você acabou de dizer?* – perguntou Sybil.

Você nem sempre poderá mudar a forma como os membros da família se sentem uns em relação aos outros, mas há sem dúvida certas regras para as situações cotidianas que podem fazer uma grande diferença na evitação de conflitos e de manifestações desnecessárias da má vontade. Em primeiro lugar, há certas considerações claras que você deve ter em mente:

Um novo parceiro vivendo em seu lar não é o mesmo que um novo pai para seus filhos. Ele não tem a mesma conexão de vida, a mesma história com seus filhos que aquela que estes últimos têm com o pai deles desde o início de suas vidas. Ele tampouco tem o mesmo amor ou senso de compromisso em relação a seus filhos, como é o caso dos pais biológicos – pelo menos na maioria dos casos. O que isso significa é que há muitas coisas que um adolescente irá aceitar – embora não vá necessariamente gostar – quando advindo de um dos pais biológicos que esse mesmo adolescente não aceitará por parte de um padrasto. No fundo de seus corações, eles acreditam que, no que se refere a questões de disciplina, os padrastos não têm o direito de lhes fazer quaisquer imposições. Quando dizem *"Você não é meu pai"*, eles estão lhe dizendo algo que é muito verdadeiro para eles. E isso deve ser levado em conta.

Outro princípio importante: muito embora seu filho adolescente possa se ressentir do fato de você haver trazido uma pessoa nova para o lar em que ele vive, em uma situação a respeito da qual ele não teve escolha alguma, ainda assim seu filho deve tratar sua parceira com todo o respeito que se deve demonstrar por qualquer adulto. Além disso, uma vez que sua nova parceira vive no mesmo espaço que ele, este deve reconhecer que agora sua parceira tem também plenos direitos sobre o ambiente do lar. Agora esse lar é dela também.

"Não, não é, não! Essa casa não é dela! É minha! Não é, não! Não é, não!"

Mas é, sim, e isso pode ser uma dura realidade para um adolescente engolir.

Levando em conta o que foi dito acima, seguem algumas diretrizes que podem aliviar certas tensões mais comuns entre seu filho adolescente e a nova pessoa que você elegeu como parceira.

Regra nº 1: Mesmo que não concorde, sempre apoie seu parceiro nas interações diárias com seu filho, do mesmo modo que você fazia com o pai original dele. Agindo de outra maneira, você invariavelmente fará com que seu parceiro passe a acumular ressentimentos em relação a você e a seu filho. Se você realmente não gostar de algo que seu parceiro tenha feito, converse com ele sobre isso posteriormente, em particular.

Regra nº 2: Embora seu parceiro tenha o direito de dar ordens a seu filho, é você, e somente você, a figura de autoridade quando se trata de estabelecer regras parentais gerais, tais como punições, horário de dormir ou voltar para casa, com quem eles podem ou não podem andar etc. Isso é muito importante para um adolescente. Eles podem nem sempre gostar das suas regras, mas eles têm um forte senso de quem eles acreditam ter o direito de ditar tais regras e de quem não tem. Eles sentem fortemente que é somente seu pai "verdadeiro" que pode estabelecer as regras que vão pautar suas vidas.

Seu parceiro pode discordar por completo de suas decisões, pode expressar essa discordância de forma veemente, e você pode vir a concordar com o que ele diz. Mas o direito derradeiro de estabelecer aquelas que serão as decisões sobre políticas a adotar precisa repousar nas suas mãos.

Regra nº 3: Quando seu filho for rude com seu parceiro, sempre aborde o assunto com ele. A regra tem que ser bem clara, rezando que ser desrespeitoso com o padrasto nunca é aceitável. É preciso que essa regra exija que, independentemente daquilo que seus filhos pensem de seu parceiro, ainda assim eles o tratem com respeito.

Regra nº 4: Demonstre regularmente ao seu filho que você é capaz de compreender que ele possa não estar contente com o novo membro da família.

– Eu sei que algumas vezes pode ser difícil pra você conviver com a Sybil nessa casa.
– Algumas vezes, não. O tempo inteiro.
– Eu sei que pode ser difícil. Mas eu continuo amando você, e farei tudo que eu puder para que sua vida seja tão agradável quanto for possível.
– Ótimo. Então livre-se da Sybil.

Reconhecer que eles possam não estar satisfeitos com o novo arranjo, e que têm o direito de se sentirem assim – muito embora talvez nada venha a mudar – significa muito para um adolescente.

Segue abaixo uma forma pela qual a sequência anterior poderia ter tido um desfecho melhor:

A chave reside em manter uma regra que estabeleça que a cada vez em que Carlin for grosseira para com sua madrasta, o pai deve ser informado a respeito. E a cada vez que ouvir sobre tais atitudes pela filha, o pai de Carlin deve ir até ela e dizer o seguinte:

– Sybil me contou o que você disse a ela hoje à tarde. Eu espero que você lhe obedeça quando ela te pedir que faça algo. E você não deve falar com ela daquele jeito... nunca mais.
– Mas, pai, a Sybil estava sendo uma tremenda de uma bruxa! Você não sabe quem ela é! Ela...
– Eu quero que você a ouça e que fale com ela de maneira respeitosa.
– Mas, pai...
– Você ouviu o que eu disse.

Essa atitude não irá necessariamente pôr um fim ao desrespeito, mas irá amenizá-lo. Isso mostrará a Carlin que, embora seu pai possa ser solidário aos sentimentos da filha em relação à madrasta, ele não apoia as manifestações de desrespeito de Carlin. Se ela quiser que o pai fique do lado dela – e não se iluda a esse respeito, não importa o que seus filhos lhe digam, eles querem muito ter seus pais ao seu lado –, ela terá que aceitar o acordo da forma como este lhe é oferecido. O acordo reza que seu pai será capaz de compreender seus sentimentos negativos em relação a Sybil, mas que ele nunca aceitará que palavras negativas sejam dirigidas a ela. Esse é um acordo que muitos adolescentes acabam por aceitar, ainda que amuados, desde que seja afirmado e reforçado. O raciocínio deles é simples.

"Eu odeio a Sybil, e irei sempre odiá-la. Mas quero ficar bem com meu pai – a menos que ele aja como um imbecil. Então, talvez – não vou prometer nada – seja melhor eu pegar leve com a Sybil por um tempo, sem lhe dizer coisas tão terríveis – porque, afinal de contas, ela não importa nada, mesmo. Ela não vale a pena de qualquer aborrecimento."

Então, posteriormente, você poderá responder à sua parceira com palavras que a assegurem quanto ao respeito que lhe é devido.

– O que você disse à Carlin?
– Disse que ela precisa te obedecer, e que não pode faltar ao respeito com você.

E embora o pai de Carlin possa não punir a filha – o que eventualmente não agradará Sybil –, ainda assim é mais provável que sua parceira fique satisfeita do que insatisfeita, pois o pai de Carlin deixou claro que está do lado de Sybil no que se refere à atitude respondona da filha. Insisto: essa atitude do pai pode não parecer muita coisa, mas faz uma grande diferença na qualidade das interações cotidianas.

Um lembrete para padrastos e madrastas

Você não precisa gostar de seu enteado, mas precisa tratá-lo com respeito. E vice-versa. Embora eles possam não gostar de você, é seu direito ser tratado com respeito por eles.

Você tem o direito de exigir que seu parceiro deixe claro para os filhos que desrespeitar você não é aceitável.

Entretanto, tenha em conta que o comportamento de um filho é o produto de um relacionamento já estabelecido entre este e seus pais, e que na sua maior parte isso tende a não mudar. Você poderá expressar sua desaprovação, mas não se esforce demais para transformar o comportamento parental de seu parceiro. Isso só resultará em mais frustração e sentimentos negativos – e geralmente de nada adiantará, tampouco, em termos de mudança de comportamento de seu enteado.

CAPÍTULO ONZE

OS ADOLESCENTES E O SEXO

Existe um problema inegável no que se refere aos adolescentes, e todos os pais precisam enfrentá-lo. Os adolescentes desejam divertir-se. E eles protegem com unhas e dentes seu direito à diversão.

"É, eu quero me divertir. Que há de errado nisso?"

A maioria de nós pode se identificar com o desejo deles, uma vez que também gostamos de nos divertir.

"Acho que está tudo bem... Acho que é normal querer se divertir. Quero dizer, não há nada de errado em se divertir, não é?"

Mas os adolescentes não querem simplesmente diversão; eles querem diversão em largas proporções.

"Sim, eu quero me divertir um bocado. Quero muito mais do que só um pouquinho de diversão."

E é aqui que os pais começam a se preocupar.

"Não sei... estou começando a ficar um pouco nervosa. Talvez devêssemos impor alguns limites, para que eles se divirtam só um pouco."

Participar de torneios de palavras cruzadas.

Ouvir músicas dos Beatles (Eles são legais, não são? Quero dizer... a garotada gosta dos Beatles – mesmo hoje em dia.)

Assistir a filmes, mas apenas aqueles sem muito sangue, sexo ou palavrões. Quero dizer... tudo bem se houver um pouquinho de sangue, um pouquinho de sexo, um ou outro palavrão, não é? Eles não têm mais nove anos de idade, pelo amor de Deus.

E dançar. Talvez dançar seja bom. Só que eu não sei se eles dançam muito hoje em dia.

Se você fosse conversar abertamente com os adolescentes a respeito de diversão, poderia simplesmente descobrir que eles vêm se divertindo muito mais do que o quanto você considera "apropriado para a idade deles".

– Mãe, eu vou sair hoje à noite, e vou me divertir pra caramba.
– Oh, minha querida! Você precisa mesmo?
– Sim.
– O que você vai fazer?
– Vou ficar alta – chapadona – e vou transar com alguém. Ainda não sei com quem. Vai depender do que rolar na hora. É, vai ser uma grande noite!
– Oh, minha querida! Eu vou ficar preocupada a noite inteira!

COMPORTAMENTO DE RISCO

Não se trata simplesmente de um problema relacionado aos adolescentes, mas ao conceito de diversão. O sexo, as drogas e a bebida são as maneiras principais pelas quais um grande número de adolescentes – e obviamente também de adultos – encontra diversão.

Portanto, aqui segue uma pergunta para você: as formas de diversão que incluem sexo, drogas e bebidas são mais divertidas que aquelas que não abrangem qualquer desses componentes? Inúmeras pessoas – incluindo os adolescentes – pensam que sim. O que o mundo adulto diz aos jovens é que essas formas de diversão *são* maneiras, mas que você não pode desfrutar delas enquanto não for adulto. Isso, obviamente, só faz reforçar para a garotada que essas coisas devem ser significativamente divertidas.

O que os adolescentes gostam de fazer para se divertir é andar com os amigos, com aqueles amigos com os quais se sentem à vontade. (Nesse aspecto, eles em nada diferem de nós, adultos.) Mas é comum que em tais circunstâncias eles queiram aumentar sua diversão recorrendo a substâncias, e, caso cheguem a praticar alguma forma de sexo, tendem a querer uma atividade sexual pesada.

Infelizmente, muitas das atividades que implicam um alto grau de prazer são arriscadas. E os riscos envolvidos são bem reais, incluindo os de ferimentos sérios, problemas com a lei, humilhação. E, no caso de muitas dessas substâncias ilícitas – em graus variados –, há também o risco de se desenvolver uma dependência química, situações nas quais as substâncias podem assumir o controle – e até mesmo arruinar por completo uma vida.

Essas coisas fazem os pais pensarem: *"Oh, meu Deus, por que eles não podem simplesmente curtir bons momentos, andar por aí com bons amigos, sem ter que usar substâncias ilícitas? E se forem ter atividades sexuais, por que não podem limitar-se a atividades menos avançadas?"*

Aparentemente eles não podem. Os adolescentes se envolvem nesses comportamentos obviamente arriscados, em parte, por não terem tanto medo quanto os adultos. Eles acreditam que as coisas realmente ruins não acontecerão a eles.

"É, a verdade é que eu não me preocupo mesmo com nenhuma dessas coisas ruins. Eu simplesmente não me preocupo."

Para muitos adolescentes, existe um atrativo adicional no ato de engajar-se em comportamentos de risco.

"É, se você quer saber, o fato de que alguma daquelas porras que eu faço seja perigosa, torna ela mais divertida. Correr risco é maneiro. Ah, e eu esqueci de mencionar: eu gosto ainda mais do fato de que os adultos achem isso ruim. Isso torna tudo mais divertido."

Existe ainda outro motivo de grande importância pelo qual os adolescentes se envolvem, e continuarão a se envolver, em comportamentos genuinamente arriscados. E, ao contrário do que reza a opinião popular, não se trata da pressão exercida pelos seus iguais. O principal motivo disparado que impele os adolescentes a se envolverem em tais atividades é que as mesmas *são, de fato*, divertidas. Com frequência, elas são divertidas *pra cacete*.

Se você é pai ou mãe de um adolescente, é preciso que saiba que o sexo, as drogas e a bebida são problemas que não irão embora. Não há cura para isso enquanto eles buscarem diversão em suas vidas, enquanto ainda tiverem substâncias ao seu alcance ou impulsos sexuais. Esses problemas irão persistir para sempre, a menos que surjam algumas outras atividades mais prazerosas do que o sexo, as drogas e a bebida. Acredite em mim: não há a menor chance de que essas formas arriscadas de diversão venham a perder seu apelo e se tornem insignificantes para eles em qualquer momento de um futuro próximo.

Então o que você deve fazer? Tentar impedi-los de se envolver nas formas mais arriscadas de diversão? Cabe a você fazer tudo que seja humanamente possível para tornar *impossível* para eles o envolvimento nessas atividades de risco? Ou seria melhor tentar educá-los da melhor maneira que você puder, de modo que eles possam compreender verdadeiramente os riscos existentes no mundo lá fora? Obviamente, a resposta – em graus variados – é: todas as opções acima. Mas, se você for o pai ou a mãe de um adolescente, é preciso que saiba que, a despeito de seus melhores esforços para manter seu filho longe de atividades que os expõem a danos potenciais – incluindo danos graves –, existirá sempre uma possibilidade bastante real de que eles façam essas coisas assim mesmo.

O QUE OS PAIS PRECISAM SABER

Essa realidade nos leva a formular uma pergunta muito natural: qual é o papel apropriado dos pais na vida sexual de seus filhos adolescentes? E, obviamente, essa pergunta leva a outra: o quanto os filhos adolescentes *desejam* – se é que desejam – que seus pais saibam de sua vida sexual.

"Como eu me sinto a respeito de conversar com meus pais sobre minha vida sexual? Como eu me sinto a respeito de conversar sobre meus impulsos sexuais, sobre as coisas que eu realmente faço, sobre as coisas que talvez – sinto-me constrangido em admitir – eu não faça? Como eu me sinto a respeito de compartilhar essa parte de minha vida com

eles? O quanto de envolvimento eu quero que eles tenham a respeito de tudo isso? Deixe-me pensar... que tal nada? Acho que é mais ou menos esse tanto."

Quero lembrar que, em uma passagem anterior, eu falei sobre a determinação adolescente segundo a qual a maioria dos jovens, como parte do seu desenvolvimento psicológico normal, se torna alérgica a seus pais. Essa alergia tem muito a ver com sua sexualidade. Sexo e pais não combinam. Os adolescentes não querem compartilhar coisa alguma relativa à sua sexualidade com os pais. E eles *realmente* não desejam que seus pais partilhem coisa alguma da própria sexualidade com *eles*. Todo adolescente sabe que seus pais fizeram sexo no número exato de vezes proporcional ao número de filhos na família. Eles também sabem que, quando seus pais fizeram sexo, eles não se divertiram, que provavelmente estavam bêbados. Para eles, a ideia de seus pais fazerem sexo é absolutamente repulsiva.

Os pais, por outro lado, não sentem a mesma "repulsa" pela ideia dos filhos praticarem sexo. Mas eles consideram isso inquietante em vários níveis. Certamente eles compreendem que há problemas muito reais que podem advir da atividade sexual adolescente, mas o grande desafio para eles é o de simplesmente aceitarem a ideia da sexualidade dos seus filhos. Eles consideram a noção de seus filhos serem sexualmente ativos algo difícil demais para que consigam sequer pensar a respeito. Seus filhos já não são mais seus bebezinhos queridos. Eles agora são seres sexuais em sua plenitude. Entretanto, quer os pais estejam ou não à vontade a esse respeito, o fato é que o sexo passa a ser parte integrante da vida de seus filhos adolescentes. E os pais têm que lidar com essa realidade.

QUÃO ATIVO É SEU ADOLESCENTE?

Os adolescentes de hoje em dia estão expostos a uma grande quantidade de material de conteúdo sexual. Boa parte desse material provém da mídia tradicional: filmes e tevê. Entretanto, outra importante fonte de informação disponível para os adolescentes é a internet, a qual propicia um acesso fácil a vídeos e imagens de conteúdo sexual bastante explícito. Além disso, existe atualmente uma circulação muito maior de diálogos sobre sexo entre adolescentes via internet, incluindo fofocas e também troca de informações reais e válidas. Por não estarem se comunicando olhos nos olhos, e tendo a vantagem, além disso, da distância ou do anonimato da palavra escrita em vez da palavra falada, os adolescentes tendem, geralmente, a falar de sexo com mais liberdade quando estão *online* do que falariam se o diálogo estivesse acontecendo pessoalmente. Por tais motivos, os jovens de hoje são mais sofisticados a respeito de sexo – ou pelo menos conversam mais sobre o assunto – do que no passado.

Então, o que eles realmente fazem? É essa a pergunta que mora na mente da maioria dos pais.

A Kaiser Family Foundation [Fundação Kaiser para Assuntos de Família], que registra regularmente a atividade sexual de adolescentes, observou em um relatório publicado em setembro de 2008 que 48% de todos os estudantes do ensino médio admitiam ter praticado atos sexuais. O relato da Kaiser afirmou, ainda, que isso representava um decréscimo em comparação com os 54% registrados em 1991. Poderia isso significar que os adolescentes estão na verdade fazendo menos sexo? É difícil dizer. Sabemos que eles estão sendo certamente expostos a materiais de conteúdo sexual cada vez mais cedo, via mídia eletrônica, conforme mencionei anteriormente. Entretanto, não é tão claro assim se houve ou não uma mudança dramática no sentido de os adolescentes começarem suas atividades sexuais mais cedo em função da disponibilidade de conteúdos visuais e educativos *online*, ou se esse acesso a materiais visuais tem induzido a vivências concretas.

Um fator complicador adicional para a nossa capacidade de avaliar essa situação reside no fato de que os dados podem ser deturpados pela semântica associada ao tema. Sem dúvida, tem havido muita discussão em círculos de pais e educadores a respeito de quantos adolescentes hoje em dia responderiam "não" quando indagados a respeito de praticarem sexo, caso as atividades sexuais nas quais se envolvem sejam de qualquer natureza diferente do ato sexual propriamente dito. E os mundos da mídia e do entretenimento certamente abraçaram a tendência "amizades coloridas", segundo a qual amigos podem ser "casais" sem, por isso, se considerarem namorados. Os adolescentes também falam em "ficar", um termo que significa que eles irão se envolver em uma atividade sexual com outro adolescente – não necessariamente um intercurso sexual – por uma noite, com o entendimento mútuo de que isso não implica qualquer compromisso.

Uma notícia indubitavelmente boa é que os adolescentes têm hoje mais consciência dos riscos do sexo não seguro e fazem uso de métodos contraceptivos. Obviamente muitos adolescentes continuam praticando sexo não seguro, engravidam e têm taxas significativas de doenças sexualmente transmissíveis (DSTs).

O ponto que quero ressaltar é que os jovens praticam sexo. O quanto, em que idade e qual a atitude adotada são aspectos que variam de ano para ano; a questão central é que eles fazem sexo e, à medida que vão se tornando mais velhos, em um número cada vez maior. (Nem todos, porém.) E os riscos inerentes à atividade sexual permanecem. Quanto mais jovens eles forem, mais ingênuos serão. A questão central que os pais devem ter em mente, porém, é que, quanto mais conscientes seus filhos forem, menor será a probabilidade de que se envolvam em comportamento sexual de risco.

Como você pode saber se seu filho adolescente irá se envolver com sexo? A resposta é simples: você não tem como saber. Isso significa que, caso você tenha um filho adolescente, pode presumir que ele pode se engajar em alguma forma de atividade sexual que implicará riscos inevitáveis. Isso significa que seria uma boa ideia estar pelo menos um pouco envolvido com o lado sexual da vida dele? Sim. Como é que a maioria dos pais de adolescentes se sente a esse respeito? O que é que eles desejam para seus filhos no que se refere a sexo? Eu ouço o que eles pensam a respeito desse assunto com frequência, e tais pensamentos são tão complexos quanto a situação.

"O que eu quero que meus filhos façam no que diz respeito a sexo? Essa é fácil de responder. Eu quero que eles façam o que for normal – seja o que for isso –, mas não quero saber nada a respeito.

"Na verdade, não é bem assim. O que eu quero é que, seja o que for que eles façam – ou deixem de fazer –, não lhes cause problemas. Nada de gravidez. Nada de DSTs. Não quero que se tornem vítimas. Não quero que machuquem outras pessoas. Não quero que acabem se envolvendo em algum grande drama emocional. Não quero que se metam em encrenca."

É preciso que eu diga, a essa altura, que, no que se refere a todos os aspectos do sexo abordados nos parágrafos anteriores, os pais – e o resto do mundo – têm padrões bem diferentes para rapazes e moças. Ao longo dos anos, pode ter havido mudanças, com as mulheres reivindicando cada vez mais o direito à sua própria sexualidade. Mas certamente o padrão, no que se refere aos adolescentes, continua sendo mais ou menos o mesmo que sempre foi. Nós consideramos saudável o interesse de um menino pelo sexo. Queremos que ele seja cuidadoso, mas não nos sentimos particularmente perturbados pela ideia de que ele possa ser sexualmente ativo. A atividade sexual das garotas, por outro lado, nos deixa nervosos. Não restam dúvidas de que a maioria dos pais se preocupa significativamente mais com a sexualidade de suas filhas do que com a de seus filhos.

As pessoas justificam essa diferença dizendo coisas tais como:

"Bem, eu não quero que ela adquira uma má reputação. Você pode dizer o que quiser, mas uma vez que uma garota seja sexualmente ativa, ela poderá adquirir uma reputação, e essa reputação poderá acompanhá-la por todo o ensino médio. E não venha me dizer que os adolescentes não olham com maus olhos uma menina que tenha praticado sexo com um número significativo de rapazes."

É verdade. Uma garota que faça muito sexo é considerada uma "piranha", "vadia" ou uma "ninfomaníaca".

A garota adolescente pode argumentar contra esse estereótipo com afirmações tais como:

"Não, eu escolho ser sexualmente ativa. Eu gosto de sexo. É uma opção minha."

Enquanto isso, os outros pensam – ou, pior, dizem – coisas como:

"*Tá, sei. O que prova exatamente o que eu digo: que ela é uma 'vadia'.*"

Por outro lado, um menino que tenha feito muito sexo é considerado sortudo, ou um "garanhão". Talvez não devesse ser assim. Talvez isso seja injusto. Mas é assim que as coisas são. As questões e dicotomias obviamente não param por aqui. Pense a respeito: você ensina intencionalmente a seus filhos maneiras ou ajuda-os a desenvolver atitudes dentro de si que lhes permitam desfrutar de uma vida sexual mais rica e plena? O bom sexo não é uma das verdadeiras alegrias da vida? Será que não desejamos fazer tudo o que pudermos para que nossos filhos adolescentes vivenciem tal alegria? Ou a maioria dos pais é também ambivalente a esse respeito?

"*Se eu quero que meus filhos tenham uma vida sexual saudável, plena, vibrante, prazerosa quando adolescentes? Talvez mais para moderadamente prazerosa. Apenas boa o bastante para que sua vida sexual seja normal quando adultos. Não, na verdade eu simplesmente não quero que eles façam sexo. Talvez beijar... tudo bem.*"

AS CONSEQUÊNCIAS DO SEXO ADOLESCENTE

Existem muitos problemas potenciais que podem se manifestar quando os adolescentes se envolvem em atividades sexuais.

- As meninas podem ficar grávidas e os meninos, engravidar alguém.

- Eles podem contrair uma DST.

- No caso das meninas, elas podem ficar com reputação de "vadia".

- Ainda as meninas, elas podem ser forçadas a um ato sexual, ou serem vítimas de abuso durante um ato sexual.

- Caso se trate de meninos, eles podem submeter uma garota a sexo não consentido ou cometer abusos durante um ato sexual. (Os meninos também podem ser submetidos a sexo não consentido e abuso, mas esse é um problema significativamente menos frequente quando comparado ao que acontece com as garotas.)

• Embora possam ter praticado sexo, eles podem se ver em um relacionamento que lhes demanda mais do que são capazes de lidar em termos emocionais. Tanto pode acontecer de eles estarem mais envolvidos emocionalmente, quanto seu parceiro sexual pode ficar mais envolvido emocionalmente do que eles esperavam.

• Eles podem se sentir confusos pela experiência sexual, a um ponto tal que essa experiência lhes seja perturbadora. Por exemplo, eles podem se sentir envergonhados ou constrangidos pelo acontecimento. Também pode ocorrer que determinada experiência faça com que se sintam inseguros a respeito da própria sexualidade.

A sexualidade se torna uma parte significativa da vida adolescente. Estejam ou não prontos para isso, os adolescentes nessa idade se tornam serem bem mais sexuais – e, portanto, muito mais propensos a se envolver em atividades sexuais. E essas atividades são acompanhadas de problemas potenciais muito maiores. A sexualidade não é uma coisa ruim. Ela faz parte da condição humana, e pode constituir um dos grandes prazeres da vida. Além disso, não podemos fazer a sexualidade desaparecer. Embora muitos pais preferissem que isso fosse possível.

O motivo número um pelo qual os adolescentes se envolvem em atividades sexuais reside no fato de que eles se encontram numa situação na qual o sexo *pode* acontecer. Onde e quando eles fazem sexo? Em sua própria casa. Na casa de um amigo. Em uma festa na qual haja um quarto disponível. Quando combinam de estudar juntos, com a verdadeira intenção de namorar. Em situações nas quais não haja adultos por perto, ou pelo menos não haja adultos monitorando o que está acontecendo. Quando eles fazem sexo? Sempre que podem. Os horários logo após as aulas são momentos tão prováveis e propícios quanto nas noites de fins de semana. O problema, obviamente, é que no mundo de hoje a maioria dos adolescentes dispõe de longas horas nas quais seu comportamento não é monitorado, e com frequência se encontram em situações nas quais não há quaisquer adultos por perto. Hoje em dia muitos deles vivem em lares nos quais ambos os pais trabalham. E os pais de adolescentes sentem que finalmente é possível deixar os filhos sozinhos em casa, que felizmente seus filhos chegaram a uma idade na qual é seguro deixá-los sós. Muitos pais aguardaram ansiosamente a chegada desse momento.

"Sim, finalmente Andrea tem idade suficiente para que eu não precise mais adaptar meu horário de trabalho de modo a estar em casa quando ela chega da escola."

Obviamente essa é uma boa notícia também para Ricky, o namorado de Andrea.

A única questão que quero enfatizar é que se seu objetivo é controlar a vida sexual de seus filhos adolescentes, a melhor arma é dificultar que o sexo ocorra. Pode ser útil fazer o possível para monitorar onde eles se encontram e o que estão fazendo. É importante, contudo, que você admita que, à medida que seus filhos forem ficando mais velhos, um monitoramento completo se tornará cada vez mais difícil e menos apropriado. Na realidade do mundo de hoje, se um determinado adolescente estiver decidido a fazer sexo, isso provavelmente irá acontecer. O que significa que se você tem um filho adolescente é melhor que consiga minimamente ficar em paz com a ideia de que ele irá praticar sexo. Caso contrário, aceite o fato de que você pode acabar sofrendo uma amarga decepção quando descobrir que ele tem uma vida sexual.

CONVERSANDO COM SEU ADOLESCENTE A RESPEITO DE SEXO

Outra maneira que pode ajudar você a controlar a atividade sexual de seus filhos adolescentes é conversar com eles. Mas conversar não tem, na verdade, muito a ver com impedir que eles façam sexo. Tem mais a ver com ajudá-los a tomar decisões conscientes por si mesmos.

Você pode dizer a eles como se sente:

"Eu vou ficar muito, muito decepcionada se eu descobrir que você fez sexo."

Você pode até mesmo decretar a lei.

"Acho bom que você não faça sexo, mocinho; caso contrário, pode esquecer seu celular pelos próximos três meses."

Você pode tentar ter uma conversa razoável com eles.

– *Serena, nós podemos conversar?*

– *Claro, mãe.*

– *Quero te explicar por que é uma boa ideia que nesse momento de sua vida você não faça sexo.*

– *Sou toda ouvidos.*

Mas não importa quais as palavras que você escolha, não esqueça que elas são limitadas em seu poder preventivo. Dito isso, conversar com adolescentes a respeito de sexo, embora esteja longe de ser uma salvaguarda eficaz no sentido de impedi-los de se envolverem nessa prática, pode fazer uma grande diferença na natureza da atividade sexual de seus filhos. Ter em mente as suas palavras quando estiverem no imenso mundo lá fora pode aumentar a probabilidade de que o envolvimento deles com a atividade sexual se dê de forma mais refletida e, consequentemente, menos arriscada.

Em termos ideais, você já terá estabelecido um padrão de comunicação fácil e bilateral entre você e seu filho. Sua relação lhe dará a certeza de que você o escuta, e não apenas fica fazendo sermões. Uma relação na qual ele sabe que, se for sincero, você não terá um surto.

Não será uma relação na qual você dirá:

"Você fez O QUÊ? Oh, meu Deus do céu, Lucinda, como você pôde ser tão estúpida?"

Em vez disso, será uma relacionamento no qual eles sabem que você é uma pessoa aberta e que não os julgará.

Não será uma relação na qual você recorrerá a palavras ofensivas:

"Você quer ficar com fama de puta? É esse o seu objetivo?"

Idealmente, você já tem um padrão de uma boa comunicação com seu adolescente, o que implica que aquilo que você tem a dizer será ouvido. Mas, se não for esse o caso, você precisa saber que, independentemente da natureza prévia de seu canal de comunicação com seu filho adolescente, conversar com ele a respeito desse importante tema pode, de qualquer modo, fazer uma diferença positiva.

O BÁSICO E ALÉM

Quando houver chegado o período da adolescência de seus filhos, é esperado que você tenha se assegurado de que eles tenham informações a respeito de sexo. Você não deve contar com sabe-se lá que tipo de educação sexual a escola lhes esteja proporcionando. Os programas de educação sexual nas escolas variam amplamente. Cabe a você assumir a responsabilidade de garantir que seu filho esteja informado sobre o assunto antes de completar treze anos. Você pode explicar-lhes. Mas também pode consultar sites da internet ou buscar em livrarias algum material que possa ajudá-lo a orientar seus filhos. Não se deixe dissuadir pelas queixas deles.

"Oh, isso é tão constrangedor! Eu não vou olhar pra nada disso. Além do mais, eu não tenho dois anos. Dããã... Eu já sei tudo sobre essas coisas."

Obviamente eles não sabem – pelo menos, não tanto quanto julgam saber. Além disso, os cérebros deles podem ser com frequência reservatórios de informações equivocadas.

"Se você tiver acabado de fazer sexo e fizer de novo, é impossível engravidar, pois não tem como o cara produzir esperma novo tão rápido assim."

Felizmente, existem vários livros e websites que proporcionam informações francas e honestas sobre adolescentes e sexualidade. Pode ser interessante que você consulte tais fontes sozinho antes, para confirmar se as informações nelas existentes estão em consonância com suas próprias convicções a respeito de adolescentes e sexo. Seja como for, elas podem ser fontes de informações confiáveis. Seus filhos adolescentes podem declarar não ter qualquer interesse no assunto. Mas, se você tornar esses recursos facilmente disponíveis, eles provavelmente irão dar uma olhada. Muitas vezes.

Além de informações básicas sobre sexo, existem certas coisas que podem ser bastante úteis de se compartilhar com seu adolescente. Como eu disse anteriormente, de um modo geral alguns de vocês já terão canais de uma comunicação maravilhosa, aberta e respeitosa, todo o tempo com seus filhos. Mas se a realidade for que você é menos comunicativo que isso, tenho certeza de que está se perguntando o que fazer agora. Como você deve iniciar tais conversas? A resposta é: simplesmente comece.

Você não precisa fazer isso do jeito mais preciso e certo concebível. Pode começar de forma desajeitada; isso não importa. Quanto mais eles falarem, quanto maior for a discussão, melhor. Mas, mesmo que apenas você esteja falando, está tudo bem ainda assim. O fundamental nisso é que há determinadas ideias que você quer que eles ouçam. E você irá partilhá-las com eles. Talvez seu filho, ou filha, opte por correr e se esconder em um armário em vez de te ouvir. O segredo está em persistir. Tente novamente mais tarde. E no dia seguinte. Se você se dedicar o suficiente, acabará conseguindo transmitir sua mensagem.

Seguem agora alguns conselhos específicos que talvez você deseje dar aos seus filhos adolescentes, de modo que eles tenham essas ideias na cabeça enquanto atravessam o mundo do sexo adolescente. Haverá conselhos para garotas e outros, diferentes, para garotos.

Essas ideias podem ser apresentadas de muitas formas diferentes. Talvez você prefira não oferecer todas elas ao mesmo tempo; talvez ache melhor distribuí-las um pouco de cada vez. Talvez possa começar dizendo:

"*Aqui tem algo pra se pensar. O que você acha?*"

Ou talvez você possa escrever um "pensamento do dia sobre sexo adolescente" em um cartão, para discutir com ele.

Você pode também tentar um telefonema de celular com duração de três minutos, como fez o pai de Jason. O celular do adolescente toca... É seu pai, dizendo:

"Oi, aqui é o seu pai. Não desligue. Vou conversar com você por três minutos, e depois você pode desligar. Mas me ouça por três minutos, combinado?"

Ou envie um torpedo. Qualquer coisa. Todos os métodos são válidos. Desde que você os execute.

CONSELHOS PARA MENINAS

Conforme discutido anteriormente, é comum que os pais tenham um duplo padrão quando se trata de adolescentes e sexo. Eles se sentem muito mais confortáveis quando se trata de um menino. Tradicionalmente, o conselho dado a estes a respeito de sexo é bem simples: *"Tenha cuidado."* As meninas, por outro lado, costumam ficar com uma parte bem mais difícil hoje em dia, até mesmo nas famílias mais esclarecidas. Não seria ótimo se a conversa com uma filha fosse algo como a descrita abaixo?

– Divirta-se, Liana, e lembre-se, se você e o Elijah forem fazer sexo hoje à noite...
– Já sei, mãe: "assegure-se de que ele use camisinha".
– Essa é a minha garota!

Mas não é assim. Em geral os conselhos relativos a sexo que as pessoas dão a filhas adolescentes – se é que dão algum – são facilmente resumidos em uma única palavra:

– Não.

Seguem a partir daqui alguns conselhos para filhas adolescentes que vão além da palavra "não". Trata-se de mais do que definir se elas deveriam fazer sexo ou não, mas de prepará-las para entrar, de olhos bem abertos, naquela fase da vida na qual a atividade sexual se torna uma contingência real. Trata-se de possibilitar que as meninas adolescentes sejam mais reflexivas e, portanto, que tenham um controle maior sobre sua própria vida sexual. São conselhos que visam ajudá-las a fazer escolhas melhores por si mesmas, uma vez que tenham entrado em um mundo no qual o sexo é uma realidade. Esses conselhos permitem que elas tenham um maior controle de sua vida sexual e que evitem se tornar vítimas. Espera-se que elas possam, assim, aprender quais expectativas podem ter de modo que a atividade sexual represente uma escolha para elas, e não algo que simplesmente lhes acontece.

Advertência: os conselhos abaixo tendem a apresentar os rapazes de uma forma meio cínica, como almas insensíveis que estão menos interessadas em ter consideração pelos sentimentos de uma garota do que em obter o máximo que puderem de um relacionamento. Isso pode não ser completamente justo – e, de fato, os rapazes amadurecem e passam a ter mais consideração com o passar do tempo. Mas estamos falando aqui de meninos adolescentes. Eles são almas boas, mas o mundo da sexualidade ainda é uma completa novidade para eles. Além disso, eles são também criaturas forjadas em sua própria cultura – na qual muitos podem vir a aprender a questionar e superar, mas ainda não chegaram a esse ponto. Tenho a esperança de que esses conselhos para meninas bem jovens sejam bem recebidos:

- O sexo não sela um relacionamento. Não presuma que, por ter feito sexo com um garoto, esse fato por si torne o que há entre vocês um relacionamento, que as coisas passem a ser diferentes entre os dois, a não ser pelo fato de que a partir de agora ele pensará que pode fazer sexo com você de novo.

- Os rapazes, muitas vezes, realmente falam sério quando dizem algo em um dado momento, mas não presuma que ele irá continuar sentindo a mesma coisa mais tarde – até mesmo só um pouquinho mais tarde. A sexualidade, e a intimidade que vem com ela, pode influenciar poderosamente a maneira como as pessoas se sentem. Mas uma vez que a intimidade física tenha fim, o mesmo pode acontecer com alguns sentimentos.

• Não presuma que será algo privado. Na era do Facebook, do Twitter e dos torpedos via celular, o que você fez na noite anterior – ou o que você acabou de fazer hoje à tarde – pode rapidamente vir a se tornar de domínio público.

• A sexualidade pode produzir uma enxurrada de sentimentos que podem fazer com que seja muito mais difícil para você se manter no controle do que seria em outras situações.

• A bebida – seja ela ingerida por você, por ele ou por ambos – aumentará consideravelmente a possibilidade de que o sexo aconteça, e empobrecerá consideravelmente o significado da experiência sexual.

• Caso você se encontre em uma situação na qual o sexo *possa* acontecer – sozinhos, sem adultos por perto –, é mais provável que ele de fato aconteça.

• Se ele se revelar sempre ciumento e controlador, largue-o como se larga um trapo velho.

• Se ele fizer qualquer coisa que te machuque – bater em você, te segurar com força demais –, abandone-o imediatamente, e em seguida conte o acontecido a amigos e adultos. Não mantenha segredo a esse respeito.

• Antes de chegar a uma situação na qual você ache que poderá se envolver em alguma forma de atividade sexual, reflita sobre até qual ponto você deseja que aquilo vá.

Diga à sua filha adolescente que, por favor, faça perguntas, quaisquer perguntas. Quanto mais ela souber acerca da realidade da atividade sexual, mais as decisões que venha a tomar serão baseadas em conhecimento prévio, em vez de se basear em reações do momento.

Procure também certificar-se de que ela tenha conhecimentos sobre contracepção; se não for por seu intermédio, que seja pelo pediatra. Um equívoco em que muitos pais incorrem, e do qual tendem a se arrepender profundamente mais tarde, é o de achar que ensinar seus filhos a respeito de contracepção implica autorizá-los a praticar atividades sexuais. Isso não é verdade; esses conselhos ajudam, sim, a protegê-los contra situações de gravidez indesejada e doenças sexualmente transmissíveis.

Com frequência me perguntam: *"Quem deveria ter a iniciativa dessa conversa: a mãe ou o pai?"* Penso ser mais confortável para ambos os pais e seus filhos se aquele que for falar com o adolescente pertencer ao mesmo gênero que ele – o pai conversando com o filho; a mãe com a filha. Mas os tópicos não são tão delicados a ponto de impedir que um pai os discuta com sua filha.

Finalmente, empregue as palavras que preferir. Eu sugiro as palavras usadas acima como uma diretriz, e não necessariamente como um roteiro.

O ponto principal é assegurar-se de que a vida sexual de uma garota seja orientada por decisões ativas e refletidas, e não por decisões impulsivas e imponderadas. Ainda assim as coisas não serão 100% fáceis.

– *Mãe, Steven disse que não vai mais sair comigo porque agora eu sei coisas demais. Ele disse que prefere essas garotas tapadas.*

– *Ótimo!*

– *Mas eu gosto do Steven. Será que não dá pra eu voltar a ser bitolada?*

CONSELHOS PARA MENINOS

Seria ótimo se todos os pais pudessem conversar com seus filhos a respeito de sexo.

– *Filho...*

– *Sim, pai?*

– *Acho que chegou a hora de você e eu termos uma pequena conversa sobre comportamento sexual responsável.*

– *Legal!*

Mas mesmo no mundo de hoje, a despeito da natureza mais disseminada e aberta do sexo, tais diálogos raramente acontecem. Os pais, em sua maioria, pensam que uma conversa sobre sexo com seus filhos homens se resume a ensiná-los a usar preservativos, mas com frequência eles deixam de dizer aos rapazes que um comportamento sexual responsável também inclui agir com consideração e respeito pelo outro.

Os pais geralmente evitam conversar sobre sexo com seus filhos homens por uma série de motivos. Eles se sentem constrangidos e, além disso, não obstante a tendência atual a uma atitude politicamente correta, a maioria continua tacitamente a dar permissão aos rapazes para que estes façam o que quer que desejem no que se refere à atividade sexual, desde que não engravidem ninguém, não contraiam uma DST, nem façam algo a uma garota que possa metê-los em alguma encrenca.

Entretanto, conversar com meninos adolescentes a respeito de sua conduta sexual é algo importante. Com frequência os meninos se sentem inseguros quanto ao que constitui um comportamento bom, ou mesmo aceitável. Não é como no cenário típico que eles discutem com os colegas *online*. As mensagens que dominam essas fontes têm mais ou menos esse teor:

É legal, admirável, uma fonte de orgulho acumular conquistas sexuais.

É legal, admirável, uma fonte de orgulho fazer coisas selvagens e irresponsáveis.

Preocupar-se com o bem das garotas não é maneiro; não é algo que você vai querer admitir perante os outros.

De um modo geral, a mensagem que eles recebem de sua cultura é que a atividade sexual com garotas é algo que você faz pensando em se dar bem, e os sentimentos delas não fazem parte da equação.

Seguem abaixo minhas sugestões sobre o que você deve dizer para contrabalançar as crenças e propensões acima. O ideal seria que tais sugestões fossem inseridas no decurso de suas discussões regulares com seu filho adolescente. Mesmo que você se sinta confiante de que ele já sabe todas essas coisas e que não agiria de outro modo, não custa nada reforçar esses pontos, só para garantir.

Quando me perguntam: *"Deve ser a mãe, o pai, ou ambos, quem tomará a iniciativa dessa conversa?"*, minha resposta é que qualquer dessas opções é válida. E quando me perguntam *"Qual deverá ser a idade de meu filho?"*, eu diria que, se ele já estiver no ensino médio, esse é um bom momento. Uma resposta alternativa é que essa conversa aconteça quando seu filho tiver treze anos. Mas, caso ele e os amigos já estiverem saindo com garotas antes dos treze, é melhor que você antecipe essa conversa. Finalmente, utilize as palavras que mais lhe aprouverem. Mais uma vez ofereço a seguir uma diretriz para os meninos, não necessariamente como algo a ser dito com as mesmas exatas palavras.

- "Não" significa "não". Essa é uma regra que deve ser inflexível.

- O emprego de força física é seriamente condenável, sempre.

- Não está certo fazer sexo com alguém que tenha uma capacidade restrita de dizer "não", seja por estar bêbada, drogada ou por sofrer de algum tipo de incapacitação.

- Se uma garota se colocar em uma situação de vulnerabilidade – como, por exemplo, se ela beber sozinha com você –, isso não significa necessariamente que ela esteja automaticamente lhe dizendo "sim".

- O que quer que você faça sexualmente com uma garota é um assunto privado, somente entre vocês dois.

- Nunca é aceitável fazer sexo sem usar preservativo. Isso é perigoso para você e para seu parceiro.

- Nunca é aceitável debochar do corpo de uma garota.

A questão fundamental é que não importa quais sejam as circunstâncias, não importa quem seja a garota, ela é alguém com sentimentos reais, e tais sentimentos têm que ser sempre levados em conta. O comportamento sexual nunca deve causar danos de qualquer espécie.

De que adianta esse tipo de conversa? Se de nada mais servir, no mínimo fará com que tais ideias entrem na cabeça deles. Eles podem concordar ou não. Mas, a partir de então, caso se vejam em situações às quais essas palavras se aplicam, haverá uma grande possibilidade de que suas orientações entrem na mente deles e influenciem significativamente suas escolhas.

– *Ei, Jimmy* – diz Rhonda do sofá, agindo de uma forma que indica que ela sem dúvida bebeu um bocado. Jimmy pensa, digamos que acertadamente, que ela está dando em cima dele. Ele fica imediatamente excitado com a possibilidade de acabar transando com ela, especialmente porque ela parece estar um tanto embriagada.

Mas as palavras a seguir espocam na cabeça dele:

"Não está certo fazer sexo com alguém que tenha uma capacidade restrita de dizer 'não' (como quando a pessoa estiver bêbada)."

"Merda", pensa Jimmy. *"Ela está muito bêbada. Não sei... talvez ela fosse querer fazer isso mesmo que não estivesse bêbada. Acho que ela sempre gostou de mim."*

Talvez ele acabe fazendo sexo com ela, de qualquer modo. Talvez não. Mas pelo menos terá havido um debate moral na mente dele. As palavras dos pais entraram na composição de seu processo de tomada de decisões. As palavras dos pais exerceram uma influência real sobre ele. Se eles nada lhe houvessem dito, nenhuma influência, de qualquer tipo que fosse, seria exercida sobre ele.

Ele pode discordar. Ele pode dizer a si mesmo: *"Ah, tá, até parece que eu vou levar a sério qualquer coisa que ele me diga."*

Mas você estará marcando uma posição. Você está dizendo a ele que certos comportamentos não são corretos, que tais comportamentos são maus. Você está se apresentando como uma autoridade moral. Você se apoiará no padrão moral que edificou – ou não – junto a seu filho ao longo dos anos, na condição de figura parental. Em uma mensagem clara, você terá descrito comportamentos que julga incorretos.

Será que sua conversa terá algum efeito sobre um filho adolescente em meio a tantas fortes mensagens contrárias advindas da cultura em que ele está mergulhado? Talvez sim. Talvez não. Mas o que essa atitude e essas palavras farão será exibir a seu filho uma visão alternativa. Pelo mero fato de você ter tido essa conversa com ele.

"Obrigado, pai. Agora eu sei qual é a coisa certa a fazer, e me dou conta de que meus amigos são idiotas e que as coisas que vejo online estão todas erradas."

Talvez não. Mas ele ouve cada palavra dita por você.

MAIS CONSELHOS PARA MENINOS

Acabei de descrever uma conversa desejável com filhos adolescentes a respeito de comportamento sexual responsável. A primeira conversa foi sobre demonstrar consideração – sempre – pelos desejos e sentimentos de seu parceiro sexual potencial. A conversa seguinte é diferente, e deve ser apresentada em separado, em um momento diferente daquele acima, de modo que os dois assuntos não se misturem. É uma conversa específica acerca de questões relacionadas ao abuso.

Muitos adolescentes manifestam comportamentos abusivos com suas namoradas. A maioria deles, não, mas muitos, sim. E a maior parte daqueles que são abusivos nem sequer se reconhecem como tais.

Como você pode saber se seu filho adolescente tem ou não um comportamento potencial ou ativamente abusivo em relação às mulheres? Você não tem como saber. Por isso mesmo é uma boa ideia conversar abertamente com seus meninos adolescentes a respeito de o que constitui abuso, quais comportamentos são abusivos, e como esses comportamentos, se o rapaz se engajar neles, são, todos eles, seriamente danosos. Muitos deles são contra a lei, e alguns podem colocar seu praticante em sérias dificuldades.

Abuso é uma palavra que adquiriu um significado muito específico e intensamente negativo. No jargão atual, existem maus comportamentos e, em separado, o abuso. O termo designa uma categoria – uma categoria muito ruim – à parte. O objetivo de sua conversa com seu filho deve ser o de esclarecer o que são comportamentos abusivos. Muitos dos que irei enumerar têm todas as características óbvias de uma conduta abusiva, mas ainda assim muitos garotos pensam que nada há de errado com eles. Em sua maioria, os meninos que abusam de suas namoradas não consideram que aquilo que fazem constitua abuso, ou pensam que de alguma forma aquilo foi válido, ou até mesmo merecido.

Mais uma vez apresento minha proposta de uma conversa não necessariamente como um roteiro a ser seguido à risca, e sim como uma diretriz:

- Muitos garotos abusam de suas namoradas. Não estou dizendo que você faz isso ou que fará. Mas quero que saiba com muita clareza que formas de comportamento constituem abuso. Eis algumas regras. Todos os comportamentos que vou enumerar são abusivos, e você nunca deve lançar mão deles, sob quaisquer circunstâncias. É uma lista um tanto longa, mas todos eles são comportamentos nocivos, e você nunca deve praticá-los.

- Nunca bata em uma garota. Nunca.

- Você não pode segurar uma garota com força demasiada. Nunca.

- Se uma garota quiser levar um conflito para o plano físico – seja batendo, chutando ou ameaçando machucar –, afaste-se dela imediatamente. Bater em uma garota para se defender não está certo. Afaste-se dela.

- Se estiver discutindo com uma garota e sentir muita raiva, muito perto dela, você deve recuar. Um cara furioso, de pé, muito próximo, é com frequência algo genuinamente assustador para uma menina, embora você saiba que não irá fazer a ela qualquer mal físico.

- Se você se perceber sentindo muita raiva de uma garota, afaste-se. Saia de perto dela.

- Não se envolva em um bate-boca se tiver bebido. Se um desentendimento tiver início, vá embora. Esse é um tipo de circunstância potencialmente muito perigosa, já que é em tais situações que a maioria dos abusos mais graves ocorre.

A conversa continua.
Os comportamentos a seguir são controladores e abusivos.

- Além dos danos físicos, uma das maneiras de um rapaz abusar de sua namorada é se tornando demasiadamente possessivo e controlador. Eles agem assim porque querem mandar. Eles não sabem estar em um relacionamento que permita ao outro ser independente. Esse comportamento controlador é nocivo. Nunca é aceitável. As formas como os rapazes sustentam esse tipo de conduta são todas daninhas, e são enumeradas a seguir:

- Eles desejam constantemente saber onde sua namorada se encontra. Geralmente eles o fazem telefonando ou enviando vários, incontáveis torpedos noite e dia.

- Eles não querem que sua namorada ande por aí com amigos sem a presença deles.

- Eles não querem que a namorada converse com outros caras, mesmo que seja em um tom meramente amigável.

- Eles determinam como elas devem se vestir.

- Nunca faça comentários depreciativos a uma garota. Por exemplo, nunca a chame de "gorda" ou "estúpida". Os rapazes, com frequência, pensam que tais comentários são apenas brincadeiras, e que eles não têm quaisquer más intenções ao fazer isso. Mas todos os comentários depreciativos são abusivos.

• Se você acha que – ou sabe que – sua namorada está traindo você, suas duas opções são: manter-se no relacionamento e tentar fazer com que ela concorde em parar de traí-lo, ou dar um fim ao relacionamento. Você não pode retaliar ou ameaçá-la se ela não quiser parar. Esse é outro tipo de situação da qual as pessoas tendem a sair feridas. Isso nunca é válido.

• Se você estiver praticando qualquer desses comportamentos porque ela tem sido irritante e sacana (uma "vaca") – e ela estiver sendo, de fato, irritante e sacana –, isso não torna tais comportamentos aceitáveis. Não importa o que elas façam a você, as mulheres nunca merecem sofrer abuso. Você poderá, em vez disso, ir embora, ou terminar o relacionamento. Esses comportamentos abusivos são sempre proibidos, quer sejam direcionados a garotas que o tratam bem, quer a garotas que venham se portando de forma abusiva em relação a você. Seja qual for o caso, você não deve ter essa conduta.

A conversa será longa, mas você não vai querer pular qualquer dessas partes, não é? Elas podem não ser relevantes para muitos adolescentes. Muitos deles podem nunca se envolver com qualquer dos comportamentos descritos. Além disso, muitos meninos adolescentes podem ouvir essas palavras, mas fazer pouco delas. Entretanto, muitos realmente não sabem quais comportamentos são admissíveis e quais são completamente inaceitáveis. Eles tampouco ligam tais condutas à palavra *abuso*, embora devessem fazê-lo. É bom que eles possam ouvir todas essas explanações.

AMOR ADOLESCENTE

Na adolescência, muitos rapazes e moças não têm apenas impulsos sexuais; eles amam. Existem duas mudanças desenvolvimentais principais que, provavelmente mais que qualquer outra coisa, caracterizam a adolescência. Uma delas é o advento de sentimentos sexuais muito intensos e presentes. A outra é o afastamento das figuras parentais como fontes do mais profundo apego, e a reelaboração desses sentimentos, que passam a ser direcionados a outras pessoas do mundo que os cerca, de um mundo distinto do universo doméstico e familiar. Junte esses dois ingredientes, e o resultado será o amor. E esses sentimentos não são algo de que se possa fazer pouco caso; eles podem ser muito reais e intensos. Nunca cometa o erro de menosprezar os objetos da afeição de seus filhos.

Jeannine, de treze anos, mal podia esperar para contar à sua amiga Amy a grande novidade.

— Meu Deus, Cameron olhou pra mim na aula de ciências hoje. Você acha que eu devia colocar o bilhete anônimo de Dia dos Namorados na carteira dele, como nós falamos outro dia?
— Não sei, Jeannine. Você tem certeza de que foi pra você que ele olhou, e não pra Tessa?
— Não sei! O que é que eu faço?

A mãe de Ryan estava conversando com uma amiga a respeito de seu filho de dezessete anos.

— Ele me mostrou o colar que comprou para Elena pelo aniversário dela, e ele custou uns quatrocentos dólares. Quero dizer... isso equivale a uns dois meses do que ele ganha em seu emprego de meio expediente. Acho que ele está levando a sério demais o relacionamento com essa menina.
— Bem, eles vêm saindo faz quase um ano.
— Treze meses e dezessete dias, na verdade. Foi o que ele disse hoje de manhã.

O amor adolescente é bastante real. Ele pode variar desde uma paixonite aparentemente desmiolada de uma menina de treze anos por um garoto de sua turma de ciências até um amor bem mais maduro de um rapaz no fim do ensino médio por sua namorada de longa data.

O amor adolescente é desconcertante para os pais porque com frequência parece ser demasiado intenso e consumir o jovem por completo. Jeannine escreve "Cameron" em seus tênis e em toda parte de seu caderno. Ryan e Elena enviam torpedos incessantemente um ao outro o dia inteiro, e são tratados pelos amigos como se fossem casados. Trata-se de uma força exterior que parece varrer um bocado da racionalidade deles – e da sua influência sobre eles.

Conforme disse anteriormente, o forte apego deles por você durante a infância é agora canalizado para um novo afeto, por vezes bastante intenso, direcionado a outra pessoa, mas acrescido do poder dos sentimentos sexuais. É um bom processo, uma parte importante do amadurecimento. Seu adolescente está aprendendo a se importar de forma profunda com alguém além de si mesmo. Esse é o alicerce daquilo que – espera-se – irá levar a relacionamentos amorosos maduros em suas vidas adultas. No decurso da adolescência de seus filhos, você poderá, na verdade, testemunhar o amadurecimento progressivo da natureza dos relacionamentos amorosos que eles estabelecem. A paixonite dos pré-adolescentes que, em alguns casos, se desfaz em um dia. Os relacionamentos bem mais maduros no fim da adolescência que não raro terminam em casamento.

Então, qual é o seu papel em tudo isso?

O amor, por sua própria natureza, é uma obsessão.

"Eu penso no Cameron o tempo inteiro."

"Eu penso na Elena o tempo inteiro."

Essas coisas são normais. Mas se você perceber que as demais partes da vida de seu filho estão sendo afetadas de forma adversa as notas escolares caindo, o contato com amigos se deteriorando, ou a disposição mudando até o ponto de andarem com frequência infelizes ou irritadiços – pode ser que tenha chegado a hora de você intervir. Um relacionamento amoroso deveria ser uma experiência predominantemente positiva, e não algo que torna infeliz a vida de uma pessoa. Você não será necessariamente capaz de pôr fim no relacionamento de seu filho adolescente, mas pode tentar impor limites quanto ao número de horas diárias que eles passam envolvidos com esse amor.

O melhor papel que você pode desempenhar é também o de um ouvinte compreensivo.

O maior equívoco que vejo muitos pais cometerem é o de tentar desvalorizar a seriedade do relacionamento de seus filhos. Ao agirem assim, eles inadvertidamente os desmoralizam. E isso provocará o imediato desligamento de seu adolescente.

Seguem algumas frases que simplesmente *não* são úteis. Seria sábio de sua parte evitá-las por completo:

– Você vai superar isso.
– Você vai ver, querida. Isso não é nada demais. Apenas parece ser.
– Isso acontece com todo mundo. É apenas uma fase.

Esses comentários são invariavelmente respondidos com um grito:
– Você não entende nada!

E talvez você não entenda mesmo, pois para eles os próprios sentimentos são muito reais.

Caso você diga:
– Ryan, quatrocentos dólares é muito dinheiro para se gastar em um presente.

Eu posso lhe garantir que seu filho se sentirá afrontado.
– Você não entende nada. Eu quero dar isso a Elena. Dar isso a ela me faz feliz.

O problema é que você não pode realmente influenciar a direção que os relacionamentos de seus filhos irão tomar. O mais importante é que você valide os sentimentos deles e faça com que saibam que você é um ouvinte empático.

– Você gosta mesmo do Cameron.
– É, eu gosto.

– O que você sente pela Elena é sério mesmo.
– Você acha que eu sou jovem demais pra que isso seja sério. Mas eu realmente amo a Elena.

Caso haja rompimentos, você deverá manifestar comiseração e dar-lhes apoio e conforto. Mas eles também precisarão dar a volta por cima, e, para um rapaz no fim do ensino médio, esse poderá ser um processo muito doloroso e lento.

Para meninas de treze anos apaixonadas, a recuperação pode ser um pouco mais rápida.

— *Mãe, mãe! Tem um menino novo na minha turma de inglês. Acho que o nome dele é Jerome.*
— *E aquele monte de Camerons que você escreveu nos seus tênis?*
— *Ah, dá pra apagar.*

Por vezes os amores adolescentes podem parecer muito infantis. Mas eles são uma parte nova e emergente, e muito adulta, da vida de seus filhos adolescentes. É fundamental que você não se esqueça disso.

CASO VOCÊ ACHE QUE SEU FILHO É GAY

Muitos pais perguntam: *"E se meu filho for gay? Como eu posso saber? Como devo fazer para descobrir?"* Minha resposta a todas essas perguntas é: *"Você não pode."* Nem todos os homens gays se encaixam nos estereótipos que a cultura tem deles. Caso você suspeite que seu filho é gay, talvez ele seja, mas talvez não.

Sob tais circunstâncias, muitos de vocês desejarão perguntar diretamente ao seu filho. O desafio envolvido nessa escolha, contudo, é que há um aspecto adverso potencial inerente à pergunta — não importa de que maneira você a formule.

— *Eu quero que saiba que acho você uma pessoa incrível, e estou feliz por ser quem é. Mas tem só uma coisa que eu quero te perguntar. Lembre-se: eu vou te amar e te aceitar de qualquer modo, não importa qual seja a sua resposta. Você é gay?*

Pode ser que ele seja gay, e que se sinta contente com a oportunidade de contar a você. Mas também pode acontecer de você obter como resposta:

– *Meu Deus do céu, você acha que eu sou gay? Meu Deus do céu!* Essa resposta ele poderia dar caso não seja gay. Mas ele também pode responder assim, mesmo que *seja*, caso esse seja um aspecto da vida dele sobre o qual não deseja se abrir com você. Ou seja, a sua pergunta pode servir mais para criar uma dificuldade do que para gerar um espírito de boa vontade. Muitos adolescentes gays, pelos mais variados motivos, optam por não revelar sua orientação sexual. Talvez ele ainda não esteja pronto para lidar com a sua reação. Talvez – como um adolescente normal – ele prefira manter em privacidade todos os segredos relativos à própria sexualidade, não desejando que você os conheça. Em minha opinião, o mais sábio é deixar que seu filho se encarregue de decidir se irá ou não procurá-lo, e quando.

O que eu sugiro que você faça nesse ínterim? Primeiramente, se seu filho for gay, saiba que isso não é algo que você possa mudar. Não é assim que funciona. Tampouco se trata de uma opção feita por ele – e, portanto, de algo que ele pudesse desfazer. O mundo de hoje é um lugar muito mais hospitaleiro do que era há algumas gerações. Não obstante, ainda é um lugar bastante difícil para um garoto gay. Acredite você ou não, "gay" e "retardado" continuam sendo os termos mais usados como pejorativos no mundo dos adolescentes. Então, o que exatamente você pode fazer para ajudar? É de se esperar que tudo que você vem fazendo até aqui – expressando uma atitude de aceitação, demonstrando e compreendendo que ser gay constitui uma orientação diferente da heterossexualidade, mas de maneira nenhuma algo de que alguém deva se envergonhar. Se seu filho for gay, o que mais fará diferença para ele – e, em última análise, para o futuro de seu relacionamento com ele – é aquilo que você tem feito e dito ao longo de toda a vida dele: seus pensamentos e ações positivos (ou negativos) a respeito de ser gay.

Existem ou existiram em sua vida gays – amigos ou parentes – com as quais você fica à vontade? Ou será que suas ações e palavras passadas indicavam – ou afirmavam abertamente – que você pensa que ser gay é algo negativo? Ou significativamente inferior? Que se trata de algo em relação à qual você franze o cenho ou prefere manter distância?

Tenha em mente que a expressão de tais sentimentos pode ter sido sutil.

– *Veja aquelas animadoras de torcida gays. Dá pra perceber só de olhar para elas.*

– *Tem certeza de que você quer comprar esse suéter rosa?*

Ou terá você deixado claro que ser gay é apenas outra forma de as pessoas serem – nem melhor, nem pior? Isso, mais que qualquer outra coisa, transmitirá a seu filho a mensagem de que ele será amado, não importando qual seja sua orientação.

"Acho que minha mãe lidará bem com isso. Mas meu pai sempre deprecia quem é gay. Tenho certeza de que isso será um verdadeiro problema para o nosso relacionamento."

É óbvio que se você não tiver se mostrado lá muito tolerante com os gays, e agora estiver nutrindo fortes suspeitas de que seu filho é homossexual, você terá que rever suas ideias e sentimentos prévios.

Escrevi até aqui a respeito de meninos gays, mas a maior parte do que eu abordei também se aplica a garotas. Por algum motivo, no entanto, os pais de adolescentes parecem se preocupar menos com a orientação sexual de suas filhas do que com a de seus filhos. Será porque existe um estigma menor em relação às lésbicas que aos homens gays? Possivelmente. Mas isso também indica que os pais tendem a se preocupar mais no que concerne a outros aspectos da sexualidade de suas filhas. Será que sua filha está mesmo fazendo sexo? Ou, pior ainda, será que ela é promíscua? Eles parecem até mesmo estar mais preocupados com o fato de sua filha estar sempre vestida de preto, ou de tingir os cabelos com cores estranhas, ou de ter muitas tatuagens ou piercings. A questão central é: você precisa aceitar quem seu filho é desde o início, e ter a mesma atitude de aceitação também em relação às outras pessoas, pois você não pode ter absoluta certeza de quem seus filhos são até que eles próprios se revelem de forma mais plena a você.

Há uma última coisa que você deve fazer, quer suspeite de que seus filhos são gays ou não: assegurar que, uma vez que ele tenha alcançado a adolescência, compreenda a importância de usar preservativos. Ou seja, se forem ter relações sexuais, eles devem saber que usar preservativo constitui uma poderosa forma de prevenção não apenas da gravidez, mas também das DSTs, e particularmente de se tornar HIV positivo – a situação precursora da AIDS –, o que continua sendo um grande problema para os homens gays, especialmente para os mais jovens.

Assim sendo, a resposta mais direta à pergunta quanto ao que você deve fazer caso suspeite de que seu filho é gay: não tente descobrir se eles o são ou não. Assegure-se de que sua atitude seja de aceitação e receptividade. E, acima de tudo, faça com que seu adolescente saiba, por suas ações, que sua orientação sexual e seu estilo de vida serão aceitos por você.

CAPÍTULO DOZE

ADOLESCENTES, DROGAS E ÁLCOOL

O que será que se passa na cabeça dos adolescentes que fizeram das drogas ou do álcool uma parte significativa de suas vidas? O que, afinal, eles estão fazendo? Seguem abaixo algumas entrevistas fictícias, mas que poderiam tranquilamente ser reais, uma vez que são composições feitas a partir de várias coisas que tenho ouvido de adolescentes ao longo dos anos.

– Me conte a respeito da bebida. Quando você bebe? O que costuma acontecer?
– Numa situação típica, quando eu bebo?
– Sim.
– Que tal se eu falasse sobre a sexta-feira passada?
– Sim, seria ótimo.
– Nas sextas-feiras, eu gosto de beber bastante. Eu não costumo beber durante a semana. Mas nas noites de sexta, eu fico fissurado pra tomar todas. Ou pelo menos beber um bocado. Bem... na sexta passada eu liguei pro Anthony depois da aula; ele é meu melhor amigo. Nós costumamos ligar um pro outro no começo do fim de semana pra combinarmos alguma coisa. Então eu disse que iria pra casa dele lá pelas cinco e meia; ele tem um emprego de meio expediente depois das aulas.
– Você dirige?
– Dirijo. Bem... cheguei na casa dele um pouco antes das seis, e nós começamos a agitar. Ele tinha dois engradados de cerveja e mais ou menos um quarto de uma garrafa de Jack Daniel's. Nós começamos a beber, mas não muito. Daí, pegamos alguma coisa pra comer e começamos a ligar pra turma, pra saber o que

as pessoas estavam fazendo. Acabamos indo pra casa de um cara que o Anthony conhece melhor que eu, e tinha uma galera lá...
— Quantos?
— Talvez uns dez, incluindo o Anthony e eu. Caras e garotas. E basicamente ficamos trocando ideias a noite toda, e todo mundo estava bebendo, e nós ficamos ouvindo música. Tinha uma garota que eu conhecia um pouquinho, e a gente meio que ficou, mas nada pesado. Foi maneiro. Eu me diverti. Acho que bebi o tempo inteiro em que fiquei lá. Não sei quanto, mas acho que foi um bocado.
— Quanto você acha que foi?
— Eu não sei mesmo, verdade. Eu não estava contando. Mas dava pra sentir que era muito. Bebi um monte de cerveja e um pouco de Jack Daniel's, e um cara tinha tequila, e bebi um pouco também. Havia mais dois caras lá: o Jason, que é outro amigo meu, e um tal de Clark, eles meio que brigaram. Foi uma coisa estúpida, nada demais. Só uns empurrões. Mas nós começamos a ficar um pouco nervosos, com medo de que alguém chamasse a polícia.
— A que horas terminou?
— Você tá perguntando a festa? A reunião?
— Sim.
— Não sei dizer com certeza, mas acho que chegamos de volta à casa do Anthony um pouco antes das três da madrugada. Ele dirigiu meu carro porque acho que eu estava bem fora do ar. Ele tinha bebido muito menos, e a casa do cara não era longe de onde o Anthony mora. Eu morguei na casa dele. Mas eu tinha que acordar às dez horas da manhã no dia seguinte por causa do meu trabalho no Rosario's Pizza. O Jake manda eu chegar nesse horário pra dar tempo de arrumar tudo até a hora de abrir, que é às onze.
— Você não estava de ressaca?
— Estava, mas eu já fiz isso antes.
— Você bebe pesado assim todo fim de semana?

— *Não. Eu geralmente bebo todo fim de semana. Mas acho que bebi mais do que costumo beber, porque estava muito fora do ar. Mas não foi nada demais. Como eu disse, não sou alcoólatra.*

— *Você às vezes bebe sozinho?*

— *Não. Como eu disse, eu não sou um alcoólatra, nem nada assim.*

— *Você poderia parar de beber, se quisesse?*

— *Não sei, acho que sim. Mas por que eu iria querer?*

Agora vejamos uma entrevista com Emanuel.

— *Me fale sobre você e a maconha. Quantos anos você tem? Quando começou a fumar?*

— *Eu tenho dezesseis anos. Acho que comecei com uns treze. Tinha um grupo de meninos com quem eu me dava bem, e todos nós começamos a fumar mais ou menos na mesma época.*

— *Você ainda tem amizade com esses garotos?*

— *Com alguns deles. Tem um grupo de caras com quem eu fumo com uma boa frequência. Alguns deles são desse grupo original.*

— *Alguma garota?*

— *Não. Eu conheço algumas garotas que fumam, mas não são muitas.*

— *Você às vezes fuma sozinho?*

— *Sim. Um bocado. Todos os dias, ao chegar da escola, se eu não for para a casa de alguém fumar.*

— *Você fuma todo dia?*

— *Sim. Isso te choca?*

— *Não, acho que não. Sei que há um monte de garotos que ficam chapados todos os dias.*

— *É... bem... eu sou um deles.*

— *Por que você fuma todos os dias?*

— *Não sei. Quando eu chego em casa da escola, se eu não fumar, as coisas meio que ficam um saco para aturar.*

— *Como assim?*

— *Eu me sinto meio deprimido ou ansioso, ou algo assim. Fiquei um tempinho sem fumar. Não gostei. Mas fumar bagulho é maneiro. Eu gosto do jeito como a maconha me deixa.*
— *Como você vai na escola?*
— *Vou bem. Tiro B nas provas, e algumas vezes tiro A.*
— *Você acha que os baseados interferem no seu desempenho escolar?*
— *Na verdade, não. Como eu disse, eu fumo à tarde. Mas eu não costumo fumar à noite.*
— *Você é viciado em maconha?*
— *Não, a maconha não vicia.*
— *Você conseguiria parar de fumar, se quisesse?*
— *Sim. Como eu disse, a maconha não vicia. Houve períodos durante os quais eu não fumei, ou fumei bem menos. Mas eu não quero parar. Eu gosto de fumar, e isso não ferra com a minha vida. Eles deviam legalizar a maconha. O que você acha? Eles não deviam legalizar?*

Uma entrevista com Connell.

— *Você é usuário de cristal* [uma forma altamente viciante de metanfetamina], *certo?*
— *Sim.*
— *Qual é a sua idade? Há quanto tempo você faz uso?*
— *Tenho dezessete anos. Eu uso desde os quinze.*
— *Quinze anos não é um pouco cedo para usar cristal?*
— *É, eu era muito novo quando comecei. Se bem que eu conheço um monte de caras da minha idade que estão usando.*
— *Você acha que é viciado em cristal?*
— *É, acho que sim. É meio que a única coisa que existe em minha vida. Ficar doidão. Imaginar onde vou conseguir mais ou conseguir o dinheiro pra comprar.*
— *Você já teve problemas com a lei?*
— *Já, várias vezes. Fui parar no juizado um monte de vezes. Eu achava que tinha conseguido largar. Mas não tinha.*

– Como é que você acabou entrando em uma coisa que se tornou um problema tão grande em sua vida?

– Eu não sei. Eu já estava metido com um monte de coisas; eu não sabia muito sobre isso, a não ser que dava um barato muito irado. Eu sabia que talvez fosse perigoso, mas, grande merda, eu já estava mesmo metido em coisas perigosas, como roubar. Então, não podia ser tão ruim assim, né? Seja como for, eu experimentei, e a onda era realmente incrível. Muito mais do que qualquer coisa que eu tinha experimentado antes. E foi meio que assim. Eu podia comprar. Mas, como eu disse, dinheiro era um problema, e foi por isso que eu me meti em tantas encrencas.

– Você está estudando?

– Não, eu larguei a escola.

– Como você era como estudante? Que notas costumava tirar?

– Eu não era lá muito bom. A escola nunca foi exatamente o meu barato.

– O que você está fazendo agora?

– Tenho um emprego de meio expediente numa pizzaria. Não é ruim. E eu faço essas outras coisas... basicamente qualquer coisa que eu consiga fazer para ganhar dinheiro. Então eu nunca sei exatamente o que vai acontecer.

– Você gosta quando usa?

– Sim, é claro.

– Você gostaria de parar?

– Na verdade, não. Como eu disse, gosto do efeito. O que eu não gosto é da minha vida estar totalmente baseada em ficar doidão. Eu gostaria de usar, mas também de sentir que tenho um pouco mais de controle sobre a minha vida. Eu estaria mentindo se dissesse que realmente quero parar de usar.

QUÃO FREQUENTE É O USO DESSAS SUBSTÂNCIAS?

As estatísticas a respeito do uso de bebidas e drogas por adolescentes variam de um ano para outro. Algumas drogas vêm se tornando mais frequentes, enquanto outras parecem declinar. Mas, de um modo geral, os padrões permanecem mais ou menos os mesmos. De acordo com o *Monitoring the Future* [Monitorando o futuro] – uma pesquisa anual sobre o uso de drogas e álcool por adolescentes no EUA, conduzida pelo University of Michigan Institute for Social Research [Instituto para a Pesquisa Social da Universidade de Michigan] e financiada pelo National Institute on Drug Abuse [Instituto Nacional de Abuso de Drogas] –, nos últimos trinta anos tem havido um declínio gradual do uso de álcool por adolescentes. (Você pode achar isso um pouco surpreendente, uma vez que contradiz o que é frequentemente relatado pela mídia.) O uso de álcool por alunos da oitava série caiu nos últimos quinze anos de cerca de 25% para aproximadamente 15%. (Eles não têm estatísticas sobre o uso de álcool por alunos do oitavo ano antes de 1995.) O uso "pesado" de álcool, definido como "cinco ou mais drinques seguidos pelo menos nas últimas duas semanas" declinou desde 1995 para entre 15 e 25%. Ainda assim, cerca de 70% dos entrevistados relatam haver consumido álcool durante a sua adolescência.

O uso de maconha permaneceu basicamente o mesmo, com um registro de cerca de 40%, como na pesquisa de 2008. Cerca de 5 a 10% dos entrevistados fazem uso de drogas pesadas (mais fortes e causadoras de mais dependência), como a heroína, a cocaína, os cristais de metanfetamina e oxicodona* – dependendo de qual for a definição adotada para drogas pesadas.

Entretanto, houve uma mudança mais expressiva no uso de drogas ilícitas por adolescentes: recentemente houve um aumento significativo no uso de drogas prescritas – analgésicos, tranquilizantes, estimulantes, sedativos – para ficar alto. A Substance Abuse and Mental Health Services Administration [Administração de Serviços sobre o Abuso de Substâncias e Saúde Mental], do Departamento de Serviços Humanos e de Saúde dos EUA, registra que um número maior que 10% dos adolescentes, e pos-

---

* Fármaco opiáceo analgésico semissintético, cuja potência é duas vezes superior à da morfina. (N. do T.)

sivelmente ainda mais que isso, usa hoje drogas prescritas. Além disso, parece estar havendo uma tendência cada vez maior ao uso dessas drogas.

A questão central é que se você tem um filho adolescente, há uma possibilidade real de que ele venha a fazer uso de bebida ou de drogas ilícitas. As drogas e o álcool estão disponíveis para a maioria dos adolescentes, que gosta dos seus efeitos. E essa maioria não tem qualquer grande objeção ao uso dessas substâncias – exceto as mais pesadas e causadoras de dependência. Eles defendem sua escolha com argumentos como estes:

– *O que é que tem de mais? Eu gosto do jeito como me sinto. Eu sei que as drogas podem ser um problema, mas eu tomo cuidado. Simplesmente não é nada de mais.*

Os pais, por sua vez, são muito claros a respeito do uso de drogas pesadas.

– *De jeito nenhum! Elas arruínam a vida. Um filho usando drogas pesadas é o pesadelo de qualquer pai.*

Mas a maioria dos pais de hoje é muito mais ambivalente quanto ao uso de álcool ou maconha. Provavelmente é essa ambivalência, mais que qualquer outra coisa, que caracteriza o pensamento deles sobre essas quetões. Ou seja, eles são contra, mas não têm certeza do quão contra deveriam ser.

QUAL A SUA POSIÇÃO A RESPEITO DO ÁLCOOL?

Muitos pais de adolescentes são totalmente contra seus filhos usarem bebidas alcoólicas. Um grande número deles, no entanto, não tem a mesma convicção.

"*Eles provavelmente irão beber algum dia. Além disso, é de se esperar que a adolescência seja uma fase divertida da vida. Será tão ruim assim eles beberem? Se eu fizer bastante estardalhaço a respeito dos riscos de beber e dirigir, então pelo menos essa ideia estará na cabeça deles como uma forma de proteção. Desde que não estejam dirigindo quando bebem, existem coisas bem piores. E, afinal de contas, que controle tenho eu sobre isso? Se eles beberem quando adolescentes e tiverem alguma experiência com a bebida, será que não se* tornarão bebedores mais controlados e responsáveis ao se tornarem adultos? Eu não posso mantê-los trancados no quarto durante todo o ensino médio. Quero dizer, a maioria dessa garotada que está na escola secundária bebe. Sempre foi assim. E eu conheço alguns que são alcoólatras, mas a maior parte deles acaba tendo uma vida adulta normal."

Não é fácil saber o que pensar. Mas deixem que eu apresente alguns problemas reais relativos à bebida na adolescência. As informações que se seguem podem muito bem tornar você menos ambivalente a respeito dessa questão.

Independentemente do que você possa dizer a seus filhos a respeito de beber e dirigir, os adolescentes que bebem correm um risco significativamente maior de se envolver em um acidente automobilístico fatal.

O álcool, quando consumido em grandes quantidades, pode ser tóxico até o ponto de levar à morte.

O álcool, quando combinado com outras drogas, pode ser mais tóxico que o álcool consumido puro. (Isso é particularmente perturbador, visto que alguns adolescentes experimentam drogas prescritas para ficarem altos.)

O uso de bebidas alcoólicas aumenta significativamente as chances de que faça algo que venha a causar um grande problema na vida dele; algo que não faria se não houvesse bebido. Exemplos desse tipo de atitude incluem:

> 1. Ficar grávida ou engravidar alguém. (Os adolescentes que bebem têm maior probabilidade de fazer sexo. Nesse caso, existe uma chance muito maior de não recorrerem a qualquer método contraceptivo ou de fazer uso inadequado dele.)
>
> 2. Contrair uma DST (pelos mesmos motivos acima mencionados).
>
> 3. Vir a ter problemas com a lei.
>
> 4. Forçar alguém a praticar sexo não consensual, incluindo a possibilidade de entrar em uma encrenca séria por essa razão.

5. Fazer algo – geralmente de natureza sexual – que acabe resultando em uma humilhação significativa. Isso se aplica especialmente às garotas.

7. Entrar em uma briga na qual alguém saia gravemente ferido. Isso se aplica especialmente aos garotos.

8. Ter uma probabilidade maior de suicidar-se. Quando deprimidos, os adolescentes potencialmente suicidas bebem, o que faz com que se sintam ainda piores. Isso, obviamente, os expõe a um risco maior de se matarem.

Os adolescentes que bebem se deparam com esses problemas adiconais:

- Quando a diversão passa a ser definida pela bebida, os adolescentes se tornam menos propensos a se divertir sem beber, ou mesmo a saber que existe tal possibilidade. Eles se tornam, portanto, dependentes da bebida para conseguir se divertir.

- Os adolescentes dizem que um dos principais motivos pelos quais eles bebem é o de aliviar o estresse. Esse não é um bom padrão para se estabelecer tão cedo na vida, uma vez que a pessoa pode acabar não desenvolvendo outras formas mais adequadas de lidar com o estresse. O que os adolescentes aprendem dessa maneira é a beber, em vez de administrar o próprio estresse.

- Finalmente, o álcool tem poder por si próprio. Os adolescentes, assim como os adultos, subestimam largamente esse poder. Quase todos se julgam capazes de lidar com o álcool.

Mais adiante abordarei o que você pode ou não fazer, caso esteja preocupado com a relação de seu adolescente com a bebida. Antes, porém, deixem que eu fale a respeito de outra substância que inspira ambivalência, aquela substância sobre a qual é provável que os pais fiquem em cima do muro, talvez ainda mais do que o álcool: a maconha.

QUAL A SUA POSIÇÃO A RESPEITO DA MACONHA?

A entrevista a seguir é fictícia, mas não completamente:

> – Você costumava pegar pesado com maconha, e ainda fuma às vezes. Certo?
> – Sim. Eu fumava um bocado todo dia, e foi assim por vários anos. Hoje eu fumo só de vez em quando.
> – Você acha que isso criou um problema para você?
> – Pra ser sincero, não acho, não. Eu tenho um bom emprego, e ganho bem. Sou bem-sucedido na minha carreira e tenho uma boa família. Por isso não posso dizer que tenha sido um problema.
> – Você sente que tenha sido prejudicial para você em algum momento?
> – É difícil dizer. Houve uma época quando a maconha era uma parte tão significativa de minha vida que não tenho como separar esse hábito de tudo o mais que acontecia comigo. Penso naquele tempo e em tudo que eu sentia, e a maconha era realmente uma grande parte de tudo aquilo.
> – Você pensa nisso como algo ruim?
> – Não. Eu estaria mentindo se dissesse isso. Na maior parte, todos os meus pensamentos sobre a maconha são bons. Mas sem dúvida havia pessoas que claramente desperdiçaram vários anos de suas vidas. Eles eram legais, mas não faziam nada, a não ser andar por aí e fumar. Eles pareciam estar à deriva. E eu acho que alguns deles, mesmo hoje, não têm realmente vidas lá muito boas. Não dá pra deixar de pensar que essas pessoas perderam a chance de ter outra vida por causa da maconha. Talvez eles acabassem assim de qualquer maneira, mas eu não tenho tanta certeza. O problema é que eu não tenho quaisquer arrependimentos quanto ao papel da maconha na minha vida. Guardo bons sentimentos a respeito dela. E faria tudo de novo. Mas não tenho como saber, por exemplo, como ela afetou o Derek. Sim-

plesmente não sei. Eu tive sorte. Mas eu sei o que ela pode fazer a algumas pessoas. Ainda assim, o que posso dizer? Eu gostei daquela fase da minha vida.

Embora os pais possam se sentir bastante à vontade quanto ao papel da maconha em suas próprias vidas, eles também sabem que nem todos escapam sem problemas. A maioria deles, quer tenham sido usuários ou não, lembra-se de pessoas que conheceram quando adolescentes para as quais o uso da maconha causou problemas reais, podendo até mesmo ter alterado a direção de suas vidas.

— *Como eu disse, foi tudo bem comigo, mas talvez não tenha sido assim pra todo mundo. Havia esse cara, o Tim, na minha escola, que sempre foi do tipo certinho. Mas então ele começou a pegar pesado com o bagulho no meio do ensino médio e simplesmente ficou à deriva. E continua à deriva. Ele sempre teve empregos ruins. Talvez ele acabasse assim de qualquer maneira. Eu não sei. Sei que é um pouco hipócrita da minha parte, mas eu simplesmente não fico à vontade com a ideia de meu filho, Derek, usar maconha.*

O problema, obviamente, é que existe um duplo padrão. Nós estávamos dispostos a correr *alguns* riscos quando éramos adolescentes, mas não estamos nenhum pouquinho à vontade com a ideia de nossos filhos correrem esses mesmos riscos. Na verdade, preferiríamos que eles não corressem risco algum.

A maioria dos usuários de maconha parece ser capaz de levar uma vida normal. O uso que eles fazem da maconha não parece prejudicá-los. O que deixa os pais especialmente enlouquecidos e confusos são aqueles casos nos quais um adolescente que é um usuário regular, ou até mesmo pesado, parece ser capaz de funcionar muito bem e seguir com sua vida e ser bem-sucedido.

Então, a maconha é um problema ou não? Vamos mergulhar um pouco mais fundo.

É UM PROBLEMA OU NÃO?

Os temas a seguir são aqueles que eu considero os maiores problemas potenciais para os usuários de maconha:

Dependência

A maconha *pode*, sim, causar dependência. Esse é um assunto bastante controverso. A maconha não é considerada capaz de provocar dependência *física*. Ela não produz uma ânsia fisiológica *per se*, o que faz com que seja diferente de muitas outras substâncias, desde o tabaco até a heroína. Mas ela é aditiva, se entendermos como adição o fato de que uma droga, por seu poder sobre um dado indivíduo, pode fazer com que ele anseie por essa droga. Em outras palavras, se a maconha é capaz de fazer com que alguém anseie desesperadamente por ela, com regularidade; se é capaz de induzir alguém a passar a planejar a própria vida baseado em obtê-la; se ela induz o cérebro a ansiar por ela da mesma maneira que o corpo com frequência anseia por outras drogas, então, no fim das contas, a maconha pode, sim, ser considerada aditiva. Ela se torna não uma escolha, mas uma necessidade. Transforma-se não em uma decisão consciente sobre a qual a pessoa tem controle, mas em uma compulsão que exerce regularmente uma forte pressão, controlando seu comportamento. Seu filho irá negar as qualidades aditivas da maconha com argumentos, mas o mero fato de eles não reconhecerem isso não significa que você deva fazer o mesmo. Alguns desses argumentos são:

"Você só fala merda! Você não tem a menor ideia do que está falando! Sim, eu fumo maconha. Eu fumo todo dia. Mas você não é como eu. Como pode saber se eu tenho controle ou não? Como pode saber o que se passa pela minha cabeça? O que ninguém parece compreender é que fumar bagulho é uma escolha minha. Eu poderia parar se quisesse. Maconha não vicia. Eu não paro porque escolho não parar. Eu fumo porque gosto. Eu posso parar se eu quiser, mas eu não quero."

E eles geralmente têm um exemplo de um breve período de tempo no qual, por um motivo ou outro, deixaram de fumar.

"E sabe de uma coisa? Eu não senti falta nenhuma. Mas eu gosto da erva, e por isso voltei a fumar."

O efeito da maconha sobre a ambição

Minha principal preocupação reside no fato de que a maconha pode diminuir profundamente a ambição em alguns adolescentes. Muitos dizem que a maconha deixa a pessoa "preguiçosa". Entretanto, é mais do que isso. O que a maconha pode fazer – pelo menos a alguns adolescentes – é cancelar o futuro. A maconha tem o poder de tirar o relógio da parede, de modo que alguns (nem todos) adolescentes que são usuários regulares podem ficar à deriva, sem se preocupar com coisa alguma. A maioria deles não sente qualquer pressão para fazer o que quer que seja. Eles não entendem que suas vidas deveriam estar seguindo em alguma direção. Eles parecem pensar que aquilo que estão fazendo agora não terá efeito algum sobre o seu futuro. É comum que suas vidas se tornem totalmente baseadas no agora. Eles parecem não ter qualquer propósito ou noção de que deveriam estar fazendo algo. E ficam, portanto, à deriva.

Eles tampouco percebem que a maconha está influenciando seus pensamentos e moldando – e não apenas fazendo parte – suas vidas. Essa filosofia de viver o momento é em grande parte a voz da maconha, embora o jovem possa acreditar que se trata de sua própria filosofia.

"Na minha escola, vejo um monte de caras – incluindo alguns com os quais eu cresci – que são altamente estressados. Tudo que fazem é se preocupar com notas e planejar o futuro. Na verdade eles não estão vivendo suas próprias vidas. Que tipo de vida é essa? Eles vão olhar pra trás, para os tempos do ensino médio, e vão pensar: 'O que foi que eu fiz?'. A vida deles não é baseada no agora, mas no depois. Não estou dizendo que a gente não deve fazer os trabalhos escolares, mas a gente também pre-

cisa curtir a vida. Eles vão acabar arranjando algum emprego chato, e então vão sentir que perderam, mas aí será tarde demais. Eu não quero ficar assim. Que graça tem, se tudo for somente no futuro? A vida é agora."

— Você acha que a maconha está te fazendo pensar assim?
— Não, este sou eu. Talvez a maconha tenha me ajudado a ver isso. Mas é assim que eu penso.

Tempo desperdiçado

A última grande questão ligada à maconha é que – mais uma vez, para alguns, não todos os usuários – ela pode se tornar uma alternativa a simplesmente passar o tempo. Uma alternativa aos períodos de tédio, depressão leve e ansiedade que são partes inevitáveis de um dia normal. Se a maconha se tornar uma alternativa desse tipo na vida de seu filho, ela poderá interferir na capacidade dele para desenvolver uma tolerância aos estresses normais da vida cotidiana. Os usuários de maconha precisam estar altos para atravessar um dia comum. Eles perdem as habilidades de administrar problemas que são necessárias para que a pessoa seja capaz de lidar com seu dia a dia.

Você pode concordar ou não, mas eu acredito de fato que o uso do álcool e da maconha pode apresentar problemas reais. Se os jovens forem capazes de atravessar sua adolescência sem o álcool e a maconha, eles quase certamente estarão melhor assim.

O QUE OS PAIS PODEM FAZER

Existem basicamente duas coisas que você pode fazer caso não queira que seu adolescente beba ou faça uso de drogas. A primeira delas é monitorar seus filhos. Saber onde eles se encontram. Saber o que estão fazendo. Saber com quem estão. Conferir sempre. Os pais dos seus colegas estarão realmente em casa na festa à qual seus filhos estão indo? À medida que eles forem atravessando a transição de adolescentes mais novos para adolescentes mais velhos, pode se revelar cada vez mais difícil monitorá-los. Mas sempre será uma escolha parental pessoal. O quanto você tenciona se envolver na supervisão, ou fiscalização, da vida diária de seu filho? Os pais diferem consideravelmente no que concerne a essa questão – não apenas em termos de preferências pessoais, como também no que se refere a cada filho específico.

"*Eu sempre senti que podia confiar no Phillip. Ele cometia suas pequenas transgressões, mas eu nunca realmente me preocupei com ele. Sempre dei a ele muito espaço. Mas o Jerome é uma história completamente diferente. Eu não confio nem um pouquinho nele. Com ele, sempre aposto que deve estar fazendo alguma coisa que não devia.*

Ao que Jerome responde:

– *Minha mãe sempre acha que eu estou fazendo alguma coisa que não devia, o que é totalmente injusto, pois embora ela tenha razão – eu realmente uso um monte de drogas, mas ela não tem como saber sobre todas as drogas que eu uso –, ela nunca ficou em cima do Phillip como fica em cima de mim. Isso simplesmente não é justo.*

A realidade, obviamente, é que o grau de supervisão que você desejaria ter sobre seu adolescente durante seu tempo de vigília fora da escola é simplesmente inviável no mundo de hoje. Você não tem como observar cada movimento deles. É impossível. Além disso, os jovens que são fortemente inclinados à bebida e ao consumo de drogas geralmente acabam encontrando um jeito de fazer isso, seja como for. O monitoramento tem limites.

A outra maneira pela qual os pais podem dificultar o uso dessas substâncias por seus filhos é buscar evidências da presença delas. Procurar maconha ou trancar o álcool em sua casa são exemplos desse tipo de rastreamento ao qual me refiro. E talvez a coisa mais significativa que você possa fazer é fiscalizar bem os medicamentos prescritos. É especialmente importante sempre jogar fora medicamentos que não estão mais sendo usados. Isso é particularmente significativo quanto às drogas prescritas, pois a própria casa dos adolescentes provou ser a fonte principal dessas drogas. Muitos pais são, inadvertidamente, os principais fornecedores de drogas aos filhos.

Apesar de minhas recomendações de vigilância, contudo, você precisa ter em mente que a maioria dos jovens que se abstém de beber, fumar maconha ou usar outras drogas ilícitas durante sua adolescência age assim não em decorrência de uma supervisão parental firme, mas sim porque *eles próprios* escolhem isso. Então, se na maior parte do tempo você não pode controlá-los, será que você tem de fato qualquer papel que seja no uso dessas substâncias por seus filhos adolescentes? Sim, você *pode* exercer uma influência significativa nas escolhas de seus filhos a respeito das drogas e do álcool. E esse objetivo é alcançado por meio de suas conversas com eles.

CONVERSANDO COM ADOLESCENTES A RESPEITO DE ÁLCOOL E DROGAS

A conversa típica entre pais e filhos a respeito do uso de substâncias consiste em um dos pais explicando os motivos pelos quais considera que seus filhos não devem fazer uso delas. Quase podemos ouvir trechos do sermão agora mesmo...

... *E o motivo número 16: o consumo de álcool por adolescentes cria um padrão que aumenta suas chances de ficar acima do peso quando você for mais velho.*

O problema é que essas mensagens, especialmente quando provêm de um adulto que é também um dos pais, costumam ter pouquíssimo efeito positivo, se é que têm algum. Os adolescentes praticamente as deletam. As palavras dos pais tendem a entrar por um ouvido e sair pelo outro – eles não compram tais mensagens.

– *É claro que é isso que meus pais iriam dizer! O que mais você esperaria que dissessem? Eles vão dar as advertências mais assustadoras que puderem imaginar. Dificilmente vão dizer coisas como "eu estou mencionando isso, mas na verdade as chances de que isso aconteça com você são mínimas" ou que tal "na verdade, meu filho, quando você coloca na balança os prazeres que se tem ao fumar um baseado, eles tendem a suplantar os riscos". Não, eles não vão dizer isso. Então por que eu devo confiar em qualquer coisa que eles dizem se é tão previsível?*

Anteriormente, apresentei uma lista de motivos pelos quais o uso de álcool e drogas por adolescentes pode causar problemas significativos. Mas eu mostrei essa lista com o intuito de ilustrar por que os pais não devem ser tão ambivalentes a respeito desse assunto. Não apresentei o tema de uma forma que fosse capaz de sensibilizar um filho. Entretanto, caso você deseje usar esse material como tópicos de discussão com seu filho, isso pode ser ótimo, embora saibamos que os adolescentes tendem a ignorar discursos antiálcool ou antidrogas. Isso é particularmente verdadeiro quando esses discursos assumem a forma de advertências, ou quando a fonte é um adulto, ou, pior ainda, quando a fonte é um dos pais. A despeito de tudo isso, continuo sendo um grande defensor dessas conversas.

Mesmo que eles só sejam capazes de processar uma fração de tudo que você disser, ainda assim esse pouco pode ter um impacto genuíno no comportamento deles a respeito de drogas e bebida. A chave para o êxito reside em como você estabelece essa conversa. A diferença entre conversar e fazer um sermão é que deste eles não ouvirão uma só palavra. Falarei agora brevemente a respeito de como você pode ter uma conversa.

É preciso que você se lembre, também, de que o resultado final, mesmo que positivo, pode nem sempre ser a abstinência, embora isso também possa acontecer. A maioria dos adolescentes que se abstém de beber o faz por causa de fatores outros que não aquilo que seus pais possam ou não dizer. O principal impacto da conversa é que a abordagem de seus filhos à questão do uso do álcool e das drogas tenderá a se tornar mais reflexiva do que era antes dessa conversa. Pode ser que eles continuem a se envolver em tais atividades, mas haverá uma probabilidade maior de que o façam considerando melhor os riscos. Isso se dará porque, tendo você falado com eles a respeito de drogas e bebidas, seus filhos poderão adotar uma abordagem mais sensata, realista e, sem dúvida, mais segura a respeito do assunto. E o comportamento deles tenderá também a ser mais seguro.

CULTIVANDO A HONESTIDADE

Então, qual é a melhor forma de conversar? Não se trata de nada especialmente revolucionário, em tese, mas pode ser, na prática. Tudo se resume a uma comunicação aberta, honesta e adulta. Basicamente isso significa conversar com seu filho como se ele fosse outro adulto, alguém com quem você decidiu ser completamente franco e direto.

Isso não é fácil. Requer prática. O ponto principal é que, quando você estiver conversando com seu filho a respeito de drogas e bebidas, você deve se empenhar ao máximo para se comportar como um adulto aberto e honesto. Como eu disse, o que *não* deve fazer é dar sermões.

Esse tipo de conversa tem certas regras básicas:

– *Eu posso te fazer perguntas, mas você não é obrigado a respondê-las. Além disso, você pode mentir. Mas seria melhor se você fosse honesto. Você também pode me fazer perguntas, mas eu não sou obrigado a respondê-las. Entretanto, vou procurar sempre responder a tudo o que eu puder, a não ser que se trate de algo sobre o qual não me sinta à vontade. Tentarei ser tão aberto e honesto quanto puder. Não há nada que você não tenha permissão para dizer ou perguntar. Você não estará encrencado em decorrência de nada que venha a dizer. Você está autorizado a ficar louco de raiva de mim, mas seria melhor se isso não acontecesse. Eu me esforçarei ao máximo para não ficar com raiva ou na defensiva. Você pode me criticar se quiser. Podemos parar a qualquer momento que você queira. Além disso, eu posso terminar a conversa a qualquer momento, mas espero que isso não precise acontecer.*

A ideia é que se você pretende conversar com seu filho a respeito de um tema muito sério e adulto, é importante que aja da forma mais madura que puder. Deixe que eu dê um exemplo. A conversa que se segue acontece entre uma mãe e sua filha; a mãe se esforça ao máximo para ser aberta e honesta. É ela quem inicia a conversa.

— *Lisa, você pode começar, se quiser. Mas se você não quiser, eu posso começar.*
— *Você pode começar.*
— *Certo. O que você acha da bebida? Você bebe muito?*
— *Talvez eu deseje conversar com você a respeito da minha relação com a bebida. E eu não estou dizendo que eu bebo, mas há várias coisas sobre as quais eu prefiro preservar minha privacidade. Sem ofensa.*
— *Tudo bem. São essas as regras. Você tem algum amigo, você não precisa me dizer quem, que você acha que talvez beba demais?*
— *Eu também não estou a fim de falar sobre meus amigos. Talvez eu o faça em algum outro momento. Eu não sei.*
— *Está certo. Você quer que eu fale? Você pode me perguntar qualquer coisa que quiser.*
— *Quando você tinha a minha idade, alguma vez você ficou muito bêbada, mas muito bêbada mesmo, tipo você vomitar ou fazer coisas realmente estúpidas?*
— *É um pouco constrangedor para mim falar sobre isso.*
— *Eu sei. Você disse que não tinha a obrigação de falar sobre aquilo que não quisesse. Mas você ficou?*
— *Está bem, eu vou te contar uma história.*
— *Então houve mais de uma vez?*
— *A isso eu não vou responder.*
— *Jesus, minha mãe foi uma adolescente biriteira!*
— *Você vai querer ouvir sobre aquela vez ou não?*
— *Sim.*
— *Eu estava no primeiro ano do ensino médio, e eu e mais três outras garotas decidimos que iríamos fazer uma festa para varar a noite enchendo a cara. Uma das meninas tinha um esquema para conseguir bebida, e em um determinado fim de semana, os pais dela estariam fora. Eu lembro que ela até pediu permissão*

a eles para dar essa festa. É claro que ela não mencionou nosso plano de tomarmos um porre.
— Você lembra o que vocês tinham para beber?
— Na verdade, eu me lembro, sim. Era uma garrafa de vodca, que nós misturamos com Pepsi ou Coca-Cola. Eu acho que talvez tenha sido isso que me fez vomitar.
— Você vomitou mesmo? Verdade?
— Sim, mas isso foi mais tarde. Nós ficamos cantando, a não ser uma das meninas, a Jenna, que meio que desmaiou e ficou dormindo quase a noite inteira. Em um dado momento, fomos para o lado de fora e cantamos, e me surpreende não termos tido nenhuma encrenca, pois já deviam ser umas duas horas da madrugada.
— Já aconteceu de você beber e fazer outras coisas além de ir para o lado de fora da casa e cantar?
— Sim.
— Meu Deus! Você alguma vez ficou bêbada em uma festa e acabou fazendo sexo com um cara com quem você não tinha a menor intenção de transar, e no dia seguinte você não conseguia acreditar que tinha mesmo transado com ele?
— Isso não é um assunto sobre o qual vou conversar com você. De jeito nenhum!
— Ah, vai, me conta! Você disse que quer falar abertamente.
— Não, mas sobre isso eu não quero falar.
— Você gostava de ficar bêbada?
— Sim, a não ser pela parte do vômito.

Nesse exemplo, a mãe tem êxito em ser aberta, honesta e adulta. Embora em um dado momento ela não dê à filha informações sobre sua vida, de forma nenhuma ataca a filha por ter feito aquelas perguntas. Uma atitude aberta não significa necessariamente contar tudo, mas significa não ficar na defensiva, nem ser evasivo – e procurar dizer tanto quanto você se sinta à vontade em dizer. Você se apresenta de uma forma aberta e vulnerável, e acredito que isso se torne visível para Lisa. Trata-se, na verdade, de uma técnica de conversação muito poderosa, caso você seja capaz de tolerá-la.

– *Eu serei aberta e honesta. Irei me manter vulnerável, pois considero que aquilo a respeito do que estamos conversando é importante.*

Se você for realmente capaz de sustentar diálogos como esse, não há como Lisa não se sentir encorajada a conversar e pensar a respeito de qualquer assunto sobre o qual ela e a mãe estejam discutindo. O impacto é causado pelo fato de que a conversação é agora colocada de uma forma completamente diferente, infinitamente mais memorável.

O QUE NÃO FAZER

O que você não deve fazer é adotar uma atitude de crítica e julgamento, ou querer ensinar o que quer que seja. Agindo assim, você irá matar instantaneamente o diálogo aberto e mútuo que almejava estabelecer.

Aqui vai um exemplo do que não fazer:
Lisa pergunta à mãe:

– *Você lembra o que vocês tinham para beber?*
– *Isso não importa.*

A mãe de Lisa se sentiu desconfortável em ter que responder, e seu desconforto fez com que respondesse à filha de uma forma desagradável.

Um simples "sim" ou "não" teria sido melhor. Caso você não esteja à vontade com uma determinada pergunta, sempre pode dizer "sinto muito, mas não me sinto à vontade para falar sobre isso". Trata-se de uma resposta que não lhes agradará, mas que é honesta, e não impedirá que a conversa prossiga.

Ou, por exemplo, Lisa pergunta:

– *Houve alguma outra vez em que você ficou bêbada?*
– *Não force a barra, Lisa.*

Conforme eu disse, se a mãe de Lisa não estiver à vontade para responder, ela pode dizer isso, em vez de ser crítica pelo fato de a filha ter feito a pergunta.

Ou digamos que Lisa acabe falando sobre uma de suas amigas.

– Tá bom, tem uma pessoa, mas eu não vou dizer quem é, porque senão você pode começar a olhar pra ela de um jeito diferente. Ela sem dúvida bebe demais, e eu soube que teve uma vez que ela fez sexo com dois caras diferentes na mesma noite.

– Isso é terrível. É exatamente com isso que eu me preocupo quanto ao que a bebida pode levar alguém a fazer.

Essa última frase é obviamente um grande equívoco. Tem um tom de sermão e imediatamente colocará Lisa na defensiva.

Seria melhor não fazer comentário algum ou dizer algo inócuo, como:

– Uau, ela devia estar muito bêbada.

Qualquer dessas duas atitudes encorajaria Lisa a continuar falando.

– É, não dá pra acreditar que ela fez isso – diz Lisa, e a conversa continua.

COMPARTILHANDO SUAS PRÓPRIAS EXPERIÊNCIAS

A conversa que irei descrever aqui sem dúvida recai na questão delicada de quanto a respeito de sua própria vida, de seus próprios hábitos (passados ou atuais) relacionados à bebida ou às drogas você deseja compartilhar. Minha opinião a respeito desse assunto mudou ao longo dos anos. Eu costumava não ficar muito à vontade com a ideia de pais conversando candidamente a respeito de sua própria história pessoal relativa ao álcool e às drogas. Hoje eu penso que se houver coisas a respeito das quais você não se sente à vontade para falar – sejam quais forem seus motivos (geralmente por ser demasiado constrangedor) –, então não fale. Caso contrário, não há nada de errado em você partilhá-las com seus filhos.

Eu acredito que o valor de conversar abertamente não se deva tanto a quaisquer lições que seu filho possa ou não aprender conhecendo a sua vida ou as suas experiências. O valor reside na natureza das conversações – abertas, francas e adultas – que você tem com seu filho. Seria contraproducente se você sentisse com muita frequência que precisa ser a autoridade adulta, sempre no controle e cauteloso a respeito do que deve dizer, que deve sempre haver uma distância entre você e seus filhos. Isso porque, se for essa a sensação que eles têm, então essas conversas simplesmente não terão o mesmo impacto que uma discussão em um nível mais pessoal.

Você deve estar se perguntando: *"Mas isso não irá minar minha autoridade, se eles sentirem que estamos conversando mais ou menos como iguais?"* Não se preocupe. Acredito que agir como um amigo funcione nesse tipo de situação. No exercício da parentalidade, com frequência desempenhamos diferentes papéis. Um deles é o de pais-como-autoridades: dizer "não", fazer exigências etc., e nesse papel você sem dúvida alguma não é um camarada de seu filho. Isso não daria certo.

Mas estar no mesmo nível funciona quando você está conversando a respeito dos tópicos bem adultos relativos ao álcool e às drogas. Se você falar a respeito de sua própria experiência – sobre usar tais substâncias ou não –, eles saberão que você compreende até certo ponto as questões e sentimentos complexos com os quais eles estão tendo que lidar. Caso você converse da forma mais adulta de que for capaz, eles necessariamente sentirão o respeito que acompanha essa fala. Qual é o efeito de tudo isso? Isso confere crédito a quaisquer preocupações que você tenha, e talvez também transmita lições que você aprendeu com aqueles que podem ter sido suas próprias experiências negativas. Mas acima de tudo, obriga-os a examinar as experiências de vida deles mesmos de uma forma mais madura, pois é dessa maneira que você está interagindo com eles. E é exatamente isso que você deseja.

O MAIOR FATOR ISOLADO DE PREVENÇÃO DE RISCOS

Existe um provérbio no mundo dos corretores imobiliários, segundo o qual os fatores mais importantes na valorização de um imóvel são sua localização, sua localização e sua localização. Acredito que para restringir o uso arriscado de álcool e drogas por adolescentes, os três fatores preventivos mais importantes são: o quanto eles acreditam que têm um futuro, o quanto eles acreditam que têm um futuro e o quanto eles acreditam que têm um futuro. Essa questão ofusca todas as demais. Muitos adolescentes que veem a si mesmos como alguém que tem um futuro não se tornam abusadores dessas substâncias. Mas existem, em meu entendimento, enormes diferenças entre estes e aqueles que acreditam ter pela frente um futuro pouco promissor.

Seja em decorrência de barreiras socioeconômicas verdadeiras (ser pobre, viver na periferia, fazer parte de alguma minoria), seja por terem dificuldades reais com a escola, ou simplesmente por experimentarem a velha depressão de sempre, o fato de não acreditarem que o futuro lhes trará muitas promessas torna alguns adolescentes muito mais vulneráveis ao abuso de drogas e álcool. Eles não conseguem evitar pensar:

"Minha vida é uma merda, e o meu futuro também. Por que não correr riscos? O que é que eu tenho a perder?"

Os adolescentes que têm uma chance razoável de desfrutar de um bom futuro também podem correr riscos, mas a maior parte deles só corre tais riscos até certo ponto. Sempre há o pensamento no fundo de sua mente:

"Eu não quero fazer nada que seja arriscado demais. Quero dizer... não quero fazer nada que detone o meu futuro."

O que isso significa se você for o pai ou mãe de um adolescente? Significa que cabe a você fazer tudo o que for possível para manter seus filhos longe de problemas potenciais ligados ao uso dessas substâncias, o que inclui ajudá-los a ver e se dar conta de suas perspectivas futuras. Se eles estiverem seguindo na direção de encrencas potencialmente sérias, você não irá querer que percam de vista o grande potencial na estrada de suas vidas, e por isso é preciso assegurar que não saiam da rota, de modo a garantirem seu futuro. O monitoramento e as informações a respeito do uso de drogas e álcool é extremamente importante. E a maneira de preservar tal futuro é entrando em ação no presente por meio do encorajamento, para que eles continuem a ter um êxito considerável em suas vidas adolescentes. Eles precisam saber que se derem demasiados tropeções hoje, estarão se colocando em um risco muito maior de cair no abuso do álcool e das drogas.

COMPREENDENDO O PODER DAS SUBSTÂNCIAS

Existe um problema básico com a droga e a bebida. Infelizmente, a cada vez que você ingere álcool ou drogas, essas substâncias podem alterar a forma como você pensa e sente. Elas podem até mesmo fazer com que você perceba essas mudanças como positivas. Você se sente bem. Você se sente relaxado ou, em alguns casos, agradavelmente energizado. Você pode até mesmo se sentir estranho, ou pensar de maneira estranha, mas de um jeito que você gosta. Se não fosse assim, ninguém usaria drogas ou álcool. A questão central é que essas substâncias podem induzir o prazer. E esse efeito prazeroso pode se dar em qualquer ponto no meio de uma vida normal. Tudo o que você precisa fazer é ingerir a substância.

"É, quando não estou doidão, sou apenas meu eu normal fazendo o que quer que eu esteja fazendo no momento. E se estiver fazendo alguma coisa chata – como estar sentado em uma aula chata na escola, ou sentado em casa sem nada para fazer, ou mesmo saindo com meus colegas, mas fazendo com eles alguma coisa chata e estúpida como sempre –, eu não gosto da maneira como me sinto. Mas conheço um jeito de mudar isso."

O mais comum é que, quando uma pessoa experimenta essas substâncias pela primeira vez, ela goste do efeito. E se experimentar a mesma substância em outra ocasião, você gostará dela também, talvez mais ainda.

"Na primeira vez que fumei maconha foi meio estranho, mas foi legal. A segunda vez foi melhor. Sem dúvida alguma gostei da maneira como me fez sentir. Foi maneiro."

"Na primeira vez que cheirei cocaína foi fantástico. Eu nunca havia me sentido daquele jeito antes. Eu me senti ótima. Depois disso, na verdade, era um pouco assustador pensar a respeito, por causa do quanto eu me senti bem."

"Sim, eu comecei a beber quando comecei a sair com uma galera e fiquei muito mais relaxado e engraçado. Foi um sentimento acolhedor, legal, eu me diverti. O álcool tornou tudo divertido. Pra falar a verdade, foi sem dúvida um momento melhor do que teria sido se eu não tivesse bebido. Foi assim que foi."

Ou seja, todas essas substâncias têm um certo poder. Elas podem fazer com que você goste daquilo que lhe acontece quando as ingere. Por si mesmas e por motivos derivados, as substâncias químicas fazem você se sentir bem de uma maneira que você adoraria experimentar novamente. Tais substâncias não possuem mente ou vontade; elas não passam de meros produtos químicos. Mas, em graus variados, com drogas variadas e usuários variados, elas podem controlar uma pessoa. Elas são capazes de borrar a linha entre o que parece ser a sua escolha e o que elas estão na verdade escolhendo por você.

Uma vez que as drogas e o álcool são tão acessíveis, e por terem esse efeito indutor do qual você gosta bastante, eles também passam a ter rapidamente um poder real de influenciar a sua vida. E simplesmente o fazem. É desejável que você não encoraje seu filho a delegar um poder como esse a quem quer que seja ou ao que quer que seja, principalmente não a uma substância química.

CAPÍTULO TREZE

OS ADOLESCENTES E OS APARELHOS ELETRÔNICOS

A mudança mais óbvia na vida dos adolescentes de hoje é o grau com que o mundo eletrônico se tornou o próprio tecido de suas vidas cotidianas.

UM MINUTO NA VIDA

Nanette está sentada em seu quarto uma hora após ter voltado da escola. Ela está ouvindo música em um fone de ouvido.

> *I can see you*
> *You little fool*
> *Just walk away.*

Enquanto ouve a música, a letra ecoando em sua cabeça, ela também lê um torpedo que acabou de receber ao celular de sua amiga Eden.

> *tá a fim de aparecer amanhã de tarde?*
> *não, eu tenho ginástica logo depois da escola,* Nanette escreve em resposta.

Logo em seguida, ela liga do celular para a sua amiga Danielle.

– *Oi* – diz Danielle.
– *O que você achou da Valerie hoje?* – pergunta Nanette. – *Acha que ela sabe sobre o Chuck e a Marissa?*
– *Eu não sei. Acho que talvez a Karyn tenha dito alguma coisa a ela. Ela pareceu meio estranha no terceiro tempo.*

– Você acha que a gente devia contar alguma coisa a ela? – pergunta Nanette.
– Eu não sei – responde Danielle.

A essa altura, quando ainda se encontra no meio de sua conversa com Danielle, Nanette envia uma mensagem, através de sua página no Facebook, para seu amigo Gavin.

Que gracinha, você e o Knight – ela escreve para Gavin, a respeito de uma fotografia dele com seu cão, foto que ela acabou de ver enquanto olhava várias imagens que Gavin havia postado na página dele do Facebook naquela tarde.

It´s only lightning
I tried too hard
Just walk away.

A canção continua.

Chega um novo torpedo enviado por Eden.
Que tal quinta-feira?
Acho que tá legal, Nanette escreve a resposta.

– Eu acho que talvez fosse bom a gente contar alguma coisa. Eu odeio a Valerie não saber, quando todos os outros sabem. – diz Nanette, continuando sua conversa com Danielle. – Merda! – exclama Nanette.
– O que foi? – pergunta Danielle.
– Nada, desculpe. Acabei de perder a porra da página da porra do meu livro de biologia que eu tenho que estudar para uma prova amanhã.
– Talvez seja melhor ela não saber – diz Danielle.

Eden envia outro torpedo.
você acha? O que diabos você quer dizer com isso?
sim. quinta está legal. está combinado. sim, Nanette escreve em resposta.

Naquele exato momento uma mensagem de texto diferente aparece no celular de Nanette.

eu te amo, é o que diz Chas, o ex-namorado dela, que lhe envia aleatoriamente mensagens como uma espécie de brincadeira contínua entre eles a respeito de seu relacionamento ainda próximo, mas um tanto ambíguo.

vá se foder, Nanette escreve em resposta, afetuosamente, como costuma fazer.

— *Talvez você esteja certa. Acho melhor não dizermos nada* – continua Nanette com Danielle.
— *Acho melhor que ela descubra por si mesma... ou não* – responde Danielle.

quinta-feira, mas quinta-feira sem falta, certo?, escreve Eden.
sim, Nanette escreve em resposta.

You're not my boss
Just don't keep looking
Just walk away

A música continua tocando.

Merda! diz Nanette. *Perdi a porra da página de novo.*
— Você é uma idiota – diz sua amiga Danielle.

O exemplo acima representa o que pode ser um momento típico na vida eletrônica de um adolescente. A diferença, no entanto, é que na vida real poderia muito bem haver um número ainda maior de entradas simultâneas: fotografias, comentários *online*, dramas se desenrolando... tudo isso acontecendo ao mesmo tempo. Nossos filhos estão vivendo em uma vasta rede de imagens, palavras e sons que voam. Todo um universo conectado aos seus cérebros. E eles se encontram no meio de tudo isso – vendo, ouvindo e reagindo a esse universo a cada momento. É isso que eles fazem. Quando os adolescentes não estão na escola, a maioria de suas horas de vigília são empregadas de alguma forma em conexão com o universo eletrônico. A qualquer dado momento eles têm conexões múltiplas. É essa a realidade em que vivem.

O florescente mundo eletrônico – especialmente desde o surgimento dos telefones celulares, o desenvolvimento da internet e o predomínio dos videogames e de outras tecnologias computadorizadas sofisticadas – vem causando uma mudança dramática na maneira com os adolescentes existem, funcionam e prosperam hoje em dia, quando comparado às gerações anteriores. Eles permanecem conectados, conversam e enviam mensagens aos amigos vinte e quatro horas por dia, sete dias por semana. Eles são capazes de acessar uma vasta gama de fontes de informação e entretenimento. Seu mundo simplesmente não é o mesmo que o mundo anterior das gerações anteriores. Alguns desses aspectos são positivos, e o restante... quem sabe? Independentemente de qualquer coisa, é assim que é, e isso não vai passar.

Então, o que tudo isso significa? O que você deve e pode fazer a respeito? Trata-se de uma das grandes preocupações dos pais de hoje em dia.

"Sim, eu me preocupo com isso. Na verdade, a não ser quando está na escola ou dormindo, é a vida dela. Eu não tenho como acompanhar tudo o que está acontecendo, ou tudo que ela faz. Eu me preocupo. A gente ouve a respeito desses predadores sexuais. Essa garotada não tem noção do quanto está exposta. Eles confiam demais. Eles estão vulneráveis demais; é fácil imaginar como alguém pode enganá-los. E sabe Deus em que ela anda metida. Sexo, drogas, bebidas. Eles só falam disso. Não há como saber em que tipo de encrenca ela pode se meter. E isso não é nem a metade. Experimente só fazer com que ela se sente à mesa para jantar com a família. Fazer com que ela participe de qualquer atividade familiar que seja. Que ajude com qualquer tarefa do-

méstica. Ou simplesmente fazer com que converse conosco. É uma batalha tremenda."

Os adolescentes, por sua vez, têm sua própria percepção dos fatos.

– Ei, peraí. O que a minha mãe não compreende é que eu estou realmente no meio de algo importante. Nina – que é minha melhor amiga neste mundo – estava superchateada por causa do que a Denise havia dito sobre ela hoje. E eu não posso deixar a Nina na mão. Ela é minha melhor amiga. Minha mãe quer apenas conversar comigo sobre alguma coisa que quase certamente deve ser uma tarefa doméstica que não tem necessidade nenhuma de ser feita naquele exato momento. Estou falando sério!"

A isso, os pais naturalmente responderiam:

"É isso que eu quero dizer. Eu não sei o que fazer. O quão preocupada eu deveria estar? O que eu posso fazer, seja como for?"

Como sempre, eu penso que remover o mistério das coisas pode ajudar os pais a lidar com a situação de forma mais eficaz. Observemos, então, o que os seus filhos estão fazendo quando se encontram conectados ao mundo digital.

O QUE OS ADOLESCENTES FAZEM *ONLINE*?

Eu tomei a liberdade de perguntar a adolescentes o que eles realmente fazem em seu mundo eletrônico quando estão imersos nele. O que se segue são exemplos fictícios, mas bem representativos da realidade.

– Sara, o que você faz?
– Eu não faço nada de errado. Não é nada de mais. Eu converso com amigos. Tudo bem, eu falo um montão de palavrões,

converso sobre sexo, drogas e álcool... e faço fofoca. Mas é isso que os adolescentes fazem. Eu nunca fiz nada realmente errado.

"A maior parte do tempo converso sobre o que está rolando por aí. E as pessoas com quem converso são pessoas que eu conheço. Eu não converso com estranhos. Por que eu iria fazer isso?

A pior coisa que eu já fiz na vida? Provavelmente foi quando eu disse, uma ou duas vezes, coisas realmente cruéis pra uma garota, mas ela mereceu. E talvez também algumas coisas sexuais, sobre as quais fico constrangida de falar. Quero dizer... é apenas sexo... se é que isso é errado. Foi com pessoas da minha idade. Talvez o pior seja ficar muito tempo à toa, quando eu deveria estar fazendo a tarefa escolar de casa, me exercitando ou fazendo algo produtivo. As coisas que eu faço não são ruins de verdade."

– Sam, o que você faz?

– Nada de mais. Eu visito diferentes websites e às vezes encontro uns vídeos bem engraçados. Tem um carro que pararam de fabricar, o DeLorean, e eu sou fissurado nele, então visito websites que falam desse carro. E tem também uma banda de rock que eu curto. Eu visito sites pornô; eu estaria mentindo se dissesse que não visito. Mas o que há de tão ruim nisso? É normal para caras da minha idade, não é? Eu uso bastante o celular, pra me manter em contato com a turma a respeito do que anda rolando. E antes de Maya e eu terminarmos, a gente costumava enviar torpedos um ao outro mais ou menos um bilhão de vezes por dia. Geralmente são coisas bobas desse tipo.

– Qual foi a pior coisa que você já fez na vida?

– Acho que talvez tenha sido umas transações com drogas. Eu armei um esquema pra comprar maconha. Foi só maconha. Mas eu não faço mais isso. Eu fiquei nervoso quando um cara que era meu amigo entrou numa encrenca.

– E sexo virtual?

– Não sei ao certo o que isso quer dizer. Mas quando Maya e eu ainda estávamos juntos, a gente costumava enviar fotos um para o outro. Você sabe o que eu quero dizer. Mas ela era *minha namorada. Isso por acaso é errado? As coisas que eu faço não são nada de mais.*

Os adolescentes afirmam repetidas vezes que as coisas que eles fazem *online* não são, na verdade, nada de ruim, mas certamente muitos cruzam a linha em áreas que não são tão boas assim. O julgamento deles acerca do que é seguro ou aceitável nem sempre é um bom julgamento. Conforme eu disse anteriormente, o que os adolescentes toleram nas suas vidas envolve um grau de risco significativamente superior àqueles que seus pais tolerariam. Esse fato constitui um motivo de preocupação para inúmeros pais. Listarei em seguida as principais preocupações.

COM QUE OS PAIS SE PREOCUPAM MAIS

Existem alguns temas unânimes nas preocupações dos pais de adolescentes. São eles:

- Predadores sexuais.
- Bullying virtual.
- Envolvimento, ou planos de envolvimento, em comportamentos problemáticos – qualquer coisa que tenha a ver com sexo, drogas, álcool e atividades ilegais.
- Envolvimento excessivo com o mundo eletrônico, a ponto de interferir com as atividades necessárias da vida, como os trabalhos escolares e o sono.

A conexão intensa através do mundo eletrônico pode interferir com as atividades familiares, tais como sentar-se à mesa com os pais para as refeições, cooperar nas tarefas domésticas, passar momentos de qualidade com os pais, arrumar-se para saírem juntos ou simplesmente conversar com os entes queridos.

Existem, ainda, outros problemas, é óbvio, e alguns deles abordarei mais adiante, mas a lista acima resume as maiores preocupações. Estas incorrem em duas categorias gerais. Uma delas se refere àquilo que os adolescentes fazem de fato na internet e com seus aparelhos celulares – ou seja, o conteúdo de suas interações. A outra categoria diz respeito a quanto tempo os adolescentes despendem conectados ao mundo eletrônico, e ao poderoso apelo que esse mundo exerce sobre eles. Irei discutir essas duas categorias em separado.

Quero começar abordando as coisas que são geralmente perturbadoras, os perigos genéricos e o mau comportamento que ocorrem enquanto os adolescentes estão fazendo uso da mídia eletrônica – e o que você pode fazer não apenas para aliviar sua ansiedade, mas também para minimizar os riscos que seus filhos adolescentes podem vir a correr.

CONTROLES PARENTAIS

Uma fonte de proteção contra essas preocupações são os controles parentais, concebidos e proporcionados pelos fabricantes dos próprios aparatos tecnológicos que nos inquietam. A melhor maneira de aprender a respeito desses controles é procurando-os na internet sob o título de "controles parentais". Você poderá descobrir o que está disponível, contra o que tais controles oferecem proteção e qual a melhor forma de configurá-los no seu lar.

Um tipo de controle comum são os bloqueadores de sites. São programas que você pode instalar para impedir o acesso a páginas indesejáveis, tais como aquelas que tenham conteúdo de sexo demasiadamente explícito ou muito violento. Os adolescentes que são feras no uso do computador são capazes de driblar esses bloqueadores, mas na maioria das vezes os programas costumam ser bastante eficazes. A seguir explicarei como eles funcionam. Lembre-se, contudo, de que eles nem sempre funcionam *perfeitamente*. O mundo adulto procura manter seus filhos longe de websites potencialmente prejudiciais, e ainda assim os adolescentes fazem todo o possível para nos exceder em esperteza. Não obstante, os programas bloqueadores de sites hoje disponíveis no mercado tendem a cumprir a contento sua função com a maioria dos adolescentes. As empresas da internet também são espertas, e pagam bem para que os programas bloqueadores sejam sempre atualizados. Obviamente sempre haverá aquele garoto que diz:

– *Não comigo. Eu consigo driblar qualquer coisa. É um desafio, mas eu sou bom nisso. Muito bom.*

Felizmente, em sua maioria, os adolescentes não são hackers.

Outra importante maneira de controlar o uso eletrônico é a fiscalização, ou vigilância. Na verdade, é bastante simples ver o que seus filhos enviaram ou receberam em seus celulares, via email ou por meio de sites de relacionamento. Está tudo ali. Torpedos. Mensagens pela internet. Fotografias. Vídeos. Você pode saber quais websites seu filho adolescente visitou, e até mesmo quanto tempo ele permaneceu conectado à página em questão. Você pode obter informações a respeito de com quem eles tiveram contato, embora por vezes você só tenha acesso a apelidos usados *online*, e não aos nomes reais. Mais uma vez: você pode aprender como fazer tudo isso procurando no Google as palavras "controles parentais". Você também pode entrar em contato com o fabricante ou a operadora do telefone celular de seus filhos e perguntar como pode monitorar as atividades deles ao telefone. Compreenda, no entanto, que não existe maneira alguma de você rastrear nos mínimos detalhes cada coisa que seu filho faz ao celular ou *online*; isso constituiria uma tarefa hercúlea. Além disso, parte dessas informações é protegida. De modo a garantir a privacidade, por exemplo, algumas operadoras de telefonia celular permitirão que você tenha acesso ao tempo despendido e aos números de telefone contatados para envio e recepção de mensagens de texto, mas irão reter todas as demais informações, não permitindo o acesso ao seu conteúdo.

Outra forma óbvia de vigilância empregada por muitas famílias requer que todo e qualquer acesso à internet feito em casa seja realizado em uma área pública da mesma. Os adolescentes odeiam isso, mas o motivo de tal ódio é precisamente a razão pela qual muitos pais valorizam esse método: os adolescentes desejam ter a liberdade de fazer aquilo que sabem que seus pais não aprovariam, sem serem observados. Tenho certeza de que você já deve ter ouvido este argumento:

— Não, não é isso. Eu simplesmente não gosto que as pessoas fiquem olhando sobre meus ombros. Isso se chama privacidade, caso você não saiba. O que, na verdade, eu, como adolescente, mereço ter.
— Mas você faz coisas impróprias.
— Sim, mas eu não deveria ter a privacidade de fazer essas coisas sem que ninguém soubesse? Isso certamente pouparia meus pais de muitas preocupações.

Então, de que servirá esse tipo de vigilância? Presumindo que seu filho esteja ciente desse monitoramento (irei falar a respeito de vigilância secreta – também conhecida como bisbilhotice – em breve), eles provavelmente procurarão limitar, censurar, disfarçar ou contornar o envio e a recepção de quaisquer materiais que você não aprovaria. O resultado final disso é que poucas comunicações preocupantes serão de fato enviadas e recebidas. Mas será que essa vigilância irá eliminar por completo esse tipo de trocas? Provavelmente não. Quando um adolescente sabe ou suspeita que aquilo que ele está comunicando *online* ou por telefone estará sob a sua supervisão, ele irá quase certamente moderar suas comunicações problemáticas – pelo menos até certo ponto. Não há qualquer garantia de que isso gere um comportamento menos aceitável, mas pelo menos uma quantidade menor dessa conduta irá acontecer via internet.

— *Sim, eu vou fazer um monte de coisas erradas, mas não serei estúpida de conversar sobre isso na internet.*

Agora que já introduzimos a noção de vigilância reforçada, o que você deve fazer se descobrir que seu filho adolescente está envolvido em algum tipo de comportamento inaceitável? Caso tal conduta esteja diretamente ligada ao uso da internet ou do telefone celular, ou seja, se a atividade inaceitável estiver se dando através dos meios eletrônicos de comunicação – por exemplo, enviando fotografias de conteúdo sexual deles mesmos, fazendo combinações para obter maconha com um amigo, espalhando boatos sujos sobre algum colega na internet –, então é aconselhável que você suspenda temporariamente o acesso deles a esses meios, recolhendo seu telefone celular e impedindo que utilizem a internet. E se o comportamento problemático deles for muito sério e continuar – caso persistam em intimidar regularmente outros adolescentes, se conectar a parceiros inapropriados ou se envolver em atividades ilegais –, você deverá proibir o acesso deles de forma definitiva.

Avaliar o grau de perigo relativo ao uso da mídia eletrônica não é algo fácil de ser feito, uma vez que se trata de uma realidade completamente nova. Ainda assim tentarei responder a algumas das inúmeras perguntas que têm aparecido com uma frequência cada vez maior nos últimos tempos.

Muitos pais perguntam: *E se o comportamento problemático não estiver ocorrendo por meio do telefone celular ou da internet? E se for algo de que você acaba tendo conhecimento pelo simples motivo de seu filho estar discutindo o assunto com um amigo* online? *E se você ficar sabendo que sua filha vem fazendo sexo com o namorado na sua casa, após as aulas? E se você descobrir que seu filho vem intimidando outro garoto na sua turma da escola? E se você ficar ciente de que seu filho e um amigo têm roubado regularmente bebidas energéticas de uma loja de conveniência? E se você souber que sua filha ficou muito bêbada em uma recente festa de fim de semana? Nesses casos, será que suspender o acesso à internet representaria uma medida adequada em resposta ao mau comportamento do seu filho em outro lugar que não o mundo virtual? Em caso negativo, o que fazer?*

Em tais situações você deveria agir como se tomasse conhecimento desses comportamentos em decorrência de alguma outra forma de vigilância de seus filhos. Você fará aquilo que os pais sempre fizeram ao saber que seus filhos estão envolvidos em atividades inaceitáveis, mesmo antes da explosão do universo virtual. Se seus filhos chegam em casa bêbados, ou se você flagra seu filho e a namorada sem roupas no quarto dele, ou se você ouve do pai ou da mãe de um amigo de seu filho que três garotos – sendo seu filho um deles – estavam fumando maconha no porão de casa – em todos esses casos você lidaria com cada uma dessas situações baseando-se no seu filho e na transgressão específica em questão. Você consideraria os problemas de forma independente, ciente de que cada um deles iria requerer intervenções parentais específicas.

Em outras palavras, manter uma fiscalização do uso da mídia eletrônica pelos seus filhos é apenas um aspecto entre vários relacionados à manutenção de uma consciência geral sobre o comportamento de seus filhos.

Outras perguntas frequentes que me fazem incluem as seguintes: *"Há hoje em dia uma necessidade maior de vigilância do que havia em outros tempos? Os adolescentes de hoje se envolvem em mais comportamentos problemáticos do que os do passado (ou seja, antes da existência da internet e dos telefones celulares)?"* Sem dúvida, parece haver atualmente uma variedade muito maior de maus comportamentos, de condutas novas e diferentes que não existiam em outras épocas. Por exemplo, antes não havia o bullying virtual, nem a possibilidade de visitar websites inapropriados ou de enviar fotos constrangedoras de você mesmo ou de outras pessoas pela internet. Mas será que existe de fato uma gama maior de maus comportamentos do que havia no passado? Ou será que se trata apenas de tipos diferentes de mau comportamento? Será que a explosão eletrônica requer uma vigilância, ou somente um tipo diferente de vigilância?

Obviamente tudo isso leva naturalmente a uma questão maior: Qual o grau de vigilância e fiscalização que os pais devem praticar? Essa questão é um dos temas mais discutidos nos círculos que debatem a educação de adolescentes. Até que ponto você precisa saber de tudo que seu filho anda fazendo para poder balizá-lo na melhor direção ou para protegê-lo de danos *versus* o quanto você precisa saber para propiciar-lhe a liberdade e o risco concomitante que vão possibilitar que percorra melhor, e por conta própria, as situações futuras? Como pode aprender o que quer que seja do mundo se não fizer suas próprias escolhas e vivenciar as consequências delas? Como pode aprender a sobreviver no mundo se não estiver no controle de sua própria vida, incluindo os enganos cometidos? E há, obviamente, essa questão ligeiramente desagradável: Quanto os pais precisam saber a respeito das atividades nas quais se envolvem seus filhos com base naquilo que é melhor para os adolescentes, e quando é que esse conhecimento serve muito mais às necessidades dos próprios pais de se verem livres de preocupação? Com certeza você já repetiu para si mesmo esse pensamento várias vezes:

"*Se eu souber exatamente onde ele está e o que está fazendo em cada área de sua vida, então não precisarei me preocupar.*"

Os pais podem literalmente preferir estar presentes em cada momento da vida de seus filhos, pois desse modo não teriam que se preocupar. Mas não é muito provável que seus filhos adolescentes vibrem de alegria ante tal perspectiva.

– *Não, você está enganado. Na verdade, eu gosto que minha mãe vá às festas comigo. E os meus amigos estão se acostumando a tê-la por perto quando saímos de carro; eles acham que ela tem um senso de humor bacana. E você tem que ver como ela fica quando está chapadona de maconha.*

As respostas a todas essas perguntas varia, é claro, de um filho para outro, e entre diferentes pais. Alguns pais ficam muito mais à vontade mantendo seus filhos adolescentes em rédeas curtas. Outros preferem dar aos seus filhos mais independência e reagir aos problemas conforme estes emergem. Eu não recomendaria uma dessas abordagens em detrimento da outra; você terá que optar por aquela com a qual se sente mais confortável. Os adolescentes que são fortemente inclinados ao mau comportamento geralmente dão um jeito de se envolver nesse tipo de conduta. A questão central é: a vigilância quase certamente restringe em algum grau as atividades inaceitáveis. Entretanto, dependendo da extensão dessa vigilância, também pode haver perdas, como a diminuição da competência de seus filhos para assumir a responsabilidade pelas próprias vidas ou aprender a partir das próprias experiências. Por esse motivo, é preciso que você pese cuidadosamente como e quando lançar mão de formas de vigilância sobre as atividades de seus filhos.

VIGILÂNCIA SECRETA

Até aqui eu discuti a vigilância sobre as comunicações eletrônicas de adolescentes quando estes *sabem* que estão sendo monitorados. Mas o que dizer da vigilância *secreta* – vulgarmente conhecida como bisbilhotice? Eis um exemplo do que pode acontecer quando seu filho descobre:

> – *Tory* – pergunta sua mãe –, *como é que a Jerilyn está se sentindo, agora que o padrasto dela não está mais morando na casa dela?*
> – *Como é que é?*
> – *Ahn...*
> – *Meu Deus do céu, mãe! Você anda lendo as minhas mensagens!*
> – *Não, não li, não.*
> – *Leu, sim! Eu nunca te contei que o padrasto dela tinha ido embora! Meu Deus do céu! Como você pôde fazer isso?*

Claramente Tory sente que sua privacidade foi violada, o que de fato aconteceu.

Então, você deve fuçar secretamente as coisas de seu filho adolescente?

Uma resposta comum dos pais é:

– *Sim, é claro que eu tenho que fazer isso em segredo. Se eles souberem, não irão esconder o principal?*

A resposta é: provavelmente. O argumento óbvio para a bisbilhotagem secreta é que, com esse método, é possível descobrir algo sério que a pessoa não saberia de outra maneira. Talvez eles estejam praticando sexo com parceiros muito mais velhos. Talvez estejam vendendo drogas. Talvez andem pensando em suicídio.

Uma vez que essas seriam descobertas sérias, muitos pais se perguntam se uma fiscalização furtiva não propiciaria, na verdade, benefícios para além das etapas de prevenção de riscos. Com frequência eles perguntam: "*Será que os benefícios não superam os aspectos negativos de agir pelas costas de meus filhos?*"

Minha resposta a isso é simples: a fiscalização baseada em bisbilhotar tem um aspecto negativo decisivo – ela é desonesta. E se seu filho ou filha descobrir – o que com frequência acontece –, eles muito provavelmente irão se sentir traídos.

– *Eu não acredito! Minha mãe mente pra mim! A única pessoa no mundo em quem eu deveria poder confiar! Ela não pode fazer isso!*
– *Mas você espiona e mente para a sua mãe o tempo inteiro.*
– *Sim, mas é diferente! É isso que os adolescentes fazem! Quando a pessoa é adulta, espera-se que ela seja honesta. Especialmente com os filhos. Como é que eu vou poder aprender a ser honesto um dia se a minha mãe mente pra mim?*

O maior desafio relacionado ao monitoramento secreto, como você pode ver, é seu fator de desonestidade. Ele comunica a ideia de que, no mundo adulto, ser desonesto é válido, desde que você tenha um bom motivo para tal. Isso é inquestionável: a espionagem parental transmite a mensagem de que lidar com os outros de forma honesta e aberta não é uma prioridade tão grande assim. E essa não é uma boa mensagem a se transmitir a seu filho.

Então, qual é a minha posição a respeito desse assunto? Eu não gosto da fiscalização secreta, bisbilhoteira. Em última análise, esse tipo de atitude caracteriza uma dessas questões do tipo "os fins justificam os meios". Se eu pudesse ser convencido de que o monitoramento furtivo constitui um instrumento útil no arsenal dos pais para proteger seus filhos de danos significativos, talvez apoiasse esse tipo de medida. Mas eu não penso assim.

DIRETRIZES PARA ADOLESCENTES

Acabei de falar a respeito de pais tentando supervisionar as interações de seus filhos adolescentes com o mundo eletrônico pelo monitoramento daquilo que eles fazem. Mas há outro tipo de papel que você pode desempenhar no que se refere à conexão de seu filho com o mundo eletrônico: você pode ser proativo. Você pode dar ao seu filho adolescente um conjunto de diretrizes – regras seguras e justas – a que se espera que ele se atenha. E você também pode fazer de si mesmo alguém a quem seu filho pode recorrer quando surgirem problemas.

Você pode dizer essas regras em voz alta ou escrevê-las; não importa. Seja como for, porém, é desejável que repita essas informações, e que o faça com regularidade. Talvez seu filho capte a mensagem, talvez não, mas você deverá fazer com que ele ouça ou veja essas regras continuamente. Também aqui a internet é um bom recurso. Você pode começar pesquisando "Segurança na internet para adolescentes", mas, para início de conversa, deixe que eu sugira um conjunto de regras que você poderá compartilhar com seu filho.

Predadores

Esse assunto parece materializar os maiores temores dos pais a respeito dos perigos da internet. Trata-se da principal preocupação em suas mentes, e certamente uma que vem recebendo muita publicidade. É aqui que eu quero que você dê uma advertência simples e inequívoca:

– Sob nenhuma circunstância você deve se encontrar pessoalmente com alguém que conheceu online. Sob nenhuma circunstância – a não ser que se trate de pessoas que você já conhece – você deve dar quaisquer informações que possibilitem que alguém identifique quem você é ou onde vive. Não lhes dê seu número de telefone, seu endereço, o nome da escola que você frequenta ou qualquer outra informação que eles possam usar caso desejem encontrar você. Existem pessoas na internet que não são quem dizem ser, e que podem te fazer mal. A menos que você conheça a pessoa, não dê qualquer informação pessoal acerca de si mesmo.

Essa advertência deve ser reiterada repetidas vezes. Seu filho adolescente pode nunca vir a travar contato com um predador na internet. Mas eles estão lá. E um voto de confiança não é algo que você vai querer que seu filho faça quando estiver batendo papo na internet. Como eu disse, essa advertência precisa ser simples e inequívoca – e repetida com frequência.

Privacidade

O tema da privacidade no que se refere à internet e ao telefone celular é um assunto amplo e permanente. Para começar, os adolescentes (especialmente os mais jovens) não compreendem adequadamente como algo que eles comunicam pode acabar *não* sendo privado. Até mesmo pessoas em quem eles confiam completamente nem sempre se mostram dignas de sua confiança. Você já deve ter ouvido esse lamento várias vezes antes:

– *Ivan e eu terminamos de um jeito que não foi lá muito legal, e ele enviou pra várias pessoas uma foto nossa humilhante, que nunca na vida eu poderia sequer sonhar que alguém mais veria.*

Qualquer entrada – seja ela composta de palavras ou imagens – via mídia eletrônica pode se tornar parte de um registro permanente, que poderá ser usado de maneira que uma pessoa não apreciaria.

– *Eu disse que gostava de um montão de filmes, e o que aconteceu foi que minha rede social forneceu essa informação a diferentes empresas, que passaram a me enviar todos os tipos de spam voltados a pessoas que, supostamente, se gostassem desses filmes, iriam gostar dos produtos oferecidos por elas. É como se as pessoas pudessem vir a saber tudo ao meu respeito. Nada mais é privado.*

Quanto mais jovens forem os adolescentes, menos cautelosos eles tendem a ser no que se refere à privacidade, e menos motivados a fazer qualquer coisa para assegurá-la – não que eles saibam como, de qualquer forma. Conforme os adolescentes vão ficando mais velhos e adquirindo maestria no uso da internet e do telefone celular, mais conscientes vão se tornando acerca das questões relativas à privacidade. Eles se tornam menos crédulos, bem mais céticos e mais hábeis em aplicar proteções de privacidade (e também mais interessados nisso). Nem todos esses recursos de proteção são assim tão fáceis de decifrar retroativamente. Você simplesmente não pode confiar nos adolescentes mais novos para uma proteção adequada da própria privacidade.

Repito: é útil pesquisar "privacidade adolescentes, internet" para aprender a respeito dos passos específicos que você ou seu filho pode dar para ter algum controle da privacidade *online*.

Seguem algumas regras e precauções básicas que você deve apresentar a seu filho adolescente.

– A menos que se trate de algum conhecido, você não deve fornecer qualquer informação que possibilite a sua identificação ou da sua família. (A mesma advertência oferecida em relação aos predadores.) Você deve usar apelidos virtuais que não incorporem seu próprio nome ou suas iniciais caso você esteja numa sala de bate-papo. E nunca dê suas senhas a terceiros.

"Você precisa se dar conta de que quaisquer que sejam as mensagens que você envie ou fotografias que você poste, elas não são tão privadas quanto você talvez imagine que sejam. Você não pode confiar que as pessoas que as recebem irão mantê-las apenas para si mesmas. Antes de escrever o que quer que seja ou de enviar qualquer tipo de foto, pense em como seria se outras pessoas, pessoas que você preferiria que não tivessem acesso a esse material, as vissem."

Você precisa lembrar a seus filhos todo o tempo que a privacidade não é algo com que se possa contar, e que eles têm que ser cuidadosos, tomando todas as precauções. É importante que você encare as preocupações relativas à privacidade como uma parte permanente da consciência deles acerca da mídia eletrônica. Um triste fato é que hoje em dia essa nova consciência precisa se tornar parte da compreensão de *todas* as pessoas. Uma boa parte do seu material de comunicação *online* se torna parte de um registro permanente. Quaisquer palavras escritas ou imagens que você envie pelo celular ou pela internet agora estão lá fora. E tais comunicações têm a capacidade de voltar para assombrá-lo. Os adolescentes precisam saber disso.

Segredos perigosos

Não é raro que adolescentes – por meio do contato com amigos – se tornem cientes de informações que envolvem danos potenciais sérios a terceiros. O mais comum é que esse tipo de informação seja originalmente veiculada com a expectativa de segredo absoluto. Mas, quando se trata de adolescentes, sentir-se comprometido a manter esse sigilo é uma atitude equivocada. Em situações nas quais haja a possibilidade de alguém fazer realmente mal a si mesmo ou a outra pessoa, o fato de um adolescente proteger o segredo pode resultar em tragédia. Os adolescentes com frequência julgam que manter um juramento de silêncio tem precedência moral sobre revelar a possibilidade de um perigo real. Eles estão errados.

Em decorrência dos motivos expostos, é preciso que você instrua seu filho a revelar o que sabe nos tipos de situações que serão listados em seguida. Enfatize que, se não agirem assim, eles poderão estar colocando a si mesmos ou outros em risco.

Diga-lhes que não preservem o segredo em quaisquer dos seguintes cenários:

– *Se alguém estiver ameaçando ferir a si mesmo ou, ainda, se matar, me conte. Você pode ter jurado segredo, mas muitos garotos e garotas vão em frente com essas ameaças, e muitos dos que se machucam ou se matam contaram antes a amigos, mas infelizmente suas confidências foram mantidas em segredo. Se os adultos soubessem sobre tais planos e pudessem intervir, isso poderia evitar danos sérios, ou até mesmo salvar uma vida.*

"Isso também se aplica se você ouvir que alguém planeja machucar seriamente outra pessoa. Manter segredo disso aumenta a chance de que aconteça. Deixar que os adultos saibam o que está acontecendo pode fazer uma grande diferença no sentido de impedir que tais planos se realizem.

"Conte-me caso você receba qualquer tipo de mensagem que te deixe preocupado ou te amedronte de qualquer forma.

"Eu tenho condições de te ajudar com todas essas coisas. Você não deve manter esse tipo de informação escondida. Contar a mim reduz absolutamente a chance de que algo ruim venha a acontecer."

Bullying virtual (*Cyberbullying*)

Cyberbullying é o envio de mensagens ou imagens que ameacem ou humilhem outro adolescente. Os jovens fazem isso por pura malícia, mas também o fazem acreditando que seja algo divertido, sem compreender o quanto tal ação pode afetar a pessoa escolhida como alvo. Seja como for, o *cyberbullying* acontece aos montes por aí.

Um problema com todas as coisas impróprias e embaraçosas que os adolescentes fazem circular pela internet é que nada garante que isso não continuará acontecendo. Se os adolescentes irão continuar se comunicando uns com os outros pela internet e por mensagens de texto ao celular, a única maneira de eliminar definitivamente essas comunicações inapropriadas seria por meio da eliminação do uso da internet e do telefone celular. Para a maioria dos adolescentes de hoje, isso simplesmente não irá acontecer. Isso implica dizer que se você tem um filho adolescente é mais do que provável que ele venha, no decorrer de sua adolescência, a ser em algum momento vítima desse tipo de comunicação. Além disso, há muitas coisas que podem estar acontecendo e que seus filhos não irão contar a você. Isso pode ocorrer porque eles se julgam capazes de lidar sozinhos com a situação, ou por temerem que envolver você só venha a piorar as coisas. Mas eles estão errados.

Caso eles se sintam verdadeiramente oprimidos pelo peso de uma situação, se não se sentirem capazes de lidar com o que está acontecendo, contar a você proporciona uma proteção significativa para eles. Você poderá ajudar removendo a fonte dos conteúdos sujos. Isso pode significar entrar em contato com a escola de seu filho, contatar os pais do remetente da mensagem, ou até mesmo entrar em contato com a lei. Você também pode fazer sugestões a seu filho a respeito do que eles próprios podem fazer. Por exemplo, você pode sugerir que deletem as mensagens contendo possível material de bullying sem tê-las lido antes, ou que eles relatem o problema ao servidor da internet. Talvez você possa sugerir formas de encarar o que está acontecendo menos perturbadoras para eles. Segue abaixo um exemplo de como um pai ajudou sua filha a colocar esse tipo de material impróprio em perspectiva:

Quando Elena recebeu uma postagem suja de sua colega de turma, Jeannine, o pai de Elena disse a ela:

— Todos os seus amigos sabem que isso não é verdade. Então o que a Jeannine postou não muda nada para todas essas pessoas com quem você anda. Elas não irão olhar diferente pra você. Tudo que irá acontecer é que eles irão sentir-se mal por você, por Jeannine ter sido tão cruel. Nada muda realmente. E depois todo mundo vai esquecer isso.

— Você acha mesmo?

— Acho. Você vai ver. Amanhã ninguém vai dizer coisa alguma, a não ser em apoio a você.

— Você acha mesmo? Você não está dizendo só por dizer?

— Acho, sim, de verdade.

Mas digamos que a sujeira já aconteceu, e criou uma situação mais dura de se lidar: uma foto constrangedora enviada à internet, acompanhada de detalhes que infelizmente são verdadeiros, e agora conhecidos por todos. A vileza já se manifestou, e teve seu efeito. Podemos sentir a dor de Elena:

— Muita gente sabe o que aconteceu. Eles sabem o que eu fiz no sábado à noite e agora estão dizendo essas coisas horríveis por aí. Gente que eu pensava que fosse meus amigos de verdade. Eles agora olham pra mim de um jeito diferente. Dá pra perceber.

Essa é uma daquelas situações que você não pode ajudar muito a melhorar. Ainda assim, pode desempenhar um papel poderoso, ajudando sua filha a atravessar esse momento. Você fará uma grande diferença partilhando o evento com ela, que saberá que não está só nesse momento. Que você está ao seu lado. Que está inequivocamente ao seu lado. E que compreende genuinamente como tudo isso a faz sentir.

O segredo para a superação das coisas realmente ruins que podem acontecer na vida dos seus filhos tem menos a ver com encontrar boas soluções do que com a inevitável passagem do tempo. Não vale a pena investir muito esforço em tentar resolver esse tipo de problema. O mais importante é que você esteja ali, presente, junto ao seu filho, e a situação – com a mera progressão do tempo – irá melhorar. Embora isso não seja algo de que você pode convencê-los.

– *Você vai ver. Em uma semana você estará se sentindo diferente. As pessoas vão começar a se voltar para outros assuntos. Gradualmente você vai se sentir diferente. Vai mesmo, muito embora você não consiga ver isso neste exato momento.*
– *Não, você está enganada! Você não entende nada! Tudo mudou! Nada mais será como antes!*

Embora você sinta que não há nada que possa dizer para consolá-los, ainda assim você poderá ser potencialmente útil em ajudá-los a superar o momento... simplesmente estando ali e sendo solidário.

Tudo isso, entretanto, tem como pré-requisito que sua filha ou filho conte a você a respeito do que está acontecendo. Você não tem como ajudar se não souber do que se trata. Então, o que deve dizer para garantir que seus filhos conversem com você? O que fazer para maximizar a possibilidade de que eles o procurem? Eis uma sugestão: volta e meia vá até eles e simplesmente lembre-os.

– *Por você ser um adolescente e estar com frequência* online, *pode acontecer de você ser vítima de* cyberbullying. *Se as pessoas disserem coisas a você ou sobre você, ou postarem algo que seja constrangedor para você ou que te magoe, e isso realmente te chatear, eu faço questão que me conte. Faça com que eu saiba. Eu não posso prometer que conseguirei resolver o problema, mas sei que, embora possa não parecer, o fato de dividir isso comigo tornará as coisas mais fáceis. Vai ajudar a não doer tanto. Vai mesmo, de verdade. Se for algo que realmente te perturbe, não tente lidar com tudo sozinho. Eu prometo que você não será punido por aquilo que me contar. Se te perturbar, por favor, me conte o que está acontecendo.*

Eu recomendo enfaticamente que você inclua a parte a respeito de eles não receberem qualquer tipo de punição por aquilo que contarem. Você terá que decidir se se sente confortável com isso. Mas tenha em mente que, se isso não fizer parte do acordo, haverá uma probabilidade muito menor de que eles lhe façam confidências. Repito: você pode ser de grande ajuda para eles em caso de *cyberbullying*, mas você não terá como ajudar se eles não lhe contarem o que está acontecendo.

Bullycídio

O maior temor relacionado ao bullying, obviamente, é que – seja este praticado pessoalmente, por mensagens de texto ou pela internet – seu efeito pode ser tão doloroso a ponto de fazer com que seu filho adolescente pense em se matar. Um fato avassalador no que diz respeito à adolescência é que o mandato adolescente diz aos garotos e garotas que já não é mais aceitável se sentir como uma criancinha dependente. Quer estejam prontos ou não, eles precisam se livrar daquilo que até então representava o principal ponto de apoio – você. Agora, ao lidar com toda a dor que o mundo despeja sobre eles, com muita frequência eles se sentem demasiado sós... muito sós mesmo.

"*O que eu devo fazer? Simplesmente não consigo continuar enfrentando todas as coisas que existem no mundo lá fora e que eu devia enfrentar. É duro demais. Sinto muito, mas simplesmente não estou dando conta.*"

A tragédia é que alguns adolescentes não conseguem imaginar como encarar o mundo lá fora e continuar existindo quando são vítimas de tanto ódio e escárnio. Eles se sentem solitários e não veem como podem prosseguir no futuro sentindo o que sentem, vivendo no mundo em que vivem e vivenciando as coisas duras que estão lhes acontecendo. Eles sentem que seu futuro é impossível; ainda assim, existe esperança em tudo isso. Se nesse momento de suas vidas eles puderem se sentir vinculados a outras pessoas que saibam estar do seu lado, que não os veem de forma alguma como indivíduos cheios de defeitos, que os amam e apoiam – isso pode fazer uma enorme diferença. Essas outras pessoas podem ser amigos, mas também podem ser seus pais. Essa conexão pode ter uma imensa importância no sentido de evitar que eles se matem. O problema, é claro, é que eles precisam estar dispostos a compartilhar seus pensamentos, sua dor intensa e sua humilhação. É por esse motivo que, a despeito do quanto eles possam tentar manter você longe deles e de suas vidas, é sempre bom que, ainda assim, você continue se mostrando disponível.

> – *Oi. Tem alguma coisa te aborrecendo?*
> – *Não, e eu posso dar conta se tivesse alguma coisa, o que não é o caso. E mesmo se houvesse alguma coisa me incomodando, seria inútil te contar, porque você não entenderia. E eu não estou fazendo planos de me matar, se é isso que te preocupa, então, faça o favor de sair do meu quarto.*
> – *Não, acho que eu vou ficar um pouquinho mais, só para o caso de você sentir vontade de conversar. Só vou ficar um pouquinho. Você e eu.*
> – *Você não consegue mesmo entender. De todas as coisas estúpidas que faz, essa é a mais estúpida de todas.*

Mas não é.

É por isso que, se estiver acontecendo algum tipo de bullying, você certamente desejará saber disso. Talvez possa ajudar, talvez não. Talvez seja capaz de compreender como seu filho se sente, talvez não. Mas você estará ali, encarando aquilo *com eles*. Eles não estarão sozinhos com aquele problema. E isso é muito importante.

É difícil saber se hoje em dia há um número maior de adolescentes se matando em decorrência do bullying do que havia no passado, embora seja verdade que atualmente chega aos nossos ouvidos um número muito maior de casos. Seja como for, o fato de que muitos adolescentes se matam por serem vítimas de bullying, ou por temerem o bullying, é algo muito real. Sempre haverá no mundo pessoas que praticam o bullying e a vileza humana. Isso não acabará tão cedo, se é que acabará algum dia.

Adolescentes como perpetradores

É difícil para muitos pais admitir isso, mas a verdade é que seus filhos nem sempre são as vítimas. Seu filho adolescente pode por vezes fazer coisas que você absolutamente não gostaria que eles fizessem. É uma boa ideia dizer ao seu filho exatamente o que ele não pode fazer quando estiver usando a mídia eletrônica. É possível que ele faça algumas dessas coisas mesmo assim, mas faz diferença você dizer a ele quais são as regras. Ofereço as regras abaixo como sugestão, mas você deve usar seu próprio discernimento para decidir quais considera importantes para seu filho.

– *Você não deve, por nada deste mundo, ameaçar qualquer pessoa ou causar a ela qualquer dano que seja.*

"Você não pode dizer coisa alguma capaz de ferir – ou espalhar boatos sobre – outra pessoa. Você não pode falar sobre outras pessoas de maneira embaraçosa para elas. Você também não pode mostrar fotos ou vídeos constrangedores para essa pessoa. Isso é errado. É cruel. É tão ruim como se isso acontecesse com você. Você pode entrar em uma encrenca séria se fizer qualquer dessas coisas.

"Você não pode enviar ou receber quaisquer mensagens que envolvam a aquisição de qualquer tipo de droga ou álcool, tanto para si mesmo quanto para qualquer outra pessoa. Além disso, se você o fizer, você pode entrar em uma encrenca séria.

"Você não pode enviar ou receber fotografias de natureza sexual que envolvam você ou qualquer outra pessoa. Isso inclui fotografias de partes íntimas do corpo nuas. Você não pode presumir que essas fotos serão mantidas em privacidade. Além disso, pode haver encrenca para você, já que em muitos estados é crime enviar ou receber imagens sexuais de menores de idade. Uma vez que você e todos os seus amigos são menores, as imagens são consideradas pornografia infantil. Em muitos estados isso é contra a lei.

"Você não pode enviar mensagens que descrevam comportamento sexual. O principal motivo, nesse caso, é o mesmo re-

lativo às imagens e vídeos: não há como você ter certeza de que a privacidade será mantida." (Não é claro se é contra a lei ou não enviar esse tipo de mensagem. Entretanto, uma vez que seus filhos e os amigos deles são menores de idade, as comunicações sexuais também podem vir a ser caracterizadas como pornografia infantil.)

Finalmente, no que se refere a uma questão que costuma se aplicar mais aos rapazes que às moças, um garoto nunca deve enviar mensagens com teor sexual, mesmo que eles acreditem que tais comunicações são inofensivas ou mesmo que elas tenham sido genuinamente concebidas como uma implicância amigável, ou elaboradas de uma forma que tinha a intenção de ser agradável. Por exemplo:

"Você tem belas tetas."

Muito embora seu filho conheça outros caras que enviaram mensagens similares, e que tudo tenha parecido ocorrer sem problemas para estes, há sempre a possibilidade de que a garota que receber a mensagem possa não achar graça nenhuma naquela brincadeira, e acabar relatando aquilo para um adulto. Isso poderá levar a acusações de assédio sexual contra o garoto. É aconselhável que você faça uma advertência expressa aos meninos:

– *Se você enviar uma mensagem amistosa para uma garota, mas essa mensagem incluir o que poderia ser considerado conteúdo sexual, haverá um risco. Você pode achar inofensivo. Que você está apenas brincando. Que está sendo amigável. Pode ser que você conheça outros meninos que fizeram a mesma coisa e não tiveram qualquer tipo de problema. Mas você não pode ter certeza de que a garota a quem enviou a mensagem irá encarar as coisas desse mesmo jeito. Ela pode não gostar nem um pouco. E se ela contar isso a um adulto, você poderá ter sérios problemas com uma acusação de assédio sexual.*

Sexting

Um problema mais específico, que não vai deixar de existir tão cedo, é o *sexting** – a troca de mensagens de conteúdo francamente sexual entre adolescentes. Um dos maiores desafios no que se refere à tecnologia atual é que ela possibilita o envio fácil e instantâneo de quaisquer mensagens e imagens que uma pessoa sinta vontade de compartilhar naquele momento. Essas palavras e imagens podem ser enviadas ao telefone celular de outra pessoa – ou pela internet, de modo que qualquer um poderá ter acesso a elas. A natureza impulsiva e imediata desse meio não encoraja os adolescentes a pensarem antes de agir.

Para tornar as coisas ainda mais complicadas, qualquer um pode hoje em dia pegar um aparelho eletrônico, roubar fotografias e capturar vídeos breves do que quer que escolham para apontar suas lentes.

– *Irado! Eu acabei de tirar um foto da minha carteira na escola. Irado, acabei de tirar uma foto do teto.*
Você pode tirar fotos de outra pessoa ou pessoas.
– *Irado! Acabei de tirar uma foto da Melissa.*
Você pode tirar uma foto de si mesmo.
– *Irado! Acabei de tirar uma foto da minha barriga.*
Em um instante você pode enviar as fotografias para qualquer pessoa que deseje.
– *Irado! Acabei de enviar todas essas fotos para a Sondra.*

Além de imagens, você pode enviar mensagens de texto por meio de seu aparelho. Tudo o que você precisa fazer é digitar e clicar "enviar", e logo aquelas palavras serão enviadas ou postadas para que os outros vejam. Essas palavras podem incluir qualquer expressão obscena ou uma descrição de qualquer tipo de atividade sexual em que você possa pensar, de uma ampla gama

---

* *Sexting* (contração de *sex* e *texting*) é um anglicismo que se refere à divulgação de conteúdos eróticos e sensuais através de celulares. (N. do T.)

de possibilidades. E tudo o que você tem que fazer é pressionar o botão "enviar".

— *Irado! Acabei de enviar uma mensagem privada para uma garota de quem sou amigo, com um monte de palavras obscenas e descrevendo dois atos sexuais maneiros! Megairado!*

Quer gostemos disso ou não, os adolescentes são seres sexuais, sempre foram. Mas hoje em dia a tecnologia torna muito fácil, *extremamente* fácil comunicar palavras e imagens de natureza francamente sexual para qualquer um, em qualquer lugar, a qualquer hora. Trata-se de um problema generalizado e persistente. O melhor que os pais podem fazer é tentar monitorar o que está acontecendo e advertir seus filhos adolescentes quanto aos riscos inerentes relacionados ao envio de tais mensagens. Entretanto, a tecnologia avançada de comunicações, combinada com uma sexualidade adolescente intrínseca, tendem a gerar um bocado de encrencas. Mais uma vez, conforme já aconselhei anteriormente, você deve comunicar sua preocupação a seu filho. Você nunca sabe se o eco das suas palavras irá impedir que ele cometa um erro impulsivo que poderá ter efeitos de longo prazo.

ACESSO AO MUNDO

Até aqui, ao discutir a relação entre os adolescentes e o mundo dos eletrônicos, falei principalmente sobre aquilo que eles fazem, abordando o que constitui um problema e o que não, e o que você pode fazer a respeito. Além da questão do conteúdo, no entanto, há o tema da quantidade de horas que nossos filhos estão passando conectados ao mundo eletrônico. Trata-se de algo que vai além de ser parte integral de suas vidas; o universo eletrônico se tornou parte do próprio tecido que os constitui.

Os adolescentes de hoje em dia obtêm acesso a uma vasta quantidade de informações por meios que nem sequer existiam em um passado relativamente recente. Eles podem aprender muito rapidamente a respeito de:

Os preços de vários tipos de fones de ouvido
Batalhas específicas da Guerra Civil
As atividades atuais de um astro do rock
O visual de jeans que está mais na moda hoje
Respostas a perguntas bem específicas. Por exemplo:

> Pergunta: Quais são os nomes dos membros da banda de rock Kiss, da década de 1970?
>
> Resposta rápida: Paul Stanley, Ace Frehley, Gene Simons, Peter Criss
>
> Pergunta: Quem era o rei da França em 1748?
> Resposta rápida: Luís XV

Os adolescentes de hoje são um tipo de criatura diferente dos adolescentes do passado. É como se seus cérebros se estendessem para fora dos seus corpos e estivessem ligados a um gigantesco oceano de informações via milhões de minúsculos fios invisíveis. Sem precisar ir a lugar algum, simplesmente fornecendo instruções a uma pequena máquina, até mesmo a uma máquina muito pequena, eles podem acessar esse vasto reservatório de informações. É isso que seu cérebro faz: fornecer a si mesmo instruções constantes para obter informações específicas. Entretanto, o processamento de coleta de dados acontece fora do corpo deles, e não dentro de suas cabeças. Eles hoje podem saber várias coisas, e de forma muito rápida. A questão central a respeito desse acesso mais fácil a toda essa informação é que se saber mais é bom, então isso é muito bom.

"É, meu pai pensa que sabe tudo. Mas, na verdade, tudo o que ele sabe eu poderia saber, se quisesse, só que a maioria dessas coisas é besteira, então pra que eu iria querer saber isso? Mas eu poderia saber tudo isso se quisesse."

O que há de interessante sobre o acesso tão fácil à informação é que o mundo futuro do adolescente requer que ele seja fluente em tais habilidades. O envolvimento extensivo atual nesse mundo eletrônico significa que eles estão adquirindo essa fluência quase por osmose. Ler, escrever e aritmética já foram um dia os três elementos básicos do aprendizado. Hoje em dia existe um quarto elemento: a fluência tecnológica, isto é, saber como usar esses aparelhos e também como navegar e garimpar seu conteúdo.

Além disso, caso você não tenha notado, praticamente todos os adolescentes sabem como digitar mensagens rapidamente – com o polegar e em teclas minúsculas.

MULTITAREFA

Não apenas os adolescentes são mais hábeis em obter informações do que o restante de nós, como também eles parecem ser capazes de receber e reagir a uma grande variedade de informações, tudo ao mesmo tempo. Suas habilidades multitarefas são lendárias.

– É, maneiro. Eu consigo assistir a um vídeo, mandar um torpedo para um amigo, escolher as partidas de futebol que vou assistir nesse fim de semana e gritar com minha mãe para ela largar do meu pé só porque não estou levando o lixo pra fora – tudo ao mesmo tempo.

A multitarefa não é, obviamente, algo novo. As pessoas sempre administraram vidas agitadas. Preparar o jantar enquanto se conversa ao telefone com uma amiga, além de prestar atenção no pequeno Herman, de um ano de idade, se arrastando pela cozinha. Mas é que agora, com a expansão do mundo eletrônico, os adolescentes desenvolveram a capacidade de multitarefa para muito além daquilo de que éramos capazes anteriormente. Muito além mesmo. Reafirmo que isso não é algo ruim; isso é bom. A multitarefa é sem dúvida uma habilidade útil.

Existe, contudo, um aspecto crítico a respeito dessa característica dos adolescentes multitarefas de hoje em dia. Embora possam ser mais hábeis em lidar com uma quantidade, variedade e velocidade cada vez maiores de entrada de estímulos, eles podem passar a sentir a necessidade desse nível intenso de estimulação. Na verdade, eles parecem precisar ter acesso a informações e atividades cada vez mais diversificadas e velozes para se manterem ocupados e entretidos. É como se eles tivessem uma tolerância muito menor a um mundo mais lento e linear.

Esse relato de Dwayne tentando assistir a uma reapresentação de um programa antigo do *Jimmy Desmond Show* fala por si mesmo.

> *"Aqui está o* Jimmy Desmond Show *com o seu apresentador Jimmy Desmond. (Aplausos da plateia)*
> *"Oláa a todos."*
> *"Oi, Jimmy", responde a plateia.*
> *"Será que teremos um grande show hoje, ou não? Os irmãos Curdie com seu cão falante Francis, e, direto da Mongólia, os Dançarinos do Fogo da Mongólia... Vocês vão adorá-los! E, para as crianças, Slappy Lappy e seus primos palhaços, e, isso vai ser realmente fantástico..."*
> – Meu Deus – disse Dwayne, enquanto mudava para outro canal. – *Ele vai anunciar o show inteiro, eu tentei, mas simplesmente não consigo assistir a isso.*
>
> Dwayne estava se remexendo na cadeira praticamente desde que o show começara.
> – *Talvez os Dançarinos do Fogo da Mongólia fossem maneiros, mas eu nunca saberei. Não há a menor chance de esperar.*

Dizem que nós criamos um mundo de adolescentes com baixa capacidade de atenção, uma geração TDAH. Que eles cresceram acostumados a uma constante torrente de imagens, palavras, pensamentos e conceitos, o que fez deles pessoas menos tolerantes a qualquer coisa que não se mova rapidamente. Que eles não possuem o mesmo grau de paciência que os adolescentes que os antecederam.

Isso pode ser verdade, pelo menos até certo ponto. Os adolescentes de hoje podem ter menos paciência com o "nada". Com o "tempo morto". Menos paciência pelas coisas que se movem lentamente. Não há dúvida de que eles leem menos – querendo dizer com isso que leem menos livros e revistas. E talvez, mas apenas talvez, eles tenham menos paciência com o trabalho, o que constituiria um problema para uma sociedade produtiva. Para entendermos melhor essa tendência, vale a pena observarmos as diferenças entre meninos e meninas.

GAROTOS, GAROTAS E VIDEOGAMES

Uma tendência bastante acentuada nos EUA durante os últimos 20 anos tem sido a mudança quanto a quem frequenta a universidade. Anteriormente havia um número significativamente maior de rapazes do que de moças, mas hoje a tendência se inverteu. Um dos motivos possíveis para essa mudança talvez seja o fato de as mulheres estarem cada vez mais conscientes da necessidade de se autossustentarem e conquistarem bons empregos para ter uma vida adulta mais plena e segura. Mas existe outra razão possível.

Os rapazes – pelo menos quando garotos – tendem a ser mais hiperativos, inquietos, menos pacientes que as moças. Eu já mencionei as estatísticas, acumuladas ao longo de anos, que indicam que um número cinco vezes maior de meninos do que de meninas recebe o diagnóstico de TDAH, e, antes da existência desse diagnóstico, o de Transtorno de Hiperatividade na infância. Se você for um garoto, terá que de alguma forma superar sua inquietude e obrigar a si mesmo a fazer pacientemente as tarefas escolares, de modo a ter um desempenho bom o bastante que lhe possibilite ir para a universidade. Mas, e se houvesse algo que interferisse na capacidade de um garoto para exercer essa paciência? Será que isso seria um problema?

Falarei agora sobre um meio eletrônico específico que vem causando grande impacto nas vidas dos meninos: os videogames.

É realmente um tanto óbvio que, quando se trata de videogames, os meninos, como grupo, são profundamente diferentes das meninas. Os videogames são, sem dúvida, um universo de garotos. As meninas adolescentes também jogam videogames, mas seja por que motivo for, esse tipo de jogo simplesmente não cativou as mulheres com a mesma intensidade que cativou os rapazes. Os videogames não apenas são extremamente envolventes como entretenimento, como também seu design tem um apelo naturalmente maior para os rapazes.

As pessoas que criam videogames fazem um ótimo trabalho. Os melhores equipamentos podem fazer sucesso durante anos seguidos. E eles simplesmente parecem estar ficando cada vez melhores. As imagens são mais realistas, os enredos mais imaginativos, complexos e sofisticados; e o *game play* – a forma como você controla a ação – é cada vez mais inteligente e desafiante. Os videogames concebidos para rapazes são muito bons; na verdade, excelentes. Têm um grande poder de entretenimento e são muito absorventes. Eu me arriscaria a dizer que são muito, muito absorventes.

Qualquer um que tenha um filho adolescente sabe o quanto é difícil fazer com que eles interrompam uma partida de videogame até mesmo para virem jantar.

– *Já vou. Estou indo.* – Eles nos asseguram repetidas vezes, enquanto continuamos esperando.

E o quanto eles ficam bravos algumas vezes.

– *Escute, por que você não me deixa em paz, porra? Eu vou fazer meu dever de casa, mas largue do meu pé! Sai fora. Me deixe em paz!*

Eu quis dizer que eles ficam realmente bravos.

Isso significa que jogar videogames é um comportamento aditivo? Se "aditivo" significa que se trata de algo que tem um apelo profundo para eles, deixando-os com pouco controle sobre a situação, nesse caso, talvez a resposta seja "sim".

– *Isso é uma babaquice. Eu não sou viciado em videogames. Eu opto por jogá-los porque são divertidos. Se houvesse alguma outra coisa mais divertida, eu a faria. Eu poderia parar se quisesse, mas eu não quero.*

– *Mas você joga um bocado, não é?*
– *Sim, e daí? Aonde você quer chegar com isso?*
– *Você acha que isso afeta seu desempenho escolar?*
– *Não.*
– *Mas você tem um dever de casa para fazer hoje à noite que precisa ser feito, não é?*
– *Tenho, e vou fazer.*
– *Não acontece de algumas vezes você deixar de estudar, ou perder compromissos, ou ter que se apressar para conseguir chegar na hora aos lugares?*
– *Você está ficando bastante irritante, sabia?*
– *Só mais algumas perguntas. Qual é a pior coisa da escola?*
– *Essa é fácil: os trabalhos.*
– *O que há de tão ruim quanto aos trabalhos?*
– *Eles são chatos pra cacete.*
– *Última pergunta.*
– *É melhor que seja a última, mesmo.*
– *Você acha que irá para a universidade?*
– *Eu não sei.*

A única coisa que quero enfatizar aqui é que existe algo causando a mudança no número de rapazes *versus* garotas indo para a universidade. Será que os videogames podem ser um fator significativo? Certamente essa é uma tese que vale a pena termos em mente para o bem dos rapazes.

TEMPO PRODUTIVO *versus* TEMPO NÃO PRODUTIVO

Gostaria que você imaginasse uma coisa junto comigo por um momento. Estamos no ano de 2071. Bradley, quinze anos, encontra-se em seu quarto. Ele está sempre no quarto, já que tudo que existe é sua cabeça. Assim como os seus amigos, aos treze anos ele sofreu um transplante de cybercabeça, por meio do qual seu cérebro foi diretamente conectado à internet sem a necessidade de dispositivos intermediários.

Eles provavelmente não sofrerão transplante de cabeça lá pelo ano de 2071, mas nós já temos algo quase equivalente. Os cérebros dos adolescentes não precisam estar conectados a um computador central; hoje em dia eles podem carregar consigo os meios para se conectarem a partir de qualquer lugar. E seus pequenos aparelhos celulares vêm até mesmo em pequenos estojos estilosos, em cores e designs personalizados.

– *Você quer ouvir meus* ring tones?

Será que isso quer dizer que todo o tempo que eles despendem conectados ao mundo eletrônico – apenas o tempo em si, a grande proporção de suas horas de vigília – é prejudicial para eles? Será que eles estão de alguma forma perdendo a oportunidade de ter uma vida mais rica, plena e produtiva? Deixem que eu apresente algumas perguntas que podem ajudar a responder a essa pergunta. Se eles não estivessem conectados a esses aparelhos, o que estariam fazendo em vez disso? O que costumavam fazer os adolescentes antes que o mundo dos eletrônicos fosse tão acessível e generalizado? Será que as coisas que eles costumavam fazer eram de fato muito melhores?

Quando eu era adolescente, não tínhamos a internet ou os videogames. O que eu fazia para passar o tempo? Não estou dizendo que eu era um adolescente típico, mas eis as coisas que eu gostava de fazer:

Eu jogava fora de casa, a maior parte do tempo sozinho, qualquer que fosse o esporte da estação – beisebol, basquete, futebol americano –, até mesmo quando o tempo estava ruim. Eu assistia à tevê; passava por periodos nos quais assistia a muita tevê, e outros menos. Eu não falava muito ao telefone com amigos. Mas, quando fiz dezesseis anos, tirei a carteira de motorista, tive acesso a um carro, e passava muito tempo nas casas de vários amigos. Eu raramente lia; de vez em quando, pegava alguma história de ficção científica. Eu costumava olhar os almanaques com estatísticas esportivas; ouvia muita música – no rádio ou em um gravador de 45 rpm. Meu contato com minhas duas irmãs era mínimo (ao entrarmos na adolescência, parece que paramos com nossas brigas incessantes), e o mesmo se aplicava aos meus bons pais... minha escolha.

Será que as coisas que eu fazia – as coisas que os adolescentes costumavam fazer nesses dias anteriores à internet ou aos celulares – eram de fato melhores do que as coisas que os adolescentes fazem hoje? Eu não sei.

Será que estar conectado ao mundo eletrônico por tanto tempo os afasta das atividades físicas? Sim. Será que isso os afasta de passar mais tempo com a família? Sim, até certo ponto. Mas também não é como se os adolescentes morressem de vontade de estar com seus pais antes de a internet entrar em cena. Eu certamente não morria de vontade, e, como eu disse, meus pais eram boas pessoas.

– *Esse tempo para a família já deu três minutos. Posso sair agora? Por favor.*

Será que sua constante conexão ao mundo eletrônico interfere, ao menos parcialmente, na disposição de um adolescente para participar de atividades após as aulas, ou talvez ir para a casa de amigos, porque eles mal podem esperar para chegar em casa e retomarem sua atividade *online* ou o seu videogame? Provavelmente. Mas eles continuam gostando de sair e ir para a casa dos amigos. Uma das críticas que se fazem é que um tempo tão longo na internet elimina a possibilidade de desenvolver habilidades e interesses que requerem muito tempo consecutivo. Tornar-se hábil em um instrumento. Ser bom em algum esporte. Aprender a consertar um carro. Desenvolver habilidades em marcenaria. Trabalhar em um projeto de ciências criativo (embora qualquer projeto de ciência hoje em dia fosse quase certamente lançar mão da internet). Até certo ponto, isso é verdade. Outra crítica que se faz a respeito de passar tanto tempo conectado é que os adolescentes se tornam menos hábeis em entreter a si mesmos, em preencher o seu tempo sem ter que depender de recursos externos. Isso é, quase certamente, verdadeiro. Obviamente, os garotos poderiam argumentar:

– *É, mas por que eu preciso saber encontrar coisas para fazer que não tenham a ver com a internet ou com videogames? A internet* tem um montão de outras coisas, se você souber como encontrá-las, o que, obviamente, eu, ou qualquer outro garoto da minha idade, sei. Eles dizem que eu deveria ler um livro. Eles liam livros nessa idade? Além disso, eu leio coisas na internet, como, por exemplo, sobre aquelas serpentes pítons da Birmânia que escaparam, elas têm quase seis metros de comprimento, e estão agora aparecendo em várias partes da Flórida e se tornando um problema sério. Por que isso seria pior que ler os livros do Harry Potter, os quais na verdade eu li quando era criança?

O contra-argumento acima, penso eu, é válido. A questão central é qualidade do tempo. Muitos adolescentes nos desafiam a dar exemplos de como estar conectados ao mundo digital durante tanto tempo de suas horas de vigília seria de alguma forma menos produtivo, menos gratificante, mais pobre de significado ou menos capaz de contribuir para uma vida mais rica do que as coisas que os adolescentes costumavam fazer antes da atual explosão eletrônica. Considero útil para cada um de nós o esforço de relembrar as atividades de nossas próprias infâncias e nos perguntarmos: será que o que quer que seja que os adolescentes estejam fazendo hoje em dia, conforme vão e voltam em suas navegações pelo universo eletrônico, é de alguma forma menos benéfico para eles? Se você estiver realmente preocupado com essa questão, talvez possa pensar em como direcioná-los para atividades na internet ou para websites que possam ser de interesse para eles e que possam dar um pouco mais de substância ao universo intelectual deles. O que você considera interessante?

Ainda assim, a questão permanece: Será que os adolescentes de hoje estão absorvendo verdadeiras habilidades de aprendizagem – habilidades relevantes para uma vida mais rica e mais produtiva?

– Eu tenho uma habilidade. Eu consigo jogar *Dragon Buster III* e chegar até o 11º nível. Pode acreditar em mim: é preciso ser muito bom pra conseguir isso. É uma habilidade real, que requer muita prática, chegar ao 11º nível do *Dragon Buster III*.

Tratando a questão sob um aspecto mais sério, podemos dizer que os adolescentes de hoje estão aprendendo as habilidades necessárias para ser bem-sucedidos – e, em alguns casos, para apenas sobreviver – em seu universo. Eles estão aprendendo como encontrar informações. A maioria dos adolescentes é mais hábil em navegar nesse mundo e em maximizar seus recursos do que nós somos. Será que as coisas que eles fazem agora, com quaisquer que sejam as habilidades que estão adquirindo à medida que vão traçando a cartografia dessas novas fronteiras, são menos produtivas, menos enriquecedoras, menos úteis para o mundo futuro – o mundo no qual eles irão viver a vida adulta *deles*? Honestamente, não creio que nos seja possível responder a essa pergunta.

PERMANECENDO CONECTADOS

Uma maneira pela qual a vida dos adolescentes foi profundamente afetada em decorrência de sua conexão ao mundo eletrônico diz respeito à sua conexão com os outros.

Além de conectar os adolescentes ao universo da informação, o mundo dos eletrônicos os liga a um universo de pessoas. E não a quaisquer pessoas; ele os conecta às pessoas que compõem seu mundo cotidiano e sua rede de amigos, ou seja, seus pares. Além de juntá-los a outros adolescentes, o mundo eletrônico também os conecta a eventos envolvendo pessoas das quais são próximos ou nas quais estão interessados. Pessoas de quem eles gostam. Pessoas de quem não gostam. Pessoas que eles consideram que são dignas de atenção – como o popularíssimo jogador de basquete Júnior, que eles não conhecem pessoalmente, mas sobre quem todos têm conhecimento. Ou a garota que estuda em uma série abaixo da deles, e que eles ouviram falar que canta muito bem, e que agora tem vídeos de suas performances postados na página dela no Facebook. É nesse mundo que os adolescentes descobrem o que aconteceu hoje. E, especialmente, quem disse o que a quem. Histórias que se desenrolam, com muitos, muitos enredos e personagens que se entrelaçam podem ser encontradas. Esse universo tem uma textura rica. E todos os dias, todas as noites, o drama se desenrola um pouco mais – por vezes com passagens visuais – em uma tela toda própria, ou através de um telefone bem ao alcance das mãos deles. São essas as viradas de enredo em tempo real com as quais eles se encontram envolvidos.

– Tem um garoto, o Eddie, ele estava namorando a prima da Kay, mas ela terminou com ele e ele ficou bem triste. Daí o Eddie começou a conversar com a Kay sobre isso e os dois meio que começaram a gostar um do outro, só que parece que ele anda pegando pesado com drogas, pelo menos com cocaína, e é um cara bem durão. Mas agora parece que a prima da Kay voltou a gostar dele.

– Hoje na escola quase rolou uma briga entre a Danny e o Cameron, porque o Cameron tinha chamado a Danny de vadia punk em alguma festa num sábado à noite em que ele estava bebendo, e a Maria, que é a irmã caçula da Danny, tem uma paixonite pelo Cameron.

– Parece que a Gaby e o Greg estão terminando de novo, como sempre fazem. Mas hoje na hora do almoço, o Greg estava conversando com a Karina, e ela estava meio que consolando ele. A Gaby ficou bem puta da vida com a Karina, porque achou que ela estava dando em cima do Greg, o que ela não estava fazendo, porque eu (Amanda) estava lá e vi que não foi nada disso. Mas agora a Karina está bem chateada, pois você sabe como ela fica quando acha que alguém está com raiva dela. E eu acabei de receber um torpedo dela dizendo que a Gaby quer conversar com ela, pelo telefone. A Gaby vai ligar pra ela daqui a cinco minutos, e eu não sei do que se trata.

É um mundo de histórias fascinantes contínuas. Você não pode perder. Você *não* pode ficar de fora desse mundo. Está tudo sempre lá fora, acontecendo a todo momento, e talvez você esteja diretamente conectado a ele, um personagem desempenhando seu papel na história, através de seus aparelhos eletrônicos. Imagine como seria se você não estivesse conectado. Imagine se você não soubesse de nada quando encontrasse seus amigos no dia seguinte na hora do almoço.

– *Eu (Amanda) entro, e lá estão a Gaby, a Karina e o Greg, e eles estão sentados, olhando uns para os outros, e falando com toda a educação, e eu não tenho a menor ideia do que está acon-*

tecendo. Estou completamente por fora. A menos que alguém me chame num canto e me conte o que aconteceu.

"A Gaby diz para a Karina: 'Você não gosta da camisa do Greg?' Será que ela está falando sério? Será que ela está sendo sarcástica? Será que eles combinaram isso antes? Eu simplesmente não entendo nada do que está rolando.

"É por isso que eu não posso deixar de ficar conectada todo o tempo, porque se não, tudo vai passar por mim. E deixe eu te dizer uma coisa: não pense nem por um minuto que alguém vai se dar o trabalho de me atualizar. Não é assim que funciona."

É o que está acontecendo. E o que está acontecendo compõe o tecido da vida cotidiana da maioria dos adolescentes. A forma como eles ficam sabendo e participam do que está acontecendo é por meio de sua conexão com o universo eletrônico.

Mas existe outro aspecto da conexão que não diz respeito à necessidade de saber sempre o que está acontecendo. Trata-se da conexão em si. Do mero fato de estar conectado a outro ser humano, especialmente a alguém com quem você se sente à vontade.

De forma nenhuma é incomum que um determinado adolescente envie ou receba quinhentas mensagens de texto por dia. Quinhentos torpedos por dia? Isso é um absurdo. Sobre o que eles podem estar conversando?

Tricia escreve a seu amigo (não seu namorado) Eric:

> adivinha o número da minha casa.
> 39?
> não, esse é um palpite estúpido. muito mais.
> 439?
> tá bem mais quente.
> me dá uma dica.
> o primeiro número rima com BISCOITO.
> me dá mais dicas.

Ou o clássico: James enviou um torpedo a seu amigo Danny.

o que tá rolando?
nada.
o que tá rolando contigo?
nada.
então por que você me mandou um torpedo?
sei lá. eu só queria saber se você estava fazendo alguma coisa.
não sei. você tá fazendo alguma coisa?

Trata-se simplesmente de estar ligado a qualquer momento. Ou, caso isso não aconteça, trata-se de ter a capacidade imediata de estar conectado a outra pessoa quando você assim o desejar. A beleza tanto da internet quanto dos telefones celulares é que eles podem eliminar – ou pelo menos minimizar – os momentos nos quais nossos filhos sentem que estão verdadeiramente sós.

– Caroline você está conversando pelo telefone celular no chuveiro de novo?
– Estou conversando com a Jennifer. Você tem algum problema em relação a isso?
– Tenho, sim. Você já arruinou dois telefones celulares desse jeito.
– Eu deixei ligado no chuveiro. Está bem? Por favor, eu estou tomando banho.

Ao carregar um telefone celular consigo, ou sentados em frente a uma tela de computador, nossos filhos, de fato, estão estendendo linhas invisíveis que os ligam a todas as pessoas de suas vidas com quem se preocupam, com quem desejam estar conectados. Eles não estão sós.

Estar só é um estado psicológico muito real – é estar completamente separado de qualquer outro ser humano. E esse estado psicológico é profundamente diferente – em qualquer dado momento – de estar conectado. Quando você se encontra verdadeiramente só, vivencia a vulnerabilidade de uma maneira diferente caso não esteja só, caso esteja conectado. O que a presença constante de telefones celulares e de uma conexão potencial pela internet propiciam é uma maneira de contornar, durante suas horas de vigília, o fato de ter que estar só em qualquer momento que seja. Essa capacidade de contornar a solidão é boa no sentido de que a conexão com outros seres humanos é provavelmente – mais que qualquer outra coisa – o que de melhor a vida tem a oferecer. Certamente não é algo errado ou ruim, quando estamos sós e vulneráveis, querer uma conexão com outra pessoa como uma maneira de lidar com esses sentimentos de vulnerabilidade. Mas também é possível que nunca precisar estar só possa criar uma falta de prática, ou até mesmo uma intolerância, quanto a estar só ao menos por um minuto. E isso talvez não seja tão bom assim. Talvez se a solidão, mesmo que por breves períodos, vier a se tornar um pouco assustadora demais para um adolescente, a conexão constante deles talvez deva ser reconsiderada.

– *Oi, Jeannine, você está aí?*
– *Estou, por quê? É melhor que não seja uma dessas ligações só pra você ter certeza de que não está sozinha.*
– *Bem, na verdade, é, sim. Obrigada por estar aí.*
– *Que saco. Não ouse me ligar de novo nos próximos cinco minutos.*
– *Prometo que não vou. Talvez.*

ESTABELECENDO LIMITES

Então, se permanecer conectado ao mundo eletrônico o tempo inteiro apresenta esses pontos negativos potenciais, o que aconteceria se fizéssemos nossos filhos reduzirem esse contato? E se impedíssemos sua conexão ao mundo eletrônico, pelo menos nas horas em que não estivessem fazendo algo relacionado às tarefas escolares? Não que você tenha como fazer essa diferenciação, mas suponhamos que pudesse. O que aconteceria a eles? Vamos examinar esse cenário:

— Certo, Viv, nada de internet. Nada de telefone celular. Nada de videogames. Você pode ligar para suas amigas, mas apenas para combinar coisas. E você poderá assistir a uma hora de tevê por dia. Não mais.

Vejamos o que aconteceria.

— O que é, doutor? A mãe dela e eu estamos muito preocupados. Ela não come, e tudo o que ela faz é ficar suspirando e olhando para a tela em branco do seu computador.

— Receio que ela tenha perdido a vontade de viver.

— Oh, Deus! Isso significa que teremos que devolver a ela a internet e o telefone celular?

— Receio que sim.

Bem, valeu a tentativa.

— Venha jantar.
— Não posso.
— Como assim, não pode?
— Estou fazendo uma coisa.
— Você está sempre fazendo uma coisa.
— É, bem, eu estou fazendo uma coisa.
— Você não pode estar sempre fazendo uma coisa. Eu quero que você venha jantar.
— Eu já disse. Estou fazendo uma coisa.

O que você pode fazer, então, para alcançar um meio-termo satisfatório, especialmente quando deseja conversar com eles? O que fazer quando você quer que eles limpem a pia de seus banheiros, o que já deveriam ter feito há dois dias? Ou quando quer que se juntem à família para a refeição?

— Jesus, eu não acredito! Eu já disse que estou fazendo uma coisa! Eu não estou mentindo! Estou mesmo fazendo uma coisa.

O que funciona melhor é estabelecer uma regra: se você não se afastar do seu computador, telefone celular ou qualquer outro aparelho eletrônico quando eu fizer uma solicitação sensata, vou suspender temporariamente o uso desses aparelhos por um dia inteiro.

Na verdade, eles *podem* usar internet, celular etc. Entretanto, eles têm que fazê-lo de acordo com as regras estabelecidas por você. Essas regras podem, aliás, incluir períodos nos quais você deseja que eles não usem aparelhos eletrônicos, simplesmente porque é isso que você quer. Essa é uma resposta eficaz à qual você pode recorrer no caso daqueles adolescentes que ignoram as solicitações para que se desconectem. Se você persistir, se não recuar, e se se ativer às suas regras, seus filhos verão que fala sério. Uma vez que sabem lá no fundo que aquilo que você está exigindo deles não é insensato, na maioria das vezes eles cederão. É mais provável que não o façam de imediato. Também é provável que eles o façam de má vontade. O mais comum, porém, será que eles venham a se submeter à regra geral.

Isso, obviamente, em nada difere da maneira como as coisas se dão em praticamente todas as situações que envolvem a anuência de um adolescente. Você precisa persistir, e então, não irá exatamente vencer. Mas não irá perder completamente, tampouco.

— *Você não precisa jogar tão duro comigo. Eu já tinha dito que ia parar pra jantar.*
— *Não, você não tinha.*
— *Bem, aqui estou eu. Eu não entendo qual é o grande problema. Eu te disse que estava fazendo uma coisa, e agora não estou mais, e por isso eu posso jantar. Você não precisava ter ficado em cima de mim como ficou. Eu já ia parar.*

Na verdade, ela não iria.

Os adolescentes e o mundo eletrônico. Aonde isso tudo vai parar? O que isso significa? O que você pode fazer a respeito?

Dado o quão longe nós já chegamos em termos eletrônicos, é difícil imaginar que os adolescentes venham alguma dia a ter um acesso mais direto e veloz aos outros e à informação do que já têm. Mas eles irão. Eles dependerão ainda mais do mundo eletrônico. Suas formas de lidar com o mundo no qual vivem serão menos diretamente entre eles e o mundo. Em vez disso, por meio da grande mente eletrônica intermediária que sabe tantas coisas, eles estarão ligados a um número tão grande de lugares e pessoas específicos como jamais poderiam estar de outra maneira.

Eles certamente terão uma capacidade menor de funcionar como uma unidade isolada no mundo. Mas pode ser que não precisem disso. Eles não saberão necessariamente mais – ou seja, não terão necessariamente uma quantidade maior de informação armazenada no cérebro – mas terão um rápido acesso a uma quantidade maior de informação, suficiente para saberem mais num dado momento quando aquela informação lhes for imediatamente útil. Como eu disse, será o mundo deles.

O que você deve fazer? Na condição de pai ou mãe, você não terá exatamente o controle de tudo o que acontece entre eles e o mundo eletrônico. Isso simplesmente não pode ser feito. Mas você também fará parte desse mundo. Talvez um passo atrás deles, mas não há como evitar. Seu papel como uma pessoa incrivelmente importante na vida deles irá continuar. Você não terá como mudar muito o relacionamento deles com o mundo eletrônico, entretanto, como sempre aconteceu, poderá continuar sendo uma parte enorme de quem eles são e de quem se tornarão. Isso não muda.

CAPÍTULO CATORZE

O FIM DA ADOLESCÊNCIA

Nós falamos a respeito de como nossas criancinhas e pré-adolescentes eram adoráveis antes de se tornarem adolescentes em busca de independência. Lembre-se da Samantha, aos oito anos:

– Ei, mamãe, olha o que eu tenho pra você.

Samantha entrega à mãe outro bilhete – o décimo primeiro do dia até o momento – que diz EU TE AMO, MAMÃE, e tem desenhos de corações e rostos de bonequinhos sorridentes por toda a folha de papel.

– Eu vou fazer agora um com um arco-íris. Você gostaria de ver quando eu terminar? Não vai ser legal, mamãe?

Esta, obviamente, é Samantha aos quinze anos:

– Oi, Samantha.
– Pelo amor de Deus, eu mal cheguei em casa.
– Eu só disse "oi".
– Mãe, por favor. Eu já tive o bastante por hoje. Realmente não preciso de você em cima de mim o tempo inteiro. Não mesmo.
– Mas eu só disse "oi".
– Pelo amor de Deus, mãe. Faça o favor de não falar comigo. Pelo menos uma vez na vida.

"O que foi que eu fiz? Apenas disse 'oi'", pensa a mãe de Samantha consigo mesma enquanto a filha passa por ela feito um furacão, saindo do quarto.

E agora, se olharmos para o futuro, veremos Samantha apenas uma semana após seu 18º aniversário.

– *Mãe, sabe aqueles tacos que você prepara com legumes cortados em tiras e queijo? Você poderia fazê-los qualquer dia desses? Eles são uma delícia.*
– *Os tacos com legumes cortados em tiras e queijo?*
– *Sim, você faz de um jeito bem gostoso.*
– *Eu faço de um jeito gostoso?*
– *Sim, é uma das coisas mais gostosas que você faz.*
– *É uma das coisas mais gostosas que eu faço?*
– *Mãe, você está bem? Você está agindo de um jeito meio estranho.*

Soluçando, a mãe de Samantha lança-se em direção à filha amada, que parece ter descido de uma máquina do tempo, e a abraça bem apertado.

– *Minha filha querida, você voltou. Você voltou.*
– *Mãe, você está esquisita mesmo.*

A VOLTA DO FILHO PRÓDIGO

Eu já disse antes, mas vale a pena repetir para todos vocês que se encontram no apogeu dos anos de adolescência de seus filhos: a adolescência um dia acaba. E quando isso acontece, pode parecer muito com um milagre.

A alergia aos pais – a qual com muita frequência faz parte da adolescência e que os impele a dizer coisas como "Por que você está de pé tão perto assim de mim? Você tem ideia de como isso é irritante?" – finalmente acaba. Ponto final.

Lembre-se de que essa alergia ocorre em primeiro lugar porque, no alvorecer da adolescência, deixa de ser aceitável que os meninos e meninas se sintam como criancinhas dependentes. E uma vez que eles ainda têm fortes sentimentos amorosos e de apego por você, a proximidade da sua pessoa faz com que se sintam como criancinhas dependentes. Isso funcionava bem quando eles eram mais jovens, pois nessa época eles eram, de fato, criancinhas dependentes. Mas, tendo atingido a adolescência, as coisas deixaram de ser assim. Infelizmente para você, sua presença física por si só faz com que eles tenham sentimentos de desconforto.

> *— Você precisa mesmo?*
> *— Do quê?*
> *— Ficar aqui no quarto?*
> *— Mas eu não fiz nada para merecer ser tratada assim.*

Você fez, sim. Você fez com que eles se sentissem amados e protegidos por você. E para eles, durante a adolescência, isso é um crime.

A adolescência os obriga a dar as costas para aquela que até então foi a principal fonte de seu bem-estar. Não por rebeldia, mas por algo que eles sentem ser uma necessidade. Quando os adolescentes se desligam de sua fonte primária de apoio, durante esse tempo o que lhes sobra são apenas eles mesmos, além de quaisquer outras fontes de apoio que consigam obter do mundo lá fora, destacado do lar e da família. Eles ficam mais vulneráveis. Eles agora têm que lidar por conta própria com todas as inseguranças e estresses que vêm com a adolescência. Uma vez que seu filho tenha se tornado um adolescente – como parte normal de seu desenvolvimento psicológico –, ele se recolhe.

Mas gradualmente, precisamente por haverem se afastado, eles mudam novamente. Tendo obrigado a si mesmos a se tornarem mais independentes emocionalmente, eles se tornam de fato mais independentes emocionalmente. Eles começam a experimentar o sucesso de sobreviver por conta própria. E os laços com você se tornam mais tênues do que já foram um dia. Eles precisam menos de você porque se obrigaram a precisar menos de você. Mas então uma coisa engraçada acontece. Estar com você, interagir com você, não faz mais com que se sintam como criancinhas dependentes. Isso é verdadeiro porque eles realmente não são mais criancinhas dependentes. Por ocasião do fim da adolescência, os fortes sentimentos de amor e apego vão deixando de ser, para os seus filhos, o campo de batalha que eram antes. Eles se tornaram seres mais independentes emocionalmente. O trabalho de amadurecimento emocional da adolescência está agora completo. Agora eles podem tolerar você. Podem até mesmo gostar de você.

A adolescência é real. Ela afeta de forma massiva aquilo que acontece entre você e seus filhos. Mas ela passa.

E, uma vez que eles continuam amando você, podem agora se permitir sentir esse amor. Podem expressá-lo.

– *Você foi uma mãe fantástica. Não dá pra acreditar em todas as coisas que você teve que aturar.*

Mas o amor é diferente de antes, não é exatamente o mesmo. Não é mais a adoração absoluta que eles sentiam muitos anos atrás.

– *Você tem certeza de que não está com vontade de fazer pra mim um bilhete ou algo assim, talvez com alguns desenhos? Uma meia dúzia de corações, e talvez um bonequinho sorridente? Você não sente nem um pouquinho de vontade de fazer isso?*
– *Do que você está falando?*
– *Nada. Nada, mesmo. Esquece.*

VENDO VOCÊ COMO VOCÊ REALMENTE É

Conforme eu disse, o fim da adolescência traz em seu bojo uma grande mudança. É como se um véu fosse removido dos olhos de seu filho, e subitamente eles se tornassem capazes de ver você como você realmente é.

– *Sabe de uma coisa? Eu andei pensando... Você foi uma mãe bastante boa.*
– *Como é?*
– *É. Quero dizer... você tem coisas que me deixam louco de raiva, mas eu estava pensando em como você é uma pessoa boa de verdade. Eu tive sorte de ter você como minha mãe.*
– *Como é?*
– *É, você teve que aturar um monte de coisas de mim. E não é só isso. O jeito como você conversa com as outras pessoas. Dá*

pra ver como você as trata com respeito, mesmo que sejam pessoas de quem talvez nem goste de verdade. Eu admiro isso bastante. Espero que um dia eu seja uma pessoa assim como você, quando eu for adulto.
– Como é?
– Você está fazendo de novo. Você está dando uma de papagaio de novo. Por que você não para de falar "Como é"?
– Oh, desculpe. Acho que ainda não me acostumei.

O que está acontecendo é que eles não veem mais você com olhos de adolescentes. Durante os espasmos de sua adolescência, a maioria dos filhos não vê seus pais de verdade; eles apenas veem o papel que estão projetando sobre você, e parecem ser incapazes de superar esse olhar.

– Olá, eu sou uma pessoa.
– Não é, não, você é minha mãe.

A adolescência cria uma imagem de você como um ser humano que eles precisam manter a distância. A adolescência cria uma persona para você que não deriva muito de quem você realmente é, mas sim da alergia adolescente que os acomete. Portanto, a versão de você que eles criam é mais ou menos assim:
– Minha mãe: ela está sempre me criticando. Eu não posso fazer nada sem que ela perceba. Tudo que ela quer fazer na vida é xeretar as minhas coisas. E a única coisa que ela gosta de fazer – estou falando sério – é me dar ordens. Além disso, ela é completamente falsa. Basta você ouvir o jeito como ela fala, parece ser tudo uma farsa. Eu acho que ela nem sequer gosta de mim. Ela faz esse personagem de boa mãe na frente dos outros, mas, quando estamos só nós duas, ela mostra quem realmente é: uma bruxa. Ah, e ela também é louca. Eu mencionei isso?
Ou:
– Meu pai: nada é bom o bastante para ele. Por mais que eu tente, ele sempre fica decepcionado. Ele não está realmente interessado em

nada do que eu diga. Tudo que ele quer é me fazer sermões. Ele nunca está errado. Mas o pior de tudo é que ele é incrivelmente estúpido a respeito de todas as coisas. E ele não apenas não se dá conta disso, como ainda por cima acha que está sempre certo sobre tudo. Eu acho que ele faz várias dessas coisas estúpidas de propósito, só pra me irritar. É realmente impossível ficar perto dele.

Algumas dessas caracterizações podem parecer familiares, muito embora cada adolescente veja seus pais em particular de uma forma um pouco diferente. Mas o perfil geral da personalidade que a maioria dos adolescentes constrói para seus pais é um tanto semelhante de um lar a outro, e de um pai ou mãe a outro. Os adolescentes geralmente acham que seus pais se metem demais nas coisas deles. Que são críticos, falsos, estúpidos.

— *Bem, eles são, mesmo.*

Mas depois, com o fim da adolescência, quando a máscara que eles haviam projetado sobre você é retirada, *voilà*: lá está você!

Eles continuarão sendo capazes de ver os seus defeitos, mas de alguma forma esses defeitos deixarão de ser irritantes. E eles serão capazes de ver também seus aspectos fortes, até mesmo alguns aspectos admiráveis.

— *Quero dizer... como você sabe, minha mãe é totalmente obcecada por arrumação; ela até ganhou o prêmio de pessoa com TOC [Transtorno Obsessivo-Compulsivo] do ano. Mas agora, em vez de isso me deixar furiosa, eu acho até engraçado, até mesmo fofinho.*

— *Meu pai é realmente cheio de opinião. Mas na verdade, mesmo comigo, eu vejo que ele dá suas opiniões, mas também escuta o que as pessoas dizem. Ele pode ter opiniões fortes, mas tem bastante respeito pelo que os outros pensam.*

— *O que a minha mãe me disse a respeito da minha amiga Cynthia foi realmente muito inteligente, e me ajudou bastante. Ela disse que quando a Cynthia age de um jeito rude, e eu fico magoada e ofendida, é porque na verdade a Cynthia é meio sem noção em termos sociais, que várias coisas que a Cynthia diz saem de um jeito rude, mas que ela não tem essa intenção de modo algum. E quando eu penso sobre isso, acho que minha mãe está certa. Ela é bem sagaz, a minha mãe.*

— Teve aquela vez em que meu pai foi me buscar depois daquela reunião, depois da aula. Mas meu pai teve que ficar esperando por mim sentado no carro por uma hora, pois eu não tinha entendido direito que a reunião ia ser bem mais longa do que eu pensava. E ele não ficou bravo comigo do jeito que já vi os pais de outros garotos ficarem. Ele não pareceu me culpar. Eu espero que um dia eu possa ser como ele, sem ficar sempre botando a culpa nos outros quando alguma coisa dá errado. Ele é bem legal nesse aspecto.

E também, miraculosamente (eu digo "miraculosamente" porque se trata de algo tão inimaginável que se pudesse vê-los um dia dizendo), eles olham para tudo que aconteceu no passado e concluem que talvez, mas apenas talvez, não fossem vítimas completas de pais "abusivos", no fim das contas.

— Lembra aquela vez que fiquei furiosa — eu nem lembro mais por que estava com tanta raiva. Mas você se trancou no seu quarto e eu fiquei esmurrando a porta, gritando: "Vai se foder! Vai se foder!". Acho que às vezes eu saía da linha. Talvez não fosse só você quem estava sendo uma bruxa.

O NOVO ACORDO

Mas essa não é a única maneira pela qual meninos e meninas mudam após a adolescência. Observe mais algumas interações:

— Desmond, você poderia, por favor, parar de deixar louça espalhada por toda a casa? Gostaria que você a lavasse e guardasse. Você poderia, por favor, lavar a louça agora?

— Estou ocupado agora, mãe; mas vou lavar daqui a pouco.

— Não, Desmond, eu quero que você lave sua louça agora.

— Mãe, acho que você não está entendendo. Eu não sou mais um garotinho a quem você pode ficar dando ordens.

— Do que você está falando?

— Exatamente o que acabei de dizer. Eu não sou mais um garotinho a quem você pode ficar dando ordens. Caso você não tenha percebido, eu não sou mais criança. Sou um adulto. Um jovem adulto.

A outra grande coisa que acontece com o fim da adolescência é que a partir de então os rapazes e moças passam a se ver oficialmente como jovens adultos. Eles frequentemente declaram essa condição de jovens adultos. É comum que o façam antes de haverem concluído o ensino médio. Em alguns casos, muito antes de você estar sequer preparada para conferir-lhes tal status.

– Se eu tenho idade suficiente para servir às Forças Armadas e morrer pelo meu país, certamente também tenho idade suficiente para não ter que ficar recebendo ordens dos meus pais. Sinto muito, eu te amo, mas você não manda mais em mim.
– Mas você nem completou dezoito anos ainda. Você nem se formou no ensino médio. Você continua morando nessa casa sob nosso teto. Você não pode simplesmente declarar-se adulto e achar que nós iremos nos submeter a isso.
– Posso, sim. E é o que acabei de fazer.

Antes mesmo de eles se formarem no ensino médio. Antes mesmo de completarem dezoito anos, eles passam a ver a si mesmos como tendo alcançado um status de adultos plenos.

"Bem, eu sei que ainda sou estudante do ensino médio – pelo menos até o dia 28 de maio, que será o dia da última aula que terei na escola em minha vida. Mas eu estou no último período do final da escola secundária. A essa altura, sem dúvida, estou muito mais para um adulto do que para um garoto. Talvez meus pais não concordem. Mas isso é duro. Eu sinto que agora sou oficialmente adulto. Passei por um montão de coisas, a maior parte das quais meus pais nem sabem que aconteceram. Eu não sou mais um garoto. Sou um adulto. Simplesmente sou. E eu sinto muito se eles acham que ainda podem ficar mandando em mim. Esse tempo passou para sempre."
– Espere aí, rapazinho. Você ainda mora nessa casa. Você ainda depende financeiramente de nós. Você ainda é nosso filho.

– *Quer saber de uma coisa? Não importa o que você pensa. Você tem razão. Eu ainda sou seu filho. Eu moro aqui. Eu não tenho dinheiro para me sustentar. Mas nada disso é culpa minha. Você pode me expulsar de casa, se quiser. Mas eu não tenho nenhum lugar para onde ir. E eu não estou fazendo nada de errado. É que simplesmente eu não sou mais um menino. De agora em diante serei eu quem decide o que vou fazer. Você não pode mais ficar me dando ordens.*

Não é o tipo de discussão que você possa vencer. Além disso, eles estão certos. O mundo e a cultura em que vivem encaram o fim do ensino médio como aquilo que marca a mudança da infância para a idade adulta. O que acontece é que alguns deles passam um pouquinho do ponto. Mas a realidade é que por volta do fim do ensino médio, se não antes, tudo muda. Simplesmente muda.

Na verdade, é chegada a hora de um ajuste. E o que quer que aconteça antes do fim do ensino médio, ou uma vez que a turma de seu filho tenha se formado (mesmo que sem ele, em alguns casos), um novo acordo precisará agora ser levado em consideração. Isso irá acontecer em breve, de qualquer maneira. Esteja você pronta ou não, chegou a hora de se estabelecer um novo acordo em casa.

Em primeiro lugar, você não pode mais ficar dando ordens a eles. É preciso conferir-lhes o respeito que se deve a alguém com status de adulto, mesmo que continuem a agir como crianças abobalhadas. Sem dúvida as coisas funcionam melhor dessa maneira. Uma das primeiras coisas a mudar é a linguagem.

– *Desmond, você poderia, por favor, parar de deixar louça espalhada por toda a casa? Gostaria que você a lavasse e guardasse. Gostaria que você fizesse isso agora.*
– *Estou ocupado agora, mas vou lavar mais tarde.*
– *Eu realmente gostaria que você fizesse isso agora.*
– *Não, estou ocupado.*

A essa altura os pais devem recuar.

É assim que funciona o novo acordo. É um acordo menos autoritário. Com menos confrontações. E com a maioria dos adolescentes quase recém-adultos isso funciona. Talvez não tão bem quanto você gostaria, mas eles se mostram muito mais propensos a cumprir seus compromissos se não ficarem recebendo ordens. Eles entendem o respeito por seu status de adultos na linguagem dos pais. E isso tem uma influência positiva. Além disso, dessa forma são evitadas confrontações potencialmente raivosas, as quais você não teria como vencer de outra maneira.

Tudo isso faz parte de uma mudança mais ampla e básica. Você não se relaciona mais com eles como um pai ou uma mãe com seus filhos, muito embora eles continuem a ser, e para sempre, seus filhos. Você agora se relaciona com eles como os pais com um adulto – um adulto que, por acaso, é seu filho. E o que isso significa é que deixa de ser um relacionamento definido por papéis. Trata-se, agora, de um relacionamento definido em grande parte como quaisquer outros relacionamentos entre adultos são definidos: pela maneira como cada uma das partes envolvidas trata a outra parte. Isso significa que o mais importante para que esse relacionamento siga adiante é que um trate o outro – pelo menos a maior parte do tempo – com consideração e zelo.

SERÁ QUE MEU FILHO VAI FICAR BEM?

Então como você pode saber o que acontecerá aos seus filhos adolescentes? Irão crescer e amadurecer bem? Irão se adaptar o suficiente para vencer no mundo lá fora? Irão se tornar boas pessoas? Será que essas coisas são sequer possíveis, especialmente dadas algumas das coisas um tanto terríveis que ocorreram entre você e eles no decorrer de suas adolescências? São preocupações que muitos pais têm.

Vanessa, de quinze anos, grita com a mãe:

– *Eu te odeio. Eu te odeio. Eu não estou falando só por falar; eu te odeio mesmo.*

Então perguntamos à mãe dela:

– *Como você acha que tem sido como mãe?*
– *Suponho que não muito boa.*
– *Que tipo de adulto você acha que a Vanessa será?*
– *Suponho que não será grande coisa, também. Quero dizer... olhe para ela. Quer ver alguns vídeos que eu gravei?*
– *Claro.*

Então a mãe de Vanessa põe para rodar alguns vídeos breves, cada um deles mostrando Vanessa em cenas ainda mais terríveis. Em muitos deles, a mãe de Vanessa também age de forma um tanto terrível.

– *Mãe, isso não é justo. Você não pode mostrar isso para um estranho. Esses vídeos me depreciam.*
– *Quero dizer.. olhe para ela. Olhe para mim. Os vídeos são horrorosos, não são?*
– *É, eu tenho que concordar. Vanessa e você parecem pessoas horríveis.*
– *Mãe, isso é tão injusto.*

Em meio a esse tipo de tensão, é certamente difícil saber se uma adolescente como Vanessa irá prosperar... ou até mesmo saber como a mãe dela se sairá nos anos que se seguirão. Eu não estou certo de que se possa encontrar a resposta em uma coleção de vídeos com várias cenas desagradáveis que ocorreram entre Vanessa e a mãe durante a adolescência de Vanessa. Em vez disso, prefiro confiar em um indicador diferente.

Há duas perguntas que gosto de fazer, e cujas respostas irão ajudar a prever como Vanessa se sairá como adulto, e qual será a natureza do relacionamento dela com sua mãe. Essas perguntas são:

– *Ao longo da adolescência de sua filha, e, na verdade, ao longo da infância dela como um todo, você a amou e demonstrou a ela regularmente esse amor? E também: Houve vezes nas quais você esteve disposta a tomar decisões relativas à vida de Vanessa, que você julgava certas, mas que sabia que iriam desagradar-lhe?*

Eu acredito que a resposta a essas perguntas simples, muito mais que quaisquer exemplos de interações desagradáveis entre pais e filhos adolescentes, defina o prognóstico de qual será o resultado final.

Se a mãe de Vanessa for capaz de responder "sim" a ambas as perguntas, então é justo prevermos que tanto Vanessa quanto sua relação com a mãe quando atingir a idade adulta se sairão bem.

É realmente assim que funciona.

DIFERENTES, PORÉM AINDA OS MESMOS

O mundo habitado pelos adolescentes de hoje é, de fato, um mundo muito novo, e este livro certamente abordou o quanto este mundo é diferente daquele vivido pelas gerações anteriores. Mas as questões subjacentes à adolescência continuam um tanto semelhantes. Os adolescentes de hoje em dia são mais parecidos do que diferentes dos anteriores, e o mesmo vale para a experiência de ser pai ou mãe de um adolescente. Você terá grande dificuldade para fazer com que eles façam aquilo que não estão dispostos a fazer. Se você disser "não" para qualquer coisa que seja, eles não receberão isso bem. Se você tiver uma filha, haverá uma grande quantidade de drama na vida dela, e nesse drama quase certamente você receberá a maior parte da carga. Se você tiver um filho, também deverá haver uma boa quantidade de drama, mas você nada saberá a respeito – exceto quando a polícia bater à sua porta às duas da manhã.

As coisas que você deseja para eles também são as mesmas do passado. Você quer que eles permaneçam em segurança, quer que sejam preparados da melhor forma possível para ganhar o mundo lá fora, e também quer que o continuem amando. A maneira mais adequada para que os pais consigam alcançar essas coisas também não mudou. Você reage dia após dia, apoiando-os, pressionando e encorajando-os, refreando-os e se preocupando com eles.

A boa notícia é que eles provavelmente irão se sair bem o suficiente. Outra boa notícia é que, se você amá-los, eles retribuirão esse amor – só que talvez não neste momento. Mas eles retribuirão. No tempo certo, eles retribuirão.

AGRADECIMENTOS

Quero agradecer a Sue Sgroi, Norah Sargent, John Meikeljohn, Sara Meikeljohn, Tim Cunard, Mary Hurtig, Susan Sandler e, também, a Mary Ryan, Donna Johnson, Maria Alexander, Rich Romboletti, JoAnn Murphy, Margaret Wolf e Nick Wolf, que leram ou ouviram trechos do livro, e cuja ajuda foi de grande valor. Quero agradecer em especial a Joanne Cunard e Liz Klock, que leram o manuscrito inteiro e me deram um maravilhoso estímulo e conselhos. Também faço um agradecimento especial a Hugh Conlon e à minha amada esposa, Mary Alice, que se mostraram inacreditavelmente disponíveis como ouvintes, ao longo de todo o processo de escrita deste livro.

Quero, ainda, agradecer a Joe Spieler, cuja visão lançou minha carreira como escritor. A Lisa Thong, por sua ajuda durante o processo de publicação deste livro. A Susan Rogers, por sua ação sensata na edição do primeiro esboço do manuscrito. A Elizabeth Kallick-Dyssegaard, responsável pela criação do livro. E, finalmente, a Hope Innelli, meu editor na HarperCollins, com quem foi um prazer extraordinário trabalhar, e cujo encorajamento constante e grande competência contribuíram de forma inestimável para o produto final deste livro.

Impressão e Acabamento:
GRÁFICA STAMPPA LTDA.
Rua João Santana, 44 - Ramos - RJ